감각의 부활

예술생리학과
예술의 종말 이후의 예술

감각의 부활

예술생리학과 예술의 종말 이후의 예술

초판 인쇄 2024년 7월 5일
초판 발행 2024년 7월 20일

지은이 정낙림
펴낸이 김태화
펴낸곳 파라아카데미 (파라북스)
기획편집 전지영
디자인 김현제

등록번호 제313-2004-000003호
등록일자 2004년 1월 7일
주소 서울특별시 마포구 와우산로29가길 83 (서교동)
전화 02) 322-5353   팩스 070) 4103-5353

ISBN 979-11-88509-78-2 (93160)

* 파라아카데미는 파라북스의 학술 전문 브랜드입니다.
* 값은 표지 뒷면에 있습니다.

※ 이 저서는 2018년 정부(교육부)의 재원으로 한국연구재단의 지원을 받아 수행된
연구임 (NRF-2018S1A6A4A01038420)
This work was supported by the National Research Foundation of Korea Grant
funded by the korean Government(NRF-2018S1A6A4A01038420)

감각의 부활

예술생리학과
예술의 종말 이후의 예술

정낙림 지음

파라아카데미

"이것도 예술인가!"

우리 시대 예술의 지형을 설명하는 말로 이것만큼 사실을 잘 전달하는 말도 없을 것이다. 요즘같이 예술이 삶의 곳곳에 자리잡은 시대, 우리는 예술을 정의할 수 없는 역설적 상황을 맞이하고 있다. 전시실에 놓인 화분은 에코아트로, 건물 앞에 무질서하게 쌓인 책더미는 설치미술로, 그리고 바다에 거대하게 축조된 기하학적 모양의 제방은 대지예술로 불린다. 왜 우리는 그것이 그냥 화분으로, 책더미로, 제방으로 불리지 않고 예술의 이름을 달고 있는지 설명하기가 쉽지 않다.

'모든 것이 예술이다' 혹은 '모든 인간은 예술가이다'는 말은 더 이상 아방가르드 운동의 구호가 아니다. 전자제품, 자동차, 가구에 이르기까지 미를 고려하지 않는 것은 존재하지 않는다. 또한 미란 우리의 감각기관에 쾌감을 불러일으킨다는 오래된 믿음도 더 이상 우리는 옹호할 수 없다. 불쾌감이 예술에서 중요한 요소로 받아들여진 것도 꽤 오래전의 일이 되었다. 예술에 대한 이런 복잡한 지형을 가장 잘 말해주는 것은 아마도 '예술다원주의'와 '예술의 종말 선언'일 것이다.

1964년 워홀의 〈브릴로 상자〉를 보고 단토는 예술과 비예술이 더 이상 감각적 지각의 차원에서 구별될 수 없음을 간파하고 예술의 종말을 선언한다. 단토의 예술종말론은 예술의 죽음을 의미하기보다는 지금까지 예술을 정의한 담론의 유효성이 끝났다는 것을 의미한다. 단토는 예술의 정의가 통용될 수 있는 기간이 있다는, 즉 예술의 역사성을 헤겔의 미학에서 배운다. 단토 이전에 이미 전통 예술의 종말을 선언한 철학자도 여럿 있었는데, 그 대표자는 니체와 벤야민이다. 니체는 삶을 배반하는 예술을 '데카당스 예술'로 규정하였는데, 그 대표적인 경우가 근대의 예술이다. 벤야민은 매체가 의식을 결정한다는 것을 확신하고, 기술복제 기반 매체의 등장으로 전통예술의 아우라는 종말을 고한다고 주장한다.

우리 시대 예술계를 점령하고 있는 다원주의는 예술의 경계를 확장하여 예술의 영토를 넓힌 기여는 있지만, 피할 수 없는 문제도 있다. 예술다원주의는 예술에서 '모든 것이 허용된다'라는 극단적 상대주의의 딜레마를 어떻게 피해 갈 수 있는가? 더 좋은 예술과 그렇지 않는 예술의 기준은 존재할 수 없는 것인가? 이 문제에 대해 예술다원주의는 설득력있는 답을 제시하지 못한다. 이 상황에서 우리는 예술생리학에 주목한다.

예술생리학의 정신은 '미학은 응용생리학에 지나지 않는다'라는 니체의 주장에 잘 드러난다. 니체는 예술의 출발을 '도취'에서 찾는다.

도취는 세계를 자기 중심으로 구축하려는 욕망의 표출이고, 이러한 욕망이 현실 속에서 구현되는 일체의 행위는 모두 예술의 자격을 갖게 된다. 니체는 예술을 작가와 작품으로 제한하는 전통적 태도를 해체하고 행위 중심으로 예술을 재편한다. 그렇다고 모든 도취의 행위가 동등하다는 의미는 아니다. 니체가 평가하는 예술의 기준은 '힘에의 의지'이다.

듀이의《경험으로서 예술》역시 예술생리학을 옹호한다. 그는 예술이 '경험과 더불어' 그리고 '경험 속에서' 이루어진다고 주장한다. 모든 경험은 감각 경험에서 출발한다. 아무리 위대한 예술작품도 충동이라는 생리학적 경험에서 출발하지 않는 것은 없다. 듀이에 따르면 우리의 경험에는 독특한 질성이 있는데, 이 질성을 '하나의 경험'의 형태로 세련되고 강렬하게 표현한 것이 예술이다. 경험의 질성을 통합하는 능력에는 차이가 있다. 그러므로 듀이 역시 예술의 영역의 확장을 옹호하지만 극단적 상대주의에 빠지지는 않는다. 들뢰즈 역시 예술을 감각의 논리로 이해하는데, 그에게 예술작품은 '감각의 기념비'이다. 들뢰즈는 예술을 감각의 힘을 그리는 것으로 보는데, 그렇다고 감각의 힘 자체가 예술이 되는 것은 아니다. 구성된 감각만이 예술의 지위를 가진다.

우리는 예술생리학의 관점에서 현대예술을 분석하고 평가할 수 있다. 현대예술의 과정 중심, 우연과 놀이의 비결정성 옹호, 무엇보다도 감각성의 회복 등은 예술생리학의 정신과 일치한다. 우리 시대 예술은 작가와 작품 그리고 감상자를 분리하는 근대적 미학을 거부한다. 공통성을 찾을 수 없을 정도의 수많은 예술 실험이 보여주는 것은 인간 개별자가 힘을 발휘하여 자신을 실현하는 한 예술가의 지위를 가진다는 것을 옹호한다. 이것 역시 예술생리학의 정신과 일치한다. 오늘날 경계를 알 수 없는 예술, 즉 확장된 예술은 결국 자신의 삶을 조형하려는 인간들의 지난한 노력이고 개별자의 삶에 대한 긍정행위로 볼 수 있다. 이 점에서 우리는 2만 5천 년 전 깜깜한 동굴에서 횃불을 들고 그림을 그리는 인간의 욕망과 차이를 발견할 수 없다. 그러므로 예술은 학문보다 더 깊고 넓다.

이 저서가 나오기까지 많은 분들의 도움이 있었다. 우선 연구의 성과를 책으로 낼 기회를 준 한국연구재단에 감사를 표한다. 여러 현실적 어려움에도 인문저술 사업은 지속되었으면 한다. 먼 훗날 인문저술의 결과물들이 온당한 평가를 받을 날이 오리라 믿는다. 그리고 온전히 연구에만 집중할 수 있도록 자유를 준 아내에게 감사의 마음을 전한다. 끝으로 이 저서가 빛을 볼 수 있도록 도와준 파라북스 대표와 교정에 정성을 다한 편집부에 감사의 인사를 올린다.

2024년 여름
복현골에서 저자

3부 예술생리학과 현대예술의 지형

'예술의 종말' 이후의 예술은 가능할까?

오늘날 예술이 무엇인가를 정의내리는 것은 불가능에 가깝다. 한 세기 전에는 도저히 생각할 수 없는 것이 예술의 지위를 누린다. 돌무더기, 죽은 동물의 사체, 책 더미도 예술작품이 되며, 심지어 물질적 대상이 지속하지 않는 퍼포먼스, 물질에서 해방된 인간의 개념에 기초한 활동도 예술의 이름을 얻는다. 예술 작품을 포함한 예술활동 전체가 신체기관의 쾌감과 불가분의 관계가 있다는 선입견도 더 이상 유효하지 않다. 불쾌감을 자극하는 요소들이 예술의 부분으로 당당히 자리 잡고 있다.

'모든 것이 예술이다' 혹은 '모든 인간은 예술가이다'라는 말은 더이상 아방가르드의 구호가 아니다. 현대예술의 이러한 상황을 가장 잘 설명할 수 있는 개념은 '예술다원주의'일 것이다. 예술다원주의에 이론적 정당성을 부여한 것은 '예술의 종말The End of Art' 선언이다. 20세기 초 전통과 급진적 단절을 꾀한 다양한 '반예술운동'은 예술의 종말선언의 토양이 된다. 예술의 종말에 대한 수많은 주장 중에서도 단토A. Danto의 것이 대표적이다. 단토는 1964년 워홀A. Warhol의 〈브릴로 상자〉에서 예술과 비예술이 더 이상 감각적 지각의 차원에서 구별될 수 없음을 간파한다. 단토에 따르면 이제 '예술이 무엇인가'에 대한 물음은 '왜 그것이 예술인지'에 대한 설명 가능성에 달렸다.

단토의 예술의 종말 선언은 작가, 장르, 재료에 갇힌 예술의 장벽이 붕괴되어, 예술에 대한 자명성이 상실된 시대에 대한 예술사적 진단이라 할 수 있다. 이제 그가 누구이든 자신의 생각을 유·무형의 형태로 창조하고 그것을 예술로서 설명할 수 있다면, 그것은 예술의 지위를 획득하게 된다.

그런데 예술다원주의는 피할 수 없는 문제에 직면한다. 모든 것이 예술이 될 수 있다면, 그것들 사이에서 더 좋은 예술과 그렇지 않은 예술을 구별하는 것은 무의미해진다. 예술다원주의는 '모든 것이 허용된다Anything goes'는 극단적 상대주의의 딜레마를 피할 수 없다. 예술다원주의를 옹호하는 자들은 기준이 없는 것이 아니라 다수이며, 맥락에 따라 다른 기준을 적용하면 될 것이라고 반박하겠지만, 만약 그들의 원칙을 고수한다면 기준들은 잠정적이고 상대적이다.

그렇다면, 예술다원주의가 표방하는 '확장된 예술 정신'을 옹호하면서도 예술을 평가하는 기준을 제시할 길은 없는가? 이 문제는 예술의 근거를 접근 불가능한 천재들의 아우라Aura에서 찾는 전통적 절대적 예술관과 예술에 대한 극단적 상대주의로 초래된 냉소주의를 모두 극복하는 것과 직접적으로 관계한다. 우리 시대는 거대담론의 폭력성을 극복했지만, 그 대신 상대주의가 초래한 '가치 아나키즘'의 안개에 휩싸여 있다.

우리는 니체F. Nietzsche의 '예술생리학Physiology of Art'과 듀이J. Dewey의 '경험으로서 예술Art as Experience' 그리고 들뢰즈G, Deleuz의 '감각의 논리로서 예술Art as the logic of the senses'에 주목한다. 세 철학자는 진리에 대한, 특히 상대주의에 대한 태도의 차이에도 불구하고 공통적으로 예술의 출발을 '생명활동'에서 찾는다. 니체는 '몸'의 정동Affect인 '도취'에서, 듀이는 '생명체의 경험'에서, 그리고 들뢰즈 역시 '감각'에서 예술의 근거를 찾을 만큼 몸을 모든 창조적 활동의 뿌리로 본다.[1] 즉 모든 인간이 도취할 수 있고, 생명의 힘이 약동하는 한 예술에 참가하고 있다. 그렇다고 도취와 생명의 기운이 곧바로 예술이 되는 것은 아니다. 니체에게 가치를 창조하는 인간의 도취와 야만인의 도취는 다르며, 듀이에게도 경험의 질적 차이에 의해 문명과 야만으로 갈린다. 또한 들뢰즈 역시 감각 자체가 예술이 되는 것이 아니라 '힘의 표현'만이 예술이 될 수 있다고 본다.

여기에서 우리는 예술다원주의 시대, 예술에 대한 정의가 불가능하다는 극단적 상대주의를 극복할 하나의 대안으로서 예술의 생리적 접근을 시도한다. 우리는 예술 활동이 어떻게 인간의 생리적 조건과 관계하고 있고, 또 생리적 조건을 예술로 변형시키는 인간의 근본적 힘이 어디에서 비롯되는지 살펴볼 것이다. 더불어 생리학에

---

1. 독일어 Leib는 우리말로 신체로도 번역될 수 있으나, 한국니체학회의 공식 번역어는 몸이다. 독일어 Leib에 해당하는 영어는 body, 불어는 corps인데 특히 이 책에서는 듀이와 들뢰즈 장章에 자주 등장한다. 듀이와 들뢰즈 저서의 우리말 번역을 참조할 경우, 번역자의 뜻을 존중하여 '신체' 혹은 '육체'로 옮길 경우도 있다.

기초한 니체와 듀이 그리고 들뢰즈의 예술철학의 관점에서 우리 시대 예술을 공정하게 평가할 수 있는 길을 찾아볼 것이다. 니체, 듀이 그리고 들뢰즈의 사유 사이에는 건널 수 없는 차이도 분명하다. 들뢰즈는 니체주의자이면서 반헤겔주의자이다. 듀이는 잘 알려진 대로 헤겔의 영향을 크게 받았다. 우리의 연구는 생리학에 대한 세 철학자의 접근 방식의 공통점과 차이점 모두를 드러내는 데 주저하지 않을 것이다.

이 책의 내용은 크게 세 부분으로 나뉜다. 1부에서는 예술의 자명성 상실과 예술의 종말에 대한 다양한 철학적 논의들을 살펴본다. 특히 우리는 헤겔Hegel, 니체, 벤야민W. Benjamin, 단토의 '예술의 종말'을 중심으로 주제에 천착할 것이다. 헤겔은 예술철학사의 아버지로 불릴 만큼 예술의 정신사적 역할을 본격적으로 고민하기 시작했다. 헤겔 철학에서 예술, 종교 그리고 철학은 절대정신의 세 가지 유형이다. 그들은 모두 진리를 인식한다는 점에서는 내용적으로 일치하나, 진리 인식의 형식에서는 상호 차이를 보인다. 즉 예술은 직관의, 종교는 표상의, 그리고 철학은 개념의 형식으로 진리를 인식한다. 이들 사이에는 또한 지양과 이행이 이루어지는데, 예술적 직관은 종교적 표상에서 그리고 종교적 표상은 철학의 개념에서 지양된다. 즉 절대정신의 감각적 직관형식으로서 예술은 절대정신의 표상형식으로서 종교에 의해 지양된다. 종교, 즉 그리스도교의 등장과 함께 예술은 자신의 역할을 종교에 넘겨주게 된다. 헤겔은 이 순간에 예술은 종말을 고한다고 본다.

니체 역시 오랜 세월 예술의 종말에 대해 천착했다. 헤겔과 달리 니체에서 예술의 종말은 예술 전체에 대한 종말이 아니라 특정한 예술 유형의 종말을 의미한다. 니체에서 종말의 예술은 '데카당스'적 예술을 의미한다. 데카당스는 생리학적 측면에서 보면 병리적인 상태를 보여준다. 모든 생명은 지배와 극복, 즉 '힘에의 의지'를 본능으로 한다. 그런데 데카당스는 '힘에의 의지'에 역행하여 생명의 몰락과 쇠약을 추구한다. 힘에의 의지 대신 데카당스는 이데아와 천국을 꿈꾼다. 니체에게 데카당스의 전형은 소크라테스이고 데카당스 예술의 대변자는 바그너이다. 데카당스 예술은 문화의 병적 증후이고, 문화의 건강함을 회복하기 위해 그것은 종말을 고해야만 한다. 니체는 데카당스 예술을 극복하고 생리학에 충실한 예술을 '디오니소스적 예술'로 부르고, 미래예술die Kunst der Zukunft은 '디오니소스적 예술'이 될 것임을 확신한다.

　　벤야민은 〈기술적 복제시대의 예술작품Das Kunstwerk im Zeitalter seiner technischen Reproduzierbarkeit〉에서 근대까지 함부로 근접할 수 없는 예술작품의 권위를 아우라Aura 개념으로 설명한다. 예술작품의 아우라는 '아무리 가까이 있더라도 멀리 떨어진 느낌'을 말하는데, 그것은 예술작품의 물질적 조건인 '진본성', '유일성' 그리고 '일회성'에서 기원한다. 결국 아우라는 진본이 유일하다는 것에서 비롯되는데, 예술작품의 특별한 권위는 기술적 복제 시대의 도래와 더불어 막을 내린다. 즉 벤야민은 사진과 영화로 대표되는 대량복제시대에서는 그러한 가치가 상실했음을 간파하고, 예술작품에 대한 전통적 정의가 더 이상 유효하지 않음을 선언한다. 벤야민의 예술의 종말론은 바로 전통 예술작품의 아우라 상실과 뗄 수 없다. 아도르노Th. W. Adorno 역시 우리 시대는 예술에 대한 논의에서 우리가 합의할 수 있는 것은 '예술에서 자명한 것이 없다'라는 사실만이 자명하다고 선언한다. 그럼에도 그는 헤겔 식의 예술의 종말을 옹호하지는 않는다. 그에게 자명성 상실의 시대에도 진정한 예술은 존재한다.

단토는 워홀의 〈브릴로 상자〉 이후 '지각적 식별 가능성'이라는 기준으로 특정 예술작품을 예술의 영역 밖으로 내모는 경계는 더 이상 존재하지 않는다고 선언한다. 즉 외관에 관한 한, 그것이 종이박스이든 돌무더기이든 어떠한 것도 예술작품이 될 수 있다는 것이다. 〈브릴로 상자〉는 예술작품이 지각적 식별 가능성에 의해 비예술과 구별된다는 모더니즘의 내러티브가 더 이상 유효하지 않다는 것을 보여주는 사례이다. 또한 동시에 단토의 예술의 종말선언은 어떠한 배타적 내러티브로 예술과 비예술을 구분하는 시도도 종말을 고하게 된다는 것을 의미한다. 단토의 예술의 종말선언은 예술다원주의를 적극적으로 옹호하고 장려한다.

2부에서는 예술을 인간의 생리학적 차원에서 이해하려는 니체, 듀이 그리고 들뢰즈의 예술철학을 살펴본다. 이것을 통해 우리는 예술이 인간 삶에 가진 근원적 조건을 확인하고, 동시에 인간의 신체적 정동이 어떻게 창작의 욕망으로 승화되고 창작 행위로 이어지는지를 살펴본다. 또한 생리적 조건이 예술활동으로 이어지는 메커니즘에서 예술을 평가할 수 있는 기준이 있는지도 살펴볼 것이다.

니체는 인간의 생리학적인 현상인 '도취'에서 예술의 근거를 확보함으로써, 예술이 인간의 삶과 근본적으로 분리될 수 없다는 결론에 도달한다. 니체는 "미학이 응용생리학에 지나지 않는다"는 예술생리학Physiologie der Kunst의 이념을 자신의 주저로 계획한《힘에의 의지 Wille zur Macht》의 한 장章으로 기획할 정도로 '예술생리학'에 집착한다. 니체에 따르면 자신의 세계를 조형하는 사람은 누구나 예술가이다. 그러나 니체에게는 단토를 비롯한 포스트모던 주의자들과는 달리 예술을 평가하는 기준이 있다. 그것이 바로 '힘에의 의지'이다. 즉 세계를 조형하는 창조적 행위가 힘을 증대시켜 삶을 촉진시키느냐 혹은 반대로 힘을 약화시켜 삶을 병들게 하는가에 따라 예술은 '디오니소스적 예술'과 '데카당스적 예술'로 구분된다. 이런 점에서 우리는 니체의 예술생리학이 가치의 평가와 전도 그리고 새로운 가치의 창조라는 니체의 철학 기획에 결정적 의미를 가짐을 알 수 있다.

듀이는 니체와 마찬가지로 예술의 출발점을 생명체의 활동에서 찾는다. 그에게도 예술은 일상적 삶과 분리되지 않는다. 그에게 미술, 음악, 무용 등의 분과와 예술의 출발, 즉 점, 선 그리고 리듬과 균형 등은 모두 몸이 세계와 마주하는 경험에서 획득한 것이다. 문명이란 바로 이러한 경험을 통합하고 보다 고차적인 방식으로 구현하는 데서 성취된다. 따라서 인간은 근본적으로 예술적이지만 경험을 조직화하고 통합하는 단계에서 질적인 차이는 존재할 수밖에 없다. 듀이가 문명화된 삶의 척도로서 예술을 제시하는 것도 이러한 이유 때문이다.

들뢰즈는 예술을 감각의 문제로 파악한다. 그는 예술작품을 '감각들의 기념비'로 묘사하는데, 예술작품에서 감각은 정동과 힘들의 관계인 기호 혹은 이미지의 집적이기 때문이다. 들뢰즈는 예술의 출발을 의식이 아니라 몸에서 찾는다. 지각은 우리의 몸에 힘이 작용하고 있다는 신호인데, 예술은 바로 감각으로 드러나는 힘의 강도와 리듬을 표현하는 것이다. 즉 들뢰즈에게 예술은 재현이 아니라 세계에 현상하는 힘과 관계한다. 모방은 힘의 그림자일 뿐이다. 이것을 그는 프란시스 베이컨의 작품 분석을 통해 보여준다. 예술의 출발을 감각과 정동에서 찾는다는 점에서 들뢰즈의 생각은 니체와 듀이의 그것과 크게 다르지 않다. 그런데 감각과 정동만으로 예술이 되는 것은 아니다. 구성된 감각만이 예술의 지위를 얻는다. 들뢰즈는 미학적 구성을 기술적 구성과 분리하는데, 후자에서는 감각이 재료 안에서 실현되는 데 반해, 전자의 경우는 반대로 재료를 감각으로 이행시킨다. 구성된 감각이란 새로운 지각과 정동들을 창조하는 데 결정적이다.

3부에서는 예술생리학의 이념이 우리시대 예술에 어떤 영향을 끼치고 있는지를 추적한다. 우리는 생리학적 차원에서 예술을 이해하는 철학자들의 주장이 현재의 다원주의 예술계를 이해하는 데 기여할 수 있다고 본다. 오늘날 예술의 복잡한 지형을 구분 짓는 것은 쉽지 않지만, 작가/작품/감상자의 구획을 거부한다는 점, 실험성, 우연 그리고 놀이를 예술의 중요한 요소로 수용한다는 점, 그리고 장르를 넘는 하이브리드 형태의 예술 실험이라는 경향성보인다는 점을 확인한다. 그리고 무엇보다도 현대예술은 예술과 삶의 관계를 재정립하려는 태도가 강하다. 그들은 예술을 개별자의 행위 중심에 둠으로써 예술의 지평을 넓힌다. 이러한 현대예술의 지형도는 예술생리학이 지향하는 예술관과 일치한다. 우리는 우리 시대의 예술이 예술생리학의 정신을 어떻게 구현하고 있는지를 대표적 사례를 통해 살펴볼 것이다.

대표적인 경우가 플럭서스Fluxus 운동이다. 플럭서스 운동은 현대 예술 중 가장 철저히 전통 예술과 결별을 선언한다. 플럭서스는 해프닝, 퍼포먼스, 이벤트, 액션 등 전통적으로 예술의 영역 밖에 있던 것을 예술의 영역으로 받아들였고, 음악, 문학, 무대예술, 그리고 비디오 아트에 이르기까지 다양한 예술 매체 간의 혼성교배를 통해 새로운 예술형식을 창조했다. 무엇보다도 플럭서스는 삶과 분리되는 예술을 철저히 거부한다. 그들은 오브제화된 예술품을 지향하는 피상적 예술을 거부하고 삶과 예술을 일치시킨다. '모든 것이 예술이고, 모든 사람은 예술가이다'라는 플럭서스의 정신은 삶과 예술의 일치를 지향하는 그들의 태도에서 비롯된 것이다. 우리는 플럭서스 운동의 대표자라 말할 수 있는 보이스J.Beuys와 백남준을 통해 예술생리학과의 관계를 살펴볼 것이다.

현대음악의 실험정신은 작곡에서 '불협화음'을 적극적으로 도입하고 활용하는 것에서 확인할 수 있다. 쇤베르크A. Schoenberg는 이전 시대 음악과 급격한 단절을 보여준 현대음악가이다. 그는 현대인의 불안, 공포, 두려움, 반항 그리고 충동 등을 음악으로 구현하는 방법은 불협화음, 리듬적인 원자주의, 단편적인 선율, 주선율이 없는 음악이라고 확신한다. 그의 음악은 근대성에 대한 강한 비판의식을 담고 있다. 세계를 화음으로 묘사하는 것은 미성숙하거나 위선이다. 그가 무조음악과 12개 음으로 작곡하는 기법은 모두 근대의 정신과 형식을 극복하기 위한 실험이다. 그에게 음악은 단순히 자연의 아름다움과 인간의 도덕적 완성을 노래하는 것이 아니다. 그에게 음악은 자신이 살고 있는 세계를 정직하게 표현해야 하며, 그러기 위해 끊임없이 전통과 대결해야 하고 시대에 맞는 양식을 창조해야 하는 것이다. 불협화음은 세계의 진정한 본질에 가깝고, 그것을 통해 새로운 가치가 잉태된다.

무용은 근본적으로 몸의 예술이고 몸의 도취를 가장 잘 표현할 수 있다는 점에서 예술생리학의 정신을 잘 구현할 수 있는 예술 장르이다. 현대무용이 이사도라 던컨Isadora Duncan에서 출발했다는 것에는 이견이 없을 것이다. 던컨은 자신의 삶과 예술을 통해 어떻게 인간에게 완전한 자유가 가능한지를 보여준다. 그녀에게 자연스러운 움직임으로서의 춤은 본능에 충실한 춤을 의미하며, 이러한 춤은 테크닉으로 체계화될 수 없고 춤추는 사람의 자유와 즉흥성이 춤에서 핵심적 역할을 한다. 던컨 무용의 현대적 계승자는 수없이 많은데, 우리는 특히 피나 바우쉬Pina Bausch를 주목할 필요가 있다. 그녀는 탄츠테아터TanzTheater를 통해 현대인의 삶을 정직하게 표현한다. 특히 인간의 소외, 고독, 불안을 꼴라주 형태로 재현하는 경우가 많았다. 춤의 주제가 일관되기보다는 일상적인 것과 사회적·역사적 것이 혼란스럽게 대비되고 중첩되었고, 그것을 표현하는 방식도 즉흥적 실험의 형태로 조립되었다. 바우쉬는 언어가 가진 매체로서의 능력에 회의적이다. 언어는 세계를 온전하게 재현하는 것이 불가능할 뿐만 아니라 사람들 사이의 의사소통 매체로서도 무능하다. 그녀는 언어 대신 몸의 정직함을 높이 평가한다.

우리 시대 예술의 총아는 디지털예술이다. 기술매체로서 예술의 자격을 획득한 것은 디지털에 앞서 사진과 영화였다. 대상의 재현을 예술의 정의로 믿고 작가의 구상을 손의 힘을 빌려 구현한 사물을 예술작품으로 평가했던 기준에 의해 손이 아닌 기계의 역할이 압도적인 사진과 영화의 예술적 지위에 대한 논란이 한때 있었지만, 오늘날 사진과 영화의 예술적 지위에 대해 의심하는 사람은 아무도 없다. 영화의 층위는 매우 다양하다. 헐리우드 영화로 대표되는 대중 지향의 오락영화에서부터 어떤 예술작품과 비교하더라도 손색이 없을 정도로 예술성이 뛰어난 영화도 있다. 그중에서도 구로사와 아키라 감독의 1951년 영화 〈라쇼몬〉을 통해 예술생리학의 정신을 확인할 것이다.

디지털은 인간의 삶을 근본적으로 변화시킨다. 그래서 볼츠N.Bolz 는 디지털 매체가 중심이 된 21세기를 놀이하는 사람의 시대로 진단한다. 우리의 일상을 떠받치는 디지털 기술은 오늘날 예술창작의 주요 소재가 된다. 디지털 매체의 등장은 예술작품에 대한 전통적 정의와 그것의 생산과 수용방식에서 전면적인 변경을 요구한다. 특히 인터넷을 통해 정보의 교환과 공유를 가능하게 한 유비쿼터스 네트워크는 창작에서 절대적 개방과 공동 작업을 이끌어냈다. 네트워크 예술은 가히 혁명적이다. 각 웹사이트는 스스로 작품 전시관이 된다. 또한 각 사이트의 전시관을 시간과 공간적으로 결합하고 합성할 수 있다. 우리는 현재 왕성하게 활동중인 모리스 베다윤Maurice Benayoun의 작품을 표본적으로 선택하여 그가 지향하는 디지털예술의 특징을 살펴보고 예술생리학과의 관계를 추적할 것이다.

※ 이 저서의 내용은 저자의 다년간의 '예술의 종말론'과 '예술생리학'에 대한 다수
의 연구 논문 및 저서 에 직·간접적으로 기초한다. 연구 논문의 목록은 다음
과 같다.

〈니체의 비극적-디오니소스적 사유와 예술〉, 《철학논총》 37집 제3권, 새한철학
회, 2004. 7, 147-170쪽.

〈주체의 계보학 -니체의 주체개념 비판〉, 《철학연구》 98집, 대한철학회, 2006. 5,
269-290쪽.

〈니체와 현대미술〉, 《니체연구》 10집, 한국니체학회, 2006. 10, 105-142쪽.

〈헤라클레이토스 단편 B52에 대한 한 연구—놀이철학의 관점에서〉, 《니체연구》
17집, 한국니체학회, 2010. 4, 239-278쪽.

〈니체의 예술생리학과 현대예술—플럭서스 운동을 중심으로〉, 《철학연구》 120
집, 대한철학회, 2011. 11, 281-308쪽.

《니체와 현대예술》, 서울: 역락, 2012.

〈니체의 놀이철학과 디지털예술의 미적 체험—베나윤의 디지털예술 작품을 중심
으로〉, 《철학연구》 124집, 대한철학회, 2012. 11, 347-376쪽.

〈예술에 대한 두 가지 태도—칸트의 수용미학과 니체의 예술생리학〉, 《철학연구》
130집, 대한철학회, 2014. 5, 277-304쪽.

〈니체와 현대무용—피나 바우쉬의 탄츠테아터를 중심으로〉, 《니체연구》 27집,
한국니체학회, 2015. 4, 125-164쪽.

〈예술생리학과 미래 예술—니체의 예술 종말론에 대한 연구〉, 《니체연구》 28집,
한국니체학회, 2015. 10, 187-221쪽.

〈예술의 종말과 종말이후의 예술—헤겔, 니체, 단토의 '예술의 종말'론 비교연구〉,
《니체연구》 29집, 한국니체학회, 2016. 4, 67-117쪽.

《놀이하는 인간의 철학》, 서울: 책세상, 2017.

〈진리의 허구성과 허구의 진정성—영화 '라쇼몬'과 니체의 관점주의〉, 《니체연
구》 31집, 한국니체학회, 2017. 4, 71-107쪽.

〈니체의 '예술의 종말'과 '미래예술'〉, 《니체연구》 332집, 한국니체학회, 2017. 10, 195-240쪽.

〈가치전도와 힘에의 의지의 계보학―바울의 가치전도에 대한 니체의 비판〉, 《철학연구》 148집, 대한철학회, 2018. 11, 327-356쪽.

〈반헤겔주의자로서 니체―들뢰즈의 니체해석1〉, 《니체연구》 36집, 한국니체학회, 2019. 10, 39-83쪽.

〈놀이와 철학―들뢰즈의 니체해석2〉, 《니체연구》 38집, 한국니체학회, 2020. 10, 125-162쪽.

〈예술과 생리학―니체와 듀이철학을 중심으로〉, 《철학논총》 102집, 새한철학회, 2020. 10, 369-395쪽.

〈매체와 감각의 재편―벤야민을 중심으로〉, 《대동철학》 96집, 대동철학회, 2021. 9, 275-299쪽.

〈매체와 예술의 종말―벤야민의 이론을 중심으로 〉, 《철학논총》 106집, 새한철학회, 2021. 10. 191-214쪽.

〈매체와 놀이 2―매클루언과 볼츠를 중심으로〉, 《대동철학》 101집, 대동철학회, 2022. 12, 339-371쪽.

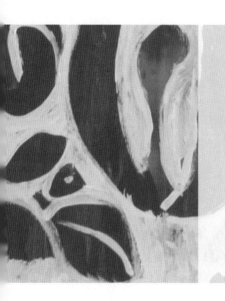

1부

예술의
자명성 상실과
예술의 종말

　오늘날 예술을 정의하는 것은 불가능하다고 말해야 할 정도로 예술의 지형도는 복잡하다. 한 세기 전만 해도 예술은 재현 혹은 표현적인 차원에서 정의하고 평가할 수 있었다. 그러나 오늘날, 모든 것이 예술의 지위를 갖는다고 말해도 좋을 정도이다. 돌무더기도 예술이 되고, 도축된 짐승들의 사체도 전시되고 예술의 지위를 갖는다. 레디메이드, 미니멀리즘 그리고 디지털예술의 경우 작가가 누구인지도 불분명하다. 예술과 예술이 아닌 것의 경계선을 긋는 것이 불가능하다고 고백하는 것이 차라리 솔직하다 할 것이다.

　오늘날의 예술지형도를 가장 먼저 간파한 철학자는 아서 단토이다. "앤디 워홀의 〈브릴로 상자〉와 슈퍼마켓에 있는 브릴로 상자 사이에 외적으로 어떠한 차이도 없다. …… 이것이 의미하는 바는, 이제는 더 이상 실례를 들어서 예술의 의미를 가르칠 수는 없게 되었다는 것이다. 그것은, 외관에 관한 한, 어떠한 것도 예술작품이 될 수 있다는 것을 의미한다. 또한 그것은 당신이 예술이 무엇인지를 알아내고자 한다면 감각 경험으로부터 사고로 전환해야 한다는 것을 의미한다. 간단히 말해서, 당신은 철학으로 향해야 한다."[1]

예술다원주의를 가장 잘 대변해 주는 단토의 예술의 종말 선언은 '지각적 식별 가능성'이라는 조건으로 예술과 비예술을 구분하는 경계는 더 이상 존재하지 않는다는 것을 공표한 셈이다. 단토는 예술에 대한 보편적이고 절대적인 단 하나의 정의는 불가능하다고 단언한다. 그는 예술사가 크게 두 개의 '내러티브narrative' 혹은 '에피소드'로 이루어졌다고 본다. 르네상스에서 시작하여 모더니즘 이전까지 예술, 특히 미술을 규정한 '바자리G. Vasari' 내러티브는, 대상에 대한 모사, 즉 대상에 대한 시각적 외관의 정복에 예술의 목표가 있다고 본다. 바자리 내러티브는 대상을 향한 시각을 다시 반성하는 모더니즘의 도래와 더불어 종말을 고한다. 모더니즘의 주장은 '우리가 하는 예술이 다른 것과 어떻게 구별되는가'로 모아진다. 모더니즘에서 예술은 양식이 보다 중요해지고, 예술을 하는 태도, 혹은 이데올로기가 중요해진다. 그래서 모더니즘 시대 예술을 '선언문' 시대의 예술로도 규정한다. 그러나 그들에게도 예술과 예술이 아닌 것은 시각적으로 구별 가능하다.

그러나 워홀이 화랑에 전시한 〈브릴로 상자〉와 슈퍼마켓에 있는 브릴로 상자 사이에는 어떤 외적 차이도 존재하지 않는다. 이것이 말해 주는 것은, 더 이상 식별 가능성에 의지하여 예술과 예술이 아닌 것

---

1. 아서 단토, 이성훈 · 김광우 옮김, 《예술의 종말 이후》, 서울: 미술문화, 2004, 59쪽.

을 구별하는 것은 무의미하다는 것이다. 즉 외관에 관한 한, 그것이 종이박스이든 돌무더기이든 어떠한 것도 예술작품이 될 수 있다는 것이다. 지각에 의한 식별 가능성에 기초한 모더니즘의 그린버그C. Greenberg 내러티브는 〈브릴로 상자〉와 더불어 종말을 고한다. 동시에 어떠한 배타적 내러티브로 예술과 비예술을 구분하는 시도도 종말을 고하게 된다.

단토의 예술사에 대한 이해와 내러티브의 종말 선언은 분명 그보다 200년 전 헤겔의 예술종말론에서 많은 영감을 받은 것이다.[2] 예술사의 아버지로 불리는 헤겔은 《미학강의Vorlesungen über die Ästhetik》에서 예술의 종말을 이렇게 선언한다.

> 우리는 예술이 항상 더 상승하여 스스로를 완성시키기를 희망할 수는 있지만, 이미 그 형식은 정신의 최상의 필요가 되기를 중지했다. ……
> 이제 우리는 그러한 예술작품 앞에 더 이상 무릎을 꿇지 않는다.[3]

헤겔은 앞선 철학자들과 달리 예술을 진리인식의 담지자로 인정한다. 예술은 진리를 감각적 직관의 형식으로 파악한다. 그런데 헤겔에

---

2. 헤겔의 예술의 종말론에 관한 아래의 내용은 정낙림, 〈예술의 종말과 종말 이후의 예술 — 헤겔, 니체, 단토의 '예술의 종말'론 비교연구〉, 《니체연구》 29집, 2016.4, 71-82쪽을 수정 · 보완한 것이다.

3. G. W. F. Hegel, Vorlesungen über die Ästhetik I (앞으로 Ästhetik으로 축약), Bd 13, in: Werke in zwanzig Bänden, E. Moldenhauser u. K. M. Michel(Hg.), Frankfurt a. M. 1969-1971, p. 142.

따르면 예술로 파악된 진리는 자기모순에 빠지게 되고 스스로를 지양Aufheben하고 보다 고차적 진리로 이행해 간다. 헤겔 철학에서 예술, 종교 그리고 철학은 절대정신의 세 유형이다. 그들은 모두 진리를 인식한다는 점에서는 내용적 일치점이 있으나, 진리 인식의 형식에서는 차이를 보인다. 즉 예술은 직관의, 종교는 표상의, 그리고 철학은 개념의 형식으로 진리를 인식한다. 이들 사이에 지양과 이행이 이루어지는데, 예술의 직관은 종교의 표상에서 그리고 종교적 표상은 철학의 개념에서 지양된다.

헤겔에 따르면, 절대정신이 감각적인 매체와 가장 완벽히 조화를 이룬 예술은, 고전예술 즉 고대 그리스에서 신들을 조각한 작품이다. 우리는 그리스 조각에서 진리를 감각적으로 직관할 수 있다. 그런데 진리인식에서 물질성은 보편성의 차원에서 지양되어야만 한다. 헤겔은 그리스도교적 주제를 주로 회화에 구현한 낭만적 예술에서 예술의 내용과 형식의 극심한 불일치를 목격한다. 낭만적 예술에서 절대정신을 감각적으로 직관하기란 불가능하게 되어, 진리의 매개체로서 예술은 그 지위를 상실한다. 즉 예술은 낭만적 예술에서 종말을 고하게 되는 것이다. 이제 예술의 미래는 또 다른 예술에 있는 것이 아니라, 종교 즉 그리스도교에 있다. 예술을 통한 절대정신의 인식은 종교에 의해 지양된다. 그리스도교의 신은 물질적 매체에 의해 그림으로 형상화되고 감각에 의해 직관되는 존재가 아니다. 그것은 내면에서 표상될 뿐이다.

예술사에서 '예술의 종말' 선언으로 가장 유명한 것은 헤겔과 단토의 그것이다. 200년의 역사적 간격을 두고 벌어진 두 사람의 '예술의 종말'이 미학사에서 중요한 역할을 한 것은 맞지만, 우리는 또 한 철학자의 '예술의 종말'을 기억할 필요가 있다. 19세기 말 니체는 '미래예술die Kunst der Zukunft'을 이렇게 선언한다. "은둔자 같은 예술가와 자신의 작품을 전시하는 예술가는 사라지게 될 것이다."[4] 니체는 근대예술이 작가, 작품 그리고 관객을 인위적으로 분리함으로써, 인간이 본성적으로 소유한 예술성을 망각하게 했다고 비판한다. 니체는 작가, 장르, 재료 등에 의한 예술적 구분을 거부하고 예술을 인간이 가진 생리적 조건으로 환원시킨다. 그의 예술의 종말은 '예술생리학'에 기초한 것으로, 여기에서는 예술이 성립하기 위해 가장 먼저 도취라는 정동Affekt이 동반되어야 한다.

니체의 예술의 종말과 미래예술의 선언은 다다Dada를 비롯한 20세기 초 각종 예술운동, 특히 강한 실험정신으로 무장한 아방가르드 예술의 이념으로 수용된다. 또 20세기와 금세기의 레디메이드, 행위예술, 대지예술, 개념예술 그리고 디지털예술 등은 작가 없는 혹은 작품 없는 예술의 가능성을 적극적으로 실험한다. 이러한 운동은 모두 니체의 영향을 직·간접적으로 받았다고 볼 수 있다. '모든 것은 예술'이고, '모든 사람이 예술가'라는 오늘날 우리에게 낯설지 않은 구호들의 시작은 니체인 것이다.

---

4. F. Nietzsche, Nachlaß, in: Sämtliche Werke. Kritische Studienausgabe in 15 Bänden(앞으로 KSA로 축약), Bd. 9, G. Colli u.a.(Hg.), München 1999, p. 25(1[81]). 앞으로 니체 저서는 제목을 축약하고 전집의 권수와 페이지를 명기한다. 유고의 단편은 고유번호가 있을 경우 페이지 뒤 꺽쇠로 표시한다. 예: GT: KSA1, 82: N: KSA9, 25(1[81]).

예술의 종말론과 관련하여 우리가 빠트려서는 안 되는 또 한 사람의 철학자가 있다. 바로 발터 벤야민W. Benjamin이다. 헤겔과 단토와 마찬가지로 벤야민 역시 예술의 역사성에 주목한다. 벤야민에 따르면 예술의 정의와 기능은 역사적 조건에 의존한다. 그런데 벤야민은 예술의 역사적 조건을 마르크스의 유물론에 기대어 설명한다. 예술은 토대, 즉 당대의 기술 수준의 반영물이다. 따라서 농업기반 수공업사회의 예술과 기술집약적 산업사회의 예술의 정의와 역할은 다를 수밖에 없다. 예술을 향유하는 주도 세력 역시 생산력의 변화에 따라 변한다. 벤야민은 전통적 예술과 기술적 복제시대의 예술을 구분하는 개념으로 '아우라Aura'를 제시한다.

벤야민의 아우라 개념은 '가까이 있지만 먼 것으로 느껴지는 것'으로, 전통적 예술작품을 감상할 때 감상자가 느끼는 감정이다. 아우라는 전통적 예술작품의 물질적 조건인 진품성, 원본성 그리고 일회성에서 비롯된다. 전통 예술작품은 근본적으로 복제품과 물질적으로 구별되기에, 고귀한 것이고 숭배되어야 하는 것이다. 그런데 19세기 후반 사진의 등장으로 대상에 대한 기술적 복제가 가능하게 되었고, 복제와 원본의 차이를 묻는 것이 무의미해졌다. 사진과 영화로 대표되는 기술복제 예술은 인간의 감각을 재편하여 시간과 공간에 대한 새로운 이해를 가능하게 했을 뿐만 아니라, 예술과 예술작품에 대한 정의와 역할을 급진적으로 재규정한다.

1부에서는 헤겔, 니체, 벤야민 그리고 단토의 '예술의 종말'에 대한 주장을 살펴보고, 그들 사이에 존재하는 차이가 무엇인지를 묻고 찾아볼 것이다. 이들 철학자들은 예술에 대해서 상이한 태도를 지녔지만, 가장 중요한 차이는 '종말 이후의 예술'의 지위와 역할에 대한 설명에 있다. 따라서 1부에서는 이들의 예술의 종말론이 종말이후의 예술을 어떻게 이해하고 평가하는가에 초점을 맞춰 이론의 차이를 드러낼 것이다.

01
헤겔

절대정신의 감각적 직관형식으로서
예술의 종말

1 철학 체계와 예술

"예술은 그것의 최고의 규정이라는 측면에서 볼 때 우리에게 지나 가 버린 것für uns ein Vergangenes이다."[1]

예술의 종말에 대한 헤겔의 유명한 이 선언은 예술의 정의와 기능에 대한 새로운 통찰을 제공한 동시에 논쟁의 시작을 알리는 종소리이기 도 했다. 크로체B. Croce는 헤겔의 주장을 문자대로 이해해야 하고, 예 술의 종언은 말 그대로 헤겔의 예술에 대한 '추도사'로 보아야 한다고 주장한다. 헤겔은 《미학강의》에서 "일련의 예술형식을 회고하고 이 것들이 내적으로 소진되어가는 발전 단계를 보여주면서 전체를 무덤 속에 집어넣고는 철학으로 하여금 그 묘비명을 쓰게 했다."[2] 이러한 해석에 대해 단토는 헤겔의 예술 종말론이 가진 진정한 의미를 간과 한 것으로 본다. 예술의 종말의 진정한 의미는 예술의 해방이다.

1. Ästhetik I, p. 25.
2. 베네데토 크로체, 권혁성 외 옮김, 《미학》, 성남: 북코리아, 2017, 365쪽.

현대 미술의 많은 부분은 전혀 심미적이지 않고, 그 대신 의미의 힘과 진리의 가능성을 갖고 있으며, 그 힘과 가능성을 가동시키는 해석에 의존한다. …… 나는 이것을 예술의 종말을 다룬 헤겔의 논의에서 배웠다.[3]

예술의 종말론에 대한 논쟁은 헤겔의 《미학강의》의 출간배경과 관련하여 더욱 복잡한 양상을 보여준다. 헤겔은 하이델베르크 대학에서 1회1818년 여름학기, 베를린 대학에서 4회1820/21년 겨울학기, 1823년 여름학기, 1826년 여름학기, 1828/29년 겨울학기, 총 5회 미학에 대해 강의하였다. 《미학강의》는 헤겔 사후 그의 제자 호토H. G. Hotho가 헤겔의 베를린 시절 마지막 세 번의 미학 강의에 쓰인 헤겔의 수고手稿와 수강자의 필기록을 기초로 1835년 3권으로 묶어냈다. 호토 판의 《미학강의》가 헤겔의 사유를 얼마나 충실히 반영하고 있는지에 대한 의문이 제기되기도 한다. 수강자는 필기록에 강의자의 강의뿐만 아니라 자신의 생각을 기록할 수도 있다. 더욱이 다수의 수강자의 비정합적 내용을 체계적 저서로 편집하기 위해서는 편집자의 의도가 들어갈 수밖에 없다. 호토 판 헤겔의 《미학강의》의 문제를 보완하기 위해 호토가 참조하지 않은 헤겔 미학강의 필기록을 포함한 새로운 《미학강의》가 출판되기도 하였다.[4] 헤겔 철학 체계에서 예술의 위상은 시기

---

3. 아서 단토, 김한영 옮김, 《무엇이 예술인가》, 서울: 은행나무, 2015, 222쪽.
4. 여기에 해당하는 헤겔의 새로운 《미학강의》는 다음과 같다. Hegel, Vorlesungen über Ästhetik, hrsg. v. H. Schneider, Frankfurt a. M. u.a. 1995. 그리고 Vorlesungen über die Philosophie der Kunst, hrsg. v.

별로 약간의 차이가 있다. 특히 헤겔의 《미학강의》와 이전 시기의 저서에서 예술의 위상은 같지 않다. 무엇보다도 헤겔 철학 체계에서 예술의 지위를 이해하기 위해서는 1830년에 출간된 헤겔의 《철학백과Enzyklopädie der philosophischen Wissenschafte im Grundrisse》(1830)를 살펴볼 필요가 있다. 헤겔은 《철학강요》에서 철학 체계를 3부로 나눈다.[5] 제1부는 논리학die Wissenschaft der Logik, 제2부는 자연철학die Naturphilosophie 그리고 제3부는 정신의 철학die Philosophie des Geistes 이다. 예술Die Kunst은 제3부 정신의 철학 3절 절대정신der absolute Geist에 등장하는데, 절대정신의 형태로 헤겔은 예술과 함께 계시종교die geoffenbarte Religion, 철학die Philosophie을 꼽고 있다.

헤겔의 철학은 세계의 근원 원리인 절대이념die absolute Idee을 향한 정신의 편력을 보여준다. 절대이념은 절대정신에서 비로소 완전하게 파악된다. 《철학백과》에서 정신은 절대이념의 객관적 원리논리학를, 그리고 스스로 소외된 양식인 자연자연철학을 거쳐 마침내 자신으로

A. Gethmann-Siefert, Hamburg 1998. 그리고 Vorlesungen über die Philosophie der Kunst, hrsg. v. A. Gethmann-Siefert u.a., Frankfurt a. M. 2005. 호토 판 《미학강의》와 관련하여 제기되는 문제점에 대해서는 권대중, 〈헤겔의 미학〉, 《미학의 역사》 미학대계 제1권, 미학대계간행회, 서울: 서울대학교 출판문화원, 2007, 415-417쪽 참조. 권대중은 호토 판 《미학강의》가 편집상 적잖은 문제점이 있음에도 "내용적인 풍부함과 광범위함에 있어서는 다른 모든 판본들의 추정을 불허한다"(권대중, 〈헤겔의 미학〉, 417쪽) 고 확신한다. 그리고 《미학강의》의 판본에 따라 내용상 약간의 차이가 있지만 '예술의 종말'과 '예술의 과거성'은 다양한 판본들이 모두 포함하고 있다고 본다.(같은 곳 참조)
5. Hegel, Enzyklopädie der philosophischen Wissenschaften im Grundrisse 1830, Bd. 8-10.

복귀정신의 철학하는 여정을 보여준다. 《철학백과》의 〈정신철학〉에서 절대정신은 예술, 종교, 철학, 이렇게 세 가지 형태로 등장한다. 즉 인간은 예술, 종교, 철학을 통해 절대이념을 인식할 수 있다는 것이다. 《철학강요》에서 예술은 절대정신의 객관적 형태, 계시종교는 절대정신의 주관적 형태, 그리고 철학은 절대정신의 주관객관적 형태이다. 예술, 종교, 철학은 절대이념을 인식하는 절대정신의 형태이지만 그것을 인식하는 방식에서 차이가 난다. 즉 예술은 절대이념을 감각으로 직관Anschauung하고, 종교는 내면으로 표상Vorstellung하며, 철학은 개념으로 사유Denken한다.[6] 헤겔은 예술, 종교, 철학이라는 절대정신의 형식들 사이에서도 변증법적 이행의 관계가 작동한다고 본다. 즉 감각적 직관 방식보다는 표상이, 표상보다는 사유가 절대이념을 보다 더 충전적으로 인식할 수 있다는 것이다. 절대이념의 인식이라는 측면에서 예술, 종교, 철학의 위계는 분명하다. 이러한 헤겔의 생각은 《미학강의》에 그대로 유지된다.

그런데 《철학백과》에 앞서 출판된 헤겔의 특히 청년기 저술에서는 예술-종교-철학의 위계와는 다소 다른 양상이 나타난다. 횔덜린F. Hölderlin, 셸링F. Schelling과 긴밀하게 교류했던 튀빙겐 시절 헤겔은 근대가 초래한 개인과 공동체 삶의 분열을 예술을 통해 통합하려는 열망이 강했다. 이 점은 헤겔에 앞서 근대의 문제를 형식충동이 감각충동을 억압함으로써 초래된 결과로 보고 두 충동의 조화와 균형을

---

6. Hegel, Enzyklopädie der philosophischen Wissenschaften im Grundrisse 1830, Bd. 10, §. 446-465, pp.246-288 참조.

통한 놀이충동, 즉 예술충동의 회복을 통해 인간의 완성을 꿈꾸었던 실러F. Schiller의 문제의식을 계승한다고 볼 수 있다.[7] 헤겔의 시도는 예술을 실마리로 사회적 문제에 접근하려는 1796년 혹은 1797년에 쓴 것으로 보이는 〈독일관념론의 가장 오래된 체계계획Das älteste Systemprogramm des deutschen Idealismus〉에 잘 나타난다.

헤겔은 〈독일관념론의 가장 오래된 체계계획〉에서 우리에게 익숙한 헤겔 철학에서의 예술, 종교, 철학의 위계를 완전히 뒤집고 예술의 절대성을 찬양한다. 헤겔은 이성의 최고 활동은 '심미적 활동'이며, 당대의 문제를 해결하기 위해 예술의 절대성을 기반으로 하는 "새로운 신화eine neue Mythologie"가 필요하고, 새로운 신화는 이념에 봉사함으로써 "이성의 신화eine Mythologie der Vernunft"가 되어야 한다고 강조한다.[8]

> 나는 모든 것을 통일시키는 이념, 즉 미의 이념 그리고 모든 이념들을 포괄하고 있는 이성의 최고 활동이 심미적 활동이라고 확신한다. 진리와 선은 오직 미 속에서만 밀접한 관계를 맺을 수 있다. 철학자는 시인 못지않게 심미적 능력을 지니고 있어야 한다. 심미적 감각이 없는 인간들이 바로 우리 주변에서 겉치레만 차리는 편협한 철학자들이다. 정신철학은 심미적 철학이다. 심미적 감각이 없다면 우리는 어떤

---

7. 실러의 예술충동을 통한 근대의 극복에 대해서는 정낙림, 《놀이하는 인간의 철학》, 서울: 책세상, 2017, 141-166쪽 참조.
8. Hegel, "Das älteste Systemprogramm des deutschen Idealismus", in: Frühe Schriften, Werke Bd.1, p. 236.

것에서도 정신이 풍요로울 수 없으며, 역사에 대해서조차 풍부한 정신으로 추론할 수가 없다. 이념을 이해하지 못하는 사람들은 바로 이 예술적 감각을 결여하고 있다는 사실이 명백하다.[9]

실러의 《미적 교육론Über die ästhetische Erziehung des Menschen》의 마지막, 즉 27편지의 결론[10]을 떠올릴 정도로 청년시절 헤겔은 예술만이 개인과 공동체, 주체와 객체, 진리와 선을 통합시킬 수 있다고 보았다. 헤겔은 예술이 "인류의 이념die Idee der Menschheit"[11]과 관계가 있다는 점을 강조한다. 특히 헤겔은 당시 국가에 대해 대단히 비판적 자세를 견지한다. "'국가의 이념은 없다' …… 왜냐하면 국가란 어떤 기계적인 것이며, 기계의 이념이란 없기 때문이다. 자유의 대상이 되는 것만이 이념이라 불린다. 따라서 우리는 국가를 넘어가야 한다! 왜냐하면 모든 국가는 자유로운 인간을 기계적인 톱니바퀴로 다뤄야 하기 때문이다. 국가는 그래서는 안 되며, 따라서 멈춰야 한다."[12]

9. Ibid., p. 235. 헤겔, 정대성 옮김, 《청년 헤겔의 신학론집》, 서울: 그린비, 2018, 431-432쪽.
10. "우리는 오직 아름다움만 개체이면서 동시에 종적 존재로서, 즉 종 전체의 대변자로 향유합니다. …… 오직 아름다움이 모든 세계를 행복하게 하며, 모든 존재는 아름다움의 마력을 경험하는 동안 자신의 한계를 잊어버립니다."(F. Schiller, Über das Schöne und die Kunst, München 1984, p.228). 프리드리히 실러, 윤선구 외 옮김, 《프리드리히 실러의 미적 교육론》, 서울: 대화문화아카데미, 2015, 253-254쪽.
11. Hegel, "Das älteste Systemprogramm des deutschen Idealismus", p. 234.
12. Ibid., p, 234-235. 헤겔, 정대성 옮김, 《청년 헤겔의 신학론집》, 431쪽.

이 점은 이후의 헤겔의 태도와는 매우 다르다.《법철학Grundlinien der Philosophie des Rechts》제3부 3절 '국가Der Staat'에서 첫 문장을 헤겔은 이렇게 시작한다. "국가는 인륜적 이념의 현실태이다."13 헤겔은 국가는 개인의 이해관계를 근거로 하는 시민사회와 구별되어야 한다고 본다. "국가는 객관적 정신이기 때문에 개인 자신이 객관성·진리성·인륜성을 지니는 것은 그가 국가의 일원일 때뿐이다."14

  '국가의 이념은 없다'와 '국가는 인륜적 이념의 현실태이다' 사이의 간격을 우리는 어떻게 이해할 수 있을까? 초기와 예나 시절 이후의 헤겔에게 불변하는 것은 이념의 뿌리는 인간의 자유라는 것이다. 즉 초기 헤겔의 입장은 국가에서 인간의 자유는 불가능하다는 것이고, 예나시절 이후의 헤겔 입장은 개인은 국가를 통해서만 자유를 향유할 수 있다는 것이다. 그렇다면 청년시절 헤겔은 국가에 대해 부정적 태도를 취했을까? 여기에 대한 답은 실러가 보여주고 있다. 실러는《미적 교육론》27편지에서 근대국가의 유형을 설명하는데, 자연을 제어함으로써 성립한 국가를 "역학적인dynamisch 국가"로 부르고 여기에서 인간은 힘으로 타자를 제어한다. 또 도덕 혹은 의무에 의해 인간을 지배하는 "윤리적인ethisch 국가"가 있고, 개인이 놀이충동을 통해 전체의 의지를 실현하는 자유국가, 즉 "미적ästhetisch" 국가가 있다.15 청년기 헤겔이 마주한 현실적 국가는 바로 실러의 '역학적

---

13. Hegel, Grundlinien der Philosophie des Rechts, in: Werke Bd. 7, §. 257, p. 398.
14. Ibid., §. 258, p. 399.
15. Schiller, Über die ästhetische Erziehung des Menschen in einer Reihe

국가'로 판단된다. 헤겔은 "국가, 체제, 정부 그리고 입법 등, 인간의 고루한 작품 전체를 그 껍질까지 발가벗길 것"[16]을 선언한다. 헤겔은 실러와 마찬가지로 자유를 기초로 한 이념, 그것도 절대자유와 절대이념은 국가나 도덕, 종교가 아니라 바로 예술, 즉 미의 이념임을 강조한다.

〈독일관념론의 가장 오래된 체계계획〉에서 헤겔의 예술, 종교, 철학의 위상은 분명하다. 철학과 종교는 예술을 따라야 한다. 특히 헤겔은 '시문학Poesie'의 중요성을 언급한다. 진리도 믿음도 시문학의 도움을 얻어야 가능하다. 시는 모든 분열을 통합하는 힘을 가지고 있다. "시는 고귀한 영예를 얻는다. 시는 마지막에 다시금 처음에 있던 것으로 돌아간다. 그래서 시는 인류의 선생Lehrerin der Menschheit이 된다. 왜냐하면 철학도 역사도 더 이상 없으며, 시예술만이 모든 여타의 학문을 넘어서기 때문이다."[17]

그래서 헤겔은 예술이 분열을 통합시키는 고리가 될 수 있고 이러한 예술의 힘을 기반으로 하는 '새로운 신화'의 필요성을 역설한다. 대중은 감성적인 종교sinnliche Religion, 즉 예술을 가져야 한다. "대중뿐만 아니라 철학자 역시 이런 종교를 필요로 한다. 이성과 마음의 일신론, 상상력과 예술의 다신론, 바로 이것이 우리가 필요로 하는

von Briefen, in: Friedrich Schiller. Über das Schöne und die Kunst, Hrsg v. G. Fricke u. H. G. Göpfer, Bd. V, 5, München 1975, p. 227 참조.

16. Hegel, "Das älteste Systemprogramm des deutschen Idealismus", p. 235. 헤겔, 정대성 옮김, 《청년 헤겔의 신학론집》, 431쪽.

17. Ibid.

것이다."[18]

새로운 신화는 이념에 봉사해야 하고, 이성적이어야 한다. 즉 이념은 신화, 즉 예술을 통해서만이 민중에 다가갈 수 있고, 역으로 철학자에게 신화는 이성적이어야 한다. 즉 예술을 통해서 계몽된 자와 계몽되지 않은 자는 손을 잡을 수 있다. "신화는 철학적으로 되어야 하며, 민중은 이성적으로 되어야 한다. 철학자들을 감각적으로 만들기 위해 철학은 신화적으로 되어야 한다. 그런 다음에야 우리 가운데 영원한 통일이 지배할 것이다."[19] 철학자들이 감각성을 회복하고 민중들이 이성의 능력을 갖출 때, 계몽된 자들이 민중들에게 던지는 경멸의 눈초리도, 반대로 민중들이 계몽된 자들을 향한 맹목적 분노도 멈출 것이다. "그런 다음에야 비로소, 개체의 힘이건 모든 개별자들의 힘이건 간에, 모든 힘들의 동일한 도야가 기대된다. …… 그렇게 되면 정신들의 보편적인 자유와 평등이 지배하게 될 것이다!"[20] 여기서도 우리는 헤겔이 실러와 동일한 문제의식을 가지고 있음을 확인할 수 있다. 실러는 프랑스 혁명 이후 근대국가에서 보여주는 몽상가들의 오만과 민중들의 거칠고 무법적인 분노의 충돌을 형식충동과 감각충동의 대립으로 간파하고, 두 충동의 갈등은 예술을 통해서만 인간 본성의 전체성을 회복할 수 있다고 보았다. 헤겔은 최소한 〈독일관념론의 가장 오래된 체계계획〉에서는 실러의 노선을 견지하

18. Ibid. p. 235-236. 헤겔, 정대성 옮김, 《청년 헤겔의 신학론집》, 432쪽.
19. Ibid, p. 236. 《청년 헤겔의 신학론집》, 같은 곳.
20. Ibid. 《청년 헤겔의 신학론집》, 432-433쪽.

고 있는 것으로 보인다.

　그러나 예술을 통해 근대의 분열된 삶을 구하려는 청년 헤겔의 기획은 그렇게 오래가지 못했다. 청년시절 낭만주의의 그늘 아래 예술을 통한 '새로운 신화학'을 꿈꾸었던 헤겔은 자신의 꿈이 가진 한계를 간파한다. 인식의 측면에서 심미적인 것은 감각에서 출발하기에 객관성과 보편성의 차원에서 볼 때 의식이나 정신의 능력에 비해 열등하다. 예나 시절 이후 헤겔의 관심은 절대적인 것에 대한 인식으로 바뀌었고, 그것에 가장 적합한 것은 철학의 개념적 사유이다. 그렇다고 예술이 절대적 이념의 인식에 전혀 쓸모없다는 것은 아니다.

2 진리와 예술

예술이 진리와 무관하지 않다는 생각은 이미 플라톤에서도 드러난다. 플라톤은 예술 행위를 미메시스Mimesis로 보는데, 모방으로 번역되는 미메시스의 원래 의미는 '스스로 비슷하게 만들다', '재현하다', '앞서 보이기vor-ahmen' 등으로 다양하다.[21] 플라톤은《국가》에서 미메시스를 화가의 행위를 통해 설명한다. 목수는 침상의 이데아를 모방하고, 화가는 목수의 침상을 모방한다. 목수의 침상이 침상 이데아의 가상이라면, 화가의 침상 그림은 가상의 가상이다. 따라서 화가의 침상은 진리의 차원에서 보자면 가장 거리가 먼 것이다. 그래서 플라톤은 화가의 미메시스를 유치하고 헛된 짓, 즉 놀이paidia로 본다.[22]

21. 군터 게바우어, 크리토프 볼츠, 최성만 옮김,《미메시스》, 파주: 글항아리, 2015, 26쪽 참조.
22. Platon, Politeia, 602, in: Platon Werke Bd.4, Hrsg. v. G. Elgler, Daramstadt 1990. 플라톤, 박종현 옮김,《국가 · 정체》, 파주: 서광사 1997, 627-629쪽 참조.

근대에서 예술과 진리의 문제를 본격적으로 통찰한 철학자는 바움가르텐이다. 바움가르텐A. G. Baumgarten은 예술 활동이 감성적 인식과 관계하고 감성적 인식이 비록 이성을 기반으로 하는 학문 인식과는 차이가 있을지라도, 그것에 진리인식의 지위를 부여해야 한다고 본다. 그래서 바움가르텐은 감성적 인식의 독자성을 묻는 학문이 필요하다고 보고, 그것을 에스테티카aesthetica, 즉 미학으로 칭한다. 그런데 바움가르텐은 이성에 기반하는 인식을 상위 인식능력으로, 감성적 인식을 하위 인식능력으로 분류한다. 그가 감성적 인식과 관련된 학문을 '하위의 논리학' 혹은 '유사 이성'으로 부르는 것도 유사한 태도를 보여준다.[23] 이것을 통해 우리는 바움가르텐의 예술과 진리에 대한 태도를 확인할 수 있다.

헤겔은 '가상의 모방' 혹은 '저급한 인식능력' 등, 예술의 진리인식에 대한 전통적 평가에 반기를 든다. 그는 앞선 철학자들과 달리 예술에 최고의 진리를 인식할 수 있는 지위를 부여한다. 이 점에서 헤겔을 예술의 위상을 고양시킨 철학자로 평가할 수 있다. 또한 예술철학사에서 헤겔의 기여는 미에 대한 주관의 보편적 판단 형식을 주로 탐구했던 칸트의 문제의식에 더하여 미의 내용도 본격적으로 다루었다는 점이다. 헤겔에게 감성적 직관이라는 미의 형식과 더불어 정신의 진리와 자유라는 미의 내용도 중요하다.[24] 이러한 그의 생각은 칸트처

---

23. A. G. Baumgarten, Ästhetik Bd. 1, Hamburg 1988, § 14 참조
24. 헤겔은 실러가 칸트의 문제점을 정확히 간파하고 있다고 본다. 실러는 "칸트의 주관적 사유가 지닌 추상성을 깨뜨리고 이를 극복하여 통일성과 화해를 진정한 예술미로 이해하고 이를 예술적으로 실현"하고자 했다.(Ästhetik I, p. 107 참조)

럼 미의 이상을 자연미Naturschöne에 두고 있는 것이 아니라, 인간의 자유로운 정신이 표현된 예술작품의 미Kunstschöne를 예술의 본질로 본다는 점에서도 잘 드러난다.[25] 헤겔은 자연미에서는 인간 정신의 자유가 존재하지 않고 법칙만이 있을 뿐이라고 평가한다. 그에게 미는 의식과 그것에서 비롯되는 이념과 뗄 수 없는 관계에 있다.

미는 진리와 무관하게 독립적으로 존재할 수 없다. 헤겔에서 진리는 사회와 역사의 단계에 따라 상이한 형식과 역할을 보여준다. 따라서 예술 역시 역사 속에서 상이한 양식으로 등장하고 그에 따른 역할을 수행한다. 이것이 의미하는 것은 예술은 역사 속에서만 자신의 본질을 실현할 수 있다는 것이다. 이 점은 헤겔의 중대한 통찰이고, 이후의 예술철학에 지대한 영향을 끼친다. 특히 단토의 '예술의 종말'은 헤겔의 이 통찰을 계승한 것이라 할 수 있다.[26]

헤겔에 따르면 정신Geist은 가장 조야한 개별 인간의 감각에서 출발하는 주관적 정신이 자기반성을 통해 법, 도덕, 인륜성에서 객관적 정신으로 발전한다. 이것은 일체의 제도를 뛰어넘는 전면적 반성

또 헤겔은 칸트의 취미판단이 피상적일 뿐만 아니라 칸트가 예술 작품 자체에 대한 어떤 발언도 하지 않은 점을 강하게 비판한다.(Ästhetik I, p. 55 참조)

25. 헤겔은 자연미에 대한 예술미의 우위성을 시종일관 강조한다. 자연미는 예술미의 반영일 뿐이다.(Ästhetik I, pp.14-15 참조)

26. "내가 알기에 미학의 역사상 예술 개념의 복합성을 제대로 파악한 인물은 — 그리고 대부분의 철학자들과는 달리 이 주제에 대해 영원한 관점보다는 역사적인 관점을 취했기 때문에 예술작품의 부류가 갖는 이질성에 대해 거의 선험적인 설명을 할 수 있었던 유일한 인물은 — 바로 헤겔이다."(아서 단토, 이성훈 · 김광우 옮김, 《예술의 종말 이후》, 352-353쪽)

을 통해 마침내 총체적 진리인 '절대정신der absolute Geist'으로 나아
간다. 헤겔은 조야한 감각단계의 정신에서 절대정신으로의 이행을
절대정신이 스스로를 소외시켰다가 자신으로 귀환하는 과정으로 파
악한다.[27] 헤겔은 예술, 종교, 철학을 절대정신의 세 가지 형태로 본
다. 그 각각은 '진리의 인식'이라는 같은 목표를 가진 동시에, 직관
Anschauung, 표상Vorstellung, 사유Denken라는 진리 인식의 형식적 측
면에서 차이도 있다. 즉 예술에서 절대정신은 감각적으로 직관되며,
종교에서 그것은 내면적으로 표상되고, 최종적으로 철학은 절대정신
을 개념적으로 사유한다. 이것들 사이에는 또다시 지양 및 이행의 논
리가 작동한다. 즉 예술은 종교에 의해, 그리고 종교는 철학에 의해
지양되고, 이행된다.[28]

헤겔이 역사철학에서도 밝히고 있듯이, 정신을 추동하는 힘은 바
로 자유이다. 정신은 자신의 자유를 예술의 단계에서는 눈으로 보고,
귀로 듣고, 입으로 말할 수 있게 표현한다.[29] 우리가 예술을 조형예
술, 비조형예술, 그리고 비조형예술을 다시 음악과 문학으로 나누는
방식도 원초적으로 감각기관에 의존한 결과이다. 헤겔에 따르면 정

---

27. Hegel, Phänomenologien des Geistes, Bd. 3, pp.18-20 참조.
28. 헤겔이 예술을 절대진리의 한 형식으로 격상시켰지만, 결국 자신이 비판한 플
    라톤의 전철을 따라간다는 비판이 제기될 수 있다. 즉 예술의 고유성보다는 진
    리의 영역으로 예술을 끌어들임으로써, 즉 철학에 종속시킴으로써 예술의 고유
    성을 고갈시켰다는 것이다. 이에 대해서는 김상환, 《예술가를 위한 형이상학 —
    해체론 시대의 철학과 문화》, 서울: 민음사, 2000, 160-162쪽 참조.
29. "자유야말로 정신을 규정하는 최고의 것이다."(Ästhetik I, p. 134)

신의 자유를 감각할 수 있는 형식으로 표현한 것이 아름다움, 즉 미美이다. 즉 미란 진리, 혹은 신적인 것이 감각적이고 외적인 형태로 드러난 것이다.

이제 예술은 이러한 자유 속에서 비로소 참된 예술이 되는데, 그것은 종교 및 철학과 공통되는 권역 속에 자신을 위치시켜 신적인 것, 인간의 가장 심오한 관심, 즉 정신의 가장 포괄적 진리들을 의식케 하고 표명하는 하나의 방식으로 존재할 경우에야 비로소 자신의 지상의 과제를 해결한다.[30]

헤겔의 미학의 주제는 미美이다. 그에게 추醜는 아름다움의 결핍이며 불완전한 것으로 미학의 주제가 되지 못한다.[31] 헤겔 미학에서 추와 희극적인 것, 통속적인 것, 풍자적인 것이 주제화되지 않는 것은 다분히 의도적인 것이다. 이것은 헤겔에서 예술의 일차적 목적이 대상을 모사하거나 도덕적 완성을 추구하는 데 있지 않고, 철저히 정신의 진리를 전하는 것에 있다는 것을 말해준다. 진리는 완전해야 하며 결핍이 있어서는 안 된다. 예술은 진리가 세계에 나타나는 한 방식이

---

30. Ästhetik I, p. 21.
31. 헤겔의 '추'에 대한 언급은 추를 미학의 주제로 삼았다는 근거가 되지 못한다. 이러한 사실은 그의 제자인 로젠크란츠(J. K. F., Rosenkranz)의 《추의 미학(Ästhetik des Häßlichen)》(1830)을 통해서 간접적으로 확인할 수 있다. 로젠크란츠는 추를 '부정적인 것 전반'으로 표현한다. 카를 로젠크란츠 지음, 조경식 옮김, 《추의 미학》, 파주: 나남출판사, 2008, 참조.

기에 역사의 각 단계에 대응하는 이념, 또는 절대정신의 자기실현에 일치하여 전개된다. 예술사에서 등장한 예술형식들은 모두 특정 시기의 진리와 관계한다.[32] 헤겔에 따르면 예술형식에는 상징예술형식symbolische Kunstform, 고전예술형식klassische Kunstform, 낭만예술형식romantische Kunstform이 있다.[33] 헤겔은 상징예술의 전형으로 건축을, 고전예술의 모범을 조각에서 찾고, 그림·음악·시를 낭만예술로 묶는다. 각각의 예술형식은 정신의 자유를 추상화, 개체화, 내면화의 방식으로 예술적으로 형상화한다.

상징예술은 예술사에 가장 먼저 등장하는 것으로서 그것 또한 의미를 추구한 인간들의 산물이다. 그러나 정신의 자유를 완전히 파악하지 못한 결과, 모호하고, 그 형식 또한 예술로서 보기에는 부적합하다. 헤겔은 상징예술에 대한 전형적 예시를 유럽문명권 밖의 원시예술, 특히 페르시아, 인도, 이집트 등의 오리엔트 문화에서 찾는다. 상징예술에서도 보다 원시적인 것과 고차적인 것이 있는데, 가장 조

32. "정신은 그 절대적 본질의 참된 인식에 도달하기 전에 이러한 개념 자체 속에 규정되어 있는 여러 단계의 과정을 통과해야 하며, 정신이 자신에게 부여한 이러한 내용 과정에는 그와 직접적으로 연결된 예술의 여러 형상화 과정들이 상응하는데, 이 형상화의 형식 속에서 예술적 정신으로서의 정신은 자기 자신에 관한 의식을 스스로 터득한다."(Ästhetik I, p. 103) 헤겔에 있어서 예술과 역사성에 대해서는 A. Gethmann-Siefert, "Die Funktion der Kunst in der Geschichte", in: Hegel-Studien, Bd. 25, Bonn, 1984, pp.371-410 참조.
33. 헤겔의 예술사의 구분은 1764년에 출판된 빙켈만의 《고대예술사Geschichte der Kunst des Altertums》에 영향을 받은 결과물이다. 여기에 대해서는 E.H. Gomgrich, "Hegel und die Kunstgeschichte", in: Neue Rundschau 2(1977), pp.202-219 참조.

야한 예술은 자연을 정신으로 보는 단계에서 등장한다. 빛을 신성한 것으로 어둠을 사악한 것으로 보고 불을 숭배하는 조로아스터교가 대표적이다. 보다 발전된 상징예술은 정신과 자연이 분리되는 데서 성취된다. 헤겔이 주목한 상징예술의 전형은 고대 이집트 예술이다. 고대 이집트인들은 영혼이 불멸한다고 보고 그것을 각종 그림과 건축물에 상징의 형태로 드러낸다. 피라미드는 사후의 영생을 꿈꾸는 파라오의 욕망을 잘 보여주고 있고, 현실세계의 불완전한 인간에서 벗어나기 위한 욕망을 스핑크스와 호루스처럼 인간과 동물이 조합된 기괴한 존재로 형상화한다.

헤겔의 관점에서, 정신을 죽은 자에서 찾고 살아있는 인간에서 정신을 철저히 배제하는 것은 정신에 대한 올바른 이해가 아니다. 상징예술이 가장 발전된 형태는 호머의 《일리아드》와 같은 비유의 방식을 택하는 예술이다. 《일리아드》에서 아킬레우스가 적을 물리치는 광경을 마치 굶주린 사자로 묘사하는 것이 비유의 전형적인 예시일 것이다. 이러한 비유의 방식은 앞선 단계의 상징예술보다는 발전된 모습을 보여주고는 있으나, 아킬레우스를 직접 조각이나 그림으로 구현한 것보다는 정신의 자유를 충실히 또 직접적으로 보여주지는 못한다. 아킬레우스는 어디까지나 성난 사자의 비유를 통해서만 이미지로 전달될 뿐이다. 그래서 헤겔에게 상징예술은 예술로서의 지위를 가지기에 부족한 "선예술Vorkunst, 예술의 전 단계"[34]에 불과하다.

상징예술은 고전예술에 의해 극복된다. 헤겔에 따르면 고전예술

---

34. Ästhetik I, p. 393.

에서 정신의 자유라는 예술의 내용은 그것에 어울리는 감각적 형식을 만나 가장 이상적인 예술로 등장한다. 고전예술에서 내용과 형식은 완벽한 조화를 이룬다. 헤겔의 관점에서 고전예술의 표본은 고대 그리스 예술, 그중에서도 조각이다. 헤겔이 그리스 조각을 특히 높이 평가하는 것은 그리스 조각상이 개별 인간, 특히 영웅이나 신을 형상화하고 있기 때문이다. 비록 고대 그리스 이전이나 여타의 문화권에서도 조각은 있었으나, 고대 그리스의 조각과는 차이가 있다. 상징예술의 조각은 주로 동물이 조각의 주제가 된다. 조각상으로 등장하는 동물은 현실에서 숭배의 대상이 되는 동물이다. 동물이 조각의 대상에서 사라졌다는 것은 자의식의 확장을 의미한다. "동물의 생명 속에 깃들인 어둡고 모호한 내면성에 대한 존경은 정신에 대한 자의식이 눈을 뜸으로써 비로소 사라진다."[35]

그리스인들의 조각의 주제가 되는 신들은 신들의 전쟁 후 헤게모니를 장악한 제우스, 아폴론으로 대표되는 올림포스 신들이다. 이들은 인간을 압도하고 위협하는 괴물 같은 신이라기보다는 인간의 욕망을 대변하는 신들이다. 인간의 본성과 욕망을 가진 신은 인간의 또 다른 존재라 해도 과언이 아닐 것이다. 즉 각각의 신들은 외양, 능력, 주도권을 행사하는 세계가 달라 개별성을 뚜렷이 드러낸다. 그러나 동시에 신성이라는 측면에서는 보편성도 소유하는 존재이다. "신들의 이마 위에는 영원한 진지함과 불변의 고요함이 군림하며 그들의

---

35. 같은 책, p.224.

형상 전체로 퍼져 드러난다."[36] 헤겔이 발견한 그리스의 조각은 자유로운 정신이라는 예술의 내용이 인간의 몸이라는 형식으로 완벽히 스며든 산물이다. 헤겔에 따르면 그리스에서 예술은 종교의 역할을 떠맡는다.[37] 즉 그리스에서 신은 예술의 형식으로 등장한다. 이것은 그리스인들이 신을 이해한 전형적 방식을 보여준다. 그런데 조각은 물질이기에 정신의 깊이를 드러내는 데 한계가 있다. 물질과 정신이 조화를 이루었다고 하지만, 보다 심화된 정신의 깊이를 드러내는 데 조각의 물질성은 방해물이 될 수밖에 없다. 이제 정신의 내면을 드러내는 새로운 예술형식이 필요하다.

고전예술은 낭만예술로 나아간다. 낭만예술은 고전예술이 보여주는 정신과 물질의 균형을 포기하고 정신의 자유가 감각의 영역을 넘어 내면으로 더욱 깊이 침투하는 단계의 예술이다. 즉 정신이 고전예술처럼 물질을 통해 드러나는 것이 아니라 내면으로 숨는다. 이 단계의 예술에서는 내면의 고통, 기쁨, 사랑, 화해 등의 감정이 이미지의 형태로 작품에 구현되는 것이 보다 중요하다. 낭만예술은 진리를 감각적으로 직관한다는 예술의 본성에 비추어 보면, 분명 예술의 후퇴를 의미한다. 그런데 여기서 우리가 주의해야 할 것은 헤겔에서 낭만예술이란 계몽주의의 지나친 이성 중심의 폐해를 목격하고 감성의 회복을 외친 18, 19세기의 '낭만주의'를 의미하지는 않는다는 것이

---

36. 같은 책, p.276f. 참조.
37. 헤겔은 《정신현상학》에서 예술을 '자연종교'와 '계시종교' 사이의 "예술종교 Kunstreligion"로 분류한다. Hegel, Phänomenologiendes Geistes, pp.495–497 참조.

다. 헤겔에서 낭만예술은 중세 유럽의 예술을 지칭한다.

헤겔은 낭만예술을 다시 종교예술, 기사도, 그리고 연극, 서사시 등으로 분류한다. 이 가운데 고전예술과 대비되고 낭만예술의 전형을 보여주는 것이 종교예술, 그중에서도 '그림'이다. 중세 그림의 가장 중요한 주제는 예수 그리스도의 삶과 수난 그리고 부활이다. 예수의 수난사에서 중요한 것은 그의 몸이 아니라 내면의 고통과 절망 그리고 환희라는 정신이다.[38] 따라서 낭만예술도 여기에 걸맞게 예수의 이러한 내면을 형상화하는 데 집중한다. 여성을 그릴 경우 대부분 성모 마리아가 주제가 되고, 여성의 관능적 매력을 드러내는 것이 아니라 사랑의 정신을 드러내는 데 집중한다. 또한 사제들을 그릴 때도 참회와 순교의 고통 그리고 구원의 감정이 충만한 모습을 형상화한다. 즉 낭만예술은 어떻게 정신의 형상화에 성공할 것인가에 집중한다.

중세 예술의 대표적 주제인 예수의 수난에 대한 묘사는 그것이 그림이건 음악이건 혹은 시이건 고통스러운 모습을 형상화할 수밖에 없다. 개별자가 겪는 고통을 형상화한 작품은 먼저 우리에게 불쾌감을 준다. 예술은 근본적으로 미를 추구하고, 미는 쾌감을 동반해야 한다. 그런데 예수의 수난사를 구현한 작품들은 일차적으로 추한 것이고 불쾌감을 동반한다. 따라서 낭만주의 예술은 예술로서 실패한 것을 자인하는 셈이다. 예수의 고난을 형상화함으로써 내면의 고통을 드러내는 것은 물질에 의존하는 예술로는 부적합하다. 헤겔이 물

---

38. "그림은 외적 대상의 형식 속에 내적인 것을 표상하지만, 그것이 표현하는 실제적 내용은 감성적 주관성이다."(Ästhetik III, p. 25)

질성이 최소화된 예술인 음악이 기독교의 정신을 구현하는 데 그림이나 조각 등의 조형예술보다 더 유리하다고 본 것도 같은 의미이다. 음악은 공간성을 제거하는 예술이고, 감각성은 그만큼 퇴색한다.[39] 감각성의 극단적 쇠퇴는 시가 잘 보여준다. 헤겔이 시를 낭만예술의 마지막 양식으로 본 것은 우연이 아니다. 그러나 감각성이 쇠퇴하는 만큼 반대로 정신성은 더 깊어진다.[40] 이제 사람들은 예수의 수난사가 의미하는 진리는 감각에 기초한 예술이 아닌 다른 방식, 즉 종교적인 성찰의 문제로 접근하는 것이 훨씬 더 유효하다는 것을 간파한다. 이렇게 예술은 보다 고차원적이고 심화된 정신의 본질을 드러내는 데 한계가 있음을 고백할 수밖에 없다.[41]

39. "음악적 표현에서 적합한 것은 단지 전적으로 대상 없는 내면, 즉 추상적 주관성 그 자체다. 이것은 완전히 공허한 우리의 자아, 다시 말해 어떠한 내용도 없는 자아이다."(Ästhetik III, p. 135)
40. "예술은 정신과 화해를 이룬 감각성의 요소를 뒤로 남겨두고 상상력의 시로부터 사유의 산문으로 이동함으로써 스스로를 초월한다."(Ästhetik I, p. 123)
41. 헤겔은 시의 경우 "내적으로 절망의 극한적 고통까지, 외적으로는 추 그 자체로까지 나아갈 권리"(Ästhetik I, p. 268)가 있음을 인정한다. 그것은 시가 물질성에서 자유로워졌다는 것을 의미한다.

3 예술의 종말

헤겔에 따르면, 예술사와 예술형식의 변화는 "미의 참된 이념으로서의 이상을 향한 분투와 성취 그리고 포기"[42]의 산물이다. 헤겔은 예술의 발전과 쇠퇴를 정신의 역사에 편입시킨다. 그 결과 예술을 평가하는 기준도 정신과 물질성의 관계에서 찾는다. 상징예술의 대표적 예술형식인 건축은 물질성에 의존하고, 고전예술인 조각은 물질과 정신의 균형을, 그리고 낭만주의의 예술인 회화는 이차원적으로 물질세계를 재현하려 하지만 물질성은 급격히 쇠퇴한다. 음악에서 물질성의 흔적은 거의 종적을 감추고, 시에서는 물질성이 전적으로 배제되어 관념으로 이행한다.

헤겔에서 예술사의 진행은 물질성의 지양과 일치한다. 예술이 진리의 매체로서 제 역할을 한 것은 그리스 예술, 특히 조각에서였다. 그리스 문명에서 예술은 종교의 역할Kunstreligion을 떠맡는다. 그러

---

42. Ästhetik I, p. 114.

나 예술을 통한 절대정신의 감각적 직관은 그리스도교의 등장과 함께 소임이 끝난다. 그리스도교에서 진리는 더 이상 예술에서처럼 개별적 감각적 형식에서가 아니라 보편적인 이미지를 통해, 표상을 통해 계시된다.

"우리는 더 이상 예술작품을 신과 같이 찬양하고 숭배할 수가 없다. 예술작품이 주는 인상은 한층 더 반성적인 것이 되었으며, 예술을 통해 우리 내부에서 자극되는 것은 더 고차적인 시금석과 다른 방식의 검증을 필요로 한다. 사유와 반성은 아름다운 예술을 능가하였다. …… 예술은 그것의 최고의 규정이라는 측면에서 볼 때 우리에게 이미 지나가 버린 것"[43]이다. "이러한 모든 연관성 속에서 볼 때, 그리고 그것의 최고의 규정이란 면에서 볼 때, 우리에게 있어 예술은 과거의 것으로 존재하고 그렇게 남아 있다. 이렇게 해서 예술은 또한 우리에게 그 참된 진리와 생동성을 상실하였으며, 그 예전의 필연성을 현실 속에서 주장하고 보다 높은 지위를 점하기보다는 우리의 표상 속으로 옮기게 되었다."[44]

43. 같은 책, pp.24f. "이제 우리에게 예술은 더 이상 진리가 실존하게 되는 최고의 방식으로 여겨지지 않는다."(Ästhetik I, p. 141) 절대정신을 감각적 직관이 아닌 표상의 형식으로 보다 더 잘 인식할 수 있고, 이와 더불어 예술의 역할이 끝났다는 헤겔의 주장에 대한 비판은 다양한 형태로 제기된다. V. Hösle, Hegels System. Der Idealismus der Subjektivität und das Problem der Intersubjektivität, Bd.2, Hamburg, 1988, pp.600-610 참조. 또 권대중의 논문 〈헤겔의 '예술의 종언' 명제의 수정가능성 모색〉,《美學》 39집, 한국미학회, 2004.09, 1-47쪽 참조.

44. 같은 책, p. 25. 헤겔의 낭만예술의 이해에 대해서는 A. Hofstadter, "Die

그리스도교의 신은 본성상 물질적 매체에 의해 작품으로서 형상화되고, 감각에 의해 온전히 직관될 수 있는 존재가 아니다. 낭만적 예술이 상징적 예술에서처럼 내용과 형식의 극심한 불일치를 보이는 것은 자연스럽다. 예술이 절대적 진리에 개입하는 자격은 제한될 수밖에 없다. 물론 낭만적 예술 이후에도 예술은 등장할 것이고 또 필요하겠지만 더 이상 절대정신과 무관한 것이다. 예술은 더 이상 절대정신의 모범이 될 수 없다. 단지 그리스도교적 세계와 신의 이해에 부분적으로 개입할 수 있을 뿐이다. 결국 예술의 미래는 또 다른 예술에 있는 것이 아니라 종교에 있다. 헤겔에게 예술의 종말은 절대정신의 역사에서 필연적인 것이고, 결코 부정적 의미로 해석되지 않는다.

예술이 진리를 직접적으로 현시하는 시대는 이미 지나갔다. "우리 시대에는 호메로스, 소포클레스, 단테, 아리오스토, 셰익스피어 같은 사람이 누구도 다시 등장할 수 없다. 그들이 그토록 위대하게 노래하고 자유로이 표현했던 것은 이미 한번 표현된 것으로 끝났다."[45] 헤겔에서 예술의 종말은 일체의 예술이 사라질 것이라는 의미는 아니다. 그것은 역사의 종말과 마찬가지로 예술의 원리, 즉 절대정신을 감각의 형식으로 인식하는 것이 무의미해졌다는 의미이다. 헤겔은 낭만예술 이후 새로운 예술 양식에 대한 기대를 포기한다. 정신과 이

Kunst: Tod und Verklärung. Überlegungen zu Hegels Lehre von der Romantik" in: Hegel Studien 11, 1983, pp.271-285 참조.
45. Ästhetik II, p. 238.

념과 관련하여 신적인 것은 이제 종교와 철학에게로 넘어간다. 헤겔의 다음과 같은 언급은 이 점을 잘 보여준다.

> 하나의 특정한 내용과 이 내용에 적합한 하나의 재현 방식에 얽매이는 것은 오늘날의 예술가들에게는 이미 지나가 버린 것이다. 따라서 예술은 예술가가 자신의 주관적 기술에 의존해 종류를 불문한 모든 내용에 대해 사용할 수 있는 자유로운 수단이 되어버렸다.[46]

헤겔의 예술의 종말을 적극적으로 해석하자면 예술이 더 이상 자신이 감당할 수 없을 정도로 심오해진 정신의 현존을 표현하기를 포기하고 역사적 문화적 맥락에서 새로운 역할을 자유롭게 맡을 수 있는 순간이 도래했다는 것이다. 그래서 헤겔의 예술 종말론을 적극적으로 해석하는 이들도 있다. 가다머H.G. Gadamer는 '예술로서 예술의 해방'으로 해석한다.

> [헤겔의] 예술의 과거성이라는 대담한 테제는 결코 사람들이 일반적으로 이해하듯이 [미학 내적인 지형에서] 당대의 예술을 비판하고자 한 것이 결코 아니다. …… 헤겔은 예술에서 과거가 현재하고 있음die Gegenwart der Vergangenheit을 본다. …… 우리는 말하자면 두 가지의 측면에 주목해야 한다. 즉, 한편으로는 모든 예술은 동시적일 수 있게 하는 과거의 현재성에 주목해야 하며, 다른 한편으로는 우리 자신의

---

46. 같은 책, 235쪽.

시대의 예술, 즉 우리에게만 유일한 현금의 우리 자신의 예술에 주목해야 한다. …… 현재의 예술창작은 예술의 저 위대한 과거의 그림자 속으로 더욱더 깊숙이 발을 들여놓고 있는 바, 이 예술적 과거는 바로 현재로서 우리를 둘러싸고 있다.[47]

가다머는 예술을 근본적 의미에서 꿈과 동경 그리고 상상력을 형상화하려는 욕망으로 정의하고, 예술에서 종말이란 존재할 수 없다고 단언한다. "예술의 종언, 즉 인간의 꿈과 동경이 지니는 결코 중단하지 않는 형상화의지의 종언이란, 모름지기 인간이 자기자신의 삶을 형성하는 한, 결코 있을 수 없는 일이다. 언뜻 예술의 종언인 것처럼 보이는 모든 것도 사실은 바로 새로운 예술의 시작이 되는 것이다."[48]

헤겔의 예술의 종말 선언이 예술의 새로운 출발점이 되었다고 보는 입장에 체계이론가 루만N. Luhmann도 동의한다. 루만은 세계에 대한 선험적 이해에 대한 일체의 이론과 그것과 직접적으로 관계하는 불변하는 정체성을 가진 주체를 허구로 본다. 그는 체계이론을 통해 세계를 체계의 관점에서 설명한다. 체계는 유기체와 같이 환경과의 관계에서 차이를 기반으로 진화하고 분화한다. 체계는 비록 환경과의 조화와 통일의 관계에 있어 외적으로 안정된 형태를 띠는 경우에도 그 속에는 분화의 맹아인 차이를 보지하고 있다. 이 차이는 체

---

47. 가다머, 김문환, 권대중 옮김, 〈예술의 종언? : 헤겔의 '예술의 과거성' 이론으로부터 오늘날의 반예술에 이르기까지〉,《예술의 죽음과 부활—헤겔의 '예술의 종언' 명제와 관련하여》, 서울: 지식과 산업사, 2004, 126-130쪽.
48. 같은 책, 144쪽.

계 내에서 변이와 선별과 재안정화 형태로 순환한다. 헤겔의 예술의 종말론은 바로 예술체계가 자기진화를 통해 진리 체계에서 독립 분화하게 된 역사적 상황을 설명하는 것으로 볼 수 있다. "예술은 사회가 특정한 조건을 충족시킬 경우 자기진화의 기제를 스스로 만들어 내며, 그에 힘입어 하나의 기능체계로 독립분화한다."[49] 즉 헤겔의 예술의 종말론은 "역사적으로 종교적인 세계질서가 해체되고 영토국가의 궁정과 예술 시장이 출현함으로써 예술체계가 자유로운 실험을 할 수 있었던 유럽의 근대 초기에 …… 예술체계의 독자적인 진화가 뚜렷해지기 시작한"[50] 시대와 깊은 관계가 있다.

루만은 헤겔의 예술의 과거성 선언을 예술의 자율성에 대한 자각이고, 예술이 자신의 체계를 구축했다는 의미로 해석한다.

> 예술의 종언을 언급하며 헤겔이 말한 '이 모든 관계에서 예술은, 나름대로 최고의 규정에 따르면, 우리에게는 지나간 과거이며 앞으로도 그러하다'라는 문장은 아마 다음과 같은 뜻인 것 같다. 다시 말해 예술은 세계관계에 대한 사회의 직접적인 관련성을 상실했으며 따라서 이제는 자신의 독립분화를 자각해야 한다. 예술은 여전히 모든 것에 대한 보편역량을 요구할 수 있지만 오로지 예술로서만, 특유의 고유한 기준들을 준수하는 작동방식에만 근거해야 한다. 이로써 예술가에 의해 재

49. 이철, 〈니클라스 루만의 사상과 예술 사회학〉, 니클라스 루만, 박여성 · 이철 옮김, 《예술체계이론》, 파주: 한길사, 2014, 26쪽.
50. 같은 책, 28쪽.

현된 예술이 사회의 다른 어느 곳에선가 예술과 관련된 사안을 파악하여 공감과 찬사를 받을 수 있다는 생각 또한 철회되어야 한다.[51]

헤겔의 예술의 종말론을 가장 긍정적이고 적극적으로 수용한 철학자는 단토이다. 단토는 헤겔의 예술의 종말 선언이 예술적 주권을 선언하는 순간으로 이해하고 예술다원주의를 설명하는 이론적 근거로 삼는다. "예술의 종말은 예술가들의 해방이다. 그들은 이제 어떤 것이 가능한지 않은지를 확증하기 위해 실험에 매달릴 필요가 없다. 우리는 그들에게 모든 것이 가능하다고!라고 미리 말해줄 수 있다. 예술의 종말에 대한 나의 생각은 오히려 역사의 종말에 대한 헤겔의 생각과 비슷하다. 그의 견해에 따르면, 역사는 자유에서 종말을 고한다. 그리고 이것이 오늘날 예술가들의 상황이다."[52]

헤겔의 예술의 종말론에 대한 다양한 해석이 존재하고 그중에는 헤겔의 입장을 매우 적극적으로 해석하려는 사람들도 분명히 있다. 헤겔도 예술의 종말 이후에도 예술이 가능하다고 보았다. 예술의 종말 이후 "예술은 예술가가 그 내용이 어떤 종류의 것이든 상관없이 모든 내용에 자신의 주관적 숙련성에 비례해 동등하게 관계할 수 있도록 해주는 자유로운 도구가 되었다."[53] 여기서 헤겔이 말하는 예술은 절대정신과 더 이상 관계가 없는 예술이다. 이러한 예술을 자율적 예술

---

51. 같은 책, 315-316쪽.
52. 단토, 《예술의 종말 이후》, 17쪽.
53. Ästhetik II, p. 235.

의 탄생 순간으로 해석할 수는 있으나, 전통과의 단절을 통한 예술의 해방으로 심지어 예술다원주의의 선구로 보는 입장은 과도하다.[54]

헤겔에서 예술의 종말은 예술의 자율성을 강조하기보다는 예술이 진리인식의 도구로써 더 이상 유효하지 않다는 것에 방점이 찍힌 것이다. 그것에 대한 근거는 헤겔의《미학강의》가 보여주고 있다. 그곳에서 헤겔은 예술의 과거성에 집중하고 중세의 낭만예술 시기까지의 다양한 개별 예술작품들을 놀라울 정도로 치밀하게 분석한다. 그러나 종말 이후의 예술, 즉 르네상스 이후 특히 당대 예술에 대한 헤

---

54. 국내에서도 현대예술의 다원주의적 경향을 헤겔을 통해 이해하려는 시도가 있다. "우리는 헤겔이 이러한 서술을 충분히 다원주의적인 것으로 이해할 수 있다. 그는 물론 다원주의라는 용어를 사용하지 않았지만, 그리고 20세기 예술의 다채로운 전개를 개인적으로 경험한 바 없지만 그의 서술은 단토가 말하는 다원주의에서 크게 벗어난다고 할 수 없는 것이다. 이제 우리는 단토가 왜 자신의 예술철학적 주장들에 그토록 빈번히 헤겔의 사상을 끌어 들어오는지를 이해할 수 있다. 단토는 자신이 동시대 미술이 갖는 운명인 것으로 설파한 다원주의에서조차도 헤겔 사상과의 친화성을 보여주고 있으며, 그리고 이것은 역으로 헤겔의 예술에 대한 견해가 얼마나 현대적일 수 있는가를 입증하고 있는 것이다."(박배형, 〈단토의 헤겔주의와 헤겔 미학의 현대성〉,《현대미술학 논문집》, 현대미술학회, 2010.12, 111쪽) 단토가 헤겔을 높이 평가하는 것은 예술은 절대불변의 고정적 가치나 목적을 가지는 것이 아니라 역사와 사회의 산물이라는 것, 예술의 내재적 이념은 변한다는 것을 헤겔이 선취했다는 데 있을 것이다. 예술의 종말론을 예술다원주의의 옹호로 이해하려는 포스트모던주의자들에 대해 루만은 강한 거부감을 드러낸다. 루만이 볼 때, 포스트모던주의자들은 헤겔의 예술의 종말을 과거와의 강한 단절로 이해한다. 루만은 이러한 이해를 '유언비어'라고 본다.(루만,《예술체계이론》, 560-561쪽) 헤겔의 예술의 종말론이 갖는 다양한 논쟁에 대해서는 김문환 · 권대중 편역,《예술의 죽음과 부활 — 헤겔의 '예술의 종말' 명제와 관련하여》와 서정혁《헤겔의 미학과 예술론》, 서울: 소명출판, 2023, 19-48쪽 참조.

겔의 언급은 매우 드물며, 그것도 부정적인 차원에서 언급할 뿐이다. 이는 헤겔이 절대정신에서 자유로워진 종말 이후의 예술의 자율적 전개에 대해서는 별로 관심이 없다는 사실을 뒷받침한다. 헤겔의 예술에 대한 관심은 예술 자체에 있다기보다는 진리인식의 매체로서이다. 헤겔의 역사의 종말론이 종말 이후의 역사에 대한 설명에 실패했듯이 그의 예술의 종말 역시 미래의 예술, 그러니까 자신의 시대 이후의 예술을 설명하기에는 많은 한계가 있다.

02

니체

반자연으로서 데카당스
예술의 종말

1 예술과 삶

20세기 예술 지형도에 누구 못지않게 영향을 끼친 철학자가 니체이다.[1] 니체가 볼 때 예술은 학문보다 더 깊이 삶에 뿌리를 내리고 있다. 이것은 니체의 초기 예술철학에서부터 후기에 이르기까지 변함없는 원칙이었다. 예술의 위기는 이 원칙을 거부할 때 초래된다. 즉 학문이 예술을 지배하거나 예술이 종교나 이념의 노예가 될 때 예술은 병들게 된다. 삶의 관점에서 보자면 병들고 쇠잔한 삶을 지탱해가는 개인과 문화는 마찬가지로 병들고 쇠잔한 예술을 낳는다. 니체는 인간의 역사에서 삶과 예술의 관계를 병들게 만든 두 사람의 원흉을 지목한다. 이들에게서 예술의 종말이 촉발되며, 예술은 새로운 전기를 맞게 된다.

---

1. 니체와 현대예술의 관계에 대해서는 정낙림, 《니체와 현대예술》, 서울: 역락, 2012와 김정현, 〈니체와 현대예술의 탄생〉, 《니체연구》, 11집, 한국니체학회, 2007, 87-119쪽 참조.

니체에 따르면 역사에서 예술과 삶에 대한 가장 이상적인 관계를 보여준 시대는 고대 그리스이다. 그리스인들은 진리와 허구의 중요성을 간파하고 있었다. 그들에게 비극悲劇과 철학은 상호 배타적인 것이 아니었다. 둘은 모두 삶을 위해 필요했던 것이다. 그렇다고 둘의 관계가 대칭적이라는 것을 의미하지는 않는다. 니체는 그리스 문화의 본질을 '비극적-디오니소스적 사유der tragisch-dionysische Gedanke'[2]에서 찾는다. '비극적-디오니소스적 사유'는 축제의 신인 디오니소스Dionysos에서 비롯된 것으로, 디오니소스와 디오니소스적인 것이 그리스 문화를 이해하는 데 열쇠가 되는 이유는 크게 세 가지이다. 첫째, 디오니소스는 제우스와 세멜레 사이에 태어나 신과 인간의 속성을 모두 가진 이중적 존재이다. 둘째, 디오니소스는 아폴론과 달리 몸Leib과 직접적으로 관계하는 도취를 비롯한 정동Affekt을 찬양한다. 셋째, 디오니소스는 우연과 놀이를 긍정한다.[3] 이러한 디오니소스적인 것은 그리스 문화, 특히 예술의 탄생과 직접적으로 관계한다.

그리스인들에게 삶과 예술 그리고 학문의 위계는 분명하다. "학문을 예술의 창窓으로, 예술을 다시 삶의 창으로 볼 것",[4] 이것이 그리

---

2. 비극적인 것과 디오니소스적인 것은 어원상 같은 곳에서 유래했다. 여기에 대해서는 R. Loock, "Tragische, das", in: Historisches Wörterbuch der Philosophie, Joachim Ritter u.a. (Hg.), Bd 10, Darmstadt 1998, pp.1334-1345 참조.
3. 디오니소스적인 것이 그리스 문화에 가지는 의미에 대해서는 정낙림, 〈니체의 비극적-디오니소스적 사유와 예술〉,《철학논총》 37집 제3권, 새한철학회, 2004, 147-170쪽 참조.
4. GT; KSA1, 14. "학문의 제어는 이제 단지 예술을 통해서만 가능하다."(N;

스인들이 우리에게 권하는 지혜이다. "인간 실존과 세계는 오직 미적 현상으로서만 정당화"[5]된다. "예술은 인식보다 더 강하다. 왜냐하면 예술은 삶을 원하지만, 지식은 마지막 목표로써 단지 삶의 부정을 원하기 때문이다."[6] 니체가 그리스인들의 가면을 쓰고 그들을 대신해 이렇게 단정적으로 말할 수 있었던 것은 학문과 예술의 관계가 전도되었을 때, 필연적으로 그리스 문화의 쇠약과 몰락이 초래되었음을 역사 속에서 확인했기 때문이다.

그리스 문화의 정수인 비극Tragödie은 음악, 특히 합창을 중심으로 구성된다. 이것은 비극을 공연했던 디오니소스 극장을 봐도 알 수 있다. 오늘날의 극장과 달리 무대의 맨 앞에 합창대가 있다. 이것이 의미하는 것은 비극에서 서사는 합창의 형태로 관객에게 전달된다는 것이다. 그렇다면 그리스인들은 왜 음악을 아폴론적인 서사보다 중요하게 생각했을까? 이것에 대한 답으로 니체는 쇼펜하우어의 음악 철학을 호명한다.

> 왜냐하면 음악은 다른 예술들처럼 현상의 모사가 아니라 오히려 의지 자체의 직접적인 모사이고 세계의 모든 물리적인 것에 대해서 형이상

KSA7, 428(19[36]))

5. GT; KSA1, 47. "예술이 그리스인을 구했으며, 예술을 통해서 그리스인 스스로를 구했고 – 삶을"(GT; KSA1, 56) 구했다.

6. CV; KSA1, 760. 예술과 삶의 관계에 관한 니체의 이해는 E. Schmid, "Uns selbst gestalten. Zur Philosophie der Lebenskunst bei Nietzsche", in: Nietzsche Studien, Bd. 21, 1992, pp.50-62 참조.

학적인 것을, 모든 현상에 대해서는 물자체를 표현하기 때문이다.[7]

그러므로 인간의 이해할 수 없는 운명과 근원적 고통을 표현하는 데 음악만한 장르가 없을 것이다. 비극의 관람자들이 궁극적으로 얻는 것은 "삶이 현상의 모든 변화에도 파괴할 수 없을 정도로 강력하고 즐거운 것이라는…… 형이상학적 위안"[8]이다.

쇼펜하우어와 바그너의 영향 아래 20대 후반의 니체가 고민한 철학적 주제는 계몽주의의 과잉으로 몸살을 앓고 있던 유럽 문화를 구출하는 것이다.[9] 계몽주의가 약속한 낙관적 미래는 이론 속에만 있었다. 현실은 식민지 쟁탈전과 전쟁 그리고 계급간의 갈등 등으로 계몽의 언약과는 정반대로 흘러갔다. 니체는 이것을 "논리가 어떻게 자기 자신을 중심으로 맴돌고 마침내 자신의 꼬리를 무는가를 경험하고 경악"[10]하는 상황으로 묘사한다. 니체는 자신의 시대를 '실천적 염세

---

7. A. Schopenhauer, Welt als Wille und Vorstellung I, p. 310, GT; KSA1, 104 재인용.
8. GT; KSA 1, 56.
9. 근대의 문제를 계몽주의의 과잉에서 찾는 대표적 사상가로 실러를 들 수 있다. 실러는 총체적 인간성을 실현하기 위해 두 가지 충동, 즉 감각충동과 형식충동의 조화와 두 충동의 조화에서 비롯되는 놀이충동이 발휘될 때 가능하다고 본다. 이러한 실러의 생각은 《인간의 미적 교육에 대한 편지(Über die ästhetische Erziehung des Menschen in einer Reihe von Briefen)》에 잘 드러난다. 실러에게 놀이충동은 형성의 충동, 즉 예술충동이다. 즉 실러는 인간에게 예술충동이 발휘될 때 총체적 인간성이 성취된다고 보았다. 여기에 대해서는 정낙림, 《놀이하는 인간의 철학》, 서울: 책세상, 2017, 141-166쪽 참조.
10. GT; KSA1, 101.

주의praktischer Pessimismus'가 팽배한 시대로 규정한다. 니체에게 가장 시급한 과제는 바로 '실천적 염세주의'의 극복과 계몽을 대체할 새로운 삶의 양식을 찾는 것이다. 그가 발견한 답은 그리스이고, 그것을 해석하는 근거는 쇼펜하우어의 의지철학과 바그너의 '예술가-형이상학' 이념이다.

그런데 니체가 그리스의 예술에서 찾고자 했던 것은 삶과 세계의 정당화를 위한 것, 즉 종교나 형이상학을 대신하는 것이다. 초기 니체가 그리스의 예술이 종교의 역할을 대신한 것으로 본 점은 헤겔과 매우 유사하다. 헤겔이 그리스의 조각에서 '예술종교'를 목격했다면, 니체는 비극에서 그것을 확인한다. 비극에서 보여주는 가상은 현재의 삶을 견딜 수 있는 힘과 용기를 준다. 니체의 이러한 해석은 바그너의 총체극Gesamt-Kunst의 이념을 그리스 비극이 지향하는 목표로 이해한 성급함에서 비롯된 것이다. 니체는《비극의 탄생》의 〈자기비판을 위한 서문〉에서 "나는 당시 가장 현재적인 것을 사용함으로써 나의 첫 번째 책을 망쳤는데, 이 현재적인 것에 대한 너무 성급한 희망과 잘못된 응용들"[11]이 그 원인이었다고 고백한다.

'예술가-형이상학'의 주요 이념을 버렸지만, 삶과 예술의 뗄 수 없는 관계에 대한 니체의 관심은 지속된다. 후기 니체에서 예술과 삶의 관계는 '예술생리학Physiologie der Kunst'[12]으로 구체화된다. 예술생리

11. GT; KSA1, 20.
12. '예술생리학'은 원래 니체가 자신의 철학을 집대성할 목적으로 집필을 계획하고, '모든 가치의 전도'라는 부제를 단《힘에의 의지(Wille zur Macht)》의 한 장을 할애할 정도로 후기 니체철학의 핵심 사유이다. 여기에 대해서는 V.

학은 예술의 기원을 인간의 생리학적 조건에서 찾는다. 니체의 예술 생리학은 몸Leib에 대한 니체의 통찰을 근거로 한다.

> 더욱 놀라운 것은 오히려 몸이다. 우리는 인간의 몸이 어떻게 가능하게 되었는지 한없이 놀라워할 수 있다. 살아 있는 생명체들의 그렇게 놀라운 통합이 어떻게 가능하였는지! 이 각각의 생명체가 독립적이면서 동시에 예속되어 있고, 그러면서도 어떤 의미에서는 다시 명령하고 자신의 의지에 따라 행위하면서 전체로서 살고, 성장하고 한 순간 동안 존립할 수 있는지! 이런 일은 분명히 의식을 통해서는 일어날 수 없다![13]

니체에게 몸은 모든 가치와 의미의 출발점이다. '주체', '실체', '양심' 등 전통 철학에서 주춧돌의 역할을 하는 개념들은 몸에서 '정동Affekt'[14]들의 대결과 연합의 산물이다. 몸은 기쁨, 슬픔, 도취 등의 정동으로 세계에 반응한다. 세계는 우리에게 몸의 정동을 통해 직접적

Gerhardt, "Von der ästhetischen Metaphysik zur Physiologie der Kunst", in: Nietzsche Studien, Bd. 13, 1984, pp.374-393 참조.

13. N; KSA11, 576f(37[4]).

14. 감정으로도 번역되는 정동에 대한 가장 고전적 정의는 스피노자의 정의이다. "나는 정동(affectus)을 몸(신체)의 행위역량을 증대시키거나 감소시키는, 또는 촉진하거나 저해하는 몸의 변용(affectiones)이자 동시에 이러한 변용들의 관념들로 이해한다."(B. Spinoza, Die Ethik, übers. von J. Stern, Stuttgart, 1997, p. 255) 스피노자는 《윤리학》 3부 정리 11 주석에서 정동을 슬픔과 기쁨이라는 기본 정동 아래 배치한다. 슬픔은 역량을 감소시키는 수동성을, 기쁨은 반대로 역량을 증대시키는 능동성을 대변하고, 여기다 욕망이라는 정동이 덧붙여지는데, 모든 정동은 기쁨, 슬픔 그리고 욕망의 변이들이다.

으로 옮겨오게 된다. 니체에 따르면, 주체, 실체, 양심 등의 보편적 가치 혹은 개념은 정동이 남긴 흔적을 의식이 개입하여 평균화하고 일반화한 결과물이다. 니체가 몸을 '큰 이성'으로 일반적 의미에서 이성을 '작은 이성', 혹은 '큰 이성의 장난감'으로 부르는 것도 같은 맥락이다.[15]

니체가 예술생리학에서 특히 주목하는 정동은 '도취Rausch'이다. 도취는 모든 유·무형의 창조적 행위의 전제조건이다. 인간이 세계를 자신의 방식으로 조형하려고 할 때 도취는 반드시 수반된다. 니체는 일체의 조형 활동을 근본적 의미에서 예술로 보는데, 예술의 시작이 바로 도취에서 비롯되기 때문이다.

> 예술이 있으려면, 어떤 미학적 행위와 미학적 바라봄Schauen이 있으려면 특정한 생리적 선결조건이 필수 불가결하다: 즉, 도취Rausch라는 것. 도취는 우선 기관 전체의 흥분을 고조시켜야만 한다: 그러기 전에는 예술이 발생하지 않는다. 다양한 기원을 갖는 온갖 종류의 도취는 모두 예술을 발생시키는 힘을 갖추고 있다.[16]

도취의 정동을 통해 우리가 얻는 일차적 느낌은 '힘의 고양'이다. "도취에서 본질적인 것은 힘이 상승하는 느낌과 충만함의 느낌이

---

15. Z; KSA4, 39 참조.
16. GD; KSA6, 116.

다."[17] 니체에 따르면 힘에의 의지는 모든 살아 있는 생명체의 가장 근본적 원리이다. 또 힘에의 의지는 본성상 더 큰 힘을 획득하려 한다. 힘의 증대는 세계를, 자신을 중심으로 변용시킬 때 가능하다. 니체에 따르면 세계의 변용은 근본적 의미에서 창작활동이다. 즉 도취가 일차적으로 힘을 고양시키고, 고양된 힘은 세계를 변용시킨다. 고양된 힘이 다시 도취와 여타의 정동체계를 자극하여 보다 강화된 힘을 얻게 되고, 그것은 다시 자신을 세계에 조형하는 활동으로 계속 이어진다.

니체의 예술생리학은 예술의 기원을 도취라는 생리적 조건에서 찾는다. "미학이란 것은 응용생리학"[18]이라는 말에서 확인되듯, 니체는 예술이 형이상학이나 종교의 역할을 대신하여 삶을 정당화하는 역할을 떠맡는 것이 아니라 삶과 생리적으로 철저히 밀착한다고 본다. 그에게 좋은 예술이란 바로 삶을 고양시키는, 즉 힘을 고양시키는 것이고 반대로 나쁜 혹은 병든 예술이란 힘을 쇠잔시키고, 삶의 의욕을 질식시키는 것이다.

17. GD; KSA6, 116. 도취의 예술적 기능에 대해서는 D. Solies, "Die Kunst – eine Krankheit des Leibes? Zum Phänomen des Rausches bei Nietzsche", in: V. Gerhardt/R. Rescke(Hg.), Nietzscheforschung, Bd.5/6, 2000, pp.151-162; 백승영, 〈예술생리학의 미학적 의미 — 도취(Rausch) 개념을 중심으로〉, 《니체연구》 27집, 한국니체학회, 2015, 91-123쪽 참조.
18. NW: KSA6, 418.

2 근대와 수용미학

니체에게 근대는 소크라테스주의를 계승하고 있으며, 소크라테스의 삶에 대한 염세주의적 태도는 니힐리즘으로 확대되고 고착된다. 예술에서도 유사한 경향성을 보여준다. 니체가 대결하는 근대의 예술철학자는 칸트이다. 미학사에서 칸트의 《판단력비판》이 가지는 비중은 결코 가볍지 않다. 이 저서에서 칸트는 인식과 도덕 판단에 못지않게 미적 판단이 가지는 독립적 가치를 밝히고 있으며, 더 나아가 미적 판단이 인식과 도덕의 세계를 매개함으로써 이성의 통일을 꾀하고 궁극적으로 인간의 완성을 실현하는 데 기여한다고 보았다.[19]

바움가르텐에 의해서 촉발된 미학의 자율성이 칸트에 이르러 확고한 근거를 확보했다고 말할 수 있다. 그러나 칸트의 이 저서는 예술적

---

19. 칸트의 수용미학에 대한 아래의 내용은 정낙림, 〈예술에 대한 두 가지 태도 ─ 칸트의 수용미학과 니체의 예술생리학〉, 《철학연구》 130집, 대한철학회, 2014.5, 278-291쪽을 수정·보완한 것이다.

인 것과 아름다움에 관한 것을 다루고 있음에도 불구하고, 놀랍게도 구체적인 예술작품에 관해서는 거의 언급하지 않는다. 숭고미와 관련하여 로마의 베드로 성당과 이집트의 피라미드를 지나가면서 언급하는 수준이다. 이것을 통해 우리는 칸트의 저서가 목표하는 바를 추측할 수 있다. 그의 미학을 흔히 '형식미학'이나 '수용미학'으로 부르는 것은 칸트의 주된 관심이 '미' 판단의 보편적 근거 찾기에 있음을 말해준다. 그에게 예술작품이 문제가 되는 경우에도 관심은 주로 그것이 어떻게 모든 사람에게 아름답거나 숭고하게 받아들여지는가와 관련된 것이다. 창작자의 창작 과정이나 개별 작품의 미적 성취는 그것이 앞의 과제를 수행하는 것과 관련해서 의미를 갖는 것이지, 그 자체로 큰 의미는 없다. 즉 칸트에게 문제가 되는 것은 자연의 아름다움이든 작품의 아름다움이든 그것에 대한 취미에 관한 것이다.

물론 칸트는 《판단력비판》에서 미를 지각하고 판단하는 능력인 '취미'와 더불어 천재를 통한 미의 창작에 대해서도 논한다. 천재는 '자연의 총아'로서 미적 이념을 작품에 구현할 수 있는 특별한 능력을 갖춘 존재이다. 이 미적 이념은 모든 사람이 지각하거나 판단할 수 있는 보편적인 것이다. 천재가 창작한 작품을 감상하는 사람들이 아름답다는 감정을 얻는 과정은 한 송이 장미를 보고 아름답다고 느끼는 것과는 달리 천재의 의도된 목적과 분리될 수 없지만, 모든 사람에게 공통적으로 아름답다는 쾌감을 불러일으킨다는 점에서 원리상 다르지 않다. 즉 자연의 대상이든 예술작품이든 그것에 대한 보편적 판단이 가능한 것은 개별자의 쾌의 감정에 앞서 모든 사람에게 보편적 미감적 판단 능력이 선행하기 때문이다. 천재는 작품을 통해 제2의 자연을 재현하고, 재현된 자연을 보고 관람자는 그것이 아름답다고 판단하는 것은 그의 주관에 있는 취미판단이 작동하고 있다고 말할 수 있다.

칸트의 《판단력비판》은 자연과 자유, 지성과 이성 사이의 심연을 연결시키는 감성의 자율적 역할에 대해 논한다. 감성과 관계하는 미적 판단이 인식과 도덕에서 자립적 지위를 가지고 있다고 하나, 제3비판의 §59절의 제목이 '미는 도덕성의 상징'이라는 것만 보더라도, 그의 미학이 지향하는 바가 무엇인지 간파할 수 있다. 칸트 이후 칸트 미학에 대한 다양한 비판이 제기되었다. 비록 칸트가 미학의 자율성을 확보하기 위한 큰 걸음을 내딛었지만, 미적 판단의 선험성을 확보하는 데 골몰함으로써 미학의 지나친 주관화를 초래했고, 그것은 결과적으로 미학에서 보다 중요한 부분을 놓치고 있다는 것이다.

예술에 대한 칸트적 태도와 가장 선명한 대비를 보이는 철학자는 니체일 것이다. 니체는 1870년대 초반 소크라테스주의에서 초래된 유럽문명의 위기를 독일 철학과 예술에서 돌파구를 찾는다. 그가 주목한 철학자는 칸트와 쇼펜하우어였다. "독일 철학의 정신이 칸트와 쇼펜하우어를 통해 학문적 소크라테스주의의 한계를 증명함으로써, 그것의 자기만족적인 생존욕을 파괴할 수 있었고, 이러한 증명을 통해서 윤리적인 문제와 예술에 대한 무한히 깊고 진지한 고찰이 시작되었다."[20] 니체가 두 사람에게 배운 통찰은 소크라테스적인 무한한 인식욕망은 한계에 부딪힐 수밖에 없다는 것이다. 인식의 한계설정

20. GT; KSA1, 128.

은 니체에게 '관점주의'로 구체화되고, 거기서 칸트의 영향을 찾기란 그리 어렵지 않다.

그러나 니체의 칸트에 대한 긍정적 평가는 그리 오래가지 않는다. 미학과 관련하여 니체가 보기에는 칸트는 본질적인 것을 놓치고 있다. 이 점은 《도덕의 계보》에서 니체가 '예술생리학'에 관해 논하는 자리에서 잘 드러난다. 칸트는 예술에서 미적 판단보다 더 근본적인 "강력한 체험, 욕망, 경이, 황홀의 충만"[21]을 알지 못한다. 예술은 학문과 도덕과의 관계에서만 존재의미를 갖는 것이 아니라, "삶의 최고의 과제"[22]이다. 칸트가 미의 보편적 근거 찾기에 골몰하고, 미를 수용하는 주관의 능력에서 그 답을 찾고자 했다면, 니체는 예술이 가진 보다 근본적인 것, 예술과 삶, 창작행위와 힘에의 의지 등에 주목한다. 이 둘의 입장은 예술작품의 창작에 대한 이해에서 보다 분명한 차이를 보여준다.

오늘날 관점에서 칸트의 《판단력비판》은 순수한 미학 저서라 보기 힘들다. 물론 칸트가 가장 역점을 둔 취미와 숭고의 선험적 근거 찾

---

21. GM; KSA5, 346. 비슷한 맥락에서 칸트를 비판한 W. Wieland의 논문을 참조하라. Ders, "Die Erfahrung des Urteils. Warum Kant keine Ästhetik begründet hat", in: Die Deutsche Vierteljahrsschrift für Literaturwissenschaft und Geistesgeschichte 64, 1990, pp.604-623. 니체의 칸트 미학 비판에 대한 비판적 평가는 H. G. Hödl, "Interesseloses Wohlgefallen. Nietzsches Kritik an Kants Ästhetik als Kritik an Schopenhauers Soteriologie", Kant und Nietzsche im Widerstreit, B. Himmelmann(Hg.), Berlin u.a. 2005, pp.186-195 참조.
22. GT; KSA1, 24.

기는 분명 미학적 주제라 할 수 있다. 그러나 《판단력비판》에는 미학과 직접적으로 관련성이 부족한 세계 전체를 통일적인 체계로 보는 목적론적 고찰뿐만 아니라 자연신학, 도덕신학 등을 다루는 주제도 등장한다.[23] 칸트는 《판단력비판》에서 가장 고심한 미감적 판단 ästhetische Urteil의 보편성의 근거를 〈분석론〉(§§1-29)에서 다룬다. 즉 '이 장미는 아름답다'라는 판단은 개인의 취향 혹은 취미Geschmack와 관련된 것으로, 이러한 취미 판단도 보편적인 판단이 될 수 있다고 본다.

칸트에게 취미는 '미를 감상하고 이해할 수 있는 능력'을 말하는데, 취미판단은 우리가 흔히 특수한 것 혹은 개별적인 것을 보편적인 원칙이나 법칙에 편입시키는 규정적 판단력과 달리 주어진 특수한 것에서 보편적인 것을 발견하는 반성적 판단력이 작용한 결과이다.[24] 그렇기에 취미판단은 주관적이면서도 동시에 보편적인 것이 될 수 있는 것이다. 취미판단의 보편성을 칸트는 지성의 네 가지 범주인 질, 양, 관계, 양상에 따라 미적 판단의 본질적 특성을 찾아낸다. 칸트가 취한 미감적 판단의 보편성은 결국 우리 주관의 인식능력과 관계한다.[25]

미감적 판단에 이어 인간의 숭고함의 감정에 대해 분석하는 〈숭고

23. 하선규, 〈칸트〉, 《미학대계》 1권, 300쪽 참조.
24. I. Kant, Kritik der Urteilskraft(앞으로 KU로 약함), B XXVI 참조. 칸트의 저서들은 W. Weischedel의 판을 인용한다. I. Kant, Werkausgabe in zwölf Bänden, hrsg. v. W. Weischedel, Frankfurt am Main 1997.
25. 공병혜, 《칸트, 판단력 비판》, 울산: 울산대학교 출판부 1999, 51-52쪽 참조.

의 분석론〉(§§23-29)에서 칸트는 숭고의 감정과 숭고미의 최종 근거를 주관성에서 찾는다. 미감적 판단과 숭고의 판단은 자연대상에 관련된 것인데, 칸트는 인위적인 예술작품의 창조와 그것의 의미를 다루는 것도 주제화한다(§§43-54). 그의 생산미학의 핵심 주제는 천재론과 아름다운 예술schöne Kunst이다. 칸트에게 자연에 대한 미이든 숭고의 미 혹은 창작된 예술미이든 아름답다고 판단하는 것은 개별자의 판단을 넘어 보편적이고 필연적으로 타당한 판단이 된다. 이것이 가능한 것은 미가 대상의 속성이나 성질이 아니라 인간 주관의 보편적인 능력에 의존하기 때문이다. 작품을 창작하는 사람은 미감적 판단, 숭고의 판단과 마찬가지로 모든 인간이 그의 작품을 아름답다고 판단할 정도의 조건을 충족시켜야 한다.

칸트는 예술가에 의해 창작된 아름다운 작품을 여타의 생산물이나 결과물과 구별한다. 칸트는 먼저 자연과 기예Kunst를 구별한다.[26] 기예는 인간의 의식적 활동의 산물이다. 벌집이나 그 속의 사회처럼 꿀벌이 만들어내는 산물은 놀랍지만, 의식이 아니라 본능에 의한 것이므로 꿀벌의 활동은 기예가 아니다. 기예는 다시 목적에 따라 다양한 형태로 구분된다. 기예가 어떤 경제적 목적으로 어떤 기능적 대상물을 만드는 데 발휘될 경우, 예를 들어 시계공의 세련된 솜씨는 기계적인 기예mechanische Kunst[27]이고, 기예가 이득과 상관없이 감정을

---

26. "기예는 자연과 구별되며, 기예의 산물 내지 귀결은 작품으로서, 작용결과인 자연의 것과는 구별된다."(B174)
27. "기예는 또한 수공과도 구별된다. 전자는 자유로운 기예라고 일컫고, 후자는 노임 기예라고 일컬을 수 있다. 사람들은 전자를 마치 그것이 단지 놀이로서,

직접적으로 의도하고 행해지는 경우는 미감적 예술ästhetische Kunst
이라 한다. 또 미감적 예술은 다시 감관적인 감정만을 목적으로 하는
오락 예술angenehme Kunst과 반성적 감정을 목적으로 하는 아름다운
예술die schöne Kunst로 구분된다.

오락 예술에서 쾌는 단지 감각적인 것이고, 이것이 목표하는 것은
단지 향락이다. 따라서 오락 예술은 향락을 목표로 삼는 일체의 기예
를 의미한다. 이에 반해 아름다운 예술은 쾌의 감정을 유발하면서도
그것에 그치지 않고 인식을 수반한다. 쾌의 감정이 인식을 수반한다
는 것은 쾌의 감정이 반성적이라는 뜻이다. 즉 아름다운 예술에서 산
출되는 쾌락은 타자와의 논의가 가능하고 지속적이며, 반성적 속성
을 가진다는 의미이다. 오락 예술과 아름다운 예술의 본질적 차이는
후자가 반성적 감정을 목적으로 한다는 점이다.[28] 바로 이 아름다운
예술에서 감정의 보편적 전달이 가능해진다.

아름다운 예술은 '이 장미는 아름답다'와 같은 동일한 반성적 쾌감
을 불러일으킨다. 아름다운 예술은 "그 자체만으로 합목적적인 표상
방식이며, 비록 목적은 없다고 해도, 사회적 전달을 위한 심의능력들
의 문화를 촉진"시키고, 이러한 합목적성은 "자의적 규칙들의 모든
구속으로부터 자유롭게 벗어나 있어, 마치 순수하게 자연의 산물인

다시 말해 그 자신만으로 쾌적한 작업으로서 합목적적으로 성과를 거둘(성공
할) 수 있는 것처럼 보고, 후자는 그것이 노동으로서, 다시 말해 그 자신만으로
는 쾌적하지 못하고(수고스럽고) 오직 그것의 결과(예컨대 노임)로 인해 유혹적
인 작업으로서, 그러니까 강제적으로 부과될 수 있는 것으로 본다."(B176)
28. KU, B 178 참조.

듯 보여야 한다."[29] 즉 아름다운 예술은 그것이 비록 예술가의 의식적이고 의도적인 창작물이면서도 전혀 의도하지 않은 자연의 산물로 지각된다는 것이다.

아름다운 예술에서 사람들은 그것이 기예이고 자연이 아님을 의식하지 않을 수 없다. 그럼에도 그러한 산물의 형식에서의 합목적성은 자의적인 규칙들의 일체의 강제로부터 자유로워서 마치 그 산물이 순전한 자연의 산물인 것처럼 보이지 않으면 안 된다.[30]

칸트에서 미의 기준은 자연미이다. 따라서 모든 예술에 대한 평가 기준도 자연미에 따른다. "자연은 그것이 동시에 예술인 것처럼 보였을 때 아름다운 것이었다. 그리고 예술은 우리가 그것이 예술임을 의식할 때도 우리에게 자연인 것처럼 보일 때에만 아름답다고 불릴 수 있는 것이다."[31] 아름다운 예술에 대한 경험은 비록 작품이 어떤 특정한 사람에 의해 의도적으로 만들어진 산물이지만, 그것은 특정한 의도를 넘어선 것으로, 마치 자연이 주는 미적 쾌감처럼 보편적인 것이다. 이것이 의미하는 것은, 작품이란 자연의 본질을 구현할 때 비로소 자연미와 같은 효과를 기대할 수 있다. 그렇다면 이러한 역할을 하는 창작자는 누구인가? 그가 바로 천재das Genie이다.

---

29. KU, B. 179. 심의능력(ingenium)은 다양한 사물들에서 유사성을 발견할 줄 아는 능력을 의미한다. KU, B21 참조.
30. 같은 곳.
31. KU, B. 180.

자연이 목적 없는 합목적성을 자연미에서 드러내듯이 천재는 작품 속에서 그것을 구현해내는 특별한 능력을 갖춘 자이다. 칸트의 천재 미학은 그의 생산미학에 대한 사유를 잘 보여준다. "취미는 단지 판정능력일 뿐, 생산적 능력이 아니다."[32] 따라서 "미적 대상을 판정하기 위해 취미가 필요하나, 미적 예술 자체를 위해서는, 즉 그러한 대상을 산출하기 위해서는 천재가 필요하다."[33] 천재는 예술에 규칙을 부여하는 특별한 자연적 소질Naturgabe을 가진다.[34] 즉 천재의 능력은 노력과는 무관한 것이다. 그런데 자연미와 달리 "예술미는 사물에 대한 하나의 아름다운 표상"[35]에 근거한다. 아름다운 표상은 천재의 능력에서 비롯되는데, 천재의 창조적 생산능력은 근본적으로 '정신Geist'에서 비롯된다. 천재의 정신은 "미적 이념을 현시하는 능력"[36]인데, 그것은 구체적으로 "특정한 개념으로 포괄될 수 없는 많은 생각을 불러일으키고, 그리하여 개념을 미감적으로 무한히 확장하여 지성적 이념능력을 움직이도록 만든"[37]다. 간단히 말하자면, 천재는 상상력의 표상을 창의적으로 형상화하는 능력을 가진 자이다. 따라

---

32. KU, B. 191.
33. KU, B. 187. "아름다운(미적) 예술은 단지 천재의 사물로서만 가능하다."(KU, B. 182)
34. 천재 개념의 역사적 이해는 J. Schmidt, Die Geschichte des Genie-Gedankens in der Deutschen Literatur, Philosophie und Politik 1750-1945, I-II., Darmstadt, 1985 참조.
35. KU, B. 188.
36. KU, B. 192.
37. KU, B. 194.

서 "아름다운 예술에는 상상력, 지성, 정신, 취미가 필요하다."[38]

칸트에 따르면 천재에게는 네 가지 속성이 있다. 천재의 첫 번째 속성은 '독창성'이다. "천재란 어떠한 일정한 규칙도 주어지지 않는 것을 만들어내는 재능이다. 즉 그것은 어떤 규칙에 따라서 배울 수 있는 것에 대한 숙련의 소질이 아니다. 따라서 원본성[독창성]이 천재의 제일의 속성이지 않으면 안 된다."[39] 이것은 칸트가 천재를 '자연적 기질'이지 후천적 노력이 성취한 결과가 아니라고 보는 근거이다. 둘째, 천재는 작품을 통해 타자에게 아름다움에 대한 판단의 기준과 규칙을 제공한다. 독창적인 것이 "원본적이지만 무의미한 것도 있을 수 있으므로, 천재의 산물들은 동시에 범형, 다시 말해 범례적exemplarisch이지 않으면 안 된다. 그러니까 그 자신은 모방에 의해서 생긴 것이 아니지만, 다른 사람들에게는 모방할 수 있는 것, 다시 말해 판정의 표준이나 규칙으로 쓰일 수 있는 것이지 않으면 안 된다."[40] 셋째, 천재는 본성에 의해 작품을 창작할 뿐, 그것에 대해 설명할 수 없다. 그는 자연의 이념이 어떻게 그리고 왜 자신에게 떠오르는지 알지 못하며, 이러한 이념을 인위적으로 만들어 사람들이 자신이 창작한 작품과 동일한 작품을 만들도록 할 수 없다. 자연이 그러하듯, 그는 목적 없는 합목적성을 작품에 구현할 뿐이다. "천재는 그의 산물을 어떻게 성립시키는가를 그 자신이 기술하거나 학문적으로

38. KU, B. 203.
39. KU, B. 182.
40. 같은 곳.

공표할 수는 없고, 오히려 자연으로서 규칙을 주는 것이다."[41]

마지막으로 천재가 구현하는 자연의 규칙은 예술에 관련된 것이지 학문과는 무관하다. 즉, 천재는 아름다운 예술의 창작과 관계할 뿐이다. "자연은 천재를 통해 학문에 대해서가 아니라 예술에 대해서 규칙을 지시규정하며, 그것도 예술이 아름다운 예술이여야 하는 한에서 그러하다."[42]

칸트는 천재의 재능을 자연의 총아Günstling der Natur[43]라고 칭함으로써 천재의 생득적 능력과 아름다운 예술의 유래와 목적을 분명히 한다. 천재는 자연의 이념을 작품에 구현하는데, 그것은 작품에 미적 형식을 부여하는 것으로 나타난다. 우리가 예술작품에서 얻는 보편적인 쾌감은 바로 이 형식에서 비롯된다. 칸트는 뉴턴과 같이 학문에서 탁월한 성취를 이룩한 학자를 천재라고 보지 않았는데, 그것은 그들의 성취가 "규칙에 따라 연구 및 숙고의 자연적인 도정에서 이룩한" 그리고 "부지런히 모방을 통해 획득될 수 있는"[44] 것과 기본적으로 다르지 않기 때문이다. 학자들은 천재가 생득적으로 소유한 "이념

---

41. 같은 곳. 칸트의 이러한 생각은 우선 "예술작품 안에 개념적 일반화와 인식의 차원과 구별되는, 일종의 '무의식적인' 잠재능력이 실현되어 있으므로, 주관도 그것을 법칙적 연관성으로 연역할 수 없고 개념적 언어로 온전히 번역할 수 없는 대상으로서 감상하고 판정하게 되는 것이다." 칸트의 이러한 생각에는 "탁월한 예술작품이 보여주는 형식적 · 유기적인 통일성, 개별 작품의 반복 불가능한 성취를" 해명할 수 있는 길을 열어 준다. 하선규, 〈칸트〉, 321쪽 참조.
42. KU, B. 183.
43. KU, B. 185 참조.
44. KU, B. 184.

들을 현시하는 능력"[45]이 없다. 천재의 산물인 시예술은 우리가 생각할 수 없는 "한갓된 문자인 언어에 정신을 결합시켜주는 것"[46]이다. 천재의 능력은 상상력에서 나오는데, 그는 일반인이 인식을 위해 상상력을 지성의 강제 아래에 두는 반면, 천재는 상상력을 자유롭게 사용함으로써 오히려 지성에게 새로운 재료를 제공한다.[47]

천재의 창작은 전적으로 본성에서 비롯되며, 그들의 활동은 전적으로 무의도적이지만 자연의 목적 없는 합목적성을 구현한다. "예술이란 자연이 천재를 통해서 규칙을 준 모방인 것이다."[48] 그러므로 칸트에 따르면 아름다운 예술을 감상할 때 그것이 어떤 특정인의 작품이라기보다는 자연의 산물처럼 보이고, 그럴 경우에만 그 작품은 예술의 지위를 획득할 수 있다는 것이다. 칸트에서 예술의 출발은 자연이고 미에 대한 기준은 자연미이다. 아름답지 않은 자연미는 칸트에게 형용모순이다. 따라서 천재에 의해 창조된 미 역시 아름다워야

---

45. KU, B. 192.
46. KU, B. 197.
47. "무릇 어떤 표상에서의 마음의 상태 중 형언할 수 없는 것을 표현하고, 표현적으로 전달 가능하게 만들기 위해서는, 그 표현이 언어에 있든 회화에 있든 조소에 있든, 빠르게 지나가는 상상력의 놀이를 포착하여, 규칙들의 강제 없이 전달되는 하나의 개념—이 개념은 바로 그 때문에 원본[독창]적이며, 동시에 어떤 선행하는 원리나 실례로부터 추론될 수 없었던 새로운 규칙을 개시한다—속에 통합하는 능력을 필요로 하기 때문이다."(KU, B. 198f.)
48. KU, B. 200. 《판단력비판》에서 자연은 《순수이성비판》에서의 자연과는 달리 능산적이고 창조적인 자연(natura naturans)의 의미를 띤다. 이 점에 대해서는 B. Scheer, Einführung in die philosophische Ästhetik, Darmstadt, 1997, p.104 참조.

하며, 아름다운 자연의 대상이 우리에게 쾌감을 불러일으키듯이 동일하게 쾌감을 준다.

천재는 자연의 목적을 작품에서 미적 이념의 형태로 구현하는데, 이 미적 이념이 작품의 질서와 통일을 부여한다. 미적 이념은 자연의 '목적 없는 합목적성'을 다양한 형태로 현시한다. 작품의 아름다움은 결국 "미감적 이념ästhetische Idee의 표현Ausdruck"[49]이라 할 수 있다. 자연미와 달리 예술미는 천재에 의한 정신Geist의 산물이다. 《판단력비판》에서 정신은 '미감적 이념'을 현시하는 능력인데, 이념은 원래 이성과 관계한다. 신, 자유, 영혼 등의 신학적 이념을 비롯하여, 우주론적 이념, 심리학적 이념 등은 대표적인 이성의 이념이다. 천재는 상상력과 이성이념의 내적인 놀이를 통해 미적인 상징들의 통일성을 꾀한다. 이 통일성이 작품의 형식이 된다. 그리고 바로 이 형식이 작품을 감상하는 모든 이에게 미적 이념을 전달하게 된다. 장르의 구분은 이 미적 이념이 어떤 소재와 결합하는가에 의존하는데,[50] 칸트는 시를 최고의 예술로 본다. 왜냐하면 시가 인식의 확장에 기여하기 때문이다. 이에 반해 음악은 감각과 직접적으로 관계하기에 가장 낮은

---

49. KU, B. 204. "예술작품에 규칙을 부여하는 천재는 자연이 지닌 초감성적인 암호를 해독하며 미적 이념으로 드러낸다. 천재의 창조력……은 인간 내부의 초감성적인 이념을 불러내는 자발적인 능력에 다름 아니다."(박영선, 〈아도르노와 예술적 천재 개념—칸트와 셸링의 천재 개념과 아도르노의 비판을 중심으로〉, 《美學》 제35집, 한국미학회, 2003.8, 156-157쪽)

50. KU, B. 214-215 참조.

예술적 가치를 지닌다.[51]

아름다운 예술에서 작품의 독창성과 원본성은 미감적 이념에서 비롯되며, 미감적 이념은 이성의 이념의 한 양태이다. 즉 아름다운 예술에서 미는 초감성적인 이념을 지향한다. 칸트가 아름다움이 궁극적으로 도덕성에 뿌리를 내리고 있다고 말하는 것은 도덕이념만이 목적 그 자체로 관조되기 때문이다. "이제 나는 말하거니와, 아름다운 것은 도덕적으로 선한 것의 상징이다. 그리고 또 (누구에게나 자연스러운 관점이요 누구나가 다른 사람에게 의무로서 요구하는 관점인) 이러한 관점에서만 아름다운 것은 우리의 마음에 들며 다른 모든 사람의 동의를 요구한다."[52] 따라서 천재 예술이 지향하는 궁극적 목표는 도덕성이고, 그것이 성취될 때 미는 보편타당한 것이 될 수 있다.

미학사에서 성취한 칸트의 업적은 모방론을 위시한 객관 중심의 미에 대한 이해를 코페르니쿠스적으로 주관주의로 전환시킨 점일 것이다.[53] 칸트는 이전까지 묻지 않았던 미적 판단의 보편성의 근거를 묻고, 더 나아가 인간에 의한 예술작품이 어떻게 자연의 미처럼 보편적인 미로 이해될 수 있는지를 설명한다. 그러나 칸트의 주관주의 미학이 예술에서 보다 중요한 미적 대상, 특히 예술작품의 독자적인 존

---

51. KU, B. 221 참조.
52. KU, B. 258.
53. 칸트 미학에 대한 강력한 비판자 중의 한 사람인 아도르노는 칸트가 성취한 미학사의 업적을 이렇게 설명한다. "칸트의 주관주의는 주관적인 계기들의 분석을 통해 객관성을 지키려는 객관적 의도를 갖는 점에서 그 특유의 중요성을 지닌다." Th. W. Adorno, Ästhetische Theorie, Frankfurt am Main 1970, p. 22.

재론적 지위에 무심했다는 비판에 봉착한다. 즉, 예술에서 작품이 성립할 때까지의 작가의 태도와 작품 그 자체, 그리고 수용자와의 관계에 대한 다층적 의미를 놓치고 있다는 것이다.

칸트에게 그것이 자연미이든 숭고미이든 더 나아가 예술가에 의해 창작된 미이든 그것을 야기한 대상은 크게 문제 되지 않는다. 칸트에게 미는 대상이 아니라 그 대상에 대한 우리의 주관적 쾌감에서 비롯된다. 극단적으로 말해 아름다운 대상은 존재하지 않으며, 단지 우리에게 미감적 쾌감의 반응을 불러일으키는 대상만이 존재할 뿐이다.[54]

> 칸트에 따르면, 내가 어떤 사물에 대해 그 사물이 아름답다고 말할 수 있는가의 여부를 아는 문제는 내가 그 사물의 현존existence에 대해 갖거나 혹은 갖지 않는 관심과 아무런 관련이 없다.[55]

칸트는 대상에 대한 무관심이 미적 쾌감의 본질을 이룬다고 보는데, 그것은 주체가 대상에 대한 직접적인 욕망에서 벗어날 때, 비로소 미적 판단의 '주관적 보편성'을 요구할 수 있기 때문이다.[56] 만약 대상에 대한 개별자의 당파적 관심을 미적 쾌감의 본질로 본다면, 그것은 결코 보편적 판단의 근거가 될 수 없다.

54. 카이 함머마이스터, 신혜경 옮김, 《바움가르텐부터 아도르노까지》, 서울: 이학사, 2013, 82쪽 참조.
55. J. Derrida, The Truth in Painting, trans. by Geoff Bennington and Ian McLeod, Chicago: The Univ. of Chicago Press, 1987, p. 44.
56. KU, B. 17-18 참조.

칸트에서 대상에 대한 무관심성은 미적 판단과 미적 주체의 자율성과 보편성을 확보하는 근거가 되었지만, 후대 철학자들의 비판의 표적이 된다. 비판의 가장 최근의 사례는 데리다가 잘 보여준다. 그에 따르면 칸트에게 '이 궁전이 아름다운가?'라는 물음에 아름답다거나 그렇지 않다는 답은 칸트적인 사유에서는 비본질적인 것이다. 칸트에서 미적 쾌감은 철저히 주관적인 것이어서 대상에 관해 어떤 것도 말해주지 않는다. 그런데 데리다가 보기에 이러한 쾌라는 것은 허구이다. 만약 그러한 쾌가 존재한다면 그것은 "지하 납골묘crypt에서 발생하는, 현존하지 않은 주체성"[57]에서 가능할 것이기 때문이다. "현존하는 그 어떤 것도, …… 시간 혹은 공간 내의 어떤 것도 그 스스로 자신에게 감정을 불러일으키게 하는 이 같은 감정은 없다."[58] 즉 타자가 없다면 보편성도, 보편성에 대한 요구도 없다. 마찬가지로 타자가 없다면, 어떤 쾌도 없다. 칸트의 쾌는 "경험하기 불가능한 쾌이다. 취할 수도 없고, 받을 수도 없고, 되돌릴 수도 없고, 나 자신에게 줄 수도 없는 쾌이다. 왜냐하면 나는 그러한 아름다운 것에 접근할 수 없기 때문이다. 내가 현존하는 한, 나는 순수 쾌에 결코 접근할 수 없기 때문이다."[59]

---

57. Derrida, op. cit., p. 46.

58. Ibid., p.47.

59. Ibid., p. 48. 비슷한 맥락에서 아도르노 역시 칸트를 비판한다. "칸트는 보편적 개념에 의한 공식화를 통해 윤리학의 객관성과 마찬가지로 자신이 목표로 하는 미학의 객관성에 도달한다. 이는 본질 구성적으로 특수한 것인 미적 현상과는 대치된다. 어떠한 작품에 있어서도 그 순수 개념에 따라 필연적으로

칸트의 생산미학의 핵심 개념인 천재 개념도 비판자들의 눈에는 미의 보편성 확보를 위한 장치에 불과한 것으로 간주된다. 칸트는 천재가 창작한 아름다운 예술은 비록 그것이 인위적인 것이지만 자연의 산물이라고 본다. 자연의 총아로서 천재는 자신의 의도를 작품에 구현하지만, 천재의 의도 뒤에는 자연이 있고 자연의 의도를 천재는 알 수 없다. 칸트의 천재미학을 아도르노는 이렇게 비판한다. "천재미학은 작품의 절대적 근원성이나 작품의 사이비 자연성을 위해 유한한 제작자의 계기 혹은 작품의 기술$_{\tau \acute{\epsilon} \chi \nu \eta}$을 억누르며, 그 결과 예술작품을 유기적이고 무의식적인 것으로 보는 이데올로기를 퍼뜨린다. 이러한 이데올로기는 비합리주의의 혼탁한 조류로 확산된다."[60] 아도르노는 주관성이 예술작품이 성립하기 위한 필수조건이라는 것을 인정하지만, 주관성이 미적인 것을 전적으로 결정할 수 없다고 본다. 오히려 예술에서 본질적인 것은 객관, 대상이다. 예술은 자신의 근거를 객체, 즉 대상에서 찾아야 한다.[61]

아도르노가 보기에, 칸트는 천재가 예술작품 속에서 주어진 소재를 새롭게 배열함으로써 마치 자연의 합목적적 질서의 일부분을 창

취해야 하는 형상은 본질적인 것이 아니다. 칸트는 예술을 주관인 영역, 결국은 우연성으로부터 탈피시키고자 했고, 이로써 예술 자체와도 모순을 이룬다."(Adorno, op. cit., p. 248.) 루카치도 칸트의 '이해관계를 초월한 상태'로서 무관심성은 칸트가 미학을 사회적, 역사적 삶과 분리시키고 있으며, 이것은 인간의 사회적, 역사적 조건을 무시한 태도라고 비판한다. 루카치, 임홍배 역, 《미학》 제3권, 서울: 미술문화, 2002, 161-167쪽 참조.
60. Adorno, op. cit., p. 255.
61. Ibid., p. 253 참조.

조하는 능력으로 보는데, 그것은 착각이다. 예술가가 다루는 소재는 자연적으로 주어진 재료가 아니다. 또 천재는 자연의 총아가 아니다. 예술가는 창작의 과정에서 이미 존재하는 예술적 객관성에 제한을 받을 수밖에 없고, 그 객관성과의 불화와 협력의 상호작용을 통해 자신의 자유를 작품 속에 구현한다. 칸트의 "천재 개념은 허위이다. 이로써 천재미학도 허위로 된다. 왜냐하면 작품은 결코 피조물이 아니며 인간은 창조가가 아니기 때문이다."[62] 칸트의 천재 개념에는 예술작품의 객관성에 대한 물음이 간과되었기에, 칸트의 천재 개념은 "잠재적으로 예술작품에 대해 적대적"[63]이다. 결론적으로 아도르노는 칸트의 천재 개념에서 시대적 한계를 읽는다. 천재 개념은 "예술가의 인격이나 궁극적으로 예술가의 저속한 전기물에 만족하는", "인간의 순수한 창조성을 찬양하는" "시민들의 통속적 의식"[64]의 산물이다.

---

62. Ibid., p. 225. 아도르노는 칸트의 천재처럼 예술가가 무에서 유를 창조하는 것은 불가능하다고 본다. 이것을 아도르노는 음악가의 경우를 들어 설명하는데, 작곡가가 음악에서에서 '재료'(Material, 조성, 리듬, 멜로디)를 자신의 영감에 따라 자유롭게 사용하는 것처럼 보이지만, 사실 그것은 철저히 '역사적 필연성'에 따라 처리된다. 즉 음악의 재료에는 역사적 내용이 침전되어 있는 것이다. "음악에는 자연권(Naturrecht)이 존재하지 않는다."(Th. W. Adorno, Philosophie der neuen Musik, Frankfurt am Main, 1975, p. 39)
63. Adorno, Ästhetische Theorie, p. 255.
64. Ibid. 비슷한 맥락에서 가다머 역시 칸트의 천재 개념을 비판한다. 가다머는 칸트의 천재 개념이 미적 판단의 '보편적 형식', '공통감' 등과 마찬가지로 미적 판단의 선험성을 확보하기 위한 장치로 간주한다. 미적 경험은 "완결되지 않은 생기(Geschehen)와의 만남"이기에 주관성으로 귀속될 수 없다. 예술작품은 천재가 자연의 이념을 표현한 산물이거나 감상자가 반성을 통해 그것의 본질을 온전히 파악할 수 있는 단순한 대상이 아니다.(H.G. Gadamer, Wahrheit und Methode.

칸트 미학에 대한 니체의 비판은 우선 미감적 판단의 특징인 '무관심'에 모아진다. 칸트는 미적 판단이 개별자의 감각적, 인식·이론적 그리고 도덕적 관심에서 자유로운 판단이어야 한다고 설명하면서 저 유명한 '무관심성'을 언급한다. 그러나 니체는 예술이 성립하기 위해 '관심'이 필수적이라고 본다. 1882년 7월 ~1883/84년 겨울에 남긴 유고에서 니체는 칸트를 이렇게 비판한다.

> 칸트에 대한 반론. 물론 나는 내 맘에 드는 아름다운 것에 대해서조차 하나의 관심을 통해 결합되어 있다. 그러나 그것이 적나라하게 내 앞에 존재하는 것은 아니다. 예술작품 내에서 행복, 완전함, 정적에 대한 표현, 침묵하는 것, 판단을 기다리는 것조차―모든 것은 우리의 충동들에게 말을 건다.―결국 오로지 나는 내 자신의 충동의 이상('행복한 것')에 상응하는 것을 '아름답다'고 느낀다. 예를 들면 부, 영광, 경건함, 힘의 분출, 헌신은 다양한 민족들에게 '아름답다'고 느껴질 수 있다.[65]

칸트의 무관심에 대한 니체의 비판은 미와 '힘에의 의지' 그리고 도취의 관계에 대한 통찰에 근거한다. 니체에게 미의 판단 기준은 그것이 힘을 고양시키느냐의 유무에 달려있다. 그에게 미란 힘을 고양시키는 것이고, 추는 힘을 약화시키는 것이다. 힘은 예술에서 도취의 형태로 드러나는데, 그것은 결국 대상에 대한 관심과 불과분의 관

Grundzüge einer philosophischen Hermeneutik, Tübingen 1986, p. 105 참조.
65. N; KSA10, 293(7[154]).

계에 있다. 그래서 같은 시기의 유고에서 니체는 칸트와 대립각을 더욱 날카롭게 표현한다. "칸트의 …… 무관심한 만족das interesselose Wohlgefallen과 의지Wille의 침묵에 관한 칸트의 교설에 대한 나의 증오."[66] 또한 미의 객관성은 '무관심한 직관'에서 확보되는 것이 아니다. 그것은 "우리가 한 사태에 대해 좀더 많은 정동Affekte으로 하여금 말하게 하면 할수록, 우리가 그와 같은 사태에 대해 좀더 많은 눈이나 다양한 눈을 맞추면 맞출수록, 이러한 사태에 대한 우리의 '개념'이나 '객관성'은 더욱 완벽해질 것이다."[67] 즉 예술 창작과 작품, 감상에서 무관심한 중립지점은 있을 수 없다.

칸트의 미학에 대한 니체의 두 번째 비판은 칸트가 미를 도덕의 관점에서 파악했다는 점이다. 칸트에서 미와 도덕의 관계는 《판단력비판》의 §59절의 제목, 〈도덕성의 상징으로서 미에 관하여〉[68]가 잘 말해준다. 칸트는 특히 숭고미가 자연의 거대함과 힘에서 촉발되지만 그것의 궁극적 기원은 주관의 "도덕적 감정의 능력"[69]에서 비롯된다고 본다. 미는 그것이 자연미든 창조된 미든 인간에게 도덕적 감정을 불러일으킨다. 칸트가 미는 도덕적인 선의 "암호"[70]라 말하는 이유가 여기에 있다. 니체는 칸트가 예술의 독자성을 옹호하기보다는 도덕의 그늘 아래 둔다고 본다. "(취미, 불쾌, 혐오 등의) 미감적인 판단은

66. N; KSA10, 502(16[11]).
67. GM; KSA5, 365(12).
68. KU, B. 254 참조.
69. KU, B. 112.
70. KU, B. 170.

재산평가 목록의 근거를 이루는 것이다. 이 목록이 다시 도덕적 판단의 근거가 된다."[71] 니체는 칸트의 입장을 전도시킨다. "도덕을 미학으로 환원하기Reduktion der Moral auf Aesthetik!!!"[72] 이러한 입장은 니체의 초기 철학에서 후기 철학에 이르기까지 확고하게 견지된다. "인간의 실존과 세계는 오직 미적 현상으로서만 정당화된다."[73] 세계는 "스스로 잉태하는 예술작품"[74]이다. 앞의 것은 청년 니체의 생각이고, 뒤의 것은 정신적 몰락이 얼마 남지 않은 시기의 통찰이다.

칸트 미학에 대한 니체의 세 번째 비판은, 칸트가 예술을 창작자의 관점에서가 아니라 수용자Empfangende 혹은 관람자Zuschauer의 입장에서 바라본다는 것이다. 칸트의 '미의 분석'과 '숭고의 분석'은 분명히 니체의 비판에서 자유로울 수 없다. 그런데 칸트의 생산미학인 천재미학도 이 비판을 피해갈 수는 없다. 칸트의 천재미학에서는 창작자, 즉 천재의 고유한 체험, 욕망, 황홀의 강력한 경험이 작품에 구현되는 것이 중요한 것이 아니라, 천재가 구현한 작품이 어떻게 관람자에게 자연의 미처럼 보편적인 쾌감을 주는가가 보다 근본적인 것이다. 그러므로 창작 자체 혹은 창작자가 중심이 되는 것은 아니다. "칸트도 다른 모든 철학자와 마찬가지로 예술가창작자의 체험에서 미학

---

71. N; KSA9, 471(11[78]).
72. N; KSA9, 471(11[79]).
73. GT; KSA1, 17.
74. N; KSA12, 119(2[114]). "창작의 방해로서의 도덕성. …… 오로지 도덕적인 것에서: 거기서 인간성은 황폐해지고, 아무것도 창조되지 못한다."(N; KSA9, 15(1[43])).

적 문제를 바라보는 대신, 오직 '관람자'의 관점에서 예술과 미에 대해 숙고했다."[75] 창작자에게 관객의 입장, 미의 보편화와 객관화를 요구하는 것은 "창작자의 고유한 힘을 황폐화하라는 요구"[76]이다.

칸트의 생산미학은 비록 천재의 창작에 관해 언급하고 있지만, '수용' 중심의 미학이다. 예술작품은 인간의 보편적 도덕성의 실현을 목적으로 한다. 그것이 가능한 것은 천재의 행위와 그 결과물인 작품, 그리고 그것을 향유하는 관람자의 태도에는 필연적인 합목적성이 작동하기 때문이다. 니체는 세계와 삶이 목적에 따라 운행된다는 칸트의 전제를 거부한다. 세계는 우리의 의식으로 완벽하게 인식할 수 있고 그것도 특정한 법칙과 목적에 따라 운행된다는 것을 확신시킬 정도로 단순하지 않다. 세계는 오히려 목적 없는, 무목적적인 힘들의 범람으로 파악되어야 하고, 이러한 세계에 대한 이해는 바로 우연Zufall에 대한 개방적 태도에서 가능하다. "살아 있는 모든 것은 운동한다. 그러나 이러한 활동Tätigkeit은 특정한 목적을 위한 것이 아니다."[77]

세계와 삶의 무목적성에 대한 니체의 이해는 칸트의 천재를 빗대는 듯한 1880년대 초반의 한 유고가 잘 보여준다.

75. GM, KSA5, 346(6). 니체의 칸트미학, 특히 무관심성과 수용 중심의 미학에 대한 비판의 정당성에 대해서는 U. Heftrich, "Nietzsches Auseinandersetzung mit der 'Kritik der Ästhetischen Urteilskraft'", in: Nietzsche Studien, Bd. 20, E. Behler. u.a(Hg.), Berlin u.a. 1991, pp.238-266 참조.
76. N; KSA13, 357(14[170]).
77. N; KSA9, 21(1[70]).

천재는 모든 방면으로 끊임없이 더듬으면서 때때로 어떤 것을 잡아채는 바닷게 같다. 그러나 그는 잡기 위해서 더듬는 게 아니다. 그의 지절들이 빙빙 돌아다녀야만 하기 때문에 더듬는다.[78]

이 비유는 삶이 하나의 목적을 실현하기 위해 행동하는 것이 아니라, 우연성으로 열린 활동이라는 것이다. 니체는 이러한 활동을 예술가들이 전형적으로 보여준다고 말한다. 우리는 예술가에서 배워야 하는데, 즉 "예술가의 쾌활함Heiterkeit"과 "잘 잊는 것, 잘 알지-못하는-것"[79] 그리고 "도덕 위에서 왔다 갔다 하며 놀 수 있는"[80] 지혜를 배워야 한다. 이러한 지혜는 삶과의 밀착, 살아가는 것에서 비롯된다. "예술 속에서 인간은 스스로를 완전성으로 향유한다."[81]

예술가는 바닷게와 같이 사지의 활동을 통해 우연적인 것을 찬양하고 그것과 놀이함으로써 새로움을 창조한다. 그에게 이러한 것을 가능하게 하는 것은 삶의 본질을 이루는 "목적 없는 힘의 범람"[82] 때문이다. 힘과 예술의 관계는 니체의 '예술생리학Physiologie der Kunst'에서 보다 분명해진다.

78. N; KSA9, 17(1[53]).
79. FW; KSA3, 351.
80. FW; KSA3, 465.
81. GD; KSA6, 117(9).
82. N; KSA9, 15(1[44]). "살아 있는 것은 힘을 방출하고자 한다. 생명 자체는 힘에의 의지다."(JGB; KSA5, 27(13)).

3 데카당스 예술의 종말

니체는 예술의 역사에서 크게 보아 두 번의 예술의 종말을 목격한다.[83] 그 하나는 그리스 비극의 몰락과 관계한다. 니체에 따르면 비극의 몰락은 그리스 문화의 뿌리인 '비극적-디오니소스적인 것'의 고갈에서 촉발된다. 그리스인들은 삶의 원초적 모순성과 비극성을 비극이라는 예술로 구현한다. 그런데 기원전 6세기 무렵 비극은 새로운 전기를 맞는다. 비극의 3대 작가 중 마지막을 장식했던 에우리피데스Euripides 작품은 앞선 두 대가인 아이스킬로스Aischylos와 소포클레스Sophokles와는 다른 경향성을 보여준다. 그의 작품에서는 앞선 작가들의 작품에서 중심을 차지했던 음악이 점차 줄어들고, 연극적 요소, 즉 서사가 중요한 역할을 한다.

---

83. 니체의 예술종말론에 대한 아래의 내용은 정낙림, 〈예술의 종말과 종말이후의 예술 — 헤겔, 니체, 단토의 '예술의 종말'론 비교연구〉, 88-96쪽을 수정·보완한 것이다.

합창보다 설명과 설득의 대화적 요소가 비극에 도입되었다는 것은
그리스인들에게 분명 낯선 것이었다. 그러나 그들은 점차 이러한 변
화에 익숙해졌다. 그렇다면 왜 에우리피데스는 이러한 경향을 밟게
되었는가? 니체는 에우리피데스의 뒤에 숨은 한 사람을 지목한다. 그
가 바로 소크라테스이다. 에우리피데스는 단지 가면에 불과하다고
니체는 확신한다. 니체는 소크라테스를 움직이는 절대적 욕망으로
"인식욕Erkenntnislust"[84]을 꼽는다. 인식욕은 우리의 인식이 존재의
가장 깊은 심연까지 도달할 수 있다는 낙천적인 욕망을 말한다. 인식
욕의 극단화는 존재의 심연에 도달할 수 있을 뿐만 아니라 존재의 모
순을 교정할 수 있다고 믿게 한다.[85] 니체는 인식욕으로 무장한 소크
라테스의 등장을 "세계사의 전환점과 회오리"[86]로 본다. 소크라테스
는 그리스 문화에서는 결코 볼 수 없었던 새로운 유형의 인간이었고,
그의 등장은 이후의 역사를 규정하는 긴 그림자로 남기 때문이다.

니체에 따르면 그리스인들을 비롯한 "모든 생산적인 인간들에게 본
능이 바로 창조적인-긍정적인 힘인 것이고 의식이 비판적이고 경고
하는 것을 자신 속에 가지고 있는 데 반해, 소크라테스에게는 본능이
비판가로, 의식이 창조자가"[87] 된다. 소크라테스의 눈에 비극은 지극
히 비이성적이고 비논리적인 것이다. 그것은 마치 "결과 없는 원인으

---

84. GT; KSA1, 116.
85. GT; KSA1, 99 참조.
86. 같은 곳.
87. GT; KSA1, 90.

로, 원인 없는 결과인 것"과[88] 같은 것이다. 따라서 소크라테스에게 비극은 사라지거나 아니면 이성적으로 되어야 한다. 그에게 "아름답기 위해 모든 것은 의식적이어야 한다."[89] 이러한 소크라테스의 미학적 원리를 비극에 적용한 작가가 바로 에우리피데스인 것이다. 니체의 확신에 따르면 비극을 증오했던 소크라테스이지만 에우리피데스의 작품이 상연될 때는 관객들 사이에 그가 모습을 드러냈다고 한다.

니체는 비극의 입장에서 "미학적 소크라테스주의는 살인적인 원칙"[90]이라고 단정한다. 그것은 비극의 뿌리인 디오니소스적인 것을 고사시키고, 아폴론적인 것이 비극의 전면에 나섰다는 것을 의미하기 때문이다. 아폴론의 '개별화의 원리'는 비극에서 디오니소스적인 충동의 경계를 설정하는 제한적 기능을 수행하다가 미학적 소크라테스주의의 등장으로 디오니소스적인 것을 압도하게 된다. 마침내 비극에서 디오니소스 합창은 배경으로 밀려나고 "변증론의 쨍그랑거리는 무기놀이"[91]가 울려 퍼지게 되었다. 이렇게 그리스 비극은 종말을 고한다. 비극의 몰락을 니체는 다음과 같이 묘사한다.

그리스 비극의 죽음과 더불어 엄청난 공허가 밀려왔고, 공허는 도처에서 통절하게 느껴졌다. 마치 옛날 티베리우스 시대에 그리스의 뱃사람들이 절해의 고도에서 '위대한 판Pan은 죽었다'라고 처절하게 외치는

88. GT; KSA1, 92.
89. GT; KSA1, 87.
90. GT; KSA1, 87.
91. ST; KSA1, 546.

소리를 들은 것처럼, 이제 '비극은 죽었다……'라는 소리가 고통에 가득찬 곡성哭聲처럼 그리스 전역에 울려퍼졌다.[92]

니체에서 두 번째 예술의 종말은 그의 예술철학에서 보다 중요한 의미를 가지는데, 그것은 예술생리학과 밀접한 관계가 있다. 니체에 따르면 근대 문화의 뿌리는 소크라테스주의이다. 이성에 대한 무한한 신뢰와 실천적 낙관주의는 소크라테스와 계몽주의의 근친성에 대한 직접적 증거이다. 그래서 니체는 근대가 소크라테스로부터 시작되었다고 단언한다.[93] 근대 계몽주의는 계몽의 약속과는 달리 "실천적 염세주의praktischer Pessimismus"[94]로 귀결된다. 니체가 실천적 염세주의를 극복하고자 한 시도는 앞서 언급한 그리스 비극의 부활이었다. 니체는 예술이 염세주의로부터 삶을 위한 보호와 치료제의 역할을 하리라 기대했다. 특히 바그너의 총체극의 이념과 불협화음 등의 다양한 음악적 실험은 삶의 원초적 모순을 예술적으로 완벽하게 구현한다고 확신했다. 또 그가 보기에 바그너는 당대 예술이 개인의 취향이나

92. GT; KSA1, 75.
93. GT 18; KSA1, 116 참조.
94. GT; KSA1, 100. 니체는 실천적 염세주의를 이렇게 묘사한다. "이 힘이 인식을 위해서가 아니라 개인과 민족의 실천 목표, 이기적인 목표에 사용된 경우를 생각하면 각지에서 절멸적인 전투가 번져, 민족 이동이 쉴 새 없이 일어나고 삶에의 본능적 욕구는 약화될 것이다. 그리하여 자살은 상습화되고, 개인은 피지의 섬의 주민처럼 자식은 양친을 목 졸라 죽이고, 친구는 친구를 목 졸라 죽임으로써 자기의 의미를 다한 것처럼 느낄 것임에 틀림없다. 결국 동정심에서 민족을 대량으로 살해하는 몸서리나는 윤리를 낳을 수 있을지도 모른다는 극단적인 실천적 염세주의가 나타난다."(같은 곳.)

사교를 위한 장식품으로 전락한 것을 비판하고 예술이 가진 공공재로서의 역할을 회복시켰다. 바그너의 악극의 주제들은 민족의 정체성을 강하게 자극하는 게르만 신화에서 비롯된 것이 대부분이다.[95] 그래서 니체는 바그너를 그리스 비극을 부활시킨 문화 혁명가임을 굳게 믿었다. 그러나 그의 기대가 성급했음을 또 바그너의 음악이 비극적-디오니소스적 태도에서가 아니라 몰락에 대한 욕망, 데카당스의 산물임을 간파하는 데 오랜 시간이 걸리지 않았다.

형이상학의 역할을 대신하는 바그너 예술의 허구를 간파한 니체가 새롭게 발견한 예술의 기원은 생리학이었다. 도취가 일체의 조형행위의 전제조건이라는 사실, 또 도취는 힘의 고양에 대한 징후가 된다는 것, 예술의 평가는 바로 힘에의 의지라는 기준에서 찾아야 한다는 것이 니체의 확신이었다. 니체는 예술생리학의 관점에서 당대의 예술, 특히 바그너의 음악을 재평가한다. 바그너의 음악이 추구하는 것이 진정으로 디오니소스적인 것인가? 아니면 근대적 산물인가? 바그너의 음악극이 보여주는 잔인한 운명에 고통스러워하고 방황하는 주인공들의 여정은 한편으로 그리스 비극의 주인공과 닮았다. 그러나 바그너 작품의 주인공들은 고통을 긍정하고 자신의 힘을 극대화하여 운명에 맞서기보다 속죄와 구원을 찾음으로써 자신을 왜소화시킨다. 바그너의 음악극 〈파르치팔Parsifal〉이 전형적으로 보여주듯이 바그너

---

95. 니체의 바그너 이해에 대해서는 A. Rupschus, Nietzsches Problem mit den Deutschen, Wagners Deutschtum und Nietzsches Philosophie, Berlin u.a 2013 참조.

의 주인공은 물질적 혹은 육체적 욕망에 의해 타락하게 되고 고통과 방황의 나날을 보내다, 어느 순간 순수한 영혼에 의해 구원을 받는다. 이때 구원은 지극히 그리스도교적인 것이다.

니체는 바그너가 음악을 목적이 아닌 자신의 이념을 전파하는 수단으로 활용함으로써 그리스 비극에서의 음악의 역할과는 차이를 나타낸다고 본다. 바그너에게 "음악은 언제나 그 수단일 뿐이다. …… 음악은 그에게 극적인 몸짓과 뚜렷한 배우 기질을 명료하게 하고 강화시키며 내면화시키는 수단이었다."[96] 그렇다면 바그너가 음악을 빌려 전파하고자 한 이념은 무엇인가? 하나는 근대의 이념[97]이고 또다른 보다 근본적이고 중요한 이념은 그리스도교의 구원의 이념이다. 바그너가 작곡에서 차용한 '무한선율'과 '불협화음'은 음의 불균형과 반복을 통해 청중들을 혼동과 두려움으로 몰아넣어, 무언가 무한한 것이 있고, 그곳에서 문제에 대한 답이 있다는 예감을 갖도록 하기 위한 음악적 장치이다.

바그너 음악을 관통하는 주제는 구원이다. "그의 오페라는 구원의 오페라이다. 누군가가 그의 곁에서 항상 구원되기를 바라고 있다: 때로는 어느 젊은 청년이, 때로는 어느 젊은 처녀가 그렇다."[98] 그가 지하에 오케스트라를 배치함으로써 이전에 들을 수 없었던 음악적 효과를 노린 그의 전용 공연장인 '바이로이트' 극장의 구조와 무대 장치

---

96. NW; KSA6, 419.
97. "그는 헤겔의 유산이다. '이념'으로서의 음악."(NW; KSA6, 419)
98. W; KSA6, 16.

그리고 무한선율과 불협화음의 작곡 기법은 니체에게 모두 그리스도교적 구원을 음악적으로 표현하기 위한 바그너의 의도로 보인다. 그의 음악은 특히 음악에 문외한인 사람들에게 쉽게 다가갔고 감동을 전하는 마력이 있었다. 그래서 니체는 바그너를 대중들을 위한 "최면술의 대가"[99]로 부르기를 주저하지 않는다. 또 바그너의 음악은 소수의 음악 애호가나 특권층을 위한 것이 아니라 민족과 공동체를 지향했다. 그래서 "바이로이트에 갈 때, 사람들은 자기 자신을 집에 놔두고 간다. …… 거기에서는 가장 개인적인 양심조차 최대 다수라는 평준화 마술에 굴복한다. 거기서는 이웃이 지배하며, 거기서 우리는 이웃이 된다."[100]

고난, 죽음 그리고 구원이라는 그리스도교를 움직이는 원리는 바그너의 원동력이다. 니체는 이 점에서 바그너가 전형적인 낭만주의의 정조를 구현하고 있다고 본다. 그렇다면 낭만주의적 정조는 삶의 근본 원리인 힘에의 의지의 관점에서 찬양할 만한 가치가 있는 것인가?

낭만주의란 무엇인가? 모든 예술과 철학은 성장하고 투쟁하는 삶에 봉사하는 치료제요, 구제 수단이라고 할 수 있다. 예술과 철학은 항상 고뇌와 고뇌하는 자를 전제로 한다. 하지만 고뇌하는 자에는 두 가지 유

---

99. W; KSA6, 23(5). "바그너의 음악은 극장-취향이라는 몹시 관대한 취향에 의해 보호받지 않는다면, 단순히 저급한 음악일 뿐이다."(W; KSA6, 30)
100. NW; KSA6, 420. 바그너의 총체예술은 "취향의 문제에 있어서 대중 숭배의 한 형식이고, 일종의 대중 봉기이며, 좋은 취향에 대적하는 국민투표이다.…… 이 점을 바로 바그너의 경우가 입증하고 있다 : 그는 다수를 얻었다."(W; KSA6, 42)

형이 있다. 그 하나는 삶의 충만Überfülle des Lebens으로 인해 괴로움을 겪는 자들로, 이들은 디오니소스적 예술을, 그리고 또한 삶에 대한 비극적인 견해와 통찰을 원한다. 다른 하나는 삶의 빈곤Verarmung des Lebens으로 괴로움을 겪는 자들로서, 그들은 안식, 고요, 찬란한 바다, 예술과 인식을 통한 자신들로부터의 구원을 추구하거나, 아니면 도취, 경련, 마비, 광기를 추구한다. 후자의 이중의 욕구에 상응하는 것이 모든 예술과 인식에 있어서의 낭만주의다. 바로 여기에 해당하는 가장 유명하고 두드러진 낭만주의자들이 쇼펜하우어와 바그너이다.[101]

낭만주의의 고통과 고뇌가 디오니소스적 예술의 그것과 다른 점은 후자가 삶의 충만에서 오는 것인 데 반해 전자는 삶의 빈곤에서 비롯되며, 삶의 빈곤에 기반을 둔 고뇌는 구원을 찾기 마련이다. 바그너를 낭만주의의 전형으로 본 니체는 삶의 빈곤, 퇴락에 기반한 유형의 인간을 '데카당스dekadent'로 분류한다. 니체에게 데카당스는 힘 상승을 목표로 하는 생명의 원리에 역행하는 퇴행적인 태도를 의미한다. "내가 가장 깊이 몰두하고 있는 것은 사실 데카당스라는 문제이며 …… 황폐해진 삶과 종말에의 의지와 큰 권태가 거기에 숨겨져 있다."[102]

니체에게 소크라테스 역시 전형적인 데카당스이다. "나는 소크

---

101. FW; KSA3, 620(370), "바그너가 낭만주의를 종합한다."(N; KSA13, 133(11[315])).
102. W; KSA6, 11f.

라테스와 플라톤을 쇠약의 징후Verfalls-Symptome로, 그리스를 와해시키는 도구로, 사이비 그리스적이라고, 반그리스적이라고 파악했다."[103] 그러므로 "소크라테스는 하나의 오해였다 …… 어떤 대가를 치르든 이성성이라는 것, 밝고 냉정하고 신중하고 의식적이기는 해도 본능은 없으며, 본능에 대적하는 삶은 하나의 병증일 따름이며 또 다른 병증일 따름이다 …… 본능들에 맞서 싸우지 않으면 안 된다 — 이것은 데카당스의 공식이다: 삶이 상승하는 한, 행복은 본능과 같은 것이다."[104]

니체는 데카당스를 인류에게 가장 위험한 적으로 간주한다. 데카당스와 건강한 삶은 모순이다. 한 문화가 건강성을 회복한다는 것은 데카당스를 극복한다는 의미이다. 니체에게 바그너의 음악은 종말을 꿈꾸는 예술이다. 바그너는 "온갖 허무적인…… 본능에 아첨하며, 이 본능을 음악으로 꾸며낸다. 그는 그리스도교 정신 전부에, 데카당스의 종교적인 모든 형식에 아첨을 한다. …… 황폐해진 삶의 토양 위에서 자라난 모든 것, 초월과 피안이라는 날조된 모든 것은 바그너 예술에서 가장 고상한 후원을 받는다."[105] 따라서 데카당스에 기반한 예술은 시급히 극복되어야 한다. 그렇다면 그것은 어떻게 가능한가?

니체는 예술을 철저히 생리학적 차원에서 평가할 것을 주문한다. 바그너 음악이 데카당스인 이유는 그것이 생리학적 차원에서 병들었

---

103. GD, KSA6, 68(2).
104. GD: KSA6, 73(11).
105. W: KSA6, 43.

기 때문이다. "바그너 음악에 대한 나의 반박은 생리적 반박이다."[106]
바그너의 예술은 삶을 위한 예술이 아니라, 죽음과 몰락 그리고 구원
을 갈망하는 종말의 예술이다. 진정한 예술이라면 그것은 삶을 찬양
하고, 힘의 고양을 촉진해야 한다. 또 예술의 시작은 도취이고, 도취는
힘이 상승한다는 징후를 드러낸다. 도취상태의 인간은 자신의 힘을
세계에 투사하고 세계를 자신의 방식으로 변용시키고자 한다. 니체는
예술을 근대적 의미에서 특별한 능력을 가진 작가와 그의 영감의 산
물인 작품 그리고 그것을 향유하는 관객으로 분리하는 것을 거부한
다. 그에게 예술은 "자신을 조형하는 자der Sich-selbst-Gestaltende"와
[107] 조형행위 일체를 의미한다. 니체는 예술의 중심을 작가와 작품이
아니라 예술활동 그 자체로 전환시킴으로써 예술을 모든 인간이 가진
생리적 조건에 귀속시킨다. 즉 예술생리학은 "예술작품의 예술에 반
대하는 새로운 예술개념"[108]이고, 자기를 조형하는 한 모든 인간이
예술가가 될 수 있고, 모든 조형행위가 예술이 될 수 있다고 본다. 이
점은 선사시대의 동굴벽화에서도 확인할 수 있는 것이다.

예술생리학에서 예술의 분류는 장르, 재료, 양식에 따른 것이 아니
다. 예술생리학은 예술의 원래적 의미를 복원시키고, 모든 인간이 가
진 예술가로서의 자격을 상기시킴으로써, 인간 개개인을 가치창조

---

106. NW; KSA6, 418.
107. N, KSA12, 89(2[66]).
108. N; KSA10, 503(16[14]). 니체의 예술생리학과 예술 종말론에 대해서는 정
    낙림, 〈예술생리학과 미래 예술—니체의 예술 종말론에 대한 연구〉, 《니체연
    구》, 28집, 한국니체학회, 2015. 10, 187-221쪽 참조.

의 주체로 우뚝 서게 한다. 니체가 '원예술가Urkünstler'라는 말을 자주 쓰는 것도 이 때문이다. 니체에게 자신의 힘을 확장하는 일체의 삶의 과정과 예술은 분리되지 않는다. 삶을 예술작품을 창작하듯이 살 것을 강조하는 니체의 말 역시 같은 맥락일 것이다.

니체에게 예술의 종말은 '미래예술의 선언'에 잘 드러난다. 그에 따르면 생리학에 기초한 예술을 신뢰하는 미래에는 "은둔자 같은 예술가와, 자신의 작품을 전시하는 예술가는 사라지게 될 것"[109]이다. 니체에게 예술의 종말 선언은 곧 근대적 의미의 예술의 종말을 의미하는 동시에 자신이 가진 힘을 신뢰하고 그것을 변용하여 자신만의 양식을 창조할 수 있는 본래적 의미의 예술로의 복귀 선언이 되는 셈이다.

---

109. N; KSA9, 25(1[81]). 니체의 예술의 종언이 특히 그의 근대성 비판과 어떤 관련이 있는지는 A. Hütig, "Zwischen Barbarisierung und Vergeisterung: Nietzsches Theorie der Moderne und seine These vom Ende der Kunst", in: Nietzsche Forschung, Bd. 10, V. Gerhardt/R. Reschke(Hg), Berlin 2003, pp 181-191 참조. 니체의 '미래예술' 선언이 현대예술에 끼친 영향에 대해서는 F. Ulfers and M. D. Cohen, "Nietzsche and the Future of Art", Hyperion, www. nietzschecircle.com, vol.Ⅱ, issue 4, December 2007, pp.1-23 참조.

03

벤야민

기술복제시대의 아우라 상실로서
예술의 종말

1 기술복제 매체의 등장과 세계관의 변화

발터 벤야민Walter Benjamin의 《기술복제시대의 예술작품Das Kunstwerk im Zeitalter seiner technischen Reproduzierbarkeit》은 비록 짧은 학술적 에세이에 가까운 글이지만, 그것이 끼친 영향은 결코 가볍지 않다.[1] 이 짧은 글은 매체와 예술, 매체와 문화, 그리고 예술과 정치에 관한 본격적 논의의 시작을 알렸다. 그뿐만 아니라 이 저서는 매체와 지각의 재편, 아우라와 가상, 예술작품의 본질에 대한 긴 논쟁의 저수지 역할을 하기도 했다. 벤야민은 자신의 주장에 대한 근거를 철저히 유물론의 입장에서 옹호한다. 매체가 일종의 생산수단이고 예술작품은 당대의 매체의 기술적 수준에 조응한다는 것, 또 예술

---

1. 발터 벤야민의 기술복제와 예술의 종말에 관한 아래의 내용은 정낙림, 〈매체와 감각의 재편 — 벤야민을 중심으로〉, 《대동철학》 96집, 2021. 9, 276-296쪽과 정낙림, 〈매체와 예술의 종말 — 벤야민의 이론을 중심으로〉, 《철학논총》 106집, 2021. 10, 192-211쪽 그리고 정낙림, 〈매체와 놀이 — 발터 벤야민의 매체철학을 중심으로〉, 《철학연구》 163집, 130-157쪽을 수정 · 보완한 것이다.

의 향유 역시 토대의 수준에 의해 결정된다는 주장을 선명하게 보여 준다. 즉 매체는 예술의 수단이 아니라 예술의 본질을 결정한다고 본다. 그는 전통적 예술작품과 기술적 복제시대의 예술작품을 갈라놓는 매체의 기술적 차이에 주목한다.

매체는 "인간의 확장The Extension of Man"[2]이다. 이것은 마셜 매클루언Marshall McLuhan의 《미디어의 이해Understanding Media》(1964)의 부제이면서, 동시에 매체철학 일반을 관통하는 주장이다. 매클루언은 매체에서 결정적인 것은 매체의 주체나 내용보다는 매체의 형식이라고 주장한다. 매체의 형식이 매체의 내용을 결정한다. 새로운 매체의 등장은 기존 매체가 구성하는 감각과 지각의 형식을 재편하여 세계관의 변화와 사회변동을 초래한다. 말과 문자, 필사와 인쇄, 인쇄와 전기가 드러내는 세계는 질적으로 다르다. 그래서 매클루언은 "미디어는 메시지다."[3]라고 단언했던 것이다.

인간은 매체 의존적 존재이고 새로운 매체의 등장과 역사의 변동 사이에는 밀접한 관계가 있다는 통찰은 매클루언보다 30년 전 이미 벤야민을 통해서도 드러난다. 벤야민은 유물론의 관점에서 매체와 사회관계에 대해 천착한다. 그는 특히 예술의 사회사를 복제기술의 측면에서 고찰하는데, 수공업적 복제기술과 기술복제가 인간의 감각과 예술작품 그리고 사회를 어떻게 재편하는가에 대해 천착한다. 그

2. 마셜 매클루언, 김상호 옮김, 《미디어의 이해: 인간의 확장》, 서울: 커뮤니케이션북스, 2011, 5쪽 참조.
3. 같은 책, 31쪽.

에게 예술작품 역시 역사의 산물이고, 자신의 시대에 걸맞는 역할을 수행한다. 그는 기술복제시대 이전의 예술작품이 가진 기능을 '제의적 가치祭儀的 價値, Kultwert'에서 찾고 있으며, 제의에서 예술작품은 눈에 보이고 귀에 들리는 성스러운 물질로 간주되었다. 제의적 가치를 가진 예술작품은 통치의 수단으로 활용된다.

벤야민에 따르면 예술작품이 가진 신비스러운 힘은 전적으로 이러한 힘이 가능하게 했던 사회, 경제적 조건에서 비롯된다. 그에게 예술의 정의 및 역할은 개인의 주관적 취향과 평가 기준의 인위적 변경에서가 아니라, 예술창작의 물질적 조건에 근거한다. 이것을 그는 19세기에 등장한 사진과 영화로 대표되는 기술적 복제로 설명한다. 사진과 영화의 등장은 새로운 생산수단의 출현을 뜻하고, 이와 발맞춰 대도시가 형성되고 대중이 등장한다. 새로운 매체의 등장과 더불어 "비교적 큰 규모의 역사적 시공간 내부에서 인간 집단들의 전 존재방식과 더불어 그들의 지각과 종류와 방식도 변화한다."[4] 사진과 영화로

4. W. Benjamin, Das Kunstwerk im Zeitalter seiner technischen Reproduzierbarkeit(Zweite Fassung), in: Gesammelte Schriften(앞으로 GS 축약), Bd. I.2, Hrsg. v. R.Tiedemann u. H. Schweppenhäuser(Frankfurt: Suhrkamp, 1980), p. 480. 《기술복제시대의 예술작품》은 독일어판으로 1963년 처음 출판되었는데, 벤야민의 1939년 원고를 기초로 한다. 이 원고를 토대로 출판된 1963년도 판(3판)이 오랫동안 정본으로 인정되다가, 분실된 것으로 알려진 1935년의 원고가 호르크하이머 아카이브에서 발견되었다. 이것이 《기술복제시대의 예술작품》 2판이고, 1989년 전집 제VII권에 실리게 된다. 2판에는 3판에서 생략된 내용, 특히 제1기술과 제2기술에 관한 내용을 포함하고 있어, 연구자들의 주목을 받고 있다. 《기술복제시대의 예술작품》 2판의 인용은 최성만 옮김, 《기술복제시대의 예술작품》, 서울: 길, 2007을, 3판은 심철민 옮김,

대표되는 기술복제를 기반으로 하는 새로운 예술형식의 등장은 예술의 사용가치를 제의적 가치에서 전시적 가치Ausstellungswert로 이동시킨다. 이제 예술작품은 숭배의 대상이 아니라 향유의 대상이 된다.

벤야민은 전통적 예술작품과 기술복제시대의 예술작품 사이에 질적으로 상이한 기술이 작동하고 있음을 《기술복제시대의 예술작품》 2판에서 상론한다. 이 기술의 차이는 자연과 인간의 지위에 관한 결정적 역할을 한다. 벤야민은 인간의 시원적 예술 행위와 최초의 기술의 사용이 밀접한 관계가 있다고 본다. 벤야민은 최초의 예술작품이 "주술적 제의에, 그 다음에는 종교적 제의에 사용되는 것"[5]에서 등장하였다고 본다. 원시적 인류의 생존은 자연조건에 크게 좌우되었다. 그 당시의 인간은 자연에 순응하는 방식으로 생존을 도모했을 것이다. 자신을 압도하는 힘을 가진 자연을 숭배하는 전 과정은 자신의 심신을 전부 투입하는 방식으로 이루어졌을 것이다. 벤야민은 이 과정에서 동원되는 기술을 제1기술die erste Technik로 부른다. "태고의

《기술복제시대의 예술작품》, 서울: 도서출판 b, 2017을 참조하였으며, 2판과 3판을 구분하기 위해 괄호 안에 판본을 표기한다. 필요한 경우 필자가 직접 번역하였다.

5. 같은 책, 33쪽. "예술생산은 제의에 이용되는 형상을 제작"하는 데서 출발한다.(같은 책, 38쪽) 벤야민은 예술의 기원에 대한 다양한 가설 중에서 제의설을 옹호한다. 이 점에서 벤야민은 유물론적 예술사회학자 아놀드 하우저(Arnold Hauser, 1892-1978)의 입장과 일치한다. "모든 자료는 예술이 마술(魔術) 내지 주술(呪術)의 수단이었고 이러한 수단으로서 철두철미 실용적이고 순전히 경제적인 목표와 직결된 기능을 가졌었음을 말해준다." A. 하우저, 백낙청 옮김, 《문학과 예술의 사회사 — 고대·중세편》, 서울: 창작과 비평사, 1976, 12쪽.

예술은 아마도 마법적 절차들을 수행하는 데 쓰였거나……, 그러한 마법적 절차를 지시하는 일로 쓰이기도 했고……, 끝으로 어떤 마법적 관조의 대상으로 쓰였다."[6]

제1기술은 인간이 환경에 적응하는 시원적 형태를 보여준다. 원시인들은 일차적으로 눈앞의 대상을 숭배하는 형태로 자연과 자신을 일치시키는 단계를 지나, 숭배의 대상을 제작하는 단계로, 더 나아가 조상 등 초월적 대상을 조형하는 단계로 나아가게 된다. 그들은 자신들이 숭배하는 존재를 조형하여 특별한 곳에 안치하고, 이 조형물이 마치 살아서 마법적 힘을 부리는 것으로 생각했다. 제의는 인간과 자연 그리고 기술이 "혼용된 상태로 존재했던 당시의 사회의 요구"[7]에 대한 반영물이다. 즉 벤야민에게 제1기술과 제의는 생산력과 생산관계의 차원에서 이해되어야 한다.

벤야민은 제1기술과 제2기술die zweite Technik의 차이를 인간이 자연에 개입하는 정도에 따라서 구별하기도 한다. 제1기술은 한마디로 자연에 인간 자신을 직접 투입하는 방식으로 이루어진다. 제1기술은 "가능하면 인간을 중심적으로 투입"[8]하는 데 비하여, "제2의 기술은 가능하면 인간을 적게 투입하는 방식"[9]으로 자연과 관계한다. 제1기술에서 인간의 신체, 그중에서 손은 결정적 역할을 한다. 제의를 위한 신의 형상 조각, 제단 만들기, 제물의 준비 그리고 제의에 참여

---

6. 《기술복제시대의 예술작품》(2판), 56쪽.
7. 같은 곳.
8. 같은 곳.
9. 같은 곳.

하는 자들의 분장과 신에게 바치는 춤, 노래 등 제의의 전 과정은 인간의 신체와 뗄 수 없다. 심지어 원시적 제의에서 인간의 신체가 제물로 바쳐지기도 한다. 따라서 "제1의 기술의 기술적 위업을 말하자면 제물로 바쳐지는 인간"[10]이라고 할 수 있다. 이에 반해 제2의 기술에서 인간은 기계 매체를 통해 자연과 간접적으로 관계한다. 벤야민은 제2기술의 예로 원격조정에 의해 조정되는 비행체를 든다. "제2의 기술의 위업은 인간이 승선할 필요가 없는 원격조정 비행체들이 개발되는 선상에 놓여 있다."[11]

제1기술과 제2기술의 본질적 차이는 기술적 복제 가능성의 유무이다. 제1기술은 인간의 신체, 특히 손을 집중적으로 활용해 자연과 관계한다. 이때 인간의 행위는 엄숙하고, 진지하며, 정신 집중적이다. 제1의 기술은 근본적으로 원형의 반복을 목표로 하지만, 원형이 질적인 차이가 없이 똑같이 복제될 수 있다는 가능성을 배제한다. 제1기술에서도 수공적으로 복제가 가능하나, 그것은 원본과 질적으로 다른 것이다. 그러므로 특정 시기에 거행되는 제의에 임하는 인간의 태도는 자신의 모든 것을 걸고 신의 완전성과 영원성을 구현하고자 한다. 제의는 아무 때나 되풀이될 수 있는 것이 아니다. 그러므로 제의는 진지하고 엄숙하다. 거기에 실수나 가벼운 처신은 허락되지 않는다. 즉 "'이번 한 번만으로'일회성·궁극성가 제1의 기술에 해당한다."[12]

10. 같은 곳.
11. 같은 곳.
12. 같은 곳.

제2기술에서 인간은 기계를 통해 자연과 관계한다. 즉 인간은 기계를 사이에 두고 자연과 거리를 취할 수 있게 된 것이다. 제2기술의 특징은 기계적 복제 및 복제의 반복 가능성에 있다. 즉 수공적 복제와 달리 기계적 복제는 원본과 복제품의 질적 차이를 불허한다. 그러므로 벤야민은 "'한 번은 아무것도 아니다'즉 어떠한 경우에도 한 번만이란 없다, 반복성가 제2의 기술에 해당한다."[13]라고 말한다. 제2의 기술의 도입으로 자연과 인간의 관계는 새롭게 규정되고, 자연에 대한 인간의 태도에도 근본적인 변화가 일어난다. 제2기술은 인간이 "무의식적인 간계를 가지고 자연으로부터 거리를 취하려고 시도했던 때에서 기원한다."[14] 달리 말하면, 인간은 기계를 통해 자연에 대한 실험을 반복할 수 있고, 재현을 반복적으로 할 수 있게 된 것이다. 이런 의미에서 벤야민은 "제2의 기술의 기원은 놀이Spiel에 있다."[15]고 확신한다.

13. 같은 곳.
14. 같은 곳.
15. 같은 책, 57쪽. 최성만은 Spiel을 유희(遊戲)로 번역하고 있다. 유희는 국어사전에 따르면 '즐겁게 놀며 장난함'이라는 기본 의미를 가진다. 그런데 제2기술, 특히 사진과 영화 매체로 인간은 자연(대상)과 단순히 즐겁게 놀이하고 장난하는 것에 그치지 않는다. 그것은 사회적이고 문화적 차원에서 이해해야 한다. 따라서 Spiel에 대한 번역어로 유희보다는 본 논문의 취지에 부합하는 '놀이'가 더 적절할 것으로 생각한다. 그리고 Spiel에 해당하는 라틴어는 Ludus로 통상 놀이로 번역된다. 하위징아의 Homo Ludens는 《놀이하는 인간》으로, 그리고 볼츠의 저서 "Wer nicht spielt, ist Krank"도 《놀이하는 인간》으로 번역한다. 독일어 Spiel에 해당하는 프랑스어는 Jeu인데 로제 카유아(Roger Caillois)의 저서 Les jeux et les hommes (1958) 역시 《놀이와 인간》(로제 카이와, 이상률 옮김, 서울: 문예출판사, 1994)으로 번역한다.

제1기술의 단계에서 인간의 최고 관심은 예측 불가능한 환경에서 생존하는 것이다. 원시인들에게 자연은 공포와 경외의 대상이다. 자연의 광포함과 생명을 끊임없이 위협하는 맹수들로부터 인간은 자신의 보존을 최우선으로 생각했을 것이다. 이러한 조건에서 인간이 생각해낸 자기보존의 해결책은 자연을 의인화시키고 자신의 방식으로 자연을 진정시키는 것이다. 즉 폭풍이 그치기를, 가뭄이 그치고 비가 내리기를, 의인화된 자연에 자신을 순응시키고 복종함으로써 자신들이 원하는 바를 얻고자 했다. 이러한 과정에서 발생한 제1기술은 시원적 인간이 생각해낸, 말하자면 일종의 자연 지배 전략이다. 제의는 바로 원시인들의 의도된 의식의 산물이다. 즉 제의는 자연의 외형과 변화를 유사하게 모방하고 재현하는 행위가 제도화된 것이다. 그들은 제의를 통해 자연이 진정되고 예측 가능한 상태로 유지되기를 기원했다.[16]

원시적 제의 및 종교 제례에서 일반적으로 행해졌던, 자연 대상과 그들이 믿는 초월자를 유사하게 재현하는 행위, 즉 미메시스Mimesis는 그 단계에서 인류가 자연을 제어하고 지배하는 기술방식이라 할

---

16. 벤야민의 유사성(Ähnlichkeit)과 미메시스(Mimesis)의 관계에 대해서는 W. Benjamin, GS II/1, "Lehre vom Ähnlichkeiten", pp.204-210 그리고 "Über das mimetische Vermögen", pp.210-213 참조. 존 듀이(J. Dewey)도 예술의 출발을 인간의 생존과 관련하여 자연의 리듬과 패턴의 재현에서 찾는다. "예술적 형식을 가능하게 하는 가장 중요한 환경적 특징은 리듬이다. 시, 그림, 건축, 음악이 나타나기 이전에 자연에는 리듬이 존재한다."(존 듀이, 박철홍 옮김, 《경험으로서 예술 1》, 파주: 나남, 2016, 302쪽)

수 있다. 특히 제의를 주관하는 제사장의 '~인 척하기'는 모든 문화권의 제의에서 관찰된다. "자연 지배는 제1의 기술의 입장에서 보았을 때 기술의 목표이다. 제1의 기술은 실제로 자연의 지배를 추구한다."[17] 이에 반해 제2의 기술의 목표는 자연을 지배하는 것이 아니라, 놀이 즉 "자연과 인류의 어울림협동, 상호작용, Zusammenspiel을 지향한다."[18] 따라서 제2의 기술을 기반으로 하는 예술의 역할은 미메시스를 통한 자연의 지배가 아니라 "자연과 인간의 …… 어울림을 훈련시키는 일이다."[19]

제1기술과 제2기술이 지향하는 목표의 차이는 예술의 정의와 기술의 역사적 과제에서도 현격한 차이를 보여준다. 제1기술 단계에서 인간과 자연의 지위는 제의에서 잘 드러난다. 제의에서 주인은 인간이 아니다. 오히려 제의에서 인간은 스스로 제의의 한 도구로 자신을 위치시킨다. 극단적인 경우, 인간은 스스로 자신을 제의의 제물로 바치기도 한다. 즉 제1의 기술단계에서 인간은 자연과의 관계에서 노예의 지위에 있다. 인간은 생존을 위해 자연과 자신의 유사성을 찾고, 자연을 모방한다. 이때 인간의 관심은 자연에 적응하는 것이다.

그런데 시간이 지나면서 인간은 자연을 단순히 모방함으로써 자연에 적응하는 것에 만족하지 못한다. 미메시스는 일차적으로 적응을 위한 재현행위이지만 그 과정을 자세히 들여다보면 주체의 자발

---

17. 《기술복제시대의 예술작품》(2판), 57쪽.
18. 같은 곳.
19. 같은 곳.

성, 놀이의 본성도 발휘되고 있다는 것을 확인할 수 있다. 이 점은 어린아이의 미메시스 행위를 보면 분명하다. 젖먹이 단계를 지난 유아들이 무엇을 모방할 때 자신들의 신체를 재조직하고 지각 능력을 확장시키는 것을 쉽게 확인할 수 있다.[20] 즉 미메시스가 고차적 단계로 이행할수록 놀이적 요소가 활성화되는 것을 관찰할 수 있다. 벤야민은 미메시스 능력에도 단계가 있다고 본다. 미메시스의 원형은 대상을 똑같이 재현하는 것인데, 이러한 단계의 미메시스에는 '개체 발생적 의미에서의 놀이'[21]가 작동한다. 미메시스가 감각적 차원을 넘어 비감각적 차원으로까지 나아갈 때, 감각들이 재구성되고 더불어 추상적 사유가 작동하기 시작한다. 이 단계에서 놀이는 '계통 발생적'[22]

20. 벤야민은 "어린아이들이 하는 놀이들을 살펴보면 그것이 미메시스적 태도로 특징지어짐을 알 수 있다"라고 말한다. (벤야민, 최성만 옮김, 《언어 일반과 인간의 언어에 대하여 외》, 〈유사성론〉, 서울: 길, 2008, 200쪽) 모방이 단순히 적응을 위한 단계에서 놀이의 단계로 넘어가는 것은 모방이 개체 발생적 차원에서 계통 발생적 차원으로 넘어갔다는 것을 의미한다. 피아제(Jean Piaget)는 아동의 모방 행위와 놀이 그리고 인지발달 과정 간의 관계를 설득력 있게 제시한다. 벤야민도 미메시스를 설명하면서 피아제의 〈아동에게서 언어와 지능의 발달(Le language et la pensée chez l'enfant (1. Bd.) Neuchâtel)〉(1923)을 〈언어 사회학의 문제들(Probleme der Sprach)〉(1935), GB, Bd.Ⅲ, pp, 452-480에서 인용한다. 여기에 대해서는, 김남시, 〈발터 벤야민 예술론에서 기술의 의미〉, 《미학》 81, 한국미학회, 2015. 6, 56-57쪽 참조.
21. 벤야민, 최성만 옮김, 《언어 일반과 인간의 언어에 대하여 외》, 서울: 도서출판 길, 2008, 211-213쪽 참조. 벤야민은 비감각적 유사성으로서 미메시스 행위의 대표적 사례로 언어를 들고 있다. 여기에 대해서는 벤야민, 〈유사성론〉, 203-207쪽 참조.
22. 같은 책, 〈유사성론〉, 200쪽 참조.

의미를 가진다. 후자의 미메시스에서 놀이는 마침내 문화의 차원으로 진입하게 된다.

제2의 기술 단계에서 자연은 적응을 위한 대상에서 놀이의 대상이 된다. "제2의 기술은 …… 자연의 근원 힘들과의 놀이를 가능케 할 전제가"[23] 된다. 사진과 영화로 대변되는 기술적 복제를 본질로 하는 제2의 기술은 인간의 감각을 새롭게 재편하여, 지각 방식에서 전면적 변화를 불러온다. 제2의 기술에 근거한 매체를 통해 지각된 자연은 인간에게 더 이상 적응해야 할 공포와 숭배의 대상이 아니다. "제2의 기술이 인간을 점점 더 …… 해방시키는 쪽으로 나아"[24]간다. 벤야민은 제2의 기술이 인간 해방의 역사적 과제를 수행할 것이라고 확신하며, 제2의 기술이 인간 개별자에게 가지는 의미를 "놀이공간 Spielraum(의) …… 엄청난 확장"[25]으로 설명한다. 기술이 인간 해방이라는 과제를 수행하게 되었다는 것은 자연과 인간, 기술과 인간의 관계가 새로운 단계로 이행했다는 것을 뜻한다.

제2의 기술을 기반으로 하는 예술의 대표적 사례는 영화이다. 영화는 인류의 역사가 제2기술의 생산력에 적응했다는 예술적 증거이기

---

23. 《기술복제시대의 예술작품》(2판), 57쪽 벤야민 원주 8) 참조.
24. 같은 곳.
25. 같은 곳. '놀이공간(Spielraum)' 개념이 벤야민 철학에서 가지는 의미와 프랑크푸르트학파의 마르쿠제(H.Marcuse)와 아도르노(T.W. Adorno)에 끼친 상세한 영향에 대해서는 미리엄 한센(M. Hansen), "Room-for-Play: Benjamin's Gamble with Cinema", in: October, Summer, 2004, Vol. 109, pp.3-45. https://www.jstor.org/stable/3397658#metadata_info_tab_contents. 참조.

도 하다. "영화는 그 역할이 생활에서 거의 나날이 증가하고 있는 어떤 도구를 다루는 일이 조건 짓는 지각과 반응양식에 인간을 적응시키는 데 기여한다."[26] 물론 벤야민은 근대인이 사진과 영화로 대표되는 제2의 기술이 가진 의미를 이해하기까지 적잖은 시간이 필요할 것으로 본다. 사진이 막 등장했을 때 사람들은 사진을 그림의 대체물로 간주하고, 사진에서 그림이 주는 효과를 찾으려고 했다. 그래서 벤야민은 제2의 기술이 불러온 혼란스러움을 이렇게 말한다. "이 놀이공간에서 개인은 아직 어찌할 줄을 모른다."[27] 그러나 점차 사람들은 자신들이 제1의 기술에 의해 얼마나 조정되어 왔고 자신이 바라는 바가 얼마나 저지됐는지를 깨닫기 시작한다.

벤야민은 예술이 물질적 조건에서 독립하여 존재할 수 없다는 사실을 제1기술과 제2기술을 통해 설명한다. 사진과 영화의 등장은 새로운 생산수단의 출현을 뜻하고, 새로운 생산수단의 등장은 삶의 양식에도 변화를 불러온다. 사진과 영화의 등장과 더불어 대도시와 대중의 등장이 같은 시기에 이루어졌다는 것은 우연이 아니다. 새로운 매체의 등장과 더불어 "비교적 큰 규모의 역사적 시공간 내부에서 인간 집단들의 전 존재방식과 더불어 그들의 지각의 종류와 방식도 변화한다. 인간의 지각이 조직되는 종류와 방식—즉 인간의 지각이 조직화되는 매체—은 자연적으로 뿐만 아니라 역사적으로 조건 지워

26. 《기술복제시대의 예술작품》(2판), 57쪽.
27. 같은 책, 57–58쪽.

져 있다."[28]

사진과 영화는 감각의 재편을 어떤 방식으로 성취하는가? 우선 19세기초 프랑스인 조제프 니세포르 니엡스Joseph Nicephore Niepce에 의해서 탄생한 사진을 보자. 사진이 예술창작에 끼친 결정적인 기여는 화가의 "손을 해방"[29]시켰다는 점이다. 카메라의 눈은 화가의 손보다 빨리 대상을 기계적으로 재현, 즉 복제한다. 그리고 사진은 카메라의 렌즈를 조절하거나 렌즈의 위치를 조정함으로써 인간의 육안으로 포착할 수 없는 것까지도 담아낸다. 또한 확대나 고속도 촬영의 특수 기법은 육안으로는 도저히 잡아낼 수 없는 부분도 드러낸다. 즉 사진은 자연의 눈으로는 존재하지 않는 미지의 세계를 탐험 가능하게 한다.

벤야민이 예술과 관련하여 주목하는 제2기술의 총아는 영화이다. 사진이 성취한 기술은 영화에서 더 급진적 양상으로 전개된다. 영화에서 카메라의 역할은 아무리 강조해도 지나침이 없다. 카메라는 다양한 기술을 활용하여 배우를 포함한 대상을 입체적으로 필름에 담는다. 촬영기사가 카메라 기술을 활용하여 촬영할 수 있는 방식은 매우 다양하다. 촬영기술의 기본은 대상의 확대와 축소이다. 영화 카메라는 대상을 클로즈업하거나 대물렌즈의 조작으로 우리에게 친숙한 대상들의 확대 이미지와 자연 눈으로 접근 불가능한 대상의 내부 이미지를 보여주는 것이 가능하다. 클로즈업, 고속촬영, 저속촬영, 컷

28. 《기술복제시대의 예술작품》(2판), 48쪽.
29. 발터 벤야민, 《기술복제시대의 예술작품》, 17쪽.

백, 플래시백 등의 다양한 촬영기법은 공간과 시간의 절대성에 대한 근대적 믿음을 의심하게 했다. 클로즈업은 공간의 확장을, 고속 또는 저속 등의 연속촬영은 시간의 확장을 보여준다.

영화가 "기계장치의 기본적인 필연성"[30]에 의존한다는 것은 영화의 편집기술을 통해 더 분명히 확인된다. 편집과정에서 개별적으로 촬영된 장면들은 새롭게 구성되고, 새로운 세계로 재탄생한다. 영화관에서 감상하는 관객들은 영사기 릴을 통해 중단없이 이어지는 화면이 사실 개별 필름들을 이어 붙인 편집의 결과물인 것을 자각하지 못한다. 장면scene과 장면 사이의 전환은 기술적으로 보면 독립된 필름을 사후적으로 덧붙였다는 증거이다. 그런데 관객은 오히려 이러한 필름들 사이의 이격離隔에서 속도감과 긴장감을 느낀다.

카메라를 통해 획득된 세계는 우리의 자연적 지각기관으로 획득된 세계의 스펙트럼을 넘어서는 경우가 많다. 따라서 영화를 볼 때 우리의 지각체계는 자연적 지각체계와는 다를 수밖에 없다. 이 점에서 영화와 그림의 감상법은 뚜렷한 차이를 보인다. 그림이 하나의 감각기관에 의존하는 경향성을 강하게 보이는 것과 달리 영화는 다감각적 혹은 벤야민의 용어를 빌자면 '촉각적' 지각[31]의 형태를 뚜렷하게 보

---

30. 같은 책 59-60쪽 참조. "영화배우의 연기는 하나의 통일된 작업이 아니라 여러 개의 개별적 작업이 합쳐져서 이루어진 것이다."(《기술복제시대의 예술작품》(2판), 70쪽)

31. 벤야민이 언급하는 촉각적(taktisch)이라는 것의 의미는 일반적으로 이해하는 피부와 관련된 감각만을 의미하지는 않는다. 오히려 그에게 촉각적이라는 것은 복합적 감각의 의미가 강하다. 독일어 taktisch의 라틴어 어원인 tactus에는 일

여준다. 즉 영화 제작 과정에서 다양한 기술들이 협업하듯이, 영화감상에서는 감각들이 유기적으로 협력해야만 한다.

영화를 감상할 때 요구되는 다감각성 혹은 촉각성은 영화의 정신분산적 특성과 밀접한 관계가 있다. 영화의 정신분산적 특성은 영화 씬의 빠른 전환과 영화 전개의 속도감에 근거한다. 이 점은 그림을 감상할 때와 비교하면 분명해진다. 그림을 감상할 때 우리는 그림에 정신을 집중하고 그림을 총체적으로 이해하기 위해 동원할 수 있는 모든 연상의 힘을 활용한다. 이에 반해 영화에서는 1초에 24장의 사진이 영사기를 통해 말 그대로 눈 깜짝할 사이 흘러가기에, 관객이 영화의 모든 장면에 시선을 집중하는 것, 즉 관조하는 것은 원천적으로 불가능하다.

영화 관람객은 한 장면을 보고 있다고 생각하는 순간 스크린에는 이미 다른 장면이 등장한다. 따라서 영화는 그림처럼 감상할 수가 없다. 영화는 그림을 감상할 때와 같은 관조가 불가능하다. 벤야민은 영화감상이 가진 이러한 특징을 그림의 침잠 혹은 정신집중에 대비하여 '쇼크효과' 혹은 '정신분산'으로 설명한다.[32] 영화의 쇼크효과

반적인 의미의 '촉각' 이외에도, '접촉', '기분의 작용과 영향', '충격', '진동'이라는 다양한 뜻이 있고, 벤야민은 '촉각적'이라는 의미를 어원을 좇아 복합 감각적이라는 의미로 쓴다. 벤야민이 필요에 따라 '촉각적인 것'과 감성과 지성의 공동작용을 통해 대상을 인식한다는 칸트의 '통각(Apperzeption)' 개념을 혼용해 쓰고 있다는 점만 봐도 그의 의도를 알 수 있다. 벤야민의 촉각, 촉각적, 촉각성 그리고 통각에 대해서는, B. Linder(Hrsg.), Benjamin Handbuch(Stuttgart/ Weimar: Metzler 2006), p. 243 참조.
32. 벤야민은 영화의 '쇼크효과'를 다다이즘이 미술의 역사에 몰고 온 충격에 비교

는 우리의 정신집중을 방해한다. 영화와 전통 예술작품의 감상방식의 차이는 결국 매체의 차이에서 비롯된다. 영화감상은 영사기를 통해 투사된 빠른 속도의 이미지를 따라가야 한다. 빠른 영상 이미지는 영화감상자의 망막이 따라갈 수 있는 한계를 넘어서기에 쇼크로 다가온다. 시각이라는 단일 감각으로는 이 빠른 이미지를 소화할 수 없다. 쇼크로 다가와 정신을 분산시키는 영상 이미지는 결국 인간이 가진 감각체계 전체와 정신의 유기적인 협동을 통해서만, 즉 촉각과 통각작용의 협력을 통해서만 의미 있는 지각의 형태로 전환된다.

영화의 쇼크효과와 그것으로 인한 정신 분산적 상황은 우리의 감각체계를 재편한다. 벤야민은 영화에 적응하기 위해 우리의 감각체계는 촉각성, 즉 오감 전체가 활성화된다고 주장한다. 그에 따르면 촉각성은 감각들의 상호작용 또는 통합이 가져온 결과물이다. 영화는 근대까지의 시각 중심의 감각 체계를 수평적으로 재편한다. 그 결과 영화는 다양한 감각을 활성화시켜 대상을 피상적이고 편향된 상像이 아니라 대상의 겉과 속 그리고 변화의 과정까지도 지각할 수 있게 하여 세계에 대한 충실한 이해를 가능하게 했다. 영화감상에서 활성화되는 촉각성은 세계를 마치 우리가 가까운 사물을 피부로 느끼듯이 생생하게 지각할 수 있게 한다. 벤야민과 매우 유사하게 감각들이 상호 활발히 작동함으로써 획득되는 촉각성에 대해 매클루언은 이렇게 언급한

한다. 다다이즘은 붓과 물감이 없는 그림의 가능성을 보여주었고, 예술이 고도의 정신 집중적 활동이 아니어도 가능하다는 사실을 보여준다. "정신적인 틀 속에 포장해두고 있었던 생리적인 쇼크효과를 이 틀로부터 해방시켰다."(벤야민, 《기술적 복제시대의 예술작품》, 89쪽)

다. "촉각이란 감각은 다른 5개의 감각들이 상호작용하는 것으로서, 그렇지 않은 분절된 시각과는 다르다는 점을 나는 지적한다."[33]

영화의 쇼크효과와 그것으로 초래된 감각들의 분산적 대응은 단순히 영화관에서 일어나는 현상만은 아니다. 벤야민은 촉각성이 현대인들의 지각방식이라고 본다. 자본주의의 등장과 더불어 형성된 대도시에서 인간들의 지각 방식은 영화관에서 영화를 감상하는 사람의 그것과 매우 유사하다. 철도와 도로 그리고 운송수단의 발전과 전기의 도입으로 대도시는 밤과 낮의 구별이 사라졌다. 자동차의 속도와 그 속도에 맞춰 빠르게 달라지는 광경과 소비를 유혹하기 위해 초 단위로 바뀌는 각종 광고물 등으로 우리의 신경은 늘 쇼크의 상태에 놓여 있다.[34]

벤야민은 대도시에서의 삶을 혼란과 충격 경험 즉 '번개와 섬광'의 변증법으로 설명한다.[35] 끊임없는 소음과 초 단위로 바뀌는 이미지의 홍수 속에서 살아남기 위해 도시인들은 자신의 지각 방식을 재편할 수밖에 없다. 그들은 자신의 신경을 자극하는 이미지들에 정신을 집중하기보다는 무심하게 대응하고 자신들에게 필요한 것만을 영화

---

33. 매클루언, 《구텐베르크 은하계》, 132쪽.
34. 짐멜(G. Simmel)은 1903년의 저서 《대도시와 정신적 삶 Die Großstäte und das Geistesleben》에서 대도시의 생활세계의 속도와 감각의 분산은 신경과민을 야기하기도 하지만, 이것이 인간의 지각과 가치관의 변화에 결정적 역할을 한다고 주장한다. 게오르그 짐멜, 김덕영·윤미애 옮김, 《짐멜의 모더니티 읽기》, 서울: 새물결, 2005, 36-37쪽 참조.
35. W. Benjamin, Das Passagen-Werk, in: V.1, p. 617 참조.

의 편집술과 같이 취사선택한다. 벤야민은 도시의 군중과 거리 산보자에 관한 자신의 에세이 〈보들레르와 몇 가지 모티브에 관해서Über einige Motive bei Baudelaire〉(1939)에서 대도시에 사는 사람의 정신적 상황을 이렇게 묘사한다. 도시인들은 "위험한 교차로에 서 있는 사람의 몸속을 건전지에서 흘러나오는 에너지 충격처럼 빠른 속도로 신경의 자극들이 관통하고 지나간다."라는 느낌을 갖는다.[36]

대도시에 살아가는 인간들의 신경체계는 항상적으로 긴장과 과부하 상태에 놓여 있다. 신경체계의 긴장과 과부하는 일차적으로 경제적, 사회적 조건의 변화와 관계한다. 자본주의의 등장으로 삶의 속도는 빨라지고 관계는 복잡해졌다. 우리의 감각체계는 변화된 생활세계에 적응하기 위해 감각의 재편으로 대응한다. 영화는 도시인들의 지각 방식에 익숙한 예술이다. 도시인들이 생존을 위해 택한 감각의 분할과 재편은 영화의 이미지 편집방식과 유사하고 도시인들의 지각 방식은 영화감상에서 촉진되는 촉각성과 다르지 않다. 그렇기에 벤야민이 볼 때 영화는 기술적 그리고 감상의 측면에서 20세기 인간의 지각구조를 대변한다. 그 때문에 벤야민은 영화를 20세기 인간을 위한 훈련장, 즉 기술복제시대라는 새로운 생산력의 시대에 적응하기 위한 "정신적 예방접종"[37] 혹은 "연습수단"[38]으로 평가한다.

36. 벤야민, 김영옥/황현산 옮김, 《보들레르의 작품에 나타난 제2제정기의 파리 외》(서울: 길, 2010), 215쪽.
37. 《기술복제시대의 예술작품》(2판), 85쪽.
38. 같은 책, 92쪽.

2 기술복제 매체와 예술

영화는 근본적으로 기계장치에 의존하는 예술이다. 영화의 이러한 특징을 설명하기 위해 벤야민이 택한 전략은 영화를 연극과 비교하는 것이다. 우선 영화배우의 연기는 관객이 아니라 기계장치 앞에서 일차적으로 촬영되고, 이후 이미지 형태로 전환되어, 또 다른 기계장치를 통해 관객 앞에 상영된다. 연극에서 배우의 역할은 결정적이라고 할 만큼 중요하다. 이에 반해 영화에서 배우의 역할은 부차적인 것이다. 촬영과 편집 그리고 상영 등 영화에서 보다 중요한 것은 기계와 그것을 기반으로 한 기술이다.

배우의 연기 측면에서 연극과 영화의 다른 차이는 일회적인가 그렇지 않은가에서 찾을 수 있다. 이 또한 영화가 기계장치에 의존하는 점과 관계가 있다. 연극배우는 주어진 시간과 주어진 장소에서 짜여진 대본에 따라 연기를 하며, 관객은 연극배우의 연기에서 일회적이고 그 자체로 완결된 세계를 본다. 이에 반해 영화배우의 연기는 완결성을 목표로 하지 않는다. 극장에서 관객이 감상하는 완성된 영화는 카메라 기사가 촬영한 개별적 장면들을 감독의 의도에 따라 분업화된 전문가들이 기계적 장치로 편집하고 각종 효과를 덧붙인 것이다. 따라서 영화배우는 연극배우와 같이 서사의 시간 순서대로 연기할 필요가 없다. 영화에서 촬영의 순서는 동료 연기자, 스튜디오의 상황, 그리고 야외촬영의 경우 일기 상황 등을 고려하여 유동적이다. 그렇기에 영화의 촬영 순서와 완성된 영화의 전개 순서는 일치하지 않는다.

따라서 기계 의존도에서 연극과 영화는 매우 큰 차이가 있다. 연극의 중심은 배우다. 연극에서 기계라 해야 무대전환, 조명, 음향효과를 위한 장치 등이 전부인 경우가 대부분이다. 이에 반해 영화는 수많은 기계장치에 의존한다. 그중에서도 카메라는 영화에서 가장 중요한 기계장치이다. 클로즈업, 고속촬영, 저속촬영, 롱테이크 등의 수많은 기법으로 촬영된 필름은 또다시 컷백, 플래시백 등 감독의 개성을 극대화할 수 있는 편집기술이 더해진다. 그리하여 영화배우가 카메라 앞에서 촬영한 최초의 이미지는 자유롭게 가공되어 새롭게 탄생한다.

영화는 자연 상태의 대상을 확대, 축소 그리고 입체화를 인위적으로 조작함으로써 공간을 재편할 수 있을 뿐만 아니라 시간의 빠르기와 순서를 감독의 의도에 따라 자유롭게 조정하여 기계적 시간을 해체할 수 있다. 이러한 기술적 효과들은 영화제작에 결정적 역할을 한다. 영화의 제작뿐만 아니라 영화감상에서 관객들을 지배하는 것도 연극과 달리 기술적 효과이다. "관객은 기계장치에 감정이입이 됨으로써만 배우에게 감정이입이 된다."[39] 더욱이 영화는 연극과 달리 반

39. 같은 책, 53쪽.

복 감상이 가능한데, 그것 역시 기계장치의 힘 덕분이다.

영화에서 기계의 역할이 결정적이라는 점은 배우들이 영화에서 차지하는 비중을 통해서도 확인된다. 영화배우는 연극배우와 달리 관객을 만나기 전 일차적으로 카메라 테스트를 거쳐야 한다. 영화의 경우 카메라를 통해 획득된 배우의 영상 이미지가 중요하다. 그것은 스크린에 투사된 배우의 얼굴 이미지와 배우의 실제 얼굴 사이에는 적잖은 차이가 있기 때문이다. 이 차이는 자연의 눈과 카메라, 즉 기계눈의 표상 방식의 차이에서 비롯된다. 연극과 달리 영화 관객은 기계눈을 통해 표상된 배우를 본다. 즉 관객은 카메라의 렌즈를 통해 배우를 보게 된다. 따라서 기계의 관문을 통과해야 하는 영화배우의 연기는 연극배우의 연기와 다를 수밖에 없고,[40] 동시에 두 예술 장르에서 배우가 가지는 위상을 보여주기도 한다.

이렇게 영화와 연극에서 배우가 차지하는 비중은 확연하게 차이

---

40. 연극배우와 영화배우의 연기 방식의 차이를 최초로 간파한 사람은 이탈리아 극작가 피란델로(L. Pirandello, 1867-1936)이다. 피란델로는 기계 앞에서 연기하는 것에 대한 부정적 입장을 피력한다. "영화배우는 [이런 기계장치 앞에서] 자신이 추방되어 있는 듯한 느낌을 갖는다. 무대로부터 뿐만 아니라 자기 자신의 인격으로부터 추방된 듯한, 그는 정체 모를 불쾌감과 더불어 형언하기 어려운 공허를 느끼는데, 그 원인은 그의 몸이 결락 증상을 겪는 점에 있다. 즉 그 자신이 휘발되어 버리고, 또한 그의 현실, 그의 삶, 그의 음성 그리고 그가 몸을 움직이는 데에 따른 소리 모두를 빼앗겨서, 말없는 하나의 영상이 되는 것이다. 이 영상은 한순간 스크린 위에서 요동한 뒤 정적 속으로 사라져간다. …… 자그마한 기계장치가 배우의 그림자를 이용하여 관객 앞에서 유희를 펼치게 될 것이다. 그리고 배우 자신은 기계장치 앞에서 연기하는 것으로 만족하지 않으면 안 된다." (피란델로, 〈촬영개시〉 1916, 《기술적 복제시대의 예술작품》, 55쪽 재인용)

가 난다. 연극과 달리 영화에서 배우의 연기는 영화의 한 부분일 뿐이다. 관객의 관심 역시 연극과 영화에서는 분명한 차이를 보여준다. 연극의 경우 관객은 배우의 연기에 몰입하지만, 영화 관객의 경우 배우에 시선을 집중하지 않는다. 이 점에 대해 아른하임R. Arnheim의 지적은 적절하다. 영화에서는 "배우를 소도구처럼 다루고, 소도구처럼 특징에 맞게 선발하며, 또한 …… 적절한 장소에 배정하는 것"[41]뿐이다. 이에 반해 연극배우는 "자신의 배역 속으로 몰입한다. …… 영화배우의 연기는 결코 하나의 통일적인 것이 되지 못하며, 수많은 개별적 연기들로 구성된다. 영화배우의 연기[는] 합성 편집이 가능한 일련의 에피소드로 분해"된다. 그것의 "근본적인 이유는 기계장치의 기본적인 필연성"[42] 때문이다.

기계장치의 기본적 필연성은 영화가 편집의 예술이라는 점과 무관치 않다. 관객이 영화를 감상할 때 쉽게 지각할 수 없지만, 영사기를 통해 스크린에 재현되는 이미지는 개별적으로 촬영되고 녹화된 필름 이미지의 편집물이다. 그러니까 영화의 장면 전개는 독립적으로 촬영된 필름을 이은 것으로 필름들 사이의 이격離隔은 오히려 영화의 속도감과 긴장감을 높이는 특별한 효과를 내는 영화예술의 특징 중의 하나이다. 몽타주는 영화가 합성된 편집예술이라는 사실을 더 쉽게 설명한다. 블록을 쌓아 건축물을 완성하듯이 몽타주는 카메라의 각각의 숏shot들을 병치하여 하나의 시퀀스로 편집하는 기술을 말하

41. 같은 책 57쪽 재인용.
42. 같은 책 59-60쪽 참조.

는 것으로 숏들 간의 창조적 배치라 할 수 있다.[43] 그러므로 영화는 편집된 영상, 즉 기계적으로 처리된 환영인 셈이다.[44]

연극과 영화의 차이는 관객의 지각적 수용 방식에도 분명하게 드러난다. 벤야민은 연극과 영화의 지각 방식의 차이를 화가와 촬영기사의 예를 들어 설명한다. 화가가 자연의 눈으로 대상을 관찰하고 그림으로 재현한다면, 촬영기사는 인공 눈이라고 할 수 있는 카메라를 통해 대상을 촬영한다. 카메라 기사는 카메라의 위치, 빛의 조절 그리고 렌즈의 확대와 축소 그리고 연속촬영이라는 기술을 통해 자연의 눈이 가지는 한계를 극복한다. 기계의 눈은 자연의 눈이 볼 수 없는 세계를 보여준다. 벤야민은 영화의 이런 능력을 정신분석학에서의 무의식에 비유하기도 한다.[45] 무의식이 의식으로 인식되지 않지만 존재하지 않는 것이 아니듯, 기계의 눈이 보여주는 세계는 존재하

---

43. 몽타주 기법은 소련의 영화감독 아이젠슈타인(M. Eisenstein)의 〈전함 포템킨〉(1925)의 오데사의 계단 전투장면으로 우리에게 친숙하다. 몽타주 기법을 최초로 영화에 활용한 감독은 소련의 쿨레쇼프이고 그의 영화 〈지구의 창조적 얼굴〉(1920)이 영화사에서 몽타주 기법을 최초로 활용한 것으로 알려져 있다. 쿠레쇼프(L. Kuleshov)는 다섯 조각의 동작 화면을 조립하여 남녀 주인공의 일련의 동작을 표현했다. 여기에 관해서는 수잔 헤이워드 저, 이영기 외 옮김, 《영화사전 — 이론과 비평》, 서울: 한나래, 2012, 218-227쪽 참조.

44. 영화 관람객이 보는 영상은 실재를 자각할 수 없을 정도로 기계적으로 편집된, 인공적인 것, 즉 환영이다. 그래서 벤야민은 영화를 도달할 수 없는 낭만주의자의 꿈을 그리고 있는 노발리스(Novalis) 소설 〈하인리히 폰 오프터딩겐〉의 부제를 따 기술의 나라에서 핀 '푸른 꽃으로 표현한다. 《기술적 복제시대의 예술작품》, 70쪽 참조.

45. 같은 책, 77쪽 참조.

지 않은 것이 아니라, 자연의 눈이 보여줄 수 없었던 것이다.

벤야민은 연극과 영화에 대한 관객의 지각 방식을 주술사와 외과 의사의 치료행위에 비유하여 설명하기도 한다. 주술사의 치료행위는 자기 손을 환자의 아픈 신체 부위에 얹고 주문을 외는 것이다. 이에 반해 외과 의사는 환자가 겪는 고통의 원인을 찾기 위해 기계를 몸 안 깊은 곳까지 침투시킨다. 그는 기계에 의해 수집된 환자의 몸상태를 심층적이고 종합적으로 진단하고, 고통의 근원을 기계의 힘을 빌려 제거한다. 벤야민이 주술사와 외과 의사의 치료 방식에 대한 차이를 통해 설명하고자 하는 것은 궁극적으로 화가와 촬영기사가 대상에 취하는 거리의 차이다. 화가는 대상을 그릴 때 주술사와 마찬가지로 대상과 일정한 거리를 취한다. 이에 반해 촬영기사는 카메라 렌즈의 조작을 통해 대상을 근접, 확대, 축소 촬영하거나 심지어 자연의 눈으로 접근 불가능한 대상의 깊은 곳까지 침투하여 원하는 장면을 획득한다.[46]

화가와 촬영기사가 대상을 획득하는 방식과 관련하여 벤야민이 특히 주목하는 것은 자연의 눈과 카메라가 획득한 이미지의 상이함이다. 화가가 그림을 통해 우리에게 제시하는 이미지는 총체적이고 완결된 하나의 이미지이다. 화가는 하나의 완결된 이미지를 화폭에 구현하기 위해 그림의 구도, 원근, 단축, 명암 등을 진지하게 고려한다. 이에 반해 촬영기사가 생산하는 이미지는 카메라 숏을 통해 획득된 개별적이고 분절된, 부분 이미지들이다. 촬영된 부분 이미지를, 마치

46. 같은 책, 71-72쪽 참조.

모자이크화에서 타일들이 모여서 통합된 하나의 이미지를 만들 듯이, 통합된 이미지로 만드는 것은 전적으로 편집의 덕분이다.

> 영화에 의한 리얼리티의 표현 쪽이 오늘날의 인간에게 [회화와는] 비교가 안 될 정도로 중요한 것이 되어 있는 것은, 이 영화의 리얼리티 표현이 바로 현실과 기계장치 간의 극히 강력한 상호침투에 의거함으로써 기계장치조차 더 이상 제약이 되지 않는 그러한 현실 파악의 시점 …… 을 제공하고 있기 때문이다.[47]

영화는 예술과 기술의 상호 침투를 통해 탄생한 예술이다. 카메라, 조명, 음향 등 각종 기계장치에 의존하는 예술인 영화는 전통적 예술작품을 이해하는 방식으로 접근해서는 이해될 수 없다. 영화제작의 처음과 끝은 모두 기계를 기반으로 한다. 영화와 연극의 결정적인 또 다른 차이는 예술작품의 복제 가능성에서 찾을 수 있다. 영화는 "그 예술적 성격이 전적으로 복제 가능성에 의해 규정되"[48]기 때문에 여러 장소에서 동시 상영이 가능할 뿐만 아니라, 반복하여 감상할 수 있다. 벤야민은 예술작품의 기술적 복제 가능성에서 전통적 예술의 종말을 예고한다.

---

47. 같은 책, 73쪽.
48. 《기술복제시대의 예술작품》(제2판), 60쪽.

3 기술복제시대와 아우라의 종말

기술적 복제가 가능한 매체의 등장은 우리에게 예술에 대한 새로운 이해를 촉구한다. 즉 "예술이 운명의 시간을 맞이"[49]하게 된 것이다. 벤야민에게 예술이 맞이한 운명의 시간은 우리의 주제인 예술의 종말과 맞닿아 있다. 벤야민에서 예술의 종말은 예술작품에서 '아우라의 종말'과 밀접한 관계가 있다. 벤야민은 아우라의 종말이 역사의 필연이고, 필연의 원동력은 바로 기계적 복제의 등장이라고 주장한다.

벤야민은 아우라Aura라는 독특한 개념을 활용하여 전통예술작품과 기계적 복제를 기반으로 하는 예술작품을 구분한다. 라틴어 아우라는 인물이나 물체가 발산하는 독특한 영적인 분위기를 의미한다.[50]

---

49. GS, V.2, p. 1149.
50. 아우라는 그리스어 $\alpha\check{v}\rho\alpha$에서 유래한다. 그리스어 아우라의 사전적 의미는 입김 혹은 희미한 빛을 뜻하고, 의학의 경우 그것은 간질 발작의 주관적 전조(징후)를 의미했다. 중세에서는 유대교 신비주의 카발라 교도들이 아우라를 사람을 둘러싸고 있고 최후의 심판까지 유지되는 정기(Äther)로 설명한다. 어쨌든 아우라

벤야민은 아우라를 "가까이 있더라도 아득히 멀게 느껴지는 것의 일회적인 나타남"으로 정의한다.[51] 가까이 있지만 멀게 느껴지는 이러한 느낌은 다양한 대상에서 비롯되는 것으로 그것은 인물일 수도 있고, 자연 대상[52]일 수도 있다. 벤야민은 아우라 개념을 우선 지각적 차원에서 이해하고 기술적 복제시대 이전과 기술적 복제시대 이후의 예술의 차이를 설명하는 근거로 설명한다. 분명한 것은 벤야민에서 아우라는 정신 혹은 관념적인 것이 아니라 물질과 관계한다는 것이다. 또한 아우라는 자율적인 것이 아니라 철저히 사회적 관계와 기능의 산물이라는 것이다. 즉 아우라는 특정 역사단계에서 인간의 필요에 의해 등장한 것이다.

'아무리 가까이 있더라도 멀리 떨어진 것, 어떤 것의 일회적 현상'

는 형체를 둘러싼 신비로운 분위기와 관계한다. 아우라 개념에 관한 사전적 이해는 J. Ritter(Hrsg.), Historisches Wörterbuch der Philosophie, Bd.1, Basel u.a, 1971, pp.652-653; K. Barck u.a(Hrsg.), Ästhetische Grundbegriffe, Bd. 1, Stuttgart/Weimar, 2002, pp.400-404와 심혜련, 《20세기의 매체철학: 아날로그에서 디지털로》, 서울: 그린비, 2012, 38-72쪽 참조.

51. 벤야민, 《기술적 복제시대의 예술작품》, 29쪽. 이미 〈사진의 작은 역사(Kleine Geschichte der Photographie)〉(1931)에서 벤야민은 아우라를 "공간과 시간으로 짜인 특이한 직물로, 아무리 가까이 있어도 멀리 떨어진 어떤 것의 일회적인 현상"(발터 벤야민, 최성만 옮김, 〈사진의 작은 역사〉, 《발터 벤야민 선집》2, 서울: 길, 2007, 184쪽)으로 설명한다.

52. 벤야민이 들고 있는 자연 대상에 대한 아우라는 다음과 같다. "어느 여름날 오후, 고요히 쉬면서 지평에 가로놓인 산맥이나, 휴식하는 자에게 그림자를 드리우는 나뭇가지를 가만히 눈으로 좇는 것 – 그것은 이 산맥의 아우라, 이 나뭇가지의 아우라를 호흡하는 것이다."(벤야민, 《기술적 복제시대의 예술작품》, 29-30쪽)

으로서 아우라는 전통적 예술작품의 특성을 설명하는 데도 매우 적절한 개념이다. 멀리 떨어졌다는 것은 공간적 의미일 뿐만 아니라 시간적 의미에서도 그렇다. 공간적, 시간적으로 접근 불가능하기에 예술작품에 대한 감상은 일회적일 수밖에 없다. 이것으로부터 예술작품에 대한 권위가 발생한다. 벤야민은 예술작품이 가진 권위를 작품 자체의 물질적 특성에서 찾고, 그것을 진본성Echtheit, 유일성Einzigkeit, 일회성Einmaligkeit이라는 개념으로 설명한다. 즉 예술작품의 아우라는 어떤 작품이 진품이고, 역사적 사회적으로 유일하며 그것을 감상하는 행위는 일회적인 것에서 비롯된다. 아우라는 근본적으로 진품이 유일하다는 것, 그것의 역사성과 사회성을 포괄한 작품의 복제가 불가능하다는 것에서 출발한다.

예술작품의 진본성은 나머지 두 개념을 총괄하는 개념으로 아우라의 출발점이다. "원작Original이 '지금-여기'라는 특성이 그것의 진본성 개념을 형성한다."[53] 전통 예술작품에서 진본성이 갖는 중요성은 "기술적 복제 가능성을—물론 기술적 측면만이 아니라 복제 가능성 자체를—배제한다."[54]는 것 때문이다. 예술작품의 유일성은 진본성의 역사적 사회적 의미와 밀접한 의미가 있다. "예술작품의 유일성은 그 작품이 전통의 연관에 편입되어 있다는 것과 동일한 현상이다."[55]

---

53. 같은 책, 20쪽. 진본성은 "그 사물에 있어 근원으로부터 전해질 수 있는 모든 것을 총괄하는 개념으로, 여기에는 이 사물이 물질적으로 존속해 있다는 점에서부터 그 역사적 증언력까지가 모두 포함된다."(같은 책, 23쪽) 이다.
54. 같은 책, 20-21쪽.
55. 같은 책, 32쪽 참조.

벤야민은 예술작품이 가진 사회, 역사적 의미를 유물론적 관점에서 '사용가치'라는 개념으로 설명하기도 한다. 진본이며 유일한 예술작품이 가지는 사용가치는 제의祭儀, Kult적 가치이다.

예술작품의 일회성은 유일한 작품의 감상행위와 관계한다. "예술작품이 갖는 '지금-여기'라는 특성, 즉 예술작품은 그것이 존재해 있는 곳에 유일무이하게 현존해 있다는"[56] 것, 그것이 예술작품의 일회성을 의미한다. 진본이고 유일한 예술작품은 언제나 지금 이곳이라는 특정한 장소와 시간에서만 감상을 허용한다. 즉 감상은 일회적으로 이루어진다. 일회적 감상에서는 독특한 분위기가 지배하는 데, 이 분위기가 숭배의 감정을 일으킨다. 이것이 바로 아우라이다. 진본성과 유일성이 작품의 물질적 조건에서 비롯된 것이라면, 일회성은 물질적 조건뿐만 아니라 감상자의 주관적 느낌과 밀접한 관계가 있다. 즉 일회성에는 감상자의 감정이라는 주관적 요소가 포함되어 있다.

아우라는 예술작품이라는 물질적 조건에 의존하며, '여기와 지금'이라는 시·공간적인 '일회적인 현존재'를 의미한다. 이러한 아우라는 아무리 정교한 복제품이라 하더라도 흉내낼 수 없는 것이다. 복제품에는 '지금-여기'의 성격이 결여되어 있다.[57] 진본은 복제품이 결여한 역사적 증언가치를 가지고 있다. 즉 작가와 작품의 성립과정 그리고 소장가所藏家 등에 대한 역사를 복제품은 가질 수 없다. 그러므로 전통적으로 진본을 복제하는 것에 대한 부정적 시각이 지배적이었다.

56. 같은 책, 19쪽.
57. 같은 곳 참조.

진본으로서 예술작품은 가까이에서 감상하더라도 감상하는 주체에서 멀리 떨어져 있다는 느낌, 즉 아우라를 지각한다. 작품에서 느끼는 신비한 느낌과 영적인 기운은 예술작품의 제의적 가치의 출발점이 된다.

전통적 예술작품이 사용가치적 측면에서 '제의적인 것'과 관계한다는 것은 자연스러운 귀결이다. "'진본' 예술작품의 고유한 가치는, 예술작품이 최초의 본원적 사용가치를 지니고 있었던 제의 속에 그 기초를 두고 있다."[58] 벤야민에 따르면 예술작품은 결코 역사와 사회에서 독립된 자율성을 가질 수 없다. 아우라에 기반한 예술작품 역시 예외일 수 없다. "예술작품의 아우라적 존재방식이 그 제의적 기능으로부터 완전히 분리되는 일은 결코 없다."[59] 예술작품의 유일성이 제의가치와 관계하듯이 유일성에서 비롯된 예술작품의 감상과 관련된 일회성도 제의적 가치와 뗄 수 없는 관계에 있다.

제의에 이용되는 그림이나 조각은 진본이고 유일한 것이기에 평상시에는 은밀한 장소에 보관되고, 제의에 참여한 사람에게만 일회적으로 감상이 허용된다. 예술작품의 진본성과 유일성이라는 역사적 사회적 배경을 인지하고 있는 관람자는 예술작품을 감상하기 이전에 이미 작품에 대해 특별한 감정을 가지게 된다. 이러한 선입견이 실제로 작품을 보게 될 때, 가까이 있으면서도 멀게 느껴지는 특별한 감정, 즉 숭배의 감정으로 그리고 곧바로 작품에 대한 경탄으로 이어지

58. 같은 책, 33쪽.
59. 같은 곳.

게 된다. 이런 점에서 벤야민은 예술의 기원에 대한 다양한 이론 중 주술설을 옹호한 것으로 보인다. "최초에는 주술적 제의에, 그다음에는 종교적 제의에 사용되는 것으로서 예술작품이 성립"[60]한다. 그러므로 아우라는 제의적 가치와 뗄 수 없는 관계가 있다.

제의적 가치로서 예술작품은 예술의 사회성을 잘 보여준다. 예술작품이 숭배의 대상이라는 사실은 전통적 예술작품에 대한 향유가 특정인들에게 허용되었다는 것을 말해준다. 이것은 고대와 중세에서뿐만 아니라 시민이 권력의 주체로 등장했던 18세기 심지어 19세기 중반까지 크게 변하지 않는다. 물론 성직자와 지배계급만이 예술작품에 배타적 접근을 허용했던 중세까지의 상황과 비교해 근대에는 거대한 박물관과 화랑 그리고 살롱 등에서 작품이 전시되어 어느 정도 예술의 집단적 수용이 가능했지만, 여전히 예술의 창작, 감상 그리고 소유 등에서 대중이 주도권을 행사하는 것은 불가능했다.

제의적 가치를 가진 예술작품은 전시되는 것보다는 존재한다는 것에 더 의미가 있었다. 제의에 쓰이는 예술작품은 사람들의 접근이 어려운 은밀한 장소, 즉 대부분 성당이나 사원 깊숙한 곳에 보관된다. 예술작품에 대한 접근권은 사제만이 가지고 있었다. "예컨대 어떤 신상들은 [신전 안쪽의] 신상 안치소에 두어져서 사제만 접근할 수 있고, 어떤 성모상은 거의 일 년 내내 덮여진 채로 있으며, 중세 대성당의 조각들 몇몇은 1층 지면에 서 있는 관찰자들에게는 볼 수 없도록

---

60. 같은 책, 33쪽. "예술생산은 제의에 이용되는 형상을 제작"하는 데서 출발한다.(같은 책, 38쪽)

되어 있다."[61] 예술작품은 일반인에게는 성물聖物의 일종이었다. 일반인들이 이러한 예술작품을 감상할 수 있는 기회는 종교적 기념일과 같은 특별한 날에만 허락되었다.

이렇게 예술의 최초 사용가치는 제의적 가치이다. 종교의 힘이 약화된 시대에도 오랫동안 예술작품은 제의적 가치를 보존했는데, 예술작품은 사람들에게 이를테면 신성하고, 숭고한 "세속화된 제의"[62]의 의미로 수용되었다. 예술작품의 제의적 가치는 르네상스 미술에도 뚜렷하게 드러난다. 비록 예술작품이 성당이나 사원을 벗어나 부를 축적한 상인들의 저택으로 옮겨졌으나 예술작품을 대하는 태도에서는 중세와 다를 바가 없었다. 사람들에게 예술작품은 여전히 진본이고 유일하기에 존재하는 것 자체가 신비로운 것, 즉 숭배해야 할 것으로 간주되었다. 예술작품의 제의적 가치는 아우라의 근거가 되는 복제 불가능성이 기술적으로 극복되면서 사라지게 된다.

사진의 등장은 예술의 역사에서 혁명적 변화를 가져오게 된다. 사진이라는 기술적 복제는 아우라의 근거인 작품의 진본성과 유일성을 무의미하게 만들었다. "예술작품의 기술적 복제가 가능하게 된 시대에 힘을 잃어가는 것은 예술작품의 아우라"[63]라 할 수 있다. 예술작

---

61. 같은 책, 41쪽.
62. 같은 책, 34쪽.
63. 같은 책, 24쪽. 기술적 복제가 아우라를 증발시킬 것이라는 주장에 대해 아도르노(T.W, Adorno)는 강한 거부감을 표시한다. "벤야민은 다소 동경하는 마음으로 아우라 현상이 이미 사라졌다고 기술한다. …… 예술작품의 현재성만이 작품의 아우라인 것은 아니다. 작품에서 작품 자체를 넘어서는 어떤 것을 가리

품의 일회성의 가치도 사진 앞에서는 무력하게 된다. 사진은 "복제를 통해 일회적인 것에서도 동질적인 것을 추출"[64]했다. 사진은 "바로 자기 옆에 가까이 있는 대상을 상 속에, 아니 모사 속에, 복제를 통해 전유하고자 하는 대중의 욕구"[65]를 충족시켰다. 이렇게 사진은 기술 복제를 통해 대상이 가진 신비를 벗겨냈을 뿐만 아니라 대중이 예술의 주도 세력으로 등장하는 출발점이 되기도 했다. 대량복제기술인 사진과 사회주의의 등장은 거의 동시에 이루어졌다는 벤야민의 언급은 바로 이 점을 말하고 있다.[66]

사진이 예술작품에서 아우라를 박탈하고 예술작품을 자신에게 더 가까이 두고 소유하려는 개인의 욕망을 현실화시켰다면, 영화는 기술적으로 더욱 발전된 형태로 집단적 향유를 가능하게 함으로써 아우라의 붕괴를 완성한 예술이다. 그러나 사진과 영화에 예술적 지위를 부여하고자 한 초기 이론가들은 사진과 영화에서 여전히 제의적 가치를 찾으려고 했다. 초기 사진이 초상화를 대체한 것에서 그리고 초기 무성영화에서 종교적, 초자연적인 것을 구현하고 찾으려는 것에서 그러한 태도를 엿볼 수 있다. 벤야민은 이러한 태도를 기술복제

키는 요인, 즉 작품의 사상 내용도 그것의 아우라이다. 이를 배제하면서 예술을 원한다는 것은 불가능하다. 탈마법화된 작품들도 그 작품에 나타난 사건 이상의 의미를 가진다."(T.W. 아도르노, 홍승용 옮김, 《미학 이론》, 서울: 문학과 지성사, 1997, 80쪽 참조.

64. 벤야민, 〈사진의 작은 역사〉, 184쪽. 벤야민, 《기술적 복제시대의 예술작품》, 31쪽 참조.
65. 벤야민, 《기술적 복제시대의 예술작품》(2판), 50쪽.
66. 벤야민, 《기술적 복제시대의 예술작품》, 34쪽 참조.

가 가진 역사적 의미를 이해하지 못한 "기술의 진보 앞에서 어찌할 바를 모르는 이 세대의 무력함"[67]으로 비판한다.

　사진과 영화의 등장은 "여러 예술행위들이 제의의 품에서 해방"[68] 되는 계기가 되었다. 이제 예술의 사용가치는 제의에서 전시 Ausstellung로 옮아가게 된다. 예술작품은 특정한 곳과 특정한 시간에서 숭배의 감정으로 일회적으로 수용되었던 것에서 모든 이에게 모든 곳에서 개방을 허락했다. 예술작품의 본질과 역할의 변화를 몰고 온 새로운 매체의 등장은 인간의 지각과 사유의 변화를 의미하기도 한다. 이러한 변화는 새로운 매체가 종교적 가치와 조화할 수 없음을 의미한다. 벤야민이 볼 때 아우라는 인간의 기술과 생산력의 수준에 조응하는 하나의 경험양식인 셈이다.[69] 그러므로 기술적 복제시대에 아우라의 붕괴는 필연적이다.

　전통적 예술작품과 질적 차이를 본격적으로 드러내기 시작한 기술복제 매체 기반 예술은 사진이다. 사진은 신체기관으로서 눈이 가지는 한계를 기계적으로 극복했고, 더욱이 복제가 가능한 예술이기에 그림과 달리 전시와 이동의 문제를 쉽게 해결했다. 사진은 제의에 기생하는 예술을 해방시키게 된다. 사진은 원판으로부터 인화가 얼마든지 가능한 예술작품이다. 복제된 사진들 중에서 어느 사진이 진

---

67. 벤야민, 〈사진의 역사〉, 181쪽.
68. 벤야민, 《기술적 복제시대의 예술작품》, 41쪽.
69. 최성만, 《발터 벤야민 기억의 정치학》, 서울: 길, 2014, 281쪽 참조. 벤야민에서 예술과 기술의 관계에 대해서는 김남시, 〈발터 벤야민 예술론에서 기술의 의미, 《기술복제 시대의 예술작품》 다시 읽기〉, 49-86쪽 참조.

본인가를 묻는 것은 무의미하다. 이것이 의미하는 것은 매우 중요하다. "예술의 생산에 있어 진본성이라는 것을 판가름하는 척도가 무효가 되는 그 순간, 예술의 사회적 기능 전체 또한 커다란 변혁을 겪게 된다. 예술은 더 이상 제의에 근거하지 않"[70]게 되었다. 그 대신 예술에 대한 새로운 사용가치가 등장하는데 그것이 바로 전시적 가치 Ausstellungswert다.

그러나 사진이 가진 매체의 성격을 사람들이 이해하기까지는 적잖은 시간이 필요했다. 사진의 시작은 초상화 대체물의 성격이 강했다. 초창기의 사진은 제의적 가치를 여전히 고수하는 경향을 보여준다. 초기 사진은 기술의 한계로 해상도 등에서 회화와 비교하여 우위에 있지 않았고, 인화기술의 미발달로 우리가 현재 보는 사진과 달리 짧은 시간에 다량의 복제가 불가능했다. 사진은 주로 증명사진의 형태로 등장했고, 그것은 값싼 초상화 그것도 작은 초상화 구실을 했을 뿐이다. 거실에 전시된 조상의 사진은 제의적 가치의 흔적을 보여준다. "멀리 떨어져 있거나 고인이 된 사랑하는 이들을 기억해 내는 제의적 행위 속에서 이미지의 제의적 가치는 최후의 피난처를 발견한다."[71] 초상사진은 "인간 얼굴의 순간적 표정"을 담고 있고 마치 초상화처럼 "우수에 찬, 그리고 무엇과도 비할 수 없는 아름다움을"[72] 담고 있다.

점차 사진의 해상도, 음영효과 및 인화기술과 인화지 등에서 엄청

70. 벤야민, 《기술적 복제시대의 예술작품》, 38쪽.
71. 같은 책, 45쪽.
72. 같은 곳.

난 기술의 발전으로 사진은 대상에 대한 재현능력에서 회화와 질적 차별성을 드러냈을 뿐만 아니라, 연속촬영이 가능해짐으로써 대상의 동적 부분을 재현하는 등 회화가 가진 기술적 한계를 극복했다. 무엇보다도 인화술의 발전으로 다양한 크기의 사진이 대량으로 복제되었는데, 이것은 근대 도시의 형성과 문화의 발전과 병행해서 일어난 일이다. 사진은 도시의 건물, 전차 그리고 입간판 등에서 광고로 소비됨으로써, 신성한 곳에 갇힌 숭배의 대상이 아니라 소비와 오락의 대상으로 변하게 된다.

기술 복제시대 사람들은 예술작품에 더 가까이 접근하고자 하고, 그것을 소유하기를 원한다. "대상을 아주 가까이에서 상像, Bild으로, 아니 오히려 모상模像, Abbild이나 복제로 소유하고 싶다는 욕구는 거부할 수 없으리만큼 날마다 세력을 얻고 있다."[73] 이제 예술작품은 내가 쉽게 다가갈 수 있을 뿐만 아니라 자신의 관점에서 작품을 자유롭게 평가할 수 있게 되었다. 여기에서 작품에 대한 숭배와 작품에 침잠하는 태도는 사라진다. 그 대신 감상자는 정신이 산만하고 분산된 채로 작품을 자신의 방식대로 편하게 즐기게 되었다.[74]

영화는 사진이 제기한 전통적 예술의 성격을 더욱 급진적으로 허물게 된다. 초기 단계의 사진과 마찬가지로 영화의 예술적 지위를

---

73. 같은 책, 30-31쪽.
74. 사진에서 제의적 가치의 잔재를 떨쳐내고 전시적 가치를 부각시킨 작가는 앗제(J. Atget, 1856-1927)이다. 앗제에 와서야 사진은 관조와 침잠이 아니라 정치, 사회적 주장을 뚜렷이 드러내기 시작한다(같은 책, 45쪽 참조). 앗제 작품의 정치적 함의에 대해서는 최성만, 《발터 벤야민 기억의 정치학》, 272쪽 참조.

전통적 방식에 기대어 부여하고자 한 초기 이론가들은 영화에서 제의적 가치의 흔적을 찾으려고 노력했다. 아벨 강스Abel Gance, 1889-1981는 그 대표적인 경우이다.[75] 세브랭 마르스프랑스 무성영화 배우도 영화의 기술 매체적 특성을 파악하지 못하고 영화의 중심을 주인공에서 찾으려는 퇴행적 태도를 보여준다.[76] 심지어 영화에서 종교적, 초자연적인 것이 실현되어야 한다는 사람도 있었다. 베르텔독일 소설가, 극작가은 그 대표적인 경우다.

> 영화는 자신의 참된 의미, 자신의 진정한 가능성을 아직 파악하지 못했다. …… 영화의 가능성은 자연스러운 수단과 탁월한 설득력을 가지고서 동화적인 것, 불가사의한 것, 초자연적인 것을 표현해내는 그 유일무이한 능력에 있다.[77]

이렇게 영화의 초기 역사에 등장했던 감독, 배우, 시나리오 작가들은 영화의 예술적 가치를 영화 속에 구현된 제의적 요소에서 찾는다. 그들은 "영화 속에 제의적 요소들을 고려하여 이해하려고 안간

---

75. "온갖 전설과 신화, 온갖 종교의 창시자, 온갖 종교가 스크린 위에서의 부활을 기다리고 있고, 또 영웅들이 문전성시를 이루고 있다."(〈이미지의 시대가 도래했다〉,《영화예술 II L'art cinématographique II》, Paris 1927, 96쪽), 벤야민, 《기술적 복제시대의 예술작품》, 26쪽 재인용.
76. 벤야민, 《기술적 복제시대의 예술작품》, 48-49쪽 참조.
77. 같은 책, 51쪽. 알렉상드르 아르누(소설가, 시나리오 작가)는 영화의 기능을 기도에서 찾기도 한다. "이로써 우리가 만족해온 과감한 모든 서술들은 결과적으로 기도(祈禱)라는 정의로 귀결되어 마땅한 게 아닐까?"(같은 책, 49쪽)

힘을 기울"[78]인다. 영화는 초당 24장의 사진을 스크린에 비춰주는데, 그것은 단순히 기계적 연쇄 이상의 의미가 있다. 영화의 매체적 특성에 대한 온당한 통찰은 채플린Ch. Chaplin이 보여준다. 채플린의 영화 〈파리의 여성〉(1923), 〈황금광 시대〉(1925)는 영화가 제의적 가치와 전혀 무관한 것임을 말해준다. 채플린의 영화는 영화의 매체적 특성이 관조나 침잠이 아니라 정신분산적이고 유희적인 것이라는 사실을 보여준다.

영화를 관람하는 관객이 경험하는 촉각적 지각은 전통적 예술작품의 감상에서 보여주는 침잠Versenkung과 집중Kontemplation으로는 영화를 감상할 수 없다는 것을 말해준다. 그러므로 영화는 전통적 예술작품과 다른 방식으로 접근해야 한다. 영화에서 분산적 지각 방식은 예술작품과 감상자의 거리를 지움으로써 예술작품을 숭배의 대상이 아니라 감상하고 평가하는 대상, 즉 일종의 오락물로 받아들이도록 한다. 이러한 태도는 예술작품과 감상자에 대한 전통적 관계를 전도시켜, 감상자의 능동성과 평등성에 대한 의식을 깨우게 된다.

벤야민에 따르면 기술적 복제시대에 예술작품의 자율성은 허구임이 폭로되고, 예술의 사회성과 역사성에 대한 이해와 더불어 대중들의 예술에 대한 평등한 향유가 권리로 받아들여지게 된다.[79] 대중은

---

78. 같은 곳.
79. 기술적 복제시대 예술의 자율성이 허구로 폭로된다는 벤야민의 입장에 대해 아도르노는 강하게 반발한다. "예술의 자율성은 예술의 개념에 대해 본질 구성적이지만, 그것도 형성되어진 것이지 아프리오리한 것은 아니다. 최상의 진정한 작품들에 있어서는 지난날 예배적인 형상물들이 세속인들에 대해 지녔던 권

영화를 감상할 뿐만 아니라 마음만 먹으면 영화에 직접 출연도 할 수도 있다. 벤야민 당대 영화관의 주간뉴스에 등장하는 인물들은 행인 등 일반인이 다수를 이룬다. 더욱이 우연한 기회에 영화의 주요 인물로 출연하는 것도 드물지 않았다. 영화는 활자 매체 중심의 근대가 저자에게 절대적 권위를 부여한 선형적 세계관을 해체하고, 독자와 감상자를 객체가 아닌 주체로 내세운다. 영화의 감상자는 저자의 의도를 파악하는 데 정신을 집중하는 고독한 독자가 아니라 다수가 동시에 감상하고 작품을 평가하는 비평가, 즉 주체가 된다. "영화는 문학이 수백 년을 필요로 했던 추이와 변화를 십 년 만에 실현해냈다."[80]

벤야민은 영화가 대중들에게 자발성과 평등성에 대한 의식을 증대시켜 역사의 발전에 기여한다고 확신한다. 영화감상에서 동반되는 정신분산과 충격 효과는 감상자 스스로 자신의 능력을 발휘하여 분산된 정신을 통합해야 한다. 즉 영화에서 의미를 찾아내기 위해 관람자는 비평가의 눈으로 영화를 해석하고 평가해야 한다. 영화는 도시인들이 처한 "증대된 삶의 위험에 상응하는 예술형식이다. 영화는

위가 내재적인 형식 법칙으로 변하였다. …… 예술작품이 외적인 목적에서 벗어나면 벗어날수록 그것은 그만큼 더 완전하게 자체의 주권에 따라 조직된 것으로 규정되었다. …… 우상이 사라진 세계 속에서 기계적인 재생산수단을 통해 처음으로 대중들이 예술과 접하게 됨으로써 예술에 대한 욕구가 증가하게 된 사실은 예술에 대해서 외적인 현상으로서, 예술의 존속을 정당화시켜 주기에는 충분하지 못하다. 오히려 그것은 의심스러운 현상이다. 그러한 욕구가 지니는 보상적 성격은 탈마법화에 대한 위안인 점에서 마법의 보조물이다."(아도르노, 《미학이론》, 38쪽)
80. 같은 책, 67쪽.

…… 세계사적 차원에서는 오늘날의 사회질서에 대항하여 투쟁하는 사람이면 누구나 체험하는 것이다."[81] 이런 점에서 영화의 등장은 역사의 필연인 셈이다. 그러므로 영화를 "노예를 위한 심심풀이, 일의 피로와 날마다의 근심으로 지쳐 있는 비참하고 교양 없는 사람들을 위한 오락, …… 어떠한 종류의 정신집중도 필요로 하지 않고 아무런 사고력도 전제로 하지 않는 구경거리"[82]로 보는 것은 영화 매체의 본질에 대한 이해를 결여한 것이다.

벤야민의 예술의 종말론은 그의 아우라 개념과 뗄 수 없다. 예술의 종말론과 관련하여 벤야민 이론의 특징을 살펴보면, 우선 그의 예술의 종말론은 매체철학에 기반하여 전개된다는 점이다. 그는 기술적 복제시대의 예술은 근본적으로 기술에 의존한다는 것, 즉 기술적 복제 매체가 예술의 수단이 아니라 예술의 본질을 이룬다는 통찰을 제시한다. 벤야민에 따르면 기술적 복제시대에 예술작품에서 아우라를 찾는 것은 매체에 대한 무지를 말하는 것이다.

둘째, 벤야민은 우리에게 잘 알려진 예술 종말론자들과 같이, 예술의 역사성을 지지한다. 그에게 예술의 자율성은 존재하지 않는다. 전통적 예술작품에 존재하는 아우라도 그것을 필요로 하는 역사적 조건의 산물이다. 예술작품의 제의적 가치는 신중심적 사회와 봉건제 사회의 흔적이다. 그러므로 기술적 복제시대에서 자본과 파시즘이

---

81. GS Ⅶ/1, p. 380.
82. 이러한 입장은 뒤아멜이 대표한다. 여기에 대해 벤야민, 《기술적 복제시대의 예술작품》, 91쪽 참조.

꾀하는 아우라 부활의 행위는 퇴행적이고 반동적이다.

셋째, 벤야민이 아우라가 몰락한 이후 예술을 주도하는 세력으로 대중을 내세운다는 점이다. 영화는 산업사회와 더불어 본격적으로 시작된 도시적 삶을 가장 잘 대변하는 예술이다. 영화에서 천재적 재능을 가지고 예술작품에 전권을 행사하는 고독한 창작자는 존재하지 않는다. 영화는 기술 의존적 예술이고 다수의 사람들이 협업을 통해 완성되는 예술이다. 영화는 아우라와 제의가치가 사라진 공간에 기술적 복제와 전시가치 그리고 정신분산적 감상이라는 확대된 '놀이공간Spiel-Raum'을 제공한다. 이 놀이공간의 주인공은 대중이다.

예술 종말론과 관련된 벤야민의 기여에도 불구하고 그의 이론이 가진 한계 역시 분명하다. 우선, 벤야민의 기술에 대한 과도한 의미 부여가 자칫 예술에 대한 도식적 이해로 귀결될 위험이 있다. 기술적 복제시대 예술작품의 성립과 감상에서 주도적인 역할은 기술의 몫이다. 영화가 보여주듯이 기술은 인간의 감각을 재편하고 예술의 감상 방식도 결정한다. 문제는 벤야민이 철저히 사적 유물론에 기초하여 기술의 조건이 의식을 결정한다고 본다는 점이다. 그래서 벤야민은 동일한 사람이 피카소의 그림과 채플린의 영화를 감상할 때 세계관에서 정반대의 태도를 보인다고 말한다. 이러한 태도에는 그림은 구시대의 예술이라는 것, 그리고 그림은 진보적일 수 없다는 생각을 은연중에 드러낸다.[83]

---

83. 벤야민이 피카소의 입체주의 예술에 대해 부정적인 태도를 보이는 것과는 달리 다다이즘에 대해서는 다른 평가를 한다. 그 이유는 아우라를 의도적으로 파

둘째, 벤야민이 《기술적 복제시대의 예술작품》에 보여주는 예술에서 대중들의 주도권과 관련된 문제이다. 벤야민은 근대 예술철학이 주장하는 '자연의 총아'로서 창작자, 즉 천재를 거부한다. 영화에서 감독과 영화배우는 기술에 종속된다. 전통적 예술에서처럼 감독과 영화배우는 관객에게 절대적 권위를 행사할 수 없고 오히려 그들은 대중의 비평에 신경을 쓴다. 즉 기술적 복제시대에서 창작자와 작품 그리고 관객은 상호의존적 관계에 있다. 그러나 예술에서 대중의 역할에 대한 벤야민의 이해는 오늘날의 관점에서 보자면 과도하다. 비록 일반인의 영화출연은 가능하지만 매우 드물고 그 역할도 매우 제한적이다. 또한 그가 영화를 통해 각성된 대중들이 사회변혁의 중심이 될 것이라고 본 점 역시 벤야민 이후의 영화와 대중의 관계를 생각하면 그의 희망이 과도했다고 말하지 않을 수 없다.[84] 이 점에 대해

괴하는 다다이즘의 창작방법과 창작의 의도가 기존의 미술과 차이를 보였기 때문이다. 다다이즘의 창작방법은 부르주아지의 취향을 의도적으로 파괴하여 창작과 감상에서 영화와 같은 정신분산적 태도를 보여준다. (같은 책, 85-87쪽 참조) 피카소 작품에 대해 매클루언은 벤야민과 다른 입장을 표명한다. 매클루언이 볼 때 피카소의 그림은 전기가 초래한 감각의 재편, 즉 전기의 내파(內波)적 성질을 표현한 전기시대의 산물이다. 따라서 그에게 피카소는 가장 진보적인 예술가이다. 왜냐하면 큐비즘은 "특정한 '시점'이라든가 특정한 원근법적 환영이라는 측면을 버리고 그 대신 대상이 지닌 모든 모습들을 한꺼번에 나타내는 것이기 때문이다."(매클루언, 《미디어의 이해》, 40-41쪽).

84. 영화의 정신 분산적 특성이 대중을 진보적으로 각성시킨다는 근거의 취약성에 대한 비판은 J. Drews, Artikel "Das Kunstwerk im Zeitalter seiner technischen Reproduzierbarkeit", Hrsg. v. H. L. Arnold(Kindlers Neues Literaturlexikon, Bd. 2, Hamburg:Kindler, 1989), pp.494-96 참조.

아도르노는 벤야민을 다음과 같이 날카롭게 비판한다. "영화관에서 관객이 터트리는 웃음은 …… 결코 선하고 혁명적인 것이 아니라 가장 열악한 부르주아적 사디즘으로 가득 찬 웃음입니다."[85] 영화 관객이 영화에 대해 평가할 수는 있겠지만 아도르노가 볼 때 그것은 신문 배달 소년이 어제 있었던 축구경기에 대해 이야기를 나누는 가십 이상의 가치를 가지지 않는다.

셋째, 아우라의 종말에 대한 벤야민 주장의 정당성에 관한 문제이다. 유물론자로서 벤야민은 아우라를 작품이라는 물질성과 관계된 것으로 본다. 그런데 가까이 있으면서도 멀게 느껴지는 아우라를 지각하는 것은 감상자의 일회적 경험에서 비롯된다. 이것을 그는 초기 보들레르에 관한 에세이에서 '시선의 주고받음의 경험'[86]으로 설명한

---

85. 벤야민, 최성만 옮김 《기술복제시대의 예술작품》, 최성만 해제 각주 8) 재인용, 29쪽. 매클루언도 영화가 진보적인 매체인가에 대해 회의적이다. 그는 매체를 정보의 정세도에 따라 뜨거운 매체와 차가운 매체로 나누는데, 차가운 매체는 정세도가 낮아 대중 참여적이고, 반대로 뜨거운 매체는 정보가 꽉 찬 상태라 대중이 참여여지가 거의 없다. 매클루언에게 영화는 전형적인 뜨거운 매체이다. "영화 관객은 시각적인 인상을 구성하기 위하여 텔레비전을 볼 때처럼 엄청나게 데이터를 삭감하지 않아도 된다. 대신에 영화를 볼 때 사람들은 전체 화상을 이미 완성된 것으로 받아들이는 경향이 있다."(매클루언, 《미디어의 이해》, 527쪽) 따라서 "영화의 관객은 반응에의 참여자가 되기보다는 행위의 수동적인 수용자가 되기를 원하는 경향이 있다."(같은 책, 537쪽).

86. "아우라의 경험은 그러니까 인간사회에서 흔히 볼 수 있는 반응형식을 무생물이나 자연이 인간과 맺는 관계로 전이시키는 것에 기반하고 있다. 시선을 받은 사람이나 시선을 받았다고 생각하는 사람은 시선을 열게 된다. 어떤 현상의 아우라를 경험한다는 것은 시선을 여는 능력을 그 현상에 부여하는 것을 의미한다."(GS VII, 753)

다. 그러니까 아우라는 시선의 주고받음, 즉 대상 혹은 자연과 인간의 상호작용의 산물이고, 이러한 경험은 기술적 복제시대 이후라고 하더라도 우리가 벗어날 수 없는 인간의 인식조건이다. 따라서 벤야민이 기술적 복제시대 이후 예술작품에서 아우라는 종말을 고할 것이라고 선언했지만, 과연 개별 감상자가 예술작품에서 경험하는 아우라를 부정할 수 있을까에 대한 의문은 여전히 남는다. 특히 오늘날과 같은 예술다원주의 시대에, 예술에 대한 평가는 예술의 물질적 조건이 아니라 관람자의 고유한 경험과 그것의 설명가능성이 중요하다는 점을 감안할 때, 작품의 물질성에서 비롯된 숭배차원의 아우라가 아니라 개별자의 차원에서 획득하는 아우라는 얼마든지 가능하다. 오늘날에도 감상자가 피카소의 작품에서 아우라를 경험하는 것은 낯설지도 않고 이상하지도 않다. 이때 감상자가 경험하는 아우라는 숭배의 차원과는 다른 것이다.

벤야민은 복제기술을 생산력으로 하는 사회에서는 아우라의 허구가 폭로되고 자연스럽게 사라질 것이라고 확신한다. 비록 자본에 의해 조작되고 파시즘에 의해 악용되는 '유사 아우라Pseudo-Aura'가 등장하겠지만 그것은 벤야민에게 역사의 발전에서 돌발적으로 나타나는 퇴행의 산물이다. 이러한 벤야민의 주장은 이후의 역사전개를 볼 때, 논리적이라기보다는 희망사항이라 할 수 있다. 특히 벤야민의 영화이해는 사회주의 리얼리즘을 토대로 제작된 1920년대 러시아 영화에 뿌리를 둔다. 벤야민의 영화에 대한 평가가 지나치게 낙관적이라는 비판이 등장하는 것도 그의 영화에 대한 제한된 경험과 무관하지 않다. 벤야민은 예술과 매체에 대한 철학적 성찰을 보여주었다는

점에서 학문적 기여가 적지 않지만, 전통 예술과 아우라 종말에 대한
그의 주장은 유대교 종말론과 사적 유물론의 기묘한 결합이라는 비
판에서 자유로울 수 없다.[87]

---

87. 매클루언이 볼 때 마르크스는 매체의 특성에 대한 이해를 결여하고 있다. 특히
   전기시대에 마르크스의 이론의 한계는 분명하다. 즉 마르크스는 기계를 움직이
   는 전기의 매체적 성격을 이해하지 못했다. "토스터, 세탁기, 진공청소기 등 '일
   손을 덜어주는' 전기 기구들은 …… 일손을 덜어 준 것보다는 모든 사람들이 자
   신의 일을 할 수 있게 해준데 그 핵심 역할이 있다."(매클루언, 《미디어의 이해》,
   87쪽)즉, "마르크스와 그의 추종자들은 …… 새로운 통신 미디어의 역학을 이
   해하지 못하고 있었다. 왜냐하면 전신과 그 밖의 내파적 형식들이 기계적 역동
   성을 반전시키기 시작하는 바로 그때, 마르크스는 자신의 분석에서 가장 궁극
   적인 지점을 기계에 두고 있었기 때문이다."(같은 책, 90쪽) 벤야민 사상에서 정
   치와 신학의 관계에 대해서는 윤미애, 〈정치와 신학 사이에서 본 벤야민의 매
   체 이론 - 아우라 개념을 중심으로〉, 《카프카 연구》 제19집, 한국카프카학회,
   2008.6, 63-82쪽 그리고 게르숌 숄렘, 최성만 역, 《한 우정의 역사》, 파주: 한
   길사, 2002와 김남시, 〈벤야민의 메시아주의와 희망의 목적론〉, 《창작과 비판》
   제42(2)호, 2015.6, 280-298쪽 참조.

04 단토

내러티브의 역사성으로서
예술의 종말

1 내러티브와 예술

단토는 1964년 뉴욕의 스테이블 갤러리에서 워홀의 〈브릴로 상자〉를 감상하고 큰 충격에 빠진다. 이것을 그는 자신의 논문 〈예술계〉[1]에서 상세히 설명한다. 이후 그는 이 충격의 후속작으로 《일상적인 것의 변용The Transfiguration of the Commonplace》(1981)[2]과 《예술의 종말 이후After The End of Art: Contemporary Art and the Pale of History》(1997)를 발표한다. 단토는 〈브릴로 상자〉를 감상한 후의 충격을 이렇게 기술한다.

> 그것은 엄청나게 자극적인 순간이었다. 그런데 이것은 그 시점까지 뉴욕미술의 장면을 정의하고 있던 논쟁의 전체 구조가 적응력을 상실했기 때문만은 아니었다. …… 사실주의나 추상이나 모더니즘 따위의 이

---

1. Danto, "The Artword", Journal of Philosophy 61, no. 19, pp.571-584.
2. 아서 단토, 김혜련 옮김, 《일상적인 것의 변용》, 파주: 한길사, 2008.

론들과는 전혀 다른 완전히 새로운 이론이 요구되었던 것이다.[3]

앤디 워홀의 〈브릴로 상자〉와 슈퍼마켓에 있는 브릴로 상자 사이에는 외적으로 어떠한 차이도 없다. 그런데 왜 하나는 예술작품이고, 다른 하나는 단순한 사물인가? 그것을 구별하는 기준은 무엇인가? 사실 그것이 우리의 감각에 주는 인상에는 차이가 없다. 더구나 브릴로 상자는 워홀의 창작물도 아니다. 워홀은 스티브 하비가 디자인한 브릴로 상자를 단순히 화랑에 전시했을 뿐이다. 그런데 그것은 분명 워홀의 〈브릴로 상자〉이고, 예술의 지위를 갖는다. 그렇다면 이제는 더 이상 외관의 차이에 근거하여 예술과 예술이 아닌 것을 구별하는 것이 불가능해졌다는 것을 의미한다. 이제 극단적으로 말해 외관에 관한 한, 어떠한 것도 예술작품이 될 수 있다는 것을 뜻한다. 또한 그것은 예술이 무엇인지를 결정하는 것은 감각 경험이 아니라, 왜 그것이 예술인지를 설명할 수 있는 해석가능성에 있다는 것을 말하고 있다. 이러한 주장의 귀결은 예술에서 모든 양식들이 동등하게 장점을 가지고 있으며, 다른 것보다 더 나은 양식이란 없다는 것이다. '브릴로 상자'와 더불어 예술계 내의 하나의 배타적인 내러티브narrative는 종말을 고한다.

3. 같은 책, 239쪽. 단토의 예술의 종말에 관한 국내의 연구는 다음을 참조하라. 이성훈, 〈철학적 담론과 그림이미지 ─ 아더 단토의 예술종말론과 앤디 워홀의 〈브릴로 상자〉〉, 《대동철학》, 제38집, 대동철학회, 2007, 49-73쪽; 장민한, 〈순수미술의 위기와 단토에 있어서 미술의 종말〉, 《美學》, 제32집, 한국미학회, 2002, 387-427쪽.

단토는 왜 하필 1960년대에 워홀의 〈브릴로 상자〉가 화랑에 전시되었고, 예술사의 방향을 전환시킨 일대 사건으로 등장했는지 자문하기 시작한다. 물론 워홀에 앞서 뒤샹의 '레디메이드' 기법이 있었지만, 뒤샹의 〈샘〉은 작가의 의도가 분명히 개입되었고 '제목'도 달려 있다. 그러나 워홀의 〈브릴로 상자〉는 전혀 다르다. 워홀은 슈퍼마켓에 있는 상품 상자와 똑같은 상자를 제작하여 화랑에 그대로 옮겨 놓았을 뿐이다. 브릴로 상자는 예술작품으로 간주될 수도 있다. 왜 그런가? 그것은 예술을 설명하는 방식에서 이전과 차이가 나기 때문이다. 단토는 브릴로 상자와 더불어 예술은 더 이상 겉모습에 따라 판단될 수 없다는 것, 즉 '지각적 식별불가능성indiscernibility'을 주장한다.

워홀의 브릴로 상자는 15세기에서부터 시작된 예술사의 종말을 알리는 서곡이 된다. 단토는 여기서 헤겔을 떠올린다. "내가 알기에 미학의 역사상 예술개념의 복합성을 제대로 파악한 유일한 인물은 ― 그리고 대부분의 철학자들과는 달리 이 주제에 대해 영구적인 관점보다는 역사적인 관점을 취했기 때문에 예술작품들의 유형이 갖는 이질성에 대해 거의 선험적인 설명을 할 수 있었던 유일한 인물은 ― 바로 헤겔이었다."[4] 헤겔은 예술이 역사에 의해 규정된다는 사실을

4. 단토, 《예술의 종말 이후》, 352-353쪽. 강조는 필자의 것. 단토의 헤겔의 역사철학에 기반 한 예술사 이해는 D. Carrier, "Danto and His Critics: After the End of Art and Art History", History and Theory: Studies in the Philosophy of History, vol. 37, no. 4, December 1998. pp.1-16 참조. 예술사의 관점에서 단토의 예술의 종말론을 분석한 연구로는 M. Lüthy, "Das Ende

간파하여 '예술사의 아버지'[5]로 평가받는다. 단토의 경우 예술철학, 특히 그의 '내러티브', '예술의 종말' 등의 개념은 헤겔에 상당 부분 빚지고 있다.

단토는 자신의 예술의 종말에 대한 선언이 주관적인 느낌이나 소망의 문제가 아니라 역사적 문제임을 강조한다. 20세기 초반 등장하기 시작하여 맹렬한 세력을 키워가고 있던 '반 예술운동Anti-Kunst'은 예술사에 대한 철학적 반성을 촉구하는 표식으로 볼 수 있다. 예술의 종말론은 "예술의 철학적 본성이 미술사 자체의 내부로부터 하나의 물음으로 떠올랐을 때만 제기될 수가 있었다."[6] 단토는 자신의 예술의 종말론이 예술의 본성에 대한 철학적 물음이고, 그것을 가능하게 한 것은 예술의 역사 자체에서 촉발되었다고 주장한다. 그는 자신의 문제제기가 "전적으로 헤겔주의적"[7]이며, 1964년 브릴로 박스 이후 자신의 발언은 "헤겔의 예견을 반복"[8]하는 것이라고 고백한다.

물론 헤겔의 예술의 종말론(1828)과 단토의 예술종말론(1964) 사이에는 150년이라는 간극이 있고, 그 사이에 예술계의 상황 역시 엄

---

wovon - Kunsthistorische Anmerkungen zu Dantos These vom Ende der Kunst", in: Kunst Fortschritt Geschichte, C. Menke/J. Rebentisch(Hg.), Berlin, 2006, pp.57-66 참조.

5. E. H. Gombrich, "'The Father of art History'. A Reading of the Lectures on Aesthetics of G.W. Hegel(1770-1831)", in: Tributes: Interpretations of our cultural tradition, Oxford: Phaidon, 1984, pp.51-69 참조.

6. 단토, 《예술의 종말 이후》, 85쪽.

7. 같은 곳.

8. 같은 책, 86쪽.

청난 차이가 있다. 헤겔의 예술의 종말론이 '예술의 과거성'에 초점이 맞추어졌다면, 단토의 예술의 종말론은 예술의 현재와 미래에 초점이 있다. 그럼에도 단토는 예술의 본성에 대한 물음이 예술의 역사 내부에서 비롯되었다는 점과 예술의 본성에 대한 답은 예술의 의무가 아니라 철학의 역할이라고 본 점에서 헤겔의 예술의 종말론을 계승한다고 기꺼이 인정한다. 단토는 우리 시대 예술이 무엇인가에 대한 답은 "예술을 다시 창조하는 데"에서가 아니라 "예술이 무엇인지를 철학적으로 인식하고자 하는 목적을 위해 예술을 창조하는 데 있다고"[9] 본다. 단토의 이러한 발언은 헤겔이 《미학강의》에서 예술의 종말과 예술의 정의에 대한 철학의 역할을 언급한 부분과 유사하다. "우리는 예술작품을 바라보았을 때 내면에서 그것을 즉각적으로 향유하는 것 외에도 동시에 그 작품에 대해 어떤 판단을 내리고 싶은 충동으로 고무된다. 그러므로 우리 시대에 들어와 예술에 관한 학문은 예술이 예술 그 자체로서 이미 충분한 만족을 주었던 옛날보다 훨씬 더 필요하게 되었다. 예술은 우리로 하여금 그것을 이론적으로 고찰하도록 유도한다. 그리고 이것은 예술을 예술로서 다시 회생시키고자 하는 목적에서가 아니라 예술이란 무엇인가를 철학적으로 인식하기 위해서이다."[10] 여기에서도 확인할 수 있듯이 단토는 예술을 인식의 차원에서 이해하려는 헤겔의 입장을 따른다.

단토의 예술의 종언에서 헤겔의 역사철학의 영향을 찾는 것 역시

9. 같은 책, 87쪽.
10. Hegel, Ästhetik I, pp.25-26.

어렵지 않다. 헤겔의 역사철학의 가장 큰 특징은 역사가 진보한다는 것[11]과 진보는 정신의 인식능력과 관계한다는 것이다. 단토가 미술사를 세 가지 내러티브로 구분하고 각각 그것의 전형을 르네상스, 모더니즘 그리고 종말 이후의 미술에서 찾는 근거도 인식의 발전과 밀접한 관계가 있다. 예술의 종말은 헤겔의 역사의 종말이 만인에게 자유의 권리가 허용되듯이 예술에서도 마침내 차별이 없는 자유의 향유가 허용된다는 것을 의미한다.

> 역사의 짐에서 해방된 예술가들은 자신이 원하는 어떤 방식으로든, 자신이 원하는 그 어떤 목적을 위해서도, 혹은 어떠한 목적도 갖지 않고 자유롭게 예술을 만들게 되었다.[12]

헤겔 역시 예술의 종말 이후의 예술의 상황을 이렇게 기술한다. "오늘날의 예술가는 더 이상 어떤 특수한 내용이나 소재에만 적합한 표현 방식에 매달리지 않는다. 따라서 예술은 예술가가 자신의 주관적인 능숙한 기술에 따라 어떤 종류든 모든 내용과 관련해서 균형있게 다룰 수 있는 자유로운 도구가 되었다. 그리하여 예술가는 축복받은 특정한 어떤 형식이나 형태보다 우월한 존재가 되었고, 평소에는 성스럽고 영원한 것으로 의식되었던 내용이나 직관 방식에서 독립되

---

11. 헤겔은 역사를 자유의식이 진보하는 과정으로 본다. Hegel, Vorlesung über die Philosophie der Geschichte, Bd. 12, p. 32 참조.
12. 단토, 《예술의 종말 이후》, 62쪽.

어 스스로 자유로이 움직이게 되었다. …… 만약 예술가가 일반적으로 미적 예술적으로 다룰 능력만 있다면 그에게는 어떤 소재라도 그것이 대체로 미적이고 예술적으로 다룰 수 있는 형식적인 법칙에 어긋나지 않으면 예술가에는 아무래도 상관없을 것이다."[13] 단토는 예술의 종말을 예술에서 경계 없는 자유의 선언으로 생각한다. "여태까지 누려본 적이 없는 가장 위대한 자유의 시대를 열어주고 있다."[14] 예술에서 경계 없는 자유는 다원주의 예술의 등장을 가능하게 했다. 단토는 우리시대 예술의 주류가 다원주의와 밀접한 관계가 있다는 것을 인정한다. "현 미술계의 다원주의는 다원주의자를 이상[15]적인 예술가로 정의한다."[16]

단토는 "예술의 본질은 역사를 통해 드러난다"라고 봄으로써 헤겔의 생각을 계승한다. 헤겔주의자답게 단토는 예술의 역사를 발전사의 관점에서 파악하며, 예술사를 지배하는 내재적 힘을 내러티브로 설명한다. 즉 특정 시대의 예술은 특정한 내러티브의 영향을 받는다. 내러티브의 교체는 예술사에서는 발전을 의미한다. 단토는 예술사, 특히 미술사를 크게 세 시기로 구분한다. 먼저 예술에 관한 개념이 생성되기 이전의 시대가 있었다. 단토가 보기에 르네상스 이전의 예술들은 자신들이 하는 행위가 예술이라는 사실을 자각하지 못했다. 따라서 단토는 르네상스 이전의 예술을 예술사의 내러티브에서 제외시킨다.

13. Hegel, Ästhetik Ⅱ, pp.235-236.
14. 단토, 《예술의 종말 이후》, 224쪽.
15. 같은 책, 355쪽.
16. 같은 책, 225쪽.

이 점은 헤겔의 예술사에 대한 인식과 분명한 차이를 보여준다.

헤겔에 따르면 그리스인은 정신의 자유를 감각적 형식을 통해 가장 이상적 예술로 탄생시켰다. 특히 헤겔은 그리스 조각을 정신과 물질의 완벽한 조화를 보여주는 고전예술의 전형으로 본다. 그런데 단토는 르네상스 이전의 예술은 예술의 본성에 대한 반성을 결여한 상태에서 제작되었으며, 그렇게 그것은 다른 목적을 위한 도구의 지위를 벗어날 수 없었다고 본다. 그래서 단토는 르네상스 이전의 예술은 원주민미술, 민속미술, 공예 정도의 지위를 얻는 데 만족해야 한다고 본다. 그것은 단토에게는 엄밀한 의미에서 예술이 아닌 것이다.

단토에게 예술의 역사는 크게 두 개의 내러티브 혹은 에피소드, 그리고 내러티브 종말 이후로 구성된다. 첫 번째 내러티브가 바자리G. Vasari 에피소드이고, 두 번째가 그린버그C. Greenberg 에피소드이다. 두 에피소드는 이전 예술의 입장과 다른 새로운 것이고 모두 진보적이다.[17] 단토는 첫 번째 내러티브는 르네상스에서 모더니즘이 등장할 때까지 예술사를, 두 번째 내러티브는 모더니즘에서 추상표현주의까지의 예술사를 지배한 것으로 본다. 그리고 그는 내러티브의 종말은 1964년 브릴로 박스와 더불어 시작되었고. 브릴로 박스 이후의 시대는 종말 이후의 예술 혹은 예술의 다원주의 시대가 열리게 되었다고 본다.

단토에 따르면, 엄밀한 의미에서 예술의 시대는 1400년경에 비로소 시작된다. 이때 예술은 자신의 정체성을 뚜렷이 보여주는데, 순수

17. 같은 책, 241쪽 참조.

예술fine art이라는 개념이 등장한 것도 이 무렵이다. 단토는 첫 번째 내러티브를 16세기 중반의 예술사가 '조르조 바자리Giorgio Vasari'가 자신의 저서 《이탈리아 르네상스 예술가 열전》에서 표본적으로 보여주고 있다고 본다. 그래서 첫 번째 내러티브를 '바자리 에피소드'로 명명했던 것이다. 바자리는 미술의 목적이 '시각적 외관의 정복'[18]에 있음을 주장하고, 탁월한 미술일수록 사실을 정확하고 완전하게 모사해야 한다고 생각한다. 바자리의 에피소드는 플라톤 이래 예술사를 가장 오랫동안 지배한 예술에 대한 정의, 즉 예술은 대상에 대한 모방적 재현이라는 모방론mimesis을 기초로 한다.

모방론은 대상을 보다 완벽하게 재현하는 것을 뛰어난 예술의 기준으로 생각한다. 모방론은 기원전 3세기 초 활동한 것으로 알려진 그리스 화가 제욱시스Zeuxis의 〈포도송이를 든 소년〉의 그림을 통해서도 확인된다. 새들이 그림 속의 포도송이를 향해 달려들어 부리로 쪼았다는 전설은 그리스인들이 가진 회화의 이상을 그대로 보여준다. 바자리는 인간의 뿌리 깊은 모방에 대한 욕망이 기예Techné가 아니라 예술 그 자체의 기준이 되고, 대상에 대한 시각적 정복을 위한 다양한 물질적, 정신적 노력이 정점에 도달한 시기를 르네상스에서 확인한다.

대상의 시각적 정복은 르네상스 미술의 시조로 알려진 조토Giotto

---

18. 같은 책, 115쪽 참조. "미술은 시각적 외관의 진보적 정복이자 숙달 전략들의 점진적 획득으로서, 이를 통해 세계의 시각적 표면들이 인간의 시각체계에 미치는 효과가, 이와 동일한 방식으로 시각체계에 영향을 미치는 그림의 표면을 수단으로 복제될 수 있었던 것이다."(《예술의 종말 이후》, 115쪽)

에서부터 레오나르도 다빈치, 미켈란젤로, 라파엘로 등 르네상스 최고의 거장에게 이르기까지 창작의 목표가 된다. 그들은 자연의 풍경, 인간의 신체, 역사적 사건을 바라보는 눈의 진실성을 믿고 그것을 완벽하게 재현하고자 했다. 그것이 그림으로 조각으로 그리고 건축으로 구현된다. 바자리가 다빈치의 〈모나리자〉를 평가한 부분에서도 이러한 생각을 확인할 수 있다. "섬세하게 장밋빛이 도는 아름다운 콧구멍을 가진 코는 수월하게 살아 있는 사람의 것으로 믿을 수 있으며 …… 담홍색 볼은 그려진 것이 아니라 진짜 살과 피처럼 보인다. 목의 오목한 부분을 주의 깊게 바라본 사람이라면 자신이 맥박이 뛰는 것을 보고 있다고 믿지 않을 수 없다."[19] 이것을 통해서 우리는 바자리의 예술작품에 대한 평가 기준이 무엇인지를 알 수 있다. 단토는 바자리의 생각을 이렇게 정리한다. "바자리에게, 비평적 찬사란 문제의 회화가 리얼리티의 현전 앞에 우리가 있다고 믿을 정도로 리얼리티와 너무나 정확하게 닮았다는 것을 때로는 온갖 증거에 기대어서 주장하는 것이다."[20]

단토는 바자리의 내러티브가 철저히 모방론에 기초하고 있고, 작품에 대한 평가 기준도 여기에 따른다. 시각 경험의 정확한 재현을 위한 다양한 회화적 기법, 즉 원근법, 명암법 등의 발명되었고 최대한 자연을 닮은 색을 구현하기 위한 안료에 다양한 실험이 진행되어

---

19. G. Vasari, Lives of the Most Eminent Painters, Sculptors, and Architects, trans, Mrs. J. Foster(London: Bell and Daldy, 2868), p. 384. 단토, 《예술의 종말 이후》, 120쪽 재인용.
20. 단토, 《예술의 종말 이후》, 120쪽.

유화물감이 등장하게 된다. 이뿐만 아니라 인체에 대한 해부학과 기계의 매커니즘에 대한 자연과학적 결실을 회화에 적극적으로 수용하였다. 대상에 대한 시각적 경험과 재현을 예술의 역할로 보는 바자리의 내러티브는 조토에서부터 인상주의에 이르기까지 예술사, 특히 미술사를 주도한다. 미술은 시각적 외관의 정복이라는 관점에서 부단히 발전한 역사이다. 바자리의 관점에서 미술의 진보는 곧 모방술의 진보를 의미한다.

그러나 바자리가 믿었던 시각적 외관의 정복이 미술 밖에서 더 완전하게 성취되는 순간 바자리의 내러티브는 종말을 고하게 된다. 19세기 후반 사진과 동영상(영화)은 붓과 물감, 대리석과 조각칼이 아닌 방식으로 자연을 보다 더 완벽하게 재현하는 길을 열었다.

19세기 중반 사진의 발명은 시각적 외관의 정복이라는 예술의 목표가 예술가의 손이 아니라 카메라 기술을 통해서도 가능할 뿐만 아니라 사진이 그림보다 훨씬 더 완벽하게 대상의 재현을 성취한다는 사실을 자각하게 했다. 화가와 그의 작품이 가진 권위의 붕괴는 불가피했고, 발터 벤야민은 사진을 필두로 시작된 기술복제시대의 예술이 초래한 예술사적 의미를 '아우라의 종말'로 설명한다. 사진의 혁명은 질적으로 같은 사진을 여러 장 인화할 수 있다는 사실에서 비롯되며 이것은 그림이 가진 권위의 출발점인 진본성과 유일성의 가치를 무의미하게 했으며 전시의 시간과 공간에 구애받지 않게 했다. 벤야민의 지적처럼 사진의 등장과 더불어 전통적 예술이 가진 진본성, 유일성 그리고 일회성이라는 속성에 근거한 '제의적 가치'는 무의미한 것이 되었고, 이제 예술의 가치는 숭배의 대상이 아니라 누구나 원하는 곳 어디에서도 전시하고 소유할 수 있는 전시적 가치로 전환되었다.

사진의 등장은 시각적 외관의 정복이라는 전통적 예술의 정의와 이용 가치에 대한 믿음을 근본적으로 흔들었다. 복제기술을 기반으로 한 사진예술의 등장은 시각적 외관의 정복이라는 바자리 내러티브의 지배력이 다했음을 의미한다. 더불어 19세기 중엽 비유럽권 예술, 특히 일본과 아프리카 예술이 유럽에 소개되고 전파된 이후 유럽인들은 시각적 외관의 정복, 즉 모방과 재현을 목표로 하지 않는 미술의 가능성을 자각하게 되었다. 이러한 시대적 상황은 예술 스스로 자신의 정체성을 확보하기 위해 시각적 경험과 재현이 아닌 예술의 본질이 무엇인지 묻게 한다. 이렇게 해서 르네상스에서 인상주의까지의 미술의 목표에 변화가 생기게 된다. 이때를 기점으로 전통적 미술과는 확연히 구분되는 새로운 시도들이 등장하게 되었고 이러한 시도에 대한 이론적 토대를 구축하는 새로운 내러티브가 예술사에 등장한다.

미술이 대상을 재현하지 않는다면 무엇을 할 수 있을 것인가? 여기에 적절한 답을 제시한 이가 바로 그린버그C. Greenberg이다. 그린버그는 미술이 대상이 아니라 미술 자신을 주제로, 즉 미술이 무엇인가를 묻기 시작한 때를 모더니즘의 시작으로 본다. 미술이 무엇인가를 묻는 것은 미술의 자기비판에서 시작해야 한다. 그린버그는 1960년에 발표한 《모더니스트 회화Modernist Painting》에서 모더니즘과 비판의 관계를 역설한다. "내가 보기에, 한 분야discipline 자체를 비판하기 위해서 그 분야 특유의 방법들을 이용한다는 데 모더니즘의 본질이 있다."[21] 여기에서 우리는 이성을 이성의 법정에 소환하는 비판철학자 칸트를 상기할 수 있다. 그린버그는 "칸트야말로 비판의 수단 자체를 비판한 최초의 인물이기 때문에, 나는 그를 최초의 진정한 모더니스트라고 생각한다."[22]고 말하면서 칸트를 자신의 모더니즘 사유의 모델로 삼는다.

칸트가 순수 지식(선험적 종합판단)의 가능성을 그의 《순수이성비판》에서 물었다면, 그린버그는 미술의 가능성을 묻는다. 미술의 가능성은 미술의 조건 자체에 관해 묻는 것으로, 모방과 재현에 기초한 미술이 대상 중심이라는 점에서 그것은 미술의 순수성과는 거리가 멀다. 미술에서 모더니즘의 시작은 바로 모방과 재현의 미술, 즉 평평한 캔버스에 원근법, 단축법, 명암법을 활용하여 '삼차원의 환영의 세계'[23]를 구현하는 미술을 추방하는 것에서 비롯된다. 그린버그는 회화의 본질은 평면성에 있다고 본다. "회화예술이 모더니즘의 기치 하에서 자기 자신을 비판하고 정의해 가는 과정에 있어서 다른 그 무엇보다도 근본적으로 남아 있었던 것은 표면의 평면성에 대한 강조였다."[24]

---

21. C. Greenberg, "Modernist Painting", in: Clement Greenberg: The Collected Essays and Criticism, ed. John O' Brian, vol. 4: Modernism with a Vengeance: 1957-1969, p. 85. 단토, 《예술의 종말 이후》, 47쪽 재인용.
22. Greenberg, "Modernist Painting", pp.85-93 참조, 단토 《예술의 종말 이후》, 47-48쪽 재인용.
23. 단토, 《예술의 종말 이후》, 146쪽 참조.
24. Greenberg, "Modernist Painting", p. 85. 단토, 《예술의 종말 이후》, 145쪽 참조.

그린버그가 볼 때 회화에서 대상에 대한 재현, 즉 캔버스에서 삼차원적 환영의 세계를 응시하는 것이 아니라 캔버스의 평면성 자체를 응시한 최초의 화가는 마네이다. 그에게 마네는 모더니즘 회화의 칸트였다. "물감이 칠해진 편평한 표면들을 솔직하게 선언하고 있다는 점에서 마네의 그림들이 최초의 모더니즘 회화가 되었다."[25] 그린버그는 마네의 인상주의에서 모방을 통해 삼차원 환영적 세계를 구현하려는 시도를 거부하는 첫 움직임을 포착했다.

그린버그는 그림이 대상의 모방이 아니라 주관의 느낌과 생각을 캔버스의 평면성이라는 물질적 조건에 정직하게 표현하는 것이 되어야 한다고 본다. "그린버그는 미술의 정체성을 확인하는 조건들로의 상승이라고 하는 견지에서, 특히 그 무엇이 회화를 다른 모든 예술들과 구별해 주는가 하는 견지에서 새로운 내러티브를 정의 내렸다. 그리고 그린버그는 이것을 매체의 물질적 조건 속에서 찾아내었다."[26] 이렇게 바자리의 전통적인 네러티브 이후 평면성과 물질성 중심의 새로운 미술 시대를 열었고, 미술사는 이 새로운 시대를 모더니즘의 시대로 명명한다.

미술이 시각적 외관의 정복이라는 재현 위주의 역할을 벗어던지고, 평면성과 물질성이라는 미술의 고유성을 지켜나간 경우를 우리는 20세기 초반에 등장한 '추상회화'를 통해서 확인할 수 있다. 특히 그린버그는 추상표현주의를 높이 평가한다. "'추상표현주의'라는 명

---

25. Greenberg, "Modernist Painting", 단토, 《예술의 종말 이후》, 48쪽 재인용.
26. 단토, 《예술의 종말 이후》, 242쪽

칭이 뭔가를 의미한다면, 그것은 바로 회화적임painterliness을 의미한다. 느슨하거나 재빠른 손놀림 혹은 그러한 외양, 뚜렷하게 구분되어 있는 형태보다는 뭉개지고 융합된 덩어리들, 크고 눈에 띄는 리듬들, 끊어진 색, 고르지 못한 채도나 물감의 농도들, 드러난 붓자국이나 칼자국이나 손자국"[27]은 회화적인 것의 본질을 보여준다.

모더니즘에서 중요한 것은 예술가 자신들이 어떠한 관점에서 창작을 하는가에 대한 집단적 합의, 혹은 이데올로기이다. 모더니즘은 실재의 재현이 아니라 사물로부터 받은 인상, 감정들을 주관적으로 표현하는 데 관심을 가진다. 즉 관심이 눈으로부터 정신으로, 모방으로부터 표현으로 이동한다. "미술상의 모더니즘은 하나의 지점을 표시하고 있는데, 이 지점 이전까지는 화가들이 인물과 풍경과 역사적 사건을 눈에 드러나는 그대로 그리고 세계를 나타나는 대로 재현하고자 했다. 모더니즘과 함께 재현의 조건들이 핵심적이 되며, 그래서 어떤 의미에서 미술이 미술 자체의 주제가 된다."[28]

모더니즘이 주로 선언문Manifesto 형태의 다양한 운동으로 진행되

---

27. Greenberg, "After Abstract Expressionism", The Collected Essays and Criticism, 4, p. 123. 단토, 《예술의 종말 이후》, 202쪽 재인용. 그린버그는 폴록의 액션 페인팅(action painting)을 높이 평가하면서도 거친 물감에 남아 있는 환영적 공간의 잔존을 우려하기도 했다. 그는 캔버스에 물감을 얇고 평평하게 바르거나 기하학적 규칙성을 회화에 도입하여 회화의 평면성을 극대화하는 "탈회화적 추상(post-painterly abstraction)"을 주장하는 헬렌 프랭켄탈러, 모리스 루이스, 게네스 놀랜드를 높이 평가한다.(단토, 《예술의 종말 이후》, 202-203쪽 참조)
28. 단토, 《예술의 종말 이후》, 47쪽.

었다는 것은 우연이 아니다. 19세기 말부터 다다Dada를 비롯한 수많은 실험예술과 유파들이 등장했다. 그들은 자신들이 추구하는 예술의 방향이 어떻게 다른 유파와 차이가 나는가를 드러내 보이고자 노력한다. 단적으로 그들은 '나에게만 있고 다른 미술에 없는 것은 무엇인가?'라고 묻는다. "그린버그의 설명에 따르면, 모더니즘 회화를 모던한 것으로 만들어주는 것은, '자기 자신에게만 배타적으로 작용하는 효과를 자기 자신의 작동과 작업을 통해서' 결정하는 과제를 스스로 짊어진다는 것이다."[29] 단토가 보기에 탈모방적 예술을 위한 이러한 노력들은 눈에서 정신으로 이동하는 발전을 보여준다. 그들에게 중요한 것은 내면의 표현과 일관된 양식의 추구였다. 이런 점에서 모더니즘에서 예술활동은 모두 자기성찰적인 경향을 띤다. 그러나 그들에게 여전히 강고하게 남아 있는 것은 예술과 예술이 아닌 것은 지각의 차원에서 구별된다는 것이다. 그들은 여전히 예술작품이란 형, 면, 색에 기초하며 예술가의 손에 의한 물질적 창조의 산물임을 고집했다. 심지어 아방가르드 운동에서조차도 이러한 태도는 남아 있다.

예술과 예술이 아닌 것의 구별은 워홀의 '브릴로 상자'에서 길을 잃게 된다. 지각의 차원에서 예술작품과 상품 사이에는 차이가 전혀 존재하지 않는다. 예술에 대한 정체성을 특정한 강령과 그 강령을 실천한 물질에서 찾던 예술, 이른바 선언문 혹은 이데올로기로서 예술의 시대는 끝났다.

---

29. 같은 책, 145쪽.

그린버그의 내러티브는 대단히 심대하지만, 팝아트와 함께 종말을 고하게 된다. …… 미술이 종말에 도달했을 때, 말하자면 예술작품이 어떠해야 한다는 특별한 방식이 더 이상 존재하지 않는다는 것을 미술이 인식했을 때, 그린버그 내러티브도 종말에 이르렀다.[30]

단토에 따르면, 예술의 역사를 관통하는 하나의 유일한 내러티브는 존재하지 않는다. 그래서 단토는 뵐플린H. Wölfflin의 말도 자주 인용한다. "모든 것이 모든 시대에 가능한 것은 아니다."[31] 즉 한 시기에 예술의 본질을 규정하는 내러티브도 다른 시기의 예술을 규정하는 데는 무능하다. 어떤 것이 예술이 되기 위해서는 예술사에 적합한 위치를 점하고 있어야 한다. 워홀의 '브릴로 상자'는 19세기에서는 절대로 예술이 될 수 없다는 의미이다.

---

30. 같은 책, 242쪽.
31. 같은 책, 355쪽.

2 〈브릴로 상자〉와 식별 불가능성

1964년 뉴욕 맨해튼의 한 미술 전시장에서 전시된 워홀의 〈브릴로 상자〉는 지금까지 분석철학에 기대어 예술을 이해해 왔던 단토에게 지축이 흔들리는 경험을 선사한다.

〈브릴로 상자〉를 봤을 때 즉시 내 관심을 사로잡은 문제는 단순히 무엇이 그것을 예술로 만들었는가가 아니라, 그것이 예술작품이라면 그와 똑같이(혹은 충분히 똑같이) 생긴 물건들, 즉 브릴로 수세미를 운송하기 위해 디자인된 수많은 판지상자들은 왜 예술작품이 아닌가였다.[32]

〈브릴로 상자〉 앞에서 단토를 엄습한 당혹감의 출발은 모더니즘까지 누구도 의심하지 않았던 예술작품과 사물의 지각적 차이가 송두리

---

32. 단토, 김한영 옮김, 《미를 욕보이다: 미의 역사와 현대예술의 의미》, 서울: 바다출판사, 2017, 23쪽.

째 무너져 내리는 세계관의 붕괴를 예감했기 때문이다. 전시회를 위해 특별히 제작되었지만 〈브릴로 상자〉는 슈퍼에서 쉽게 접할 수 있는 동명의 비누 상자와 지각상 하등의 차이가 없었다. 그렇다면 전시관의 〈브릴로 상자〉가 예술의 지위를 누릴 수 있는 근거는 지각의 차이에서 비롯되지 않는다. 그렇다면 그것은 어디에서 찾아야 할까? 동시대의 예술에 대한 이론들은 이 문제에 어떤 답을 줄 수 있을까?

예술에 관한 전통적 이론들은 〈브릴로 상자〉에 예술의 지위를 부여할 수 없다. 바자리 내러티브가 잘 대변하듯이 모방론의 목표는 시각적 외관의 정복이다. 미술사를 가장 오랫동안 지배했던 정의관은 이른바 '망막의 미술'이다. 미술은 눈과 관계하고 예술가가 미적 가치를 실현하기 위해 물질을 의도적으로 변형시킨 인공물이다. 이러한 생각은 19세기에 들어서면서 많이 쇠퇴했지만, 오늘날에도 사실주의나 포토리얼리즘 등을 통해 명맥을 잇고 있다. 예술가가 물질에 변형을 가해 만든 인공물이 아니더라도 예술이 될 수 있다는 것은 〈브릴로 박스〉 이전에 뒤샹M. Duchamp의 작품이 말해준다. 뒤샹은 눈삽과 소변기에 각각 〈부러진 팔에 앞서서〉와 〈샘〉이라는 제목을 달아 전시했다. 뒤샹의 레디메이드 작품은 예술가에 의해 창작된 것이 아니라 이미 완성된 사물이 단지 선택되었을 뿐이다. 그리고 뒤샹은 선택된 상품에 자신의 의도를 드러내기 위해 그곳에 제목을 쓰고 천장에 매달거나 거꾸로 설치하는 방식 등으로 관객의 시선을 유도한다.

워홀의 〈브릴로 박스〉는 뒤샹의 레디메이드 작품보다 훨씬 더 사물과 예술작품의 경계를 해체한다. 뒤샹의 레디메이드 작품은 사물의 변형된 배치 그리고 상품에 제목을 덧쓰는 형태로 비록 분명하지는 않지만 예술작품과 상품간의 차이를 지각하기에는 어려움이 없다. 그러나 워홀의 〈브릴로 박스〉와 상품상자 브릴로 박스 사이에는 시각적으로 지각적 차이가 존재하지 않는다. 시각적 차이에 근거한 모방론이 설명할 수 없는 〈브릴로 박스〉의 예술의 지위를 표현론은 부여할 수 있을까? 표현론은 예술의 목표가 대상의 재현이 아니라 기쁨과 슬픔, 절망과 환희 등 인간의 감정을 표현하는 것을 예술의 사명으로 본다. 표현론의 뿌리는 18세기 낭만주의이다. 낭만주의는 이성에 경도된 세계관이 놓치고 있는 꿈, 신화, 환상 그리고 신비 등을 삶의 근본적 영역으로 수용하고 이것에서 예술의 기원을 찾는다. 20세기 표현주의는 표현론의 본질을 잘 보여준다. 미술에서는 19세기 후반 고흐에서 출발하여 뭉크, 마티스 등이 표현주의를 표방한다. 이들은 인간의 내면에 있는 공포, 무질서, 추醜, 불안을 창작의 주제로 삼고, 모방론과 달리 조화와 균형이 무너진 색채의 비사실성, 원근법의 해체, 음영의 배제 그리고 원시적 단순성과 격렬함으로 대상이 아닌 자신의 생각을 표현한다.

　20세기 표현론을 옹호하는 이론가로는 크로체B Croce, 콜링우드G. Collingwood, 랭거S. Langer 등이 있다. 이들은 표현론에 기반한 예술에서 무질서와 혼란, 불균형적인 주관적 감정뿐만 아니라 조화와 균형 그리고 질서를 찾음으로써 감정의 객관적 차원에 주목하고 이론을 펼친다. 그러나 이들에게도 예술작품이란 작가의 의도가 투영되고 재료에 변경을 가한 인공물artifacts이라는 사실은 양보할 수 없는 대전제였다. 따라서 워홀의 〈브릴로 박스〉는 표현론을 통해서 예술의 지위를 확보할 수 없다.

형식론은 우리가 그린버그의 내러티브에서 확인했듯이 모방의 외적 대상 혹은 창작자의 내면적 감정에 초점을 맞추는 것이 아니라 작품 자체의 조건에 주목한다. 즉 어떤 것이 예술의 지위를 가지려면 누구나 인정할 수밖에 없는 형식을 갖추어야 한다. 미술의 경우 점, 선, 면 그리고 색 등이 기본적 형식에 해당할 것이다. 대표적인 이론가로는 비어슬리M.Beardsley, 로저 프라이R.Fry, 클라이브 벨C. Bell 그리고 클리먼트 그린버그 등을 들 수 있다. 그들은 예술은 의미 있는 형식significant form을 갖추어야 한다.

그린버그가 미술에서 가장 근본적인 것으로 보는 평면성과 물질성 역시 형식주의에 투철한 자세이다. 미술사에서 형식론에 대한 강조는 특히 모더니즘에서 두드러진다. 인상주의, 큐비즘, 추상표현주의 그리고 색채 추상 등의 모더니즘 미술은 대상의 재현 혹은 작가의 감정 표현이 아니라 작품의 물질성이라는 형식에 극단적으로 집중하는 방향으로 나아간다. 그러나 형식론 역시 예술작품이 작가에 의해 어떤 형태로 변형된 인공물이라는 점을 포기하지 않는다. 표현론의 입장에서도 〈브릴로 상자〉는 예술의 지위를 얻을 수 없다.

단토는 모방론, 표현론 그리고 형식론이 예술작품을 정의하는 방식에서는 차이가 나지만 예술에 대한 본질주의적 태도를 취한다는 점에서는 일치한다고 본다. 그들의 주장은 상호 배타적이지만 예술작품이 작가에 의해 창작된 인공물이라는 점에서는 일치한다. 뒤샹의 레디메이드 작품은 예술작품이 작가의 손을 거친 인공물인가에 대한 의문을 제기했으며, 워홀의 〈브릴로 상자〉는 예술에 대한 본질주의적 정의를 무색하게 하였다.

〈브릴로 상자〉에 대한 예술적 지위를 부여하기 위한 또 다른 대안으로는 제도론이 있다. 제도론은 다원주의 시대 예술을 하나의 배타적 이론으로는 정의할 수 없다는 이른바 '열린 예술개념'을 배경으로 한다. 20세기 초 다다를 비롯한 다양한 아방가르드 예술이 등장하면서 예술의 정의에 대한 본질주의적 접근의 한계를 인정할 수밖에 없는 상황이 도래했다. 그래서 이론가들이 찾은 해결책은 예술에 대한 느슨한 정의이다. 즉 모든 예술을 정의할 수 있는 공통분모는 존재하지 않고 다만 개별 예술작품들 사이에 어느 정도의 유사성이 존재할 뿐이라는 것이다. 이들의 주장은 비트겐슈타인L. Wittgenstein의 '가족유사성family resemblance' 개념에 의존한다.[33] 가족 구성원들 사이에 얼굴을 비롯한 외모의 생김새가 일치하지는 않지만 가족 구성원 개별자들 사이에 중첩된 유사성은 존재한다. 아버지와 아들은 눈이 닮았고, 어머니와 아들은 코가 닮았다 등이 그 예시일 것이다. 20세기의 다원주의 예술의 공통적 속성은 존재하지 않는다. 다만 느슨한 유사성만 존재할 뿐이다.[34]

---

33. 비트겐슈타인은 《철학적 탐구》에서 언어의 본질과 관련하여 설명하면서 언어의 의미가 맥락 의존적임을 강조한다. 놀이에는 수많은 종류가 있고, 놀이들 사이에 어떤 공통의 확정적 속성이 존재하지는 않는다. 유사성과 복잡한 그물망을 가족 구성원 간의 닮음, 즉 유사성으로 설명한다. "나는 이러한 유사성들을 '가족유사성'이란 낱말에 의해서 말고는 더 잘 특징지을 수 없다. 왜냐하면 몸집, 용모, 눈 색깔, 걸음걸이, 기질 등등 한 가족의 구성원들 사이에 존재하는 다양한 유사성들은 그렇게 겹치고 교차하기 때문이다."(비트겐슈타인, 이영철 옮김, 《철학적 탐구》, 서울: 서광사, 1994, 60쪽(67절))
34. 가족 유사성에 의거하여 예술을 정의하려는 시도는 와이츠와 만델바움이 대

비트겐슈타인의 가족유사성 개념에 의거하여 예술을 본질주의에 입각하지 않고 열린 개념으로 받아들이는 대표적인 입장이 예술 제도론이고 그 대표적 주창자는 조지 디키G. Dickie이다. 디키는 다 빈치의 '모나리자', 셰익스피어의 '햄릿', 베토벤의 교향곡, 뒤샹의 '샘' 그리고 전시장에 온 돌무더기 사이에는 공통분모는 없다고 본다. 다만 그들 사이에 물질적 조건이라는 느슨한 유사성이 있는데, 그것들 모두가 사람의 손을 거친 '인공물'이라는 것이다. 그리고 이 인공물에 예술의 지위를 부여하는 결정권은 전문가들에게 있다. 디키는 자격을 가진 전문가, 즉 예술종사자 및 예술에 대한 식견을 가진 집단을 예술계Artworld라 부른다. 말하자면 예술계가 특정 인공물에 예술과 비예술의 지위를 결정하게 되는 것이다.

예술계 이론에 대해서는 다양한 비판이 제기될 수 있다. 예술계가 예술에 대한 과도한 특권을 행사할 수 있고 엘리트주의로 흐를 위험이 있다. 그리고 예술계가 예술로 평가하는 기준이 자의적일 수 있어, 그들의 취향에 따른 예술만을 인정할 위험성도 있다. 따라서 실험성이 강한 예술을 배제할 가능성이 높다. 디키의 예술 제도론의 관점, 즉 예술계가 워홀의 〈브릴로 상자〉를 예술로 포함시키는 것은 쉽지 않을 것이다. 예술계는 〈브릴로 상자〉를 창작자에 의한 '인공물'로

표적이다. 여기에 대해서는 M. Weitz, "The Role of Theory in Aesthetics", The Journal of Aesthetics and Art Criticism, Vol. 15, No.1 (1956), pp.27-35와 M. Mandelbaum, "Family Resemblances and Generalization concerning the Arts", American Philosophical Quarterly, Vol. 2, No.3, 1965, pp.219-228 참조.

보기를 거부할 가능성이 높다. 또한 지각의 차원에서 그것이 이미 예술의 지위를 확보한 미술작품과 어떤 점에서 유사성을 갖는지도 찾아내기 어려울 것이다.

　이상에서 살펴보았지만, 전통적 그리고 20세기에 새롭게 등장한 이론에서조차도 〈브릴로 상자〉에 예술의 지위를 부여하는 것은 불가능하다. 그렇다면 〈브릴로 상자〉가 예술의 지위를 얻는 방식은 지각과 무관한 방식에서만 가능하다. 예술작품 〈브릴로 상자〉와 실제 판매중이었던 세탁 세제인 브릴로의 포장 상자가 지각의 차원에서 구별이 불가능하다면, 어디에서 우리는 그 차이를 발견할 수 있을까? 그것에 대한 대답은 '눈에 보이지 않는 차이', 즉 의미의 차이에서 찾아야 한다. 단토는 여기에서 예술에 대한 정의가 지각에서 사고로 전환된다고 본다. 단토는《일상적인 것의 변용》(1981)에서부터 "예술작품은 어떤 것에 관한 것으로 생각했고, 그러므로 예술작품은 의미를 갖고 있다고"[35] 생각했다. 의미는 그 자체는 전혀 물질적이지 않다. 예술에서 의미는 "그것을 담고 있는 사물로 구현"되고 "예술작품은 구현된 의미"[36]이다. 그러므로 단토에게 〈브릴로 상자〉와 상품 상자 브릴로 상자 사이의 차이는 사물이 아니라 사물에 구현된 의미에서 비롯된다.

　단토는 〈브릴로 상자〉 이후 "예술이 무엇인지를 알아내고자 한다면 감각 경험으로부터 사고thought로 전환해야 한다는 것을 의미"[37]

35. 단토, 김한영 옮김,《무엇이 예술인가》, 서울: 은행나무, 2015, 68쪽.
36. 같은 곳.
37. 단토,《예술의 종말 이후》, 59쪽.

하며, 이제 예술이 무엇인가라는 문제는 철학의 몫이 되었다고 주장한다. 단토에게 〈브릴로 상자〉는 지각의 식별가능성에 기초한 예술의 정의가 더 이상 유효하지 않다는 사실과 더불어 예술에 대한 새로운 이해의 출발이 되었다. 동시에 과거의 예술에 관한 내러티브에서는 수용될 수 없었던 장르, 특히 팝아트가 예술의 경계 안으로 편입되었다. 팝아트는 의미의 차원에서 접근해야만 예술의 자격을 갖는다.

우리는 팝아트를 좀 더 철학적인 방식으로 생각해 보아야 한다. 적어도 나는 그렇게 생각한다. 나는 팝이 철학적으로 중심적인 역할을 맡고 있지 않던 모던 미술사의 내러티브에 찬동할 수 없다. 나의 내러티브에 의하면, 팝은 미술의 철학적 진리를 자의식으로 가져옴으로써 서양미술의 위대한 내러티브에 종지부를 찍었던 것이다.[38]

단토에게 '지각적 식별불가능성' 이후 예술과 예술이 아닌 것을 구별하는 것은 그것이 과연 예술작품으로 간주될 수 있는지에 대한 해

---

38. 《예술의 종말 이후》, 237쪽. 단토에서 역사의 종말과 내러티브의 종말은 같은 의미이다. 그런데 둘 사이에 엄밀하게 보면 차이가 있고, 단토의 예술의 종말론이 잘못되었다고 지적하는 학자들도 있다. 대표적으로 마골리스(J. Margolis)는 특정 내러티브는 끝날 수 있지만, 역사는 끝이 없기에, 헤겔의 역사철학에 기초한 단토가 내러티브와 실제 역사를 등치시키는 것은 잘못이라고 본다. J. Margolis, "The Endless Future of Art," in: The End of Art and Beyond: Essay after Danto, A. Haapala(ed.), NJ: Humanities Press, 1997, p. 21 참조.

석가능성 유무이다. 만약 한 대상이 예술로 해석될 수 있다면, 예술이 되는 것이고, 그렇지 않으면 그것은 단순한 사물이 되는 것이다. 단토에게 1964년 워홀이 설치한 '브릴로 상자'는 사물이 아니라, 일종의 의미체이다. 그 의미체란 워홀이 '브릴로 상자'를 전시할 때 충분히 의도했던 것이고, 의도라는 측면에서 뒤샹의 '레디메이드' 방식의 작품에서도 동일하게 적용될 수 있을 것이다.[39]

단토에게 구현된 의미로서 예술은 그가 1964년 발표한 논문에서 제기한 '예술계Artworld' 개념과 밀접한 관계가 있다. "어떤 것을 예술로 보기 위해서는, 눈으로는 알아낼 수 없는 예술 이론의 분위기와 예술사에 관한 지식, 즉 예술계를 요구한다."[40]

단토는 이미《예술의 종말 이후》이전에도 예술에 대한 이해가 역사와 문화적 관점에서 이루어져야 함을 강조한다. 특정 시대와 특정 지역에 따라 특정 대상을 예술로 인정하는 특정한 예술계가 작동한다고 본다. 따라서 예술작품에 대한 예술사적 맥락과 배경에 대한 이해와 해석의 능력이 필요하다. "해석은 예술작품과 그 물리적 상대역의 관계를 결정한다."[41] 단토는 해석이 없이는 예술작품이 불가능하

---

39. "뒤샹이 레디메이드 사물들을 포착한 이유는 정확히 그것들이 미적으로 별다른 특징을 가지고 있지 않기 때문이다. 그리고 그는, 만약에 이것들이 예술이긴 하되 아름답지는 않다면, 아름다움이 예술의 정의적인 속성을 형성할 수 없다는 점을 증명했다. 이 사실을 인정하는 것이 전통적인 미학과 오늘날의 예술철학 및 예술실천 사이에 명확한 경계선을 긋는 게 될 것이다."(《예술의 종말 이후》, 171쪽)
40. A.C. Danto, "The Artworld", p. 580.
41. 단토,《일상적인 것의 변용》, 258쪽.

다는 점을 거듭 강조한다.

> 해석이 주어져야 어떤 것이 예술작품의 개념에 분석적이다. 어떤 것
> 이 예술작품인지 알지 못한 채 예술작품을 보는 것은 어떤 면에서 읽
> 는 법을 배우기도 전에 인쇄물을 접하는 것과 비슷하다. 그리고 그것
> 을 예술작품으로 보는 것은 단순한 사물의 영역에서 의미의 영역으로
> 옮겨가는 것에 해당한다.[42]

단토는 워홀의 〈브릴로 상자〉가 1964년에 등장한 시점과 그리고
그것을 예술작품으로 수용하는 것에는 1960년대의 예술계가 작동했
기 때문으로 본다. 예술사에 대한 이해, 즉 내러티브와 역사의 관계
에 대한 이해의 축적 위에서만 〈브릴로 박스〉는 예술작품이 될 수 있
었던 것이다. 만약 〈브릴로 박스〉가 1세기 전에 미술관에 전시되었
다면 그것은 예술작품으로 인정받을 수 없었을 것이다. 단토의 '예술
계' 개념은 예술사적 배경과 맥락에 대한 이해를 기초로 하기에 조지
디키의 예술과 관련된 전문가 집단을 지칭하는 '예술계'와는 차이가
있다. 디키는 단토에 반해 예술의 속성을 의미의 영역으로 파악하려
하지 않았으며, 물리적 차원에서의 지각 가능성을 포기하지 않았다.
디키의 예술계에서 예술은 전문가 집단의 판단으로 결정되는데, 거
기에는 객관성과 일관성이 확보되지 않는다. 디키에서 "예술계가 어
떤 것을 예술작품으로 선포하면 그것은 예술작품이 된다. …… 디키

---

42. 같은 책, 278쪽.

의 생각은 결국 기사 작위와 같다. 누구나 부여할 수 있는 게 아니라 왕이나 여왕만이 부여할 수 있다. 작위를 받기 위해 무릎을 꿇고, 작위를 수여받으면 일어난다. 그러나 그때에도 용을 베었다거나 아가씨를 구했다는 등, 작위를 내리는 이유가 명시된다. 미친 왕은 말에게 기사 작위를 내릴 수 있다."[43]

단토는 자신의 〈예술계〉 개념을 전문가 집단의 주관적 판단에 의존하는 것이 아니라 헤겔의 후예답게 예술과 역사적 맥락, 예술의 배경과 이론의 중요성을 강조한다. 그래서 그는 예술작품의 자격을 갖기 위해서는 다음과 조건을 갖추어야 한다. "예술작품이 된다는 것은 (①) 무엇에 관한 것이어야 하고, (②) 그것의 의미를 구현한다는 것을 말한다."[44] 따라서 이것의 조건을 충족하는 한 모든 것이 예술의 지위를 얻을 수 있다. 이와 같은 예술에 대한 정의는 미술계에 한정된 것이 아니다. 다른 장르의 예술에서도 미술과 비슷한 예술의 종말을 보여주는 현상들이 곳곳에서 감지된다. "음악과 소음의 구별, 무용과 몸동작 사이의 구별, 문학과 한갓 글쓰기 사이의 구별도 워홀의 돌파와 같은 시기에 이루어진 일이며 그것과 모든 면에서 평행선을 그으면서 진행되었다."[45] 《무엇이 예술인가》에서 단토는 케이지J.

---

43. 단토, 《무엇이 예술인가》, 63쪽.
44. 단토, 《예술의 종말 이후》, 353쪽. 시각적으로 식별불가능 하지만 단토가 제시한 두 가지 조건을 충족시켜 예술로 편입된 대표적 사례는 개념미술이다. "개념미술은 어떤 것이 시각예술 작품이 되기 위해서는 손으로 만질 수 있는 시각적 대상이 될 필요조차 없다는 것을 증명하였다."(단토, 《예술의 종말 이후》, 59쪽)
45. 같은 책, 95쪽.

Cage와 저드슨Judson 무용단의 예를 통해 예술이 의미의 구현이라는 사실을 다시 한번 상기시킨다.

> 케이지가 기여한 점들 중하는 〈4분 33초〉가 연주될 때는 어떤 소음도 음악적 소음이 될 수 있음을 발견한 것이었다. 저드슨 무용단Judson Dance Theater은 샌드위치를 먹거나 치마를 다림질하는 등의 일상적인 행동과 구분할 수 없는 춤 동작들을 연기했다. 그런 경우에, 그 무용수의 동작은 치마 다림질을 의미하고, 그래서 '치마 다림질'이 그녀의 몸으로 구현되는 일이 발생한다.[46]

'브릴로 상자'의 등장 이후 예술작품의 본질이 지각적으로 식별불가능한 것이라는 사실이 분명해졌고, 마침내 예술과 예술작품의 본질과 조건에 대한 진지한 물음이 시작되었다. 다시 말하면 예술의 철학적 의미를 묻는 예술철학이 진정으로 가능해진 것이다. 예술의 본질은 지각적인 조건이 아니라 이론적 조건에 의존한다. '브릴로 상자'는 모던 이후 끊임없이 되물었던 예술의 철학적 의미에 최종적인 답을 주게 된다. 이제 그것이 무엇이든 철학적 의미를 찾을 수 있다면 예술이 될 수 있게 되었다. 예술이 철학의 물음으로 전환됨과 동시에 모더니즘의 역사는 끝이 난다.

예술사의 과제는 이제 철학자의 몫이 되었다. 그런데 예술사에 대한 철학적 반성은 이미 모더니즘 속에서 씨앗을 가지고 있었다. 모더

---

46. 단토, 《무엇이 예술인가》, 87쪽.

니즘이 자신들만의 예술을 위해 선언문을 채택할 때, 이때 "선언문이 하는 일이란 자신이 유일하게 참된 예술이라고 정당화하는 예술을 선발해 내는 것이다. 마치 그 선언문이 표현하고 있는 운동이 예술이 본질적으로 무엇인지를 철학적으로 발견해 냈다는 듯이 말이다. 그러나 내가 생각하기에 참된 철학적 발견은 다른 것보다 더 참된 예술은 없다는 것, 그리고 예술이 반드시 그래야 할 단 하나의 방식과 같은 것은 없으며, 모든 예술은 동등하고 무차별적으로 예술인 것이다. 선언문의 형식으로 스스로를 표현하였던 정신구조는 진짜 예술과 사이비 예술을 구별하는 어떤 철학적 방법을 추구하였던 셈"이다.[47]

47. 단토, 《예술의 종말 이후》, 91쪽.

3 예술종말론의 의미

'브릴로 상자'는 지각적 차원에서 예술과 비예술의 구분이 불가능함을 보여준다.[48] 이제 예술의 정체성에 대한 물음은 철학자의 손으로 넘어가게 된다. 즉 예술작품을 하나의 의미체로 접근해야 한다는 것이다. 이제 작가와 감상자의 의도, 해석 등이 예술에서 중요한 역할을 하게 된다. 극단적으로 그것이 무엇이든 심지어 무형적인 것이라도 예술로 해석될 수 있다면 예술의 지위를 갖게 된다는 것이다. 단토의 예술의 종언은 지금까지의 예술계 내의 배타적인 내러티브의 종말과 더불어 모더니즘 이후 복잡하게 전개되고 있던 예술다원주의를 옹호하는 강력한 근거로 간주된다.

이제 예술이 나아가야 할 역사적 방향은 존재하지 않는다. 예술작

---

48. 단토와 예술의 종말론에 대한 아래의 내용은 정낙림, 〈예술의 종말과 종말 이후의 예술 ― 헤겔, 니체, 단토의 '예술의 종말론 비교연구〉, 96-106쪽을 수정 · 보완한 것이다.

품의 식별불가능성은 한편으로 혼란일 수 있지만, 인간의 능동적이고 창의적인 '사고실험'을 자유롭게 할 수 있는 순간이 도래했음을 알리는 축복의 시간이기도 하다. 예술에 다원주의의 시대가 도래한 것이다. "나는 미술계의 다원주의가 불가피하게 회화에 의해서도 내면화되었다고 생각한다. 회화는 자기 자신을 역사적 진보의 운반체로 간주하고 있을 때 가지고 있던 그 격렬한 배타적 특성을 상실했다."[49] 마침내 예술가들은 모더니즘의 고민, 우리만이 진짜 예술을 한다는 강박증과 선언에서 해방될 수 있었다.

마침내 예술가는 예술사가 짓누르는 중압감에서 해방되어 자신이 원하는 예술을 마음껏 창작하고 누릴 수 있는 자유를 만끽할 수 있게 되었다. 한 양식이 다른 양식들에 비해 미적으로 우월하다는 경계와 기준이 사라졌다. 예술가들은 더 이상 창작을 할 때 특정 양식을 따를 필요도 없고, 관객이 어떤 평가를 할 것인가를 의식할 필요가 없다. 모든 예술은 그 자체로 존중받아야 한다. 즉 모든 예술은 허용되어야 한다. 그것이 예술로 설명될 수 있는 철학적 근거가 있다면 쓰레기 더미, 도축된 동물의 사체, 돌무더기, 다림질 퍼포먼스, 식물 키우기 그 무엇도 예술의 자격을 갖게 된다.

종말 이후의 예술은 아침에 추상주의자가 오후에 표현주의자가 될 수 있고 저녁에는 포토리얼리스트가 되는 것이 가능하게 했다. 이것을 단토는 《독일이데올로기》에서 마르크스K. Marx와 엥겔스F. Engels 공산사회를 생산력과 생산관계의 모순에서 초래된 계급투쟁의 역사

---

49. 단토, 《예술의 종말 이후》, 317쪽.

가 종결되고, 마침내 인간은 자신이 원하는 삶을 누릴 수 있는 사회로 묘사한 것을 예술의 종말 이후의 예술을 설명하는 데 차용한다. 마르크스와 엥겔스는 공산사회를 이렇게 예언한다. "아무도 배타적 영역을 갖지 않고 각자가 자신이 원하는 분야에서 스스로를 도야할 수 있는 공산주의 사회에서는 사회가 전반적인 생산을 조절하기 때문에, 사냥꾼, 어부, 양치기, 혹은 비판가가 되지 않고서도 내가 마음먹은 대로 오늘은 이것을 내일은 저것을, 즉 아침에는 사냥을, 오후에는 낚시를, 저녁에는 목축을, 밤에는 비판을 할 수 있다."[50] 단토는 예술의 종말 이후 창작에서의 자유를 이렇게 말한다. "예술가들 역시 예술의 종말에서 이와 비슷하게 자유롭게 자신이 원하는 바가 될 수 있으며, …… 어떤 것이든 자유롭게 될 수 있고 심지어는 모든 것이 될 수 있다."[51]

단토는 마르크스와 마찬가지로 역사가 발전한다는 것을 믿는다. 그리고 두 사람은 역사의 발전이 자유와 관계한다는 것을 확신한다. 마르크스는 더 이상 착취가 없는 정치, 경제적 자유를 역사의 종말에 대한 표식으로 본다. 단토는 창작의 경계 없는 자유를 종말 이후의 예술의 상황으로 판단한다. 그런데 두 사람은 종말의 시점에 대해서는 다른 태도를 보인다. 마르크스에게 역사의 종말은 공산사회의 도래와 동시에 이루어질 미래의 사건이다. 이에 반해 단토의 예술의 종말은 **1964**년 워홀의 〈브릴로 상자〉와 함께 시작된 예술의 현재를 말

---

50. K. Marx/F. Engels, Die deutsche Ideologie, MEW3, Berlin 1969, 33쪽.
51. 단토, 《예술의 종말 이후》, 109-110쪽.

한다. 이 점에서 단토의 예술의 종말론은 헤겔의 예술의 종말론이 예술의 과거성을 주장하는 것과도 차이가 있다.

　단토의 예술의 종말론은 자의적 선언이 아니라 예술사를 지배했던 모방과 이데올로기에 기초한 내러티브가 더 이상 권위를 가질 수 없다는 예술사적 사실에 기초한다. 두 거대 내러티브가 예술의 종말로 귀결된 것은 예술사의 발전을 의미한다. 마침내 예술의 정의는 의미, 즉 해석의 문제가 되었다. 달리 보면 예술에 대한 철학적 물음이 이제부터 본격적으로 시작되었다고 말할 수 있다. 〈브릴로 상자〉 이전에 누구도 "예술작품과 실제 사물 사이의 차이에 관한 물음"[52]을 제기하지 않았다. 예술의 자기 인식이 〈브릴로 상자〉와 더불어 시작된 것이다. 예술작품이 의미체로 전환된 이후, 예술가에게는 창작의 자유를, 감상자에게는 작품 해석에 다양한 지적 실험을 허용하게 된다. 그리고 작품 해석에서 배타적인 권력을 가진 하나의 해석은 존재하지 않는다.

　예술의 종말 이후 모든 것이 예술이 될 수 있고, 누구나 예술가가 될 수 있다면, 그리고 원칙상 그들의 활동과 결과물이 동등한 가치를 가진다면, 좋은 예술과 형편없는 예술의 경계도 존재하지 않는가? 여기에 대한 단토의 주장은 다음과 같다. "그렇다고 모든 예술이 동등하면서도 무차별적으로 훌륭하다는 뜻은 아니다. 그것은 단지 좋음과 나쁨이 하나의 올바른 양식이나 올바른 선언문에 속하는 문제가

52. 같은 책, 223쪽.

아니라는 것을 의미한다."[53] 좋은 예술과 그렇지 않은 예술의 경계가
모더니즘에서의 기준이 아니라면, 그것은 무엇인가? 예술다원주의를
옹호한다는 점에서 단토의 입장은 그렇게 명확하지 않다. 이 점은 예
술의 생리적 조건을 토대로 예술의 다원성을 옹호하지만, '힘에의 의
지'라는 차원에서 예술을 분류했던 니체와 갈라지는 지점이다.

　단토의 예술의 종말은 예술의 현재에 대한 진단이다. 단토에서 예
술의 종말은 예술의 죽음death에 대한 선언이 아니라, 특정 시기의
예술을 규정했던 내러티브의 종말을 의미한다.

> 내가 보기에 종말에 도달한 것은 예술 자체가 아니라 바로 이 내러티
> 브[이다]. 이야기 하나가 끝났다. 나의 견해는, '죽음'이라는 말이 확연
> 하게 암시하듯이 이제 더 이상 예술이 존재하지 않으리라는 것이 아니
> 라, 어떠한 예술이든지 그것이 존재하기 위해서는 그것이 이야기 전개
> 과정상 적절한 다음 단계로 보여질 수 있는 모종의 확증적인 내러티브
> 에 더 이상 힘입지 않아도 된다는 것이다.[54]

　단토의 이러한 주장에 대해 예술의 현재와 미래를 너무 단정적으
로 판단한 것이라고 비판하는 입장도 있다. 예술의 미래는 어떤 식으
로 흘러갈지 알 수 없고, 열린 상태로 판단해야 한다는 것이다. 그린
버그의 주장이 더 이상 유효하지 않다고 해서 예술의 역사(미술의 역

---

53. 같은 책, 97-98쪽.
54. 같은 책, 41-42쪽.

사) 자체를 종말로 보는 것은 잘못되었다는 것이다. 단토의 예술의 종말 선언은 특히 미래의 예술에 대한 근거로 성급했다는 비판이 제기된다.[55] 비판의 핵심은 단토의 주장은 종말 이후의 예술의 진보에 대한 어떤 가능성도 보여주지 못하고 있다는 것이다. 만약 예술 자체의 진보가 가능하다면, 예술이 철학의 문제로 넘어가는 것이 아니라, 여전히 독자적 지위와 정체성을 가질 수 있다는 것이다.

그러나 단토는 자신의 이론의 비판에 대해 이렇게 응할 것이다. 미래에도 예술은 있고, 다수의 작은 내러티브는 있을 수 있지만, 단일한 거대 내러티브는 불가능하다. 이것은 확실하다. "내가 보기에 종말에 도달한 것은 예술 자체가 아니라 바로 내러티브"[56]이다.

> 이제 더 이상 예술이 존재하지 않으리라는 것이 아니라, 어떠한 예술이든지 그것이 존재하기 위해서는 그것이 이야기 전개 과정상 적절한 다음 단계로 보여질 수 있는 모종의 확증적인 내러티브에 더 이상 힘입지 않아도 된다는 것이다. 종말에 이른 것은 그 내러티브이지 그 내러티브의 주체는 아니다.[57]

---

55. 이러한 반론의 대표적 주장은 N. Carroll, "The End of Art?", in: History and Theory: Studies in the Philosophy of History, Vol. 37, No. 4, December, 1998, pp.17-26 참조. 또 같은 저자의 "Danto, Art, and History", in: The End of Art and Beyond: Essay after Danto, A. Haapala(ed.), NJ: Humanities Press, 1997, p.40 참조.
56. 단토, 《예술의 종말 이후》, 41쪽.
57. 같은 책, 42쪽. 단토의 예술의 종말은 주로 미국의 뉴욕 중심의 탈현대적 예술 상황을 근거로 한다. 1980년대 유럽, 특히 독일에서 예술의 종말과 미래의 예

단토는 헤겔과 마찬가지로 예술의 역할이 역사적 조건에 의존한다고 보고, 예술사가 크게 두 가지의 '에피소드'로 구성되었다고 본다. 시각적 외관의 정복, 즉 모방을 예술의 목적으로 본 '바자리' 에피소드와 그것이 무의미해진 시대의 등장과 더불어 모방이 아닌 지각적으로 예술의 독자성이 가능하다고 본 '선언문' 시대의 예술을 옹호한 그린버그 에피소드가 그것이다. 모더니즘 예술의 이론적 근거가 된 그린버그 내러티브는 워홀의 '브릴로 상자'와 더불어 종말을 맞이한다.

단토의 예술의 종말은 니체와 마찬가지로 예술의 죽음을 의미하지 않고 새로운 예술의 시작을 의미한다. 자신이 가진 창조성을 고양시켜 그것을 조형할 때 누구나 예술가가 될 수 있다. 그래서 단토는 극단적으로 아침에 추상주의자가 오후에 표현주의자 그리고 저녁에는 포토리얼리스트가 되는 것이 불가능하지 않다고 본다. 그런데 단토의 예술의 종말론에도 이론적 한계가 없는 것은 아니다. 우선 예술계 내의 비판인데, 단토가 예술의 종말, 즉 내러티브의 종말을 너무 단정적으로 선언했다는 것이다. 종말 이후의 예술에도 거대한 단일 내러티브는 아니지만 자신들의 예술적 이념을 분명히 하고 동일한 가치체계로 활동하는 수많은 예술운동이 존재한다. 그리고 미래의 예술이 반드시 다원주의의 형태로 진행될 것이라고 단언하는 것도 너

술에 대한 논의도 다양하게 진행된다. 그것에 대해서는 프리드리히, 하인츠 외, 김문환 옮김, 《예술의 종말―예술의 미래》, 서울: 느티나무, 1993 참조. 또 프라그마티즘 미학의 관점에서 종말 이후 예술의 가능성을 타진한 리처드 슈스터만, 허정선 · 김진엽 옮김, 《삶의 미학―예술의 종말 이후 미학적 대안》, 서울: 이학사, 2012도 참조하라.

무 성급하다는 것이다. 단토가 예술의 과거와 현재를 기초로 내러티브의 종말을 선언하는 것은 헤겔과 마찬가지로 탈역사의 오류를 범할 수 있다. 지금의 예술이 주도하는 내러티브가 없다고 해서 미래역시 그러하리라는 것은 성급한 판단이라는 것이다.

단토의 예술의 종말과 관련하여 제기되는 또 하나의 문제점은 단토의 관점에서 좋은 예술과 나쁜 예술의 기준은 무엇인가라는 것이다. 단토는 모든 예술양식이 동등하게 장점을 가지며 다른 것보다 더나은 양식은 없다고 거듭 말한다. 그렇다면 모든 예술은 좋은 예술인가? 물론 단토는 그렇다고 보지 않는다. 그런데 단토는 좋음과 나쁨의 기준이 올바른 양식 혹은 선언문에 속하는 것은 아니라고 강조하면서도 구체적으로 어떤 예술이 좋은 것인지 분명한 언급이 없다. 이지점에서 단토는 철학자의 역할에 호소할 것 같은데, 그것 역시 좋은예술을 판단하는 기준으로 필요충분의 조건을 충족시킬지 의문이다.

2부

생리학으로서의
예술

예술Art에 해당하는 그리스어 어원은 아이스테시스aisthesis이고, 그것의 원래 뜻은 감각이다. 그리고 그리스에서 최초의 예술은 코레이아koreia, 즉 춤이다. 이것이 말해주는 것은 예술의 출발이 감각이라는 것과 감각에서 유래하는 정서 혹은 감응을 조직하는 것이 예술 활동이라는 사실이다. 감각은 인간이 세계와 최초로 대응하는 능력이다. 현대 무용을 이론적으로 체계화시킨 루돌프 폰 라반Rudolf von Laban이, 인간의 움직임이 무용의 시작임을 천명하고 움직임을 기록하는 자신의 기법으로 〈라바노테이션Labanotation〉[1]을 계발하게 되는데, 그의 문제의식은 수천 년 전 그리스인들의 생각을 계승하고 있다. 춤은 대지를 딛고 선 인간의 촉각이 전하는 쾌감을 조직하는 행위로서 박자와 리듬은 쾌감을 증대시킨다. 춤과 노래가 시원적 인간과 함께 했다는 것은 모든 문명의 시작으로 평가되는 제의祭儀의 중

---

1. 루돌프 폰 라반과 라바노테이션에 대해서는 본 저서 3부 3장을 참조할 것.

심이었다는 것에서 확인된다.

예술과 감각 그리고 삶의 동근원성에 균열이 생기기 시작한 것은 인간이 삶을 넘어선 세계와 초월자를 끌어들이는 순간에서 비롯한다. 초월과 초월자를 삶의 경계 정도로 해석하고 삶에 수반되는 불안과 두려움을 이기기 위한 마취제라는 소극적 역할에서 삶의 결정자로 숭배하는 역사적 순간이 도래하자 예술과 삶은 분리되기 시작한다. 이것을 우리는 유럽의 중세에서 확인할 수 있다.

중세에서 미의 기준은 완전성, 비례 그리고 명료성이고, 이러한 미의 기준이 적용되는 유일한 대상은 신이다. 미에 대한 중세적 기준은 근대에서도 지속된다. 벤야민이 잘 지적하듯이, 미에 대한 중세와 근대의 태도는 예술작품을 범접할 수 없는 아우라의 담지체로 보는 것과 밀접한 관계가 있다. 가까이 갈수록 더 멀어지는 느낌을 주는 예술작품은 일종의 성물聖物이거나 진리의 물질적 현시이다. 예술작품에 대한 이러한 태도에는 예술작품, 작가 그리고 감상자는 명확히 구분된다.

아우라를 기반으로 하는 예술작품은 자연의 총아로서 천재가 자신도 설명할 수 없는 영감이 빚은 산물이다. 신을 대리하여 천재가 빚은 예술작품은 범접할 수 없는 숭배의 대상이다. 따라서 예술작품은 일상적 삶과는 무관한 것이 될 수밖에 없다. 예술에 대한 이러한 태도는 예술의 기원, 즉 감각에서 너무 멀리 간 것이고, 예술과 삶의 관계를 왜곡한다. 니체는 종교와 형이상학을 대신하는 예술을 삶을 배반하는 예술로 보며, '데카당'의 예술로 비판한다. 니체는 예술이 신 혹은 초월적 이념을 형상화하는 것이 아니라 대지의 삶을 노래하고 조형하는 것이 되어야 한다고 보고, 이러한 생각을 예술생리학 Physiologie der Kunst로 구현한다. 예술생리학은 예술을 생리학의 일종으로 본다. 즉 예술과 관련된 일체의 행위는 신체에서 출발하는 생리적 조건과 뗄 수 없는 관계에 있다는 것이다.

예술과 관련하여 니체가 주목하는 생리현상은 도취이다. 도취에서 우리는 자신 속에 힘이 들끓고 있고 고양되고 있다는 느낌을 받는다. 니체는 도취를 예술의 전제조건으로 본다. 힘으로 충만한 사람은 마주한 세계에 자신의 힘을 투사하여 세계를 지배하고 변형하고자 한다. 니체는 이러한 행위를 근본적 의미에서 예술 행위로 본다. 따라서 니체에게 예술은 인간의 생명활동과 분리될 수 없다. 도취할 수 있고, 고양된 힘으로 자신의 세계를 조형할 수 있는 한 모든 인간은 예술가의 지위를 가진다. 니체의 예술생리학은 연주장, 전시장 그리고 박물관에 묶인 예술 그리고 창작과 감상에서 특정 집단이 독점하는 예술을 반대한다. 예술생리학은 삶과 예술의 본래적 관계를 회복시킨다. 니체가 예술에서 근대적 가치를 전도시킬 수 있는 근거를 찾는 이유도 바로 여기에 있다.

예술과 삶의 관계를 복원시키고자 한 또 한 사람의 철학자는 듀이이다. 듀이는 미적 체험의 출발을 일상 경험에서 찾는다. 듀이는 어떤 종류의 경험에도 기쁨과 슬픔, 환희와 비탄, 평온과 불안 등의 감정이 배제될 수 없다고 본다. 그는 이러한 감정이 미적인 것의 출발이 된다고 본다. 듀이에서 경험은 인간을 포함한 유기체가 환경에 반응하고 적응하기 위해 행하는 생명활동 일체를 의미한다. 따라서 새들의 노래, 둥지 짓기, 춤에 새들의 감정이 포함되어 있고, 그런 의미에서 새들의 행위 역시 예술적 행위이다.[2] 비버가 생존을 위해 나무를 자르고 자른 나무로 댐을 만드는 행위도 듀이에게 미적 경험에 해당한다.

듀이는 전통적 예술 이해의 가장 큰 잘못은 예술작품을 중심으로 예술을 이해한다는 점에 있다고 본다. 그 결과 예술작품은 박물관 혹은 전시회에서나 접하는 특별하고 고귀한 것이 되고, 예술작품은 나의 일상 경험과는 관계가 없다는 생각이 자연스럽게 자리잡게 된다. 박물관의 유리창 너머에 있는 예술작품은 나의 경험과 단절된 심미적 관조의 대상일 뿐이다. 그런데 박물관에 전시된 예술작품은 일상과 무관할 수 없다. 신들을 형상화한 조각, 벽화 그리고 항아리, 주전자는 모두 일상적 삶과 뗄 수 없는 것들이다. 듀이는 연극, 음악, 회화, 건축 등은 원래 극장, 박물관과는 아무런 관계가 없는 공동체적 삶을 구성하는 부분일 뿐이다. 예술작품이 삶과 분리된 것은 예술과

---

2. 오랫동안 인간들은 동물들의 행위를 본능에 따른 자동적인 것으로 보았다. 다윈의 진화론 이후 사정은 많이 달라졌다. 동물들의 행위에도 어느 정도의 의도와 예측 그리고 목적과 결부되어 있다. 동물들의 행위에도 미적 요소가 있다는 듀이의 주장에 대한 증거는 적지 않다. 그 대표적인 사례가 파푸아 뉴기니와 호주 등에서 서식하고 있는 정자亭子 새, 즉 바우어 새 Bowerbirds이다. 바우어 새 수컷들이 암컷을 유혹하기 위해 짓는 둥지는 둥지로 보기에는 아까울 정도의 건축미를 자랑한다. 바우어 새는 더욱이 자신의 둥지 앞에 정원을 꾸미는데, 여기에 수컷의 고유한 개성이 드러난다. 바우어 새의 정원 꾸미기를 단순히 본능에 따른 것으로 보는 것은 인간중심주의를 벗어나지 못한 태도일 것이다. 바우어 새의 정자 짓기와 정원 가꾸기에서 예술의 탄생을 추적하는 학자들이 있다. 여기에 대해서는 EBS 다큐멘터리 〈수컷들 2부—예술의 탄생〉 https://www.youtube.com/watch?v=IXaLv_djOc8 참조하라.

무관한 외적 조건이 개입했기 때문이다. 듀이는 이것을 제국의 위상을 높이기 위해 식민지에서 탈취한 유물들을 한 곳에 전시하기 위해 건축한 박물관의 건축에서 찾는다. 여기에 더하여 자본주의가 정착되면서 예술작품을 상품으로 간주하고 투자의 목적으로 예술작품을 바라보는 것에서 예술작품과 삶은 극단적으로 분리된다.

듀이는 예술가의 경험 역시 일상적 경험임을 거듭 강조한다. 예술가들의 경험 역시 유기체가 마주한 환경에 적응하고 대응하는 활동의 일종이며, 그 시작은 환경이 제기하는 물음에 일차적인 답인 감각적 충동impulsion이다. 예술가의 경험은 자연의 흐름 속에 존재하는 패턴을 찾고 그것을 기반으로 자신의 리듬을 창조하는 일상인의 경험과 큰 차이가 없다. 다만 예술가는 수많은 개별 경험들을 박자, 선, 운율 등으로 통합하고 강렬하고 세련되게 표현하는 능력이 있다는 점에서 우리와 차이가 있다. 예술작품은 경험과 더불어 그리고 경험 속에서 만들어진 것이다. 그렇기에 우리는 예술작품을 감상할 때 예술가의 마음에 공감할 수 있는 것이다. 예술은 파종과 추수, 전쟁과 제례 등에서 슬픔과 기쁨을 함께 노래하고 춤췄던 공동체적 경험의 산물이다. 따라서 예술은 공공재이며 건강한 삶과 공동체의 유대, 그리고 문명의 지속성을 보증하는 것이다.

들뢰즈는 예술과 신체 그리고 감각의 관계에 대한 논의를 보다 심화시킨다. 들뢰즈는 플라톤에서 헤겔에 이르기까지 유럽 철학은 동일성identité과 재현représentation의 굴레에서 벗어나지 못했다고 본다. 동일성은 이데아, 존재, 실체 그리고 신 등의 이름으로 철학사에 등장하고 이것은 일체의 진리와 가치 그리고 미의 원본 역할을 한다.

차이는 동일성으로부터 이탈한 허상 혹은 모순으로, 제거되어야 할 부정적인 것이다. 동일성과 차이의 전통적 이해는 헤겔이 잘 보여주고 있다. 차이 자체, 즉자적 차이를 동일성으로부터 구제하는 것을 자신의 철학적 과제로 본 들뢰즈가 반헤겔주의를 표방하는 것은 자연스럽다. 헤겔에서 동일성은 구체적으로 의식과 세계의 동일성을 의미한다. 의식과 세계의 동일성은 의식이 세계와 자신을 일치시키려는 변증법적 운동을 통해 성취된다. 의식은 세계와 자신 사이에 존재하는 간격과 낯섦을 모순으로 파악하고, 그것을 부정함으로써 동일성에 이른다. 헤겔의 변증법은 의식의 변증법이고 동일성 역시 의식의 동일성을 의미한다.

들뢰즈는 동일성과 차이의 관계를 전도시킨다. 동일성은 차이의 그림자 혹은 차이의 효과일 뿐이다. 존재하는 것은 차이 그 자체이다. 들뢰즈에게 차이는 부정되어야 하거나 동일자로 환원 혹은 동일자를 모방하고 재현하는 것이 아니다. 차이는 표상되거나 개념으로 환원되지 않는다. 차이는 잠재성, 역량 그리고 강도의 차원에서 이해되어야 한다. 차이는 힘force과 강도intensité로서 존재하며, 차이는 개념으로 묶을 수 없다. 왜냐하면 힘은 비대칭적이고, 동등하지 않아 한순간도 균형을 이루지 않기 때문이다. 차이의 발생은 차이 내부의 차이소les différent들의 분화와 조합의 우연적 산물이다. 이것을 설명하기 위해 들뢰즈는 알(배아), 애벌레 주체, 기관 없는 신체 등의 용어를 동원한다. 이 용어들의 공통점은 유기체와 다르다는 점이다. 알과 애벌레 주체 그리고 기관 없는 신체는 물질 덩어리일 뿐이다.

물질 덩어리로서 알과 기관 없는 신체에서 감지할 수 있는 것은 파장, 진동, 리듬과 같은 힘의 징후이다. 니체의 힘에의 의지가 잘 보여주듯이 힘은 증식을 목표로 한다. 들뢰즈에게 수정란의 분할은 힘의 증식과 분할을 의미한다. 이렇게 생명활동의 출발은 힘에서 비롯된다. 이 힘을 보여주는 것이 바로 감각sensation이다. 감각의 조건은 힘이다. 즉 힘이 신체corp에 파동을 일으키고 횡단하고 있다는 것은 감각을 통해 감지된다. 힘은 우리에게 보이지도 들리지 않지만 감각은 힘이 일으키는 사건을 증언한다. 들뢰즈에 따르면 보이지 않고 들리지 않는 힘을 보여주고 들려주는 최고의 매체는 예술이다. 들뢰즈는 힘과 감각을 작품 속에 가장 잘 구현하고 있는 대표적인 사례로 베이컨F. Bacon의 인물화를 꼽는다.

베이컨의 작품은 신체, 즉 유기체가 아니라 신체 속의 감각을 그린다. 그래서 베이컨의 인물화는 얼굴이 아니라 머리를 그린다. 그 이유는 얼굴은 눈, 코, 입 등 유기체가 구조화된, 즉 기관의 배치가 완료된 상태라면, 머리는 비유기체의 살과 신경으로 얽힌 덩어리, 즉 분할의 잠재성으로 힘이 들끓는 감각의 장소이기 때문이다. 베이컨의 흉측한 얼굴과 도살장의 분해된 소와 돼지를 모델로 하는 그림은 바로 보이지 않는 힘을 그림을 통해 보여주는 것이다. 베이컨의 인물화에서 들뢰즈는 눌리고, 비틀리고, 지워지는 등 힘의 다양한 층위가 충돌하고 분리되고 연결되는 흔적을 생생하게 확인한다. 베이컨 그림의 세 가지 요소, 즉 형상Figure,[3] 윤곽contour 그리고 아플라aplat에

3. 들뢰즈는 전통적인 회화에서 형상figure과 자신이 의미하는 형상을 구별하기 위해 형상을 대문자로 표기한다.

서도 힘과 감각에 관련된 베이컨의 생각을 확인할 수 있다.

베이컨의 형상은 유기체 혹은 그것의 기관이 아니라 감각으로 환원되는 형태를 의미한다. 베이컨의 형상화는 힘의 파동과 횡단, 그리고 힘의 확산과 수축으로 일으키는 사건인 감각을 그린다. 그렇기에 베이컨의 형상화에는 형체, 즉 기관은 문드러진 살덩어리의 상태로 등장한다. 베이컨은 형상화야말로 세계에 대한 가장 정직한 재현으로 본다. 구상화에서 보여주는 형상은 감각의 그림자일 뿐이다. 윤곽은 베이컨 회화에서 형상과 아플라 사이에 위치하는 것으로, 주로 동그라미 혹은 타원형 형태의 경계선을 말한다. 윤곽은 일차적으로 형상을 감싸 아플라로부터 고립시키는 역할의 느낌을 준다. 그러나 윤곽의 진정한 역할은 형상을 고립시키는 것에 있는 것이 아니라, 형상과 아플라 사이에서 힘을 교환하는 장소라는 점에 있다. 형상은 윤곽을 뛰어넘어 아플라로 건너가고자 하고, 아플라는 윤곽을 뚫고 형상 속으로 침투하려 한다. 형상과 아플라 사이의 치열한 힘의 공방이 일어나는 전선이 바로 윤곽인 것이다. 들뢰즈는 형상이 윤곽으로 확장하는 것을 힘의 확산으로, 아플라가 형상으로 침투하려는 것을 힘의 수축으로 해석한다. 아플라는 베이컨 회화에서 형상과 윤곽을 뺀 나머지 부분으로, 통상 회화에서 배경으로 불리는 것이다. 아플라는 형상과 윤곽과 달리 입체감이 배제된 원색의 평면으로 처리된다. 아플라는 원색으로 처리되어 강렬하고 선명한 느낌을 주는데, 이것은 무엇인지 분간이 잘 안되는 형체로 처리된 형상과 대조적이다. 베이컨은 아플라에서 원근법을 배제하여 2차원적 세계를 구현한다. 베이컨에게 원근법은 왜곡된 시각으로 대상을 부풀리거나 축소하는 조작술이다. 베이컨은 시각보다는 촉각을 신뢰한다. 그래서 원근법 대신 근접시각을 택하게 되었던 것이다. 아플라는 촉각적 시각, 즉 햅택haptic 능력의 중요성을 환기시킨다. 햅틱을 통해 베이컨이 의도하는 것은 눈에 의해 구획되고 정형화된 세계보다 더 근본적인 것은 잠재성으로서 세계, 즉 감각으로서 세계이고, 이것은 촉각에 의해 보다 더 정직하게 전달된다는 것이다.

본 저서의 제2부는 예술의 종말선언 이후의 예술의 가능성을 니체, 듀이 그리고 들뢰즈의 예술철학을 통해 탐색한다. 세 철학자는 활동 시기, 철학의 배경 그리고 철학의 목표에서 상이한 점이 있지만, 예술의 출발을 감각과 그것의 발원지인 신체로 소급한 점에서는 일치한다. 니체의 도취, 듀이의 경험 그리고 들뢰즈의 감각은 모두 예술을 생명체로서 인간의 근본 조건에서 찾는다. 세 철학자는 모두 창작 행위와 작품 그리고 감상 행위를 구분하는 근대적 태도를 거부한다. 예술의 기원이 감각에서 비롯되었다면, 감각능력을 탁월하게 발휘하여 조형하는 인간의 행위는 모두 예술의 지위를 가져야 마땅하다. 이러한 세 철학자의 생각은 오늘날 복잡한 예술지형을 이해하는 중요한 근거가 되고 삶과 예술의 밀착 관계를 정당화하는 지침이 된다.

01
니체

정동의 놀이로서
예술

1 삶과 미적 태도

　'세계와 실존은 미적으로만 정당화될 수 있다'라는 니체의 '예술가-형이상학'은 20대 니체의 사상을 요약한다. 청년 니체에게 예술은 일종의 형이상학이었는데, 예술만이 세계와 인간의 합일을 중재할 수 있다고 확신했다.[1] 니체의 이러한 생각 뒤에는 소크라테스주의로 대표되는 이성에 대한 과도한 믿음과 그것에 토대를 두고 있는 근대의 이론적 낙관주의가 실천적 염세주의로 귀결되는 모순을 예술을 통해 극복하고자 하는 의도가 숨겨져 있다. 니체에게 예술과 인식의 위계는 분명해 보인다. "예술은 인식보다 더 강하다, 왜냐하면 예술은 삶을 원하지만, 지식은 마지막 목표로써 단지 삶의 부정을 원하기 때문이다."[2] 니체에 따르면 삶에서 예술과 인식의 위계에 대한 온당

---

1. 예술만이 "세계의 핵심과의 합일을 중재할 수 있다."(GT; KSA 1, 44). 니체와 예술생리학에 관한 아래의 내용은 정낙림, 〈예술생리학과 미래 예술 — 니체의 예술 종말론에 대한 연구〉를 수정·보완한 것이다.
2. PW; KSA1, 760.

한 통찰은 소크라테스 이전의 그리스인들이 보여주고 있다고 확신한다. "예술이 그리스인을 구했으며, 예술을 통해서 그리스인 스스로를 구했고—삶을" 구했다.[3]

니체는 청년 시절, 예술이 그리스인을 구했듯이 자신의 시대 유럽을 구할 것으로 믿었다. 삶과 세계를 미적 관점에서 바라볼 것을 주장하는 니체의 주장은 많은 부분 쇼펜하우어와 바그너의 사상에 근거한 것이다. 니체가 비록 이후에 예술가-형이상학이 예술을 형이상학의 일종으로 이해한 점, 형이상학과 신학을 대신하여 삶에 대한 정당화와 위안의 통로로 이해한 점을 철회했지만, 예술이 삶과 밀착하고 있다는 점은 그의 후기 예술철학을 대변하는 예술생리학에서도 고수된다. 니체에게 인간의 모든 이론적 또는 실천적 활동은 일종의 미적 활동이다. 이 점은 미적인 것과 전혀 무관한 언어의 탄생을 설명하는 니체의 초기 논문인 〈도덕 외적인 의미에서 진리와 거짓에 관하여Ueber Wahrheit und Lüge im aussermoralischen Sinne〉(1873)에서 확인할 수 있다.

우리는 흔히 언어란 사물을 지칭하는 것으로 생각한다. 그래서 언어에는 그것에 대응하는 대상이 있다고 믿는다. "만약 단어들이 있다면, 그러면 그 단어들이 그 무엇인가, 예컨대 영혼, 신, 의지, 운명 등에 상응한다고 믿는다."[4] 그런데 니체는 이러한 믿음은 근거가 없는

---

3. GT; KSA1, 56.
4. N; KSA8, 464(23[163])).

"민중의 미신"[5] 또는 "우리의 가장 오래된 습관"[6]에 불과한 것으로 본다. 니체는 언어의 기원을 인간의 예술적 행위의 산물로 보는데, 그에게 언어의 출발은 대응이 아니라 은유Metaphor이다. 언어는 "어떤 사물을 전적으로 상이한 영역으로 전이시킨"[7] 일련의 산물이다.

〈도덕 외적인 의미에서 진리와 거짓에 관하여〉에서 니체는 언어의 기원을 모사론이 아니라 전이 이론Übertragungstheorie으로 설명한다. 니체에 따르면 언어의 최소 분절 단위인 낱말은 사물(X)을 "우선 신경자극에 그리고 표상으로 종국적으로 소리"[8]에 뒤이어 등장하는 것이다. 즉 언어는 인간이 세계와 접촉으로 촉발된 최초의 신경자극에서 최종적으로 단어로 귀결되는 일련의 전이 과정의 산물이다. 이 전이 과정을 도식화하면 사물 → 신경자극 → 표상 → 소리로 나타낼 수 있다.[9] 그렇다고 낱말이 탄생할 때까지의 순서가 일반화될 수 있는 것은 아니다. 이 순서는 전적으로 임의적일 뿐만 아니라 전이의 각 단계는 다른 단계로부터 완전히 독립적이다. 그렇다면 각각 독립된 단계를 다른 단계로 건너가게 하는 힘, 즉 한 단계에서 다른 단계로의 비약은 어떻게 가능한가?

니체는 언어의 생성과 관련된 전이 과정과 각 단계의 비약을 메타

5. JGB; KSA5, 11.
6. N; KSA12, 102 (2[83]).
7. N; KSA7, 66(3[20]).
8. WL; KSA1, 879.
9. 같은 곳 참조.

포, 즉 은유 형성으로 설명한다.[10] 은유로 번역하는 메타포의 원래 의미는 장소이동이다. 이것은 메타포의 어원인 그리스어 **metaphora**를 통해서도 메타포의 원래 의미가 장소이동임을 확인할 수 있다. 니체가 의미하는 메타포는 바로 장소이동을 의미한다. 사물 → 신경자극 → 표상 → 소리 → 단어의 전이는 장소이동, 즉 메타포이다. 다음의 인용은 언어가 메타포의 산물이라는 것과 전이의 과정이 자의적이라는 것을 말해준다.

> 신경자극을 우선 하나의 이미지(표상)로 옮기는 것! 첫 번째 은유. 그 이미지(표상)를 다시 하나의 소리로 변형시키는 것! 두 번째 은유. 그렇게 그때그때 영역을 완전히 건너뛰어, 전혀 다른 영역으로 들어간다. 우리는 완전히 귀가 먹어 한 번도 음향과 음악을 지각한 적이 없는 사람을 생각해 볼 수 있다. 이 사람이 모래를 뿌려놓은 평판이 진동되어 그 위에서 생기는 음향 도형을 놀라서 바라보다가, 그 원인이 현의 진동이라는 사실을 깨닫고, 이제 사람들이 음이라고 부르는 것이 무엇인지를 안다고 확신하는 것과 마찬가지로, 우리는 언어와 관련하여 그렇게 한다.[11]

청각을 상실한 사람이 이해하는 음과 정상적인 사람이 이해하는 음은 다르다. 그렇다고 우리는 귀먹은 사람이 이해하는 음이 터무니

---

10. 같은 곳 참조.
11. 같은 곳.

없는 것이고 정상적인 인간이 이해하는 음이 전적으로 옳다고 할 수 없다. 정상적인 청력을 가진 인간들 사이에서도 동일한 음에 대한 이해에도 차이가 있음을 부인할 수 없기 때문이다. 이렇게 언어와 세계는 필연적 관계에 있지 않다. 만약 세계와 언어 사이에 필연적 관계가 있다면 세계에 이렇게 많은 언어들이 존재할 이유가 없다. 니체는 세계와 언어 사이에는 "그럴듯한 미학적 관계"[12]만 존재한다고 본다. 인간의 인식 활동이 근본적으로 임의적인 전이, 도약 혹은 번역, 즉 일종의 미적 활동이라는 점을 니체는 거듭 강조하는데, 주체와 객체, 인과, 정의 등 인간이 쓰고 있는 일체의 개념은 모두 인간의 미적 태도의 산물이다.

> 그런데 올바른 지각이라는 것—이것은 아마 주체 내에서 객체의 올바른 지각이라는 것—이 내게는 모순되기 짝이 없는 난센스처럼 보인다. 왜냐하면 주체와 객체와 같이 절대적으로 상이한 영역들 사이에는 어떤 인과율, 올바름, 표현도 있지 않으며, 기껏해야 심미적 태도만이 있을 뿐이기 때문이다. 내가 말하고자 하는 것은 암시적 전용, 즉 전혀 다른 언어로 더듬거리며 따라 말하는 듯한 번역이다.[13]

니체는 개별적 인간들이 세계를 이해하고 자신의 방식으로 번역하고 표현하는 행위는 전형적인 예술가의 태도로 이해한다. 개별자

---

12. WL; KSA1, 884.
13. 같은 곳.

로서 인간은 누구나 세계를 자기를 중심으로 재편하고 자신의 언어로 표현하려는 욕망을 가진다. 이것을 니체는 일종의 힘, "중간힘 Mittelkraft"[14]으로 설명하는데, 중간힘은 물리적 세계와 허구의 세계 사이의 중간 세계에서 작동하는데, 이러한 공간은 모든 창작이 이루어지는 장소인데, 여기에서 인간은 창작의 자유를 마음껏 누린다. 그런데 모든 인간이 이러한 중간 세계의 주인공, 즉 "예술가적으로 창조하는 주체라는 사실을 망각"[15]한다. 이 망각은 자발적이라기보다는 사회의 이름으로 강요된 측면이 강하다.

언어의 시작은 심미적 번역 행위에서 출발했지만, 단어로 전이시키는 비약을 통해 개별자의 심미적 태도에서 사회적 기능이라는 질적으로 다른 차원의 가치를 획득한다. 소리에서 단어로 이행시키는 행위는 여타의 포유류에서는 발견되지 않는 인간만의 능력이다. 인간의 이러한 능력이 동물과 달리 인간을 사회적, 문화적 존재로 탄생시키는 출발점이 된다. 언어는 인간이 대상세계를 자기화시키는 매체로써 탁월한 기능을 수행한다. 언어는 타자와의 소통을 가능하게 하고 공동체 구성원들 간 예측 가능한 사회와 공동의 미래를 꿈꿀 수 있게 했다. 언어를 통해 인간은 결국 자신의 생존 가능성을 높일 수 있었다. 그런데 어느 순간 인간은 세계에 대한 미적 태도에서 출발한 언어의 기원을 망각하고 언어와 세계가 대응하며 단어가 있으면 상응하는 대상이 있다는 믿음을 확신하는 전도된 세계상을 가지게 된다.

14. 같은 곳.
15. WL; KSA1, 883.

니체는 언어에서 비롯된 전도된 세계관의 대표적 예시로 주체 개념을 예시로 든다. 니체가 볼 때 주체 개념은 유럽 철학에서 두드러진 양상을 띠는데, 그것은 유럽어와 무관하지 않다. 특히 인도-게르만어는 주어가 매우 발달한 문법 체계를 가지고 있다. 니체는 독일철학의 주체 개념에 대한 집착은 인도-게르만어의 주어 중심의 문법과 깊은 관계가 있다고 확신한다. "모든 행위는 하나의 행위자를 전제한다."[16]라는 믿음은 술어에는 반드시 주어가 있어야 한다는 문법적 습관의 파생물이다. 형이상학 체계 또한 "동일한 문법적 기능들이 무의식적으로 지배"[17]한 것에서 파생한 것이다.

언어는 세계를 자기중심으로 이해하고자 한 인간의 상상력이 창작한 작품이다. 그렇기에 우리가 언어에게 "적확한 표현 방식 adäquaten Ausdrucksweise"을 요구하는 것은 무의미하다. "언어의 본질상 단지 관계를 나타내는 표현양식이 있을 뿐이다."[18] 니체는 인간이 언어를 통해 세계를 이해한 순간을 "세계사에 있어 가장 의기충천하고 또 가장 기만적인 순간"[19]으로 묘사한다. 이 기만적 순간은 허구를 창조하는 인간의 예술가적 능력이 발휘되었던 때를 의미한다. 그런데 인간은 이 경이의 순간을 망각하고, 세계와 언어의 관계를 전

---

16. Ebd.
17. JGB: KSA5, 36. 칸트와 데카르트의 주체개념에 대한 니체의 비판에 대해서는 정낙림, 〈주체의 계보학 -니체의 주체개념 비판〉, 《철학연구》 98집, 대한철학회, 2006.5, 269-290쪽 참조.
18. N: KSA13, 303(14[122]).
19. WL: KSA1, 875.

도된 방식으로 이해하기 시작한다. 여기에는 개념의 역할이 크다.

니체는 개념의 작동원리 뒤에는 "비동일성의 동일화"[20] 욕망이 작동하고 있다고 본다. 장미꽃이라는 개념은 개별자들이 경험하는 현실의 장미꽃에 대한 차이를 제거할 때 가능하다. 니체는 '비동일성의 동일화'의 욕망, 즉 개념에 대한 집착은 인류의 오래된 믿음으로, 이러한 믿음은 인간의 생존본능과 관계한다고 생각한다. "동일한 사물이 존재한다는 믿음은 낮은 단계의 유기체의 시기로부터 인간에게 남겨진 유산이다."[21] 동일화의 욕망이 생존에 도움이 된다는 사실을 확인한 인간은 동일화의 욕망을 초감각적 세계에까지 확장한다. '신', '실체', '주체' 등의 개념에도 비동일성의 동일화의 욕망이 지배한다. 이러한 개념 역시 인간의 상상력이 만든 창작물로 볼 수 있다. 그런데 이러한 개념들은 자신이 마주한 세계와는 하등 관계가 없는 그런 것이 있으면 좋겠다는 도덕적 세계 해석의 결과물이다. 이것을 통해 인간은 지금의 세계뿐만 아니라 영원히 영혼의 안식을 확보하는 길을 찾았다고 믿게 되었던 것이다.

개념을 통해 인간은 더 이상 매번 자신의 신경계를 자극하는 대상을 번역하는 창작의 수고에서 벗어날 수 있게 되었다. 개념이 공동체에 끼치는 동일한 영향력을 통해 마침내 개념이 세계를 온전히 전달하는 진리의 자격을 획득한다. 니체에 따르면 진리란 인간들이 오랫동안 믿어왔던 '지성과 사태의 일치adaequatio intellectus et rei'가 아니

20. WL; KSA1, 880.
21. MA I; KSA2, 39.

라, "그것 없이는 특정한 종류의 생명체가 살 수 없을지도 모르는 일종의 오류"[22]일 뿐이다. 즉 진리는 인간이 세계를 자신의 방식으로 지배하고 자신에게 예속시키기 위한 위조와 오류의 한 방식, 즉 창작물이다. 그래서 니체는 "살기 위해 거짓은 필연적"[23]이라고 말할 수 있었던 것이다. 여기서 우리는 니체가 진리를 인식의 차원이 아니라 심미적 차원으로 이해하고 있음을 확인할 수 있다. "'사유되기' 이전에 이미 무엇인가가 '창작되어 있어야' 한다"[24]는 니체의 말 역시 인간의 미적 태도가 인식 욕망의 뿌리임을 말하고 있다.

니체는 미적 충동이 인간의 기본 충동임을 거듭 강조한다. 미적 충동은 보이는 세계, 즉 물리적 세계와 보이지 않는 세계, 즉 초월의 세계의 간극을 끊임없이 좁히기를 욕망하며, 그것의 결과가 바로 창작된 중간 세계이다. 니체는 일체의 미적 활동은 중간 세계의 구축을 욕망한다고 본다. 여기에 대한 가장 대표적인 사례가 그리스인과 그들의 문화이다. 올림포스 신들은 그리스인 스스로가 창조한 "예술적인 중간세계"이며, "살아가기 위해서라도 그리스인들은 …… 이러한 신들을 가장 절실한 필요 때문에 창조하지 않을 수 없었다."[25] 비극 역시 그리스인들이 삶을 위해 창작한 중간세계이다.

니체에 따르면 그리스 문화의 뿌리를 알기 위해서는 '디오니소스적인 것das Dionysische'인 것에 대한 이해가 전제되어야 한다. 이뿐만

---

22. N; KSA11, 506(34[253]).
23. N; KSA13, 193(11[415]).
24. N; KSA12, 550(10[159]).
25. GT; KSA1, 36.

아니라 니체는 자신의 철학이 디오니소스-비극적 사유와 밀접한 관계가 있다고 다양한 지면에서 고백한다.[26] 그렇다면 어떤 이유에서 디오니소스적인 것이 그리스 문화의 뿌리가 되는가? 그것은 우선, 디오니소스의 존재적 이중성에서 실마리를 찾을 수 있을 것이다. 디오니소스는 비록 그리스의 신들 중의 하나이지만, 여타의 신들과 달리 하늘의 신인 '제우스'와 인간인 '세멜레' 사이에서 태어났다. 즉 디오니소스는 하늘로 상징되는 불사적 존재이면서, 동시에 땅으로 상징되는 사멸적 존재라는 모순적 이중성을 가진다. 따라서 디오니소스는 인간 실존의 상징으로 어떠한 신보다도 더 적합하다.

두 번째, 그리스 문화가 가진 '몸성Leiblichkeit'에 대한 강조는 디오니소스적인 것과 직접적으로 관계한다. 디오니소스적인 것은 본능, 감정, 충동 등 신체에서 직접적으로 관계하는 가치를 옹호함으로써 아폴론적인 것인 이성, 의식, 척도, 논리 등의 가치와 대립한다. 그리스 문화에서 몸성을 옹호하는 가치가 우선한다는 것은 비극에서 디오니소스적인 것이 보다 근본적인 것이라는 사실에서도 확인된다. 이 점은 고통에 대한 그리스인들의 태도에서도 확인할 수 있다. 비극의 주인공들은 공통적으로 잔인한 운명에 의해 고통을 겪는데, 고통은 구체적인 신체적 고통으로 제시된다. 그런데 그리스인들에게 고통은 기쁨의 모순개념이 아니다. 오히려 고통은 기쁨으로 변용될 수

---

26. 그는 스스로 '디오니소스의 제자'이며, '최초의 비극철학자'로 칭한다. EH;
KSA6, 312 참조. 니체철학에서 비극적-디오니소스적 사유의 의미에 대해서는,
정낙림, 〈니체의 비극적-디오니소스적 사유와 예술〉, 147-170쪽 참조.

있음을 비극은 잘 보여준다. 몸성에 대한 그리스인들의 가치 부여는 몸이 의식이나 정신에 비해 세계와 직접적으로 관계하고, 정직하게 세계를 반영한다는 것 때문이다. 이것은 추상적인 삶보다 구체적인 지금, 이곳의 삶에 보다 더 큰 가치를 둔다는 의미이기도 하다.

세 번째, 그리스 문화가 보여주는 우연성과 놀이 그리고 생성의 가치는 디오니소스적인 것과 밀접한 관계가 있다. 니체에게 비극은 꿈의 예술인 아폴론적인 것과 도취의 예술인 디오니소스적인 것과의 놀이에서 탄생한 예술이다. 아폴론적 "조형가의 예술은 꿈과의 놀이이고"[27] "디오니소스적 예술가의 창조는 도취와의 놀이이다."[28] 비극은 꿈과 도취의 놀이가 빚은 결과물인데, 비극을 주도하는 것은 도취의 놀이이다. 꿈은 도취가 야만적 형태로 흐르는 것을 제어하는 역할에 머문다.

아폴론적 충동은 꿈과 표상을 통해 아름다운 형상을 만들어낸다. 반면 디오니소스적 예술은 청각과 촉각의 예술로서 일체의 형상을 초월하는 데서 성립한다. 니체의 분류에 따르면 시각예술인 회화, 조각과 건축, 즉 미술과 표상의 예술인 시는 아폴론적 예술에 속하고, 음악과 무용은 디오니소스적 예술이다. 비극은 두 예술충동의 놀이의 산물이다. 그러나 비극에서 두 충동의 무게는 음악이 비극에서 주도적 역할을 한다는 점에서 명확하다. 조형예술이 현상에 의존하는 반면, 음악은 세계의 의지의 직접적 모사이다. "음악은 근원일자Ur-Eine의 한복

---

27. DW; KSA1, 554.
28. DW; KSA1, 555.

판에 깃들인 원초적인 모순과 원초적 고통에 상징적으로 관련하며, 이와 함께 모든 현상을 초월한, 모든 현상 이전의 영역을 상징"[29]한 다. 따라서《비극의 탄생》마지막 장에서 니체는 디오니소스적인 것을 "영원하며 근원적인 예술의 위력Kunstgewalt"[30]으로 밝힘으로써 비극에서 디오니소스적인 것이 가지는 무게를 명백히 한다.

그리스 비극에서 디오니소스적인 것이 아폴론적인 것보다 중요하다는 사실은 비극이 공연되었던 디오니소스 극장의 구조만 보더라도 알 수 있다. 디오니소스 극장은 합창단이 서는 무대가 전면에 있다. 이것은 우리에게는 매우 낯설게 느껴지는데, 오늘날 합창단은 통상적으로 무대의 가장 뒤쪽에 위치한다. 디오니소스 극장의 이러한 배치는, 비극에서 중요한 것은 청중에게 극의 줄거리를 전달하는 것이 아니라 삶의 원초적 모순과 비극성을 합창의 형식으로 청중들의 정서에 직접적으로 호소한다는 것을 보여준다.

그리스 비극의 주인공들은 하나같이 불가항력적인 운명으로 고통을 당하고 몰락의 길을 가게 된다. 합창을 통해 전해지는 주인공들의 절절한 고통을 통해 관객들은 삶의 잔혹함과 무상함 앞에서 망연자

---

29. GT; KSA1, 91. 음악에 대한 니체의 이러한 사유는 쇼펜하우어에서 비롯되었다. 니체는《비극의 탄생》에서 음악과 관련하여 쇼펜하우어를 직접 인용한다. 음악은 무엇인가를 모방하는 예술들과는 확연히 구분되는 특별한 성질과 근원을 가진다. "왜냐하면 음악은 다른 예술들처럼 현상의 모사가 아니라 오히려 의지 자체의 직접적인 모사이고 세계의 모든 물리적인 것에 대해서 형이상학적인 것을, 모든 현상에 대해서는 물자체를 표현하기 때문이다(Schopenhauer, Welt als Wille und Vorstellung I, p. 310.)."(GT; KSA1, 104)
30. GT; KSA1, 155.

실하다가도 현상계의 변화와 개별자의 고통 너머에 있는 알 수 없는 '근원일자Ureine'와의 합일에 대한 예감에 사로잡힌다. 비극에서 "디오니소스적 음악이야말로 개별화의 원리, 즉 개별자의 삶 배후에 있는 저 알 수 없는 전능의 세계의지를 표현하는 예술, 모든 현상의 피안에 존재하며 어떠한 파멸에도 굴하지 않는 영원한 생명을 표현하는 예술이다. 비극은 언어로 설명할 수 없는 삶과 세계의 진리를 들려준다."[31] 그러므로 비극의 관람자는 "삶이 현상의 모든 변화에도 파괴할 수 없을 정도로 강력하고 즐거운 것이라는 …… 형이상학적 위안"[32]을 얻게 된다.

그러나 그리스의 비극은 기원전 6세기경 쇠퇴기에 접어드는데, 3대 비극작가 중 마지막 작가인 에우리피데스의 작품은 몰락의 징후를 뚜렷하게 보여준다.

그리스 비극의 죽음과 더불어 엄청난 공허가 밀려왔고, 공허는 도처에서 통절하게 느껴졌다. 마치 옛날 티베리우스 시대에 그리스의 뱃사람들이 절해의 고도에서 '위대한 판(Pan, 목양신 - 역자주)은 죽었다'라고 하는 처절하게 외치는 것처럼, 이제 '비극은 죽었다……'라는 소리가 고통에 가득 찬 곡성哭聲처럼 그리스 전역에 울려 퍼졌다.[33]

31. 정낙림, 《니체와 현대예술》, 91-92쪽.
32. GT; KSA 1, 56.
33. GT; KSA1, 75.

니체는 그리스 문화의 장렬한 종말을 이렇게 비가悲歌로 읊조린다. 비극의 종말은 어디에서 시작되었고 누가 촉발한 것일까? 니체는 비극의 몰락이 에우리피데스에서부터 시작되었지만, 에우리피데스의 뒤편에 숨은 비극의 진정한 몰락의 원흉을 지목하는데, 그가 바로 소크라테스이다. 니체에게 소크라테스는 그리스 문화와는 근본적으로 이질적인 존재이다. 소크라테스에서 발견되는 이질성은 우선 무엇보다도 "인식욕Erkenntnislust"[34]과 그것을 기초로 인식이 "존재의 가장 깊은 심연까지 도달할 수 있다고 믿는"[35] 이론적 낙관주의에 있다.

이론적 낙관주의자는 사물의 본성을 규명해 낼 수 있다는 신념을 가지고 지식과 인식에 만병통치약의 힘을 부여하며 오류를 악덕 그 자체라고 생각하는 사람이다. 사물의 근거를 천착하고 가상과 오류에서 진정한 인식을 분리해 내는 일이 소크라테스적 인간에게는 가장 고귀한 소명, 그 자체로 하나밖에 없는, 정말이지 인간적인 소명으로 생각된다.[36]

니체는 소크라테스에게서 지식에 대한 충동으로 살아가는 파우스트적 인간이 최초로 세계사에 등장한 "세계사의 전환점과 회오리를"[37] 본다. 그리스인들에게 미덕인 '이중성', '몸과 본능', '우연성'은

34. GT; KSA1, 116.
35. GT; KSA1, 99.
36. GT; KSA1, 100.
37. ebd.

소크라테스에게는 비이성적인 것이고, 진리의 이름으로 제거되어야 할 악덕이다. 그에게 사유는 존재의 심연에 도달할 수 있을 뿐만 아니라 존재의 모순을 "교정할 수 있다."[38] 그러므로 "인간은 어떤 대가를 치르더라도 똑똑하며, 명석하고 분명해야만 한다."[39] 이러한 소크라테스의 정언명령에서 우리는 그리스 문화의 기초인 디오니소스적인 것과 아폴론적인 것이 완전히 전도되는 것을 목격한다. 그리스 문화에서 "모든 생산적인 인간들에게 본능이 바로 창조적인-긍정적인 힘인 것이고 의식이 비판적이고 경고하는 것을 자신 속에 가지고 있는 데 반해, 소크라테스에게는 본능이 비판가로, 의식이 창조자가"[40] 된다. 그리스인들에게 소크라테스의 주장은 낯설고 당혹스러운 것이었다. 그러나 소크라테스는 그리스를 자신이 고안한 변증술로 점령해 나갔다. 비극도 예외일 수 없었다.

소크라테스는 비극을 혐오했다. 왜냐하면 비극은 이성으로 도저히 이해할 수 없는 모순으로 가득 찬 것이었기 때문이다. 그에게 비극은 "비이성적인 것"으로, "결과 없는 원인으로, 원인 없는 결과인 것같이 여겨졌다."[41] 그러므로 비극은 없어져야 하거나, 이성과 논리로 편입되어야 한다. "아름답기 위해 모든 것은 의식적이어야 한다."[42] 이것

38. GT; KSA1, 99.
39. GD; KSA6, 72.
40. GT; KSA1, 90.
41. GT; KSA1, 92.
42. GT; KSA1, 87.

이 바로 "미학적 소크라테스주의"[43]의 명법이다. 미학적 소크라테스주의를 비극에 적용한 사람이 바로 에우리피데스이다. 이성적인 것만이 아름답다는 것을 에우리피데스는 자신의 작품 속에 구현했으며, 비극을 그렇게 증오했던 소크라테스도 "에우리피데스의 새로운 작품이 상연될 때 그때만 관객들 사이에 모습을 드러냈다."[44]고 한다.

그런데 니체에게 비극과 소크라테스주의는 동시에 양립할 수 없다. 비극에서 소크라테스적인 것이 침범했다는 것은 비극의 위기를 의미한다. 이것은 비극에서 디오니소스적인 것의 쇠퇴와 더불어 음악이 비극에서 주도권을 상실할 위험에 처했다는 것을 뜻한다. 그래서 니체는 비극에서 "미학적 소크라테스주의는 살인적인 원칙"[45]이라고 단정했던 것이다. 에우리피데스의 작품에서 아폴론적인 것이 디오니소스적인 것을 압도한다. 그의 비극은 합창에 의해 진행되는 것이 아니라 대사가 극의 중심이 되었다. 비극은 이제 논쟁의 예술, "변증론의 쨍그랑거리는 무기놀이"[46]로 전락하게 된다. 소크라테스의 이론적 낙관주의는 그리스 비극의 종말, 즉 예술의 종말을 초래했던 것이다.

---

43. GT; KSA1, 85.
44. GT; KSA1, 89. v. Reibnitz는 에우리피데스의 비극과 소크라테스 철학은 모두 "합리주의"에 근거한다고 니체의 주장을 뒷받침한다. B. von Reibnitz, Ein Kommentar zu Friedrich Nietzsche. Die Geburt der Tragödie aus dem Geist der Musik, Stuttgart 1992, p. 314. 참조.
45. GT; KSA1, 87.
46. ST; KSA1, 546.

니체에게 소크라테스는 고유명사 이상의 의미를 가진다. 소크라테스는 이전 시대와 전혀 다른 세계관을 역사에 등장시켰고, 이후의 역사를 결정하는 전환점이 되었다. 그의 그림자는 현대에까지 긴 그늘을 드리운다. 소크라테스가 표방한 이성에 대한 절대적 신뢰와 낙관주의는 '계몽'의 이름으로, 실증주의의 이름으로 현대적 삶을 결정한다. "소크라테스는 현대의 시조"[47]라는 니체의 언명은 바로 이런 맥락에서 나온 것이다. 그런데 이론적 낙관주의의 모순은 자신을 뒤돌아 볼 수 있는 힘을 자신 속에 가지고 있지 않다는 것이다. 그래서 "논리가 어떻게 자기 자신을 중심으로 맴돌고 마침내 자신의 꼬리를 무는가를 경험하고 경악"[48]할 때까지 자신의 문제를 알아차리지 못한다. 니체는 자신의 당대에 만연한 니힐리즘적 세계관의 이면에는 바로 이론적 낙관주의가 있다고 확신한다.

니체는 근대 계몽주의의 뿌리를 소크라테스에서 찾았고, 소크라테스에서 확인할 수 있는 이성의 "이상 발육"[49] 즉 이성이 "모든 욕구를 지배하는 주인"[50]이 될 때의 인간은 전형적인 병적이고 "몰락의 증후"[51]를 보여주는 데카당스가 된다. 니체는 소크라테스에서 비롯된 이성의 이상발육과 그것으로 초래된 문명적 위기를 극복하기 위해서는 소크라테스주의가 추방한 몸과 충동의 가치를 회복해야 한다고

---

47. GT; KSA1, 116.
48. GT; KSA1, 101.
49. GT; KSA1, 90.
50. GD; KSA6, 71.
51. GD; KSA6, 68.

본다. 다시 말하면 비극의 출발점인 디오니소스적 예술충동의 활성화가 요구된다.

니체는《비극의 탄생》이후 예술을 삶과 세계를 정당화하는 매체로 보는, 즉 예술을 형이상학 활동의 일종으로 보는 태도를 버린다. 형이상학을 대신한 예술은 삶의 실상을 포장하는 위장술에 불과한 것이다. 삶은 결코 형이상학이나 유사형이상학을 통해 정당화되어서는 안 되며, 또한 정당화될 필요도 없는 것이다. 예술이 형이상학의 역할을 대신할 때, 그것은 삶을 배반하고 몽롱한 환각의 상태로 우리를 인도할 뿐이다. 니체가 바그너 음악을 '데카당의 예술'로 규정한 이유도 여기에 있다. 건강한 예술은 삶과 세계를 정당화하기 위해 아름다운 가상을 만드는 것이 아니라, 오히려 철저히 지금 여기의 삶을 인정하고 찬양하는 데서 가능하다. 그것은 니체에게 예술을 생리적 차원에서 이해하는 것을 통해서 성취된다.

2 예술과 힘에의 의지

　니체는 과도한 진리에 의해 고통받는 자신의 시대에도 그리스인들에게 그러했듯이 예술이 삶을 위한 보호와 치료제Schutz und Heilmitel 역할을 할 것으로 기대한다. 그러나 그가 목격한 당대의 예술은 그리스적 의미의 예술과 거리가 먼 것이었다. "예술은 저질의 오락적 대상이 되었고, 미학적 비평은 허영심 강하고 산만하고 이기적이며 게다가 불쌍하게도 독창적이지 못한 사교계의 접착제로 이용되었다."[52] 그가 찾은 희망봉은 쇼펜하우어와 바그너였다. 사실 니체의 예술가-형이상학은 쇼펜하우어의 의지철학과 바그너의 음악에 큰 빚을 지고 있다. 《의지와 표상으로서의 세계Die Welt als Wille und Vorstellung》에서 쇼펜하우어는 칸트의 '물자체'와 '현상'을 '의지'와 '표상'의 세계로 구별한다. '표상으로서의 세계'는 알 수 없는 맹목적인 의지에 의해 지배된다. 니체는 이것을 디오니소스적인 것과 아폴론적인 것으로 수용

---

52. GT; KSA1, 144.

한다. 아폴론적인 것의 '개별화의 원리'와 디오니소스적인 것의 '개별화 파괴의 원리'는 쇼펜하우어의 개념을 차용한 것이다. 니체가 쇼펜하우어의 미학에서 가장 크게 영향을 받은 것은 무엇보다도 쇼펜하우어의 음악에 대한 생각이다. 쇼펜하우어는 베토벤을 비롯한 대가들의 음악은 여타의 예술과 달리 의지의 직접적 모사로 간주한다. "우리는 세계를 구체화된 음악으로 또한 구체화된 의지로 칭할 수 있다."[53] 니체는 쇼펜하우어가 음악의 본질을 정확히 꿰뚫고 있다고 경탄하면서 이것을 "모든 미학의 가장 중요한 인식"[54]으로 평가한다.

바그너는 비극이 개인과 개인, 개인과 공동체, 인간과 자연을 하나로 묶었듯이, 예술이 가진 원래의 힘을 회복함으로써 예술의 공공재로서의 역할을 복권시킨다. 바그너는 근대가 '개별화의 원리'를 지나치게 쫓아 분화가 모든 영역에서 진행되었고, 그 결과 인간은 파편화되었다고 본다. 예술의 경우에도 다를 바가 없었다. 예술은 특정 계급이 향유하는 사치품 정도로 취급받았다. 그래서 바그너에게 근대예술은 삶과 철저히 단절된 절름발이로 간주된다. 그에게 음악은 "국가와 사회 그리고 개인들 간의 간격이 강력한 통일감정에 의해서 사

53. A. Schopenhauer, Die Welt als Wille und Vorstellung I, Wolfgang Frhr. Von Löhneysen (Hg.), Darmstadt 1982, p. 366. 웨인 D. 보먼은 쇼펜하우어의 음악철학을 "이성의 베일 들어올리기"로 표현한다. 웨인 D. 보먼, 서원주 옮김,《음악철학》, 서울: 까치글방, 2011, 175쪽. 쇼펜하우어의 음악철학의 의미와 영향에 관해서는 같은 책, 175-201 쪽 참조.
54. GT; KSA1, 104. 니체철학에서 음악의 형이상학적 의미에 대해서는 M. Perrakis, Nietzsches Musikästhetik der Affekte, Freiburg im Breisgau 2011, pp.42-92 참조.

라지게 하고 자연의 심장으로 되돌려"[55]주는 원래의 역할을 해야 한다. 예술이 삶에서 가진 최고의 과제와 탁월한 형이상학적 의미를 쫓았던 니체의 '예술가-형이상학'은 사실 쇼펜하우어와 바그너 사유에서 비롯되었다고 보는 것이 온당하다.

니체는 바그너를 당대의 병든 유럽문명을 치유할 유일한 "혁명가"[56]로 칭송하고 추종한다. 그러나 니체는 쇼펜하우어와 바그너를 통한 유럽문명의 재탄생이 성급한 기대였음을 고백한다. 바그너에 대한 니체의 실망은 바그너의 음악극이 비극적-디오니소스적인 것에 기초한 비극의 재탄생이 아니라 지극히 근대적 산물이며, 더욱이 병적 퇴락과 절망으로 가득찬 데카당스의 정신에서 태어난 것을 확인했기 때문이다. 니체는 바그너의 음악극에서 보여주는 주인공들의 잔인한 운명과 그것으로 인한 방황과 좌절, 절망과 고통은 결국 속죄를 통해 구원을 얻게 되는데, 이때 속죄와 구원은 디오니소스적 지혜에서가 아니라 그리스도교적 구원이었다는 것을 점차 간파하게 된다.

니체가 간파한 바그너 음악의 진정한 동기는 바로 '이념'이다. 그에게 중요한 것은 헤겔적 "'이념'이다. …… 바그너는 그것을 음악에 적용시켰을 뿐이다. …… 그는 헤겔의 유산이다. '이념'으로서의

---

55. GT; KSA1, 56. WB 5; KSA1, 456. 참조.
56. WB; KSA1, 475. 니체는 초기저작들에서 바그너를 '독일의 희망'으로 부르기를 주저하지 않았다. 여기에 관해서는 A. Rupschus, Nietzsches Problem mit den Deutschen, Wagners Deutschtum und Nietzsches Philosophie, pp.15-51 참조.

음악."[57] 바그너가 음악적 효과를 위해 차용한 무한선율unendliche Melodie과 '불협화음Dissonanz'은 니체가 볼 때 일차적으로 음들을 유기적으로 조직화해 내지 못하는 바그너의 무능력의 산물이지만, 음의 조화와 균형을 의도적으로 깨뜨려 끊임없이 이어지게 하는 것은 혼돈을 의도적으로 부각시켜 관객들에게 무엇인가 무한한 것, 이념을 추측하게 하는 바그너의 책략에서 나온 것이다.[58]

니체에 따르면 바그너의 총체예술의 이념이 진정으로 뿌리내리는 곳은 그리스도교이다. 바그너의 음악극의 진정한 주제는 '구원의 문제'이다. "그의 오페라는 구원의 오페라이다. 누군가가 그의 곁에서 항상 구원되기를 바라고 있다: 때로는 어느 젊은 청년이, 때로는 어느 젊은 처녀가 그렇다."[59] 죽을 권리를 빼앗긴 주인공이 영원한 방랑이라는 저주를 순결한 처녀의 지고지순한 사랑으로 영면永眠의 권리를 되찾는다는 〈방황하는 네덜란드인〉, 주지육림의 쾌락의 늪에 빠진 난봉꾼이 그를 기다리는 순결한 처녀의 기도의 힘으로 구원된

---

57. Ebd. 1886년 니체는 《비극의 탄생》을 뒤돌아보면서 바그너의 영향 아래 집필된 자신의 첫 책의 구성과 기술 방식 역시 헤겔의 변증법과 깊은 관계가 있음을 자백한다. 이 책은 "─ 불쾌한 헤겔적 냄새를 풍기고, ……. 거기서 하나의 '이념'이 ─ 디오니소스적과 아폴론적이라는 대립이 ─ 형이상학적인 것으로 옮겨졌다."(EH; KSA6, 310).
58. "바그너 예술의 수수께끼 상자. …… 그 예술에 나타나는 이념들의 다색 구성이 바로 젊은이들을 바그너로 향하게 하고 유혹했던 것이다: 구름을 만드는 바그너의 천재성, 허공을 부여잡고 허공에서 배회하고 방랑하는 것. 어디나 존재하면서 어디에도 없는 것은, 그 시대에 헤겔을 유혹하고 현혹했던 천재성과 똑같은 것이다!"(W; KSA6, 36f.)
59. W; KSA6, 16.

다는 〈탄호이저〉 등 바그너의 작품 전체를 관통하고 있는 주제는 '구원'이다. 탕자들의 영혼이 때묻지 않은 순진무구한 영혼에 의해 구원된다는 이야기는 바그너 작품의 기본 줄거리이다. 이것을 통해 "바그너는 '너는 믿어야 하며 믿지 않으면 안 된다'라는 그리스도교적 교리를 대변하고 있는 것이다."[60]

바그너는 그리스도교적 구원의 이념을 전파하기 위해 각종 음악적 장치를 활용한다. 총체예술이라는 이름으로 그의 작품은 극장이라는 특수한 공간에서 온갖 과도한 음향을 동원하여 관객들의 신경을 고조시키고 자신의 이념을 주입한다. '무한선율'과 '불협화음'이라는 음악 기법은 음악애호가에게는 불편한 것이지만, 음악에 문외한들에게는 하느님으로 인도하는 마술피리와 같은 최면효과를 발휘한다. 바그너의 음악이 목표로 하는 관객은 멋모르는 대중들이다. 그래서 니체는 바그너를 대중설득의 탁월한 능력을 갖춘 "최면술의 대가"[61]로 부른다. 그의 음악은 점점 더 대중을 속이는 방향으로 발전했고, 최면의 "효과를 원하고, 효과 외에 아무것도 원하지 않는"[62] 것이 되었다. 그래서 "바이로이트에 갈 때, 사람들은 자기 자신을 집에 놔두고 간다. …… 거기에서(바이로이트 극장 – 역자)는 가장 개인적인 양심조차 최대 다수라는 평준화 마술에 굴복한다. 거기서는 이웃이 지배하며,

---

60. W: KSA6, 17. "음험한 그리스도교 정신 : '만년의 바그너' 음악 유형."(N: KSA13, 239(14[42])).
61. W: KSA6, 23(5). "바그너의 음악은 극장-취향이라는 몹시 관대한 취향에 의해 보호받지 않는다면, 단순히 저급한 음악일 뿐이다."(W: KSA6, 30)
62. W: KSA6, 31.

거기서 우리는 이웃이 된다."[63]

니체는 바그너가 음악을. 이념을 위해 수단화했으며, '사랑', '죽음', '구원'이라는 그리스도교의 교리를 청중들에게 감동적으로 전하는 효과에 집착했다고 비판한다. 니체에 따르면 바그너의 이러한 태도는 낭만주의자들의 정조를 전형적으로 보여준다.[64] 니체가 그리스도교와 낭만주의에서 발견한 공통점은 삶에 대한 태도이다. 니체에 따르면 모든 삶과 예술은 자신의 확장, 즉 힘의 고양을 추구한다. 그런데 그리스도교와 바그너는 이러한 정상적인 삶의 원칙을 따르는 것이 아니라 궁핍하고 몰락하는 삶을 추구한다. 그들에게 삶이 궁핍할수록 구원의 가능성은 더 커진다.

낭만주의란 무엇인가? 모든 예술과 철학은 성장하고 투쟁하는 삶에 봉사하는 치료제요, 구제 수단이라고 할 수 있다. 예술과 철학은 항상 고뇌와 고뇌하는 자를 전제로 한다. 하지만 고뇌하는 자에는 두 가지 유형이 있다. 그 하나는 삶의 충만Überfülle des Lebens으로 인해 괴로움을 겪는 자들로, 이들은 디오니소스적 예술을, 그리고 또한 삶에 대한 비극적인 견해와 통찰을 원한다. 다른 하나는 삶의 빈곤Verarmung

---

63. NW; KSA6, 420. 바그너의 총체예술은 "취향의 문제에 있어서 대중 숭배의 한 형식이고, 일종의 대중 봉기이며, 좋은 취향에 대적하는 국민투표이다. ⋯⋯ 이 점을 바로 바그너의 경우가 입증하고 있다 : 그는 다수를 얻었다."(W; KSA6, 42)
64. 낭만주의의 특징 중 하나는 신화를 그리스도교와 관련지어 수용한다는 점이다. 이 점에 대해서는 M. Frank, Der kommende Gott. Vorlesungen über die Neue Mythologie. Frankfurt a. M. 1982, pp.12-14. 참조.

des Lebens으로 괴로움을 겪는 자들로서, 그들은 안식, 고요, 찬란한 바다, 예술과 인식을 통한 자신들로부터의 구원을 추구하거나, 아니면 도취, 경련, 마비, 광기를 추구한다. 후자의 이중의 욕구에 상응하는 것이 모든 예술과 인식에 있어서의 낭만주의다. 바로 여기에 해당하는 가장 유명하고 두드러진 낭만주의자들이 쇼펜하우어와 바그너이다.[65]

몰락하고 쇠퇴하는 삶을 바라는 욕구는 전형적인 '데카당dekadent' 의 자세이다. 니체가 그리스도교와 바그너의 낭만주의에서 찾은 삶의 태도는 바로 데카당한 것이다. 구원의 욕구는 "데카당스에 대한 가장 솔직한 표현 형식이고, 데카당스에 대한 섬세한 상징들과 그 실행 방법에 의해 보인, 데카당스에 대한 가장 설득력 있고 가장 고통스러운 긍정인 것이다."[66] 니체는 데카당스를 생명의 원리에 반하는 퇴행적인 것이고 생명감과 에너지를 고갈시키는 가장 위험한 것으로 본다. "내가 가장 깊이 몰두하고 있는 것은 사실 데카당스라는 문제

---

65. FW; KSA3, 620(370), W; KSA6, 51과 NW; KSA6, 425도 참조하라. "바그너가 낭만주의를 종합한다."(N; KSA13, 133(11[315])). 니체는 자신의 저서 《비극의 탄생》 역시 바그너적 낭만주의의 산물이었음을 나중에 고백한다. "그러나 니체여, 만일 그대의 책이 낭만주의가 아니라면 도대체 무엇이 낭만주의란 말인가? 그대의 예술가–형이상학에 나타나 있는 것 이상으로 '현재', '현실' 그리고 '근대적인 이념들'에 대한 깊은 증오가 나타날 수 있을까?"(GT; 〈자기비판의 시도〉 KSA1, 21)

66. W; KSA6, 51f. "리하르트 바그너. 그는 가장 성공한 것처럼 보이지만 사실은 부패해 버린 절망한 데카당이고, 갑자기 어찌할 바를 모른 채 산산이 부서져 그리스도교의 십자가 앞에서 무릎을 꿇었다."(NW; KSA6, 431f.)

이며 …… '선과 악'은 이 문제의 한 가지 변형일 뿐이다. …… 황폐해진 삶과 종말에의 의지와 큰 권태가 거기에 숨겨져 있다."[67] 니체가 데카당스의 문제를 자신이 싸워야 할 가장 큰 적이라고 본 것은, 근대성의 가치가 바로 데카당스와 밀접하게 관계하기 때문이다.

니체가 바그너를 비판하는 근거는 바그너의 예술이 삶의 상승에 기여하는 것이 아니라 삶의 몰락을 촉진한다는 것이다. 바그너의 음악은 데카당스의 산물이다.

> "한 시대는 상승하는 삶의 덕들을 갖거나 …… 아니면 …… 그 시대는 하강하는 덕들을 필요로 한다. …… 미학은 이러한 생물학적 전제들과 떼려야 뗄 수 없게 결합되어 있다."[68] 바그너는 "온갖 허무적인……본능에 아첨하며, 이 본능을 음악으로 꾸며낸다. 그는 그리스도교 정신 전부에, 데카당스의 종교적인 모든 형식에 아첨을 한다. …… 황폐해진 삶의 토양 위에서 자라난 모든 것, 초월과 피안이라는 날조된 모든 것은 바그너 예술에서 가장 고상한 후원을 받는다."[69]

상승하는 삶의 덕을 찬양하는 예술은 삶을 위로받기 위해 '가상'을 만들어 내지 않는다. 그것은 철저히 지금 이곳의 삶과 자기를 옹호하는 예술이다. 예술은 형이상학의 기능을 대신하는 것이 아니라, 차안

---

67. W; KSA6, 11f.
68. W; KSA6, 40. 니체철학에서 음악의 생리학적 의미에 대해서는 M. Perrakis, Nietzsches Musikästhetik der Affekte, pp.125-144 참조.
69. W; KSA6, 43.

의 "삶에 대한 위대한 자극"[70]이며 '삶에 대한 의지'를 고취한다. 니체에게 예술은 생리적 차원에서 평가되어야 한다. "바그너 음악에 대한 나의 반박은 생리적 반박이다."[71] "바그너에게 등을 돌린 것은 내게는 하나의 운명"[72]이었다.

쇼펜하우어와 바그너로부터 등을 돌린 니체가 찾은 답은 몸과 몸에서 기원하는 도취라는 정동 그리고 세계를 변용시키는 힘에의 의지이다. 앞서 우리가 상론한 니체의 〈도덕 외적인 의미에서 진리와 거짓에 관하여〉에서 언어는 상이한 단계의 은유메타포, 즉 한 영역에서 다른 영역으로 행하는 전이와 번역의 산물이다. 은유의 시작은 우리의 감각기관에서 출발한다. 그렇다면 여기서 우리는 근본적 질문을 제기할 수 있다. 어디에서 메타포 형성의 욕망이 출발할까? 또 메타포 형성에 적극적인 인간과 그렇지 않은 인간 사이에 어떠한 차이가 있을까? 이 문제에 대한 답은 니체의 후기 예술철학의 핵심 주제를 이룬다.

니체는 초기의 형이상학으로서 예술을 포기했지만 예술과 삶이 가진 근본적 관계는 고수했다. 니체는 1880년 이후에는 예술과 삶의 관계를 형이상학적 초월적인 것이 아니라 생리적 차원에서 찾는다. 예술생리학의 핵심 주장은 미적 체험과 생리적 조건이 불가분의 관계가 있고, 예술은 삶과 분리될 수 없는 통일체를 형성한다는 것이다. 우리가 창작행위를 할 때 우리의 몸은 어떤 증후를 보여주는가?

70. N; KSA13, 521(17[3]).
71. NW; KSA6, 418.
72. W; KA6, 11.

니체는 그것에 대한 답을 도취Rausch에서 발견한다.

> 예술이 있으려면, 어떤 미학적 행위와 미학적 바라봄Schauen이 있으
> 려면 특정한 생리적 선결조건이 필수 불가결하다: 즉, 도취Rausch라는
> 것이. 도취는 우선 기관 전체의 흥분을 고조시켜야만 한다: 그러기 전
> 에는 예술이 발생하지 않는다. 다양한 기원을 갖는 온갖 종류의 도취
> 는 모두 예술을 발생시키는 힘을 갖추고 있다.[73]

그것이 무엇이든 인간이 자신이 바라는 것을 구현하고자 할 때, 동
반되는 대표적인 감정(정동)이 도취이다. 도취의 감정이 없이는 인간
은 자신의 세계를 창조할 수 없다. 도취는 창조의 과정에서 자신이 온
전히 세계의 중심이라는 강력한 암시 속에서 결과의 평가와 무관하게
행위를 지속시키는 힘으로 작용한다. 도취가 없다면 인간은 세계를
자신의 방식으로 조형Schaffen하려는 감흥을 얻을 수 없다. 그런데 도
취의 감정은 근본적으로 신체적인 것에서 출발한다. 눈이 있기에 아
름다운 광경에 감탄하고 도취하여 노래하고 춤추고 시를 짓게 되는
것이다. 의식과 관련된 아름다움에 대한 기억은 이차적인 것이다.

모든 예술 행위의 동력은 도취이고 도취는 몸에서 비롯된 수많은
정동 중의 하나이다. 니체가 예술을 형이상학의 일종으로 바라보는
것에서 생리학의 차원으로 이해한 것은 그의 몸Leib에 대한 통찰과
뗄 수 없는 관계가 있다.

73. GD; KSA6, 116.

더욱 놀라운 것은 오히려 몸이다. 우리는 인간의 몸이 어떻게 가능하게 되었는지 한없이 놀라워할 수 있다. 살아 있는 생명체들의 그렇게 놀라운 통합이 어떻게 가능하였는지! 이 각각의 생명체가 독립적이면서 동시에 예속되어 있고, 그러면서도 어떤 의미에서는 다시 명령하고 자신의 의지에 따라 행위 하면서 전체로서 살고, 성장하고 한 순간 동안 존립할 수 있는지! 이런 일은 분명히 의식을 통해서는 일어날 수 없다![74]

몸에 대한 니체의 가치평가는 전통적인 몸과 정신의 관계를 전도시키고 있다. 니체가 말하는 몸은 팔, 다리 등의 신체기관, 즉 육체Körper의 다른 이름이 아니다. 니체에게 몸은 도취, 기쁨, 슬픔 등 정동의 전체인데, 정동들Affekte은 세계에 대한 정보를 매개없이 우리에게 전달한다. 니체에 따르면, 의식은 정동들 간의 놀이와 관계의 산물인데, 니체가 몸을 '큰 이성'으로, 의식 이성을 '작은 이성' 혹은 몸의 '장난감'으로 부르는 이유도 여기에 있다.[75] 정동이 세계와 직접적으로 밀착한다면, 의식은 정동들이 남긴 흔적에서 추상적인 규칙과 규범을 찾는다. 의식이 만든 규칙과 규범은 흄D. Hume이 잘 지적하듯이 사실의 문제라기보다는 상상의 산물이다. 따라서 의식으로 세계를 파악한다는 것은 세계에 대한 이차적이고 자의적인 상像을 허용한다는 것을 의미한다.

---

74. N; KSA11, 576f(37[4]).
75. Z; KSA4, 39 참조.

예술이 삶의 일차적인 생리적 조건과 밀착해 있다는 것은 미학의 그리스 어원 aisthesis, 즉 감각에서 출발한다는 점에서도 확인된다. 예술활동의 필수적 요소인 도취는 생명감이나 활력이라는 생리적 조건에 전적으로 의존한다. 따라서 예술의 최초의 동인은 바로 활력과 생명감이라는 생리적 조건이며, 이 조건을 충족시키지 못하는 경우 미적 체험은 불가능하게 된다. "다양한 기원을 갖는 온갖 종류의 도취는 모두 예술을 발생시키는 힘을 갖추고 있다."[76] 니체는 미적인 것은 인간의 동물적인 충동과 그것에서 비롯되는 도취에서 시작됨을 거듭 강조한다. "동물적인 쾌감과 욕구가 갖는 아주 섬세한 뉘앙스들의 혼합이 미적 상태이다."[77]

그렇다면 우리가 도취에 휩싸일 때, 우리에게 무엇이 감지되는가? 도취에서 사람들이 느끼는 것은 우선적으로 자신의 힘이 상승하고 고양된다는 것이다. "도취에서 본질적인 것은 힘이 상승하는 느낌과 충만함의 느낌이다."[78] 우리가 도취에 빠질 때 힘이 넘쳐흐르고 힘이 계속하여 증대되고 있다는 감정에 휩싸인다. 이러한 힘 상승의 느낌은 힘의 메커니즘과 밀접한 관계가 있다. 힘은 속성상 더 큰 힘을 지향하고, 힘의 증대는 저항의 극복을 통해 가능하고, 저항의 극

---

76. GD; KSA6, 116(8).
77. N; KSA12, 393(9[102]).
78. GD; KSA6, 116. 도취의 예술적 기능에 대해서는 D. Solies, "Die Kunst - eine Krankheit des Leibes? Zum Phänomen des Rausches bei Nietzsche", pp.151-162; 백승영, 〈예술생리학의 미학적 의미 - 도취(Rausch) 개념을 중심으로〉, 91-123쪽 참조.

복은 세계를 자신의 방식으로 변용시키고 미화하려는 태도로 드러
난다.

> 도취감, 사실상 힘의 증대에 상응한다 …… 새로운 기관, 새로운 능력,
> 색채, 형식이 …… '미화Verschönerung'는 고양된 힘의 결과다. 힘 고
> 양의 필연적 결과로서 미화 …… 도취라고 명명되는 쾌의 상태는 정확
> 히 높은 힘 느낌이다.[79]

도취와 힘의 증대와의 관계는 니체에게 결국 '힘에의 의지'로 설명
된다. "살아 있는 것은 힘을 방출하고자 한다. 생명 자체는 힘에의 의
지다."[80] 도취는 힘에의 의지가 작동하고 있다는 것을 가장 직접적
으로 지각하게 하는 증후이다. "모든 운동, 모든 '현상', 모든 '법칙'은
단지 어떤 내적 사건의 증후로서 파악될 수밖에 없으며, …… 동물에
있어서 힘에의 의지로부터 모든 그 충동을 이끌어내는 일은 가능하
다: 유기체적 생명의 모든 기능을 이러한 하나의 원천에서 이끌어내
는 일도 마찬가지다."[81]

후기 니체철학은 유럽의 모든 가치에 대한 재평가와 가치의 전도
를 목표로 진행되었고, 그 중심에 '힘에의 의지'가 있다. 모든 가치는
힘에의 의지에 의해 평가된다. 예술 역시 힘에의 의지의 관점에서 이

---

79. N; KSA13, 293f.(14[117]).
80. JGB; KSA5, 27(13), N; KSA9, 15(1[44]) 참조.
81. N; KSA11, 363(36[31]).

해되어야 하며 미와 추 역시 힘의 고양과 약화라는 측면에서 평가된 산물이다. 예술과 힘에의 의지에 대한 직접적 관계는 니체가 주저로 기획하고 준비했던 《힘에의 의지Wille zur Macht》의 한 장章이 〈예술생리학〉이었다는 사실에서 확인할 수 있다.[82] 힘에의 의지는 모든 살아 있는 것의 내적 역동성으로, "주인이 되고자 하며 보다 더 크고 강력하고자 하는"[83] 것을 나타낸다. 일체의 삶은 근본적으로 힘에 의해 지배된다. 힘에의 의지는 매 순간 자기 극대화를 시도한다. 따라서 그것은 본질적으로 '자기극복'을 지향한다. 자기극복은 자신의 세계를 자신의 힘으로 파악하고 지배하려는 욕구이며, 이것은 창조과정과 동일한 의미를 지니고 있고 이 과정은 항구적이다. 힘의 상승과 확장을 기본으로 하는 힘에의 의지는 다양한 경로를 통해 드러나지만, 그것은 본질적으로 자기극복과 창조의 과정이라는 성격 때문에 예술적이다. 즉 "힘에의 의지"는 "창조적 충동"[84]으로 세계에 나타난다. 그렇기에 예술은 삶을 위한 '위대한 자극제'라 할 수 있다.

니체는 도취에서 힘에의 의지가 극대화되고 이것은 곧바로 예술적 가치창조의 바탕이 된다고 본다. 힘에의 의지가 충일되어 있는 상태,

---

82. '예술생리학'이 니체 철학에 차지하는 위상에 대해서는 V. Gerhardt, "Von der ästhetischen Metaphysik zur Physiologie der Kunst", pp.374-393 참조. 또 A. Bitsch, "Physiologische Ästhetik, Nietzsches Konzeption des Körpers als Medium", in: V. Gerhardt/R. Rescke(Hg.), Nietzscheforschung, Bd.15, Berlin, 2008, pp.167-188 참조.
83. N; KSA13, 261 (14[81]).
84. N; KSA11, 563(36[31]).

자기 자신이 긍정적인 에너지로 가득 차 있는 사람은 자신이 마주한 세계를 완전하게 변모시키려는 노력을 다할 것이고, 그러한 행위는 바로 자기의 힘을 세계에 투입하여 새로운 세계를 만드는 창조행위이다. 이에 반해 힘이 소모되고 의지가 박약하여 삶의 에너지가 쇠진한 사람은 사물과 세계를 피로에 젖은 눈으로 바라보고 왜곡된 시각으로 해석하며 자신이 주도적으로 세계에 나아가는 것이 아니라 늘 외부로부터의 자극에 반응하는 수동적 삶을 영위한다. 니체는 이러한 행위양식을 힘의 극대화라는 인간의 본능에 반할 뿐만 아니라, 반反예술적 자세로 본다. 이러한 태도를 가진 자들은 삶과 세계를 피폐하게 만든다. 니체가 말하는 데카당은 바로 이러한 태도에서 출발한다.

힘에의 의지는 하나의 목표나 목적을 지향하는 것이 아니라 힘의 강화를 유일한 목표로 한다. 힘의 강화는 우연에 개방된 실험이나 모험을 촉진한다. 니체에게 이러한 힘에의 의지의 실험과 모험이 다름 아닌 근본적 의미에서 예술행위이다. "예술가는 강렬히(또한 몸으로) 진력을 다하고, 힘이 넘쳐나며, 힘센 짐승이고, 감각적이다."[85] 이러한 태도를 가진 자의 삶은 고양되고, 고양된 삶은 강화된 힘을 바탕으로 세계를 자기중심으로 느끼고 변용하려는 보다 큰 도취에 빠지게 된다. 즉 도취는 힘이 상승하고 있는 상태이고, 상승하는 힘은 모든 정동을 자극하여 분출하지 않을 수 없게 된다. 힘의 분출은 자신을 세계 속에 투입하여 세계를 변용하는 형태로 나아간다.

85. N; KSA13, 295(14[117]).

3 예술생리학과 미래예술

　니체는 힘에의 의지가 근본적으로 예술적임을 강조한다. 힘이 충일하여 자기 긍정의 에너지로 고양된, 즉 도취상태의 인간은 자기와 마주한 대상세계에 자신의 힘을 투사하여 그것을 변용시키고자 한다. 이러한 활동이 원래적 의미에서 예술적인 것이다. 예술생리학에서 의미하는 예술은 자기고양과 관련된 일체의 유·무형적 행위 그 자체이다. 니체는 예술을 작가와 작품 중심에서 활동 자체로 귀속시킴으로써 예술을 확장시켰을 뿐만 아니라, 우리에게 예술과 삶의 밀착 관계를 환기시킨다. 예술생리학에서 예술은 비범한 재능을 천부적으로 타고난 천재가 자연의 목적을 작품에 구현함으로써 감상자에게 감동을 준다는 칸트식의 근대적 예술관을 거부한다. 그러한 예술관은 인간 일반이 가진 예술적 본성을 간과하고 있는 것이다.

　예술생리학에서 예술은 장르, 재료, 양식에 따라 구분되지 않는다. 예술생리학은 인간이 근본적 의미에서 예술가, 즉 '원예술가 Urkünstler'임을 천명하고 예술이 가진 초월적 지위를 힘에의 의지와 그것의 발로인 '도취'라는 생리적 현상으로 귀속시킨다. 근대에서 예술은 대부분 인간을 관람자, 소비자의 지위로 묶어두었다. 그래서 사람들은 자신의 힘을 대상에 각인하는 예술가가 되기보다는 늘 외부적 자극에 반응하는 수용자의 지위에 머물렀다. 이러한 태도는 사람들에게 자신의 힘과 능력을 과소평가하고 습관적으로 세계를 냉소적이고 피로한 눈으로 바라보게 했다. 이러한 태도를 가진 사람들에게 세계는 피폐할 수밖에 없다.

예술생리학은 예술을 도취와 힘에의 의지의 차원에서 정의내림으로써 예술을 확장시킨다. 자신의 힘을 극대화하는 유·무형의 활동 자체를 예술로 본다면, 이론적으로 모든 인간은 예술가가 되고, 모든 것은 예술이 될 수 있는 자격을 얻을 수 있다. 그러므로 니체에게 예술가란 "자기 자신을 조형하는 자der Sich-selbst-Gestaltende"[86]이다. 니체의 이러한 예술관은 전통적 예술관을 해체할 뿐만 아니라, 예술의 원래적 의미를 되돌려 준다. 또한 인간 개개인에게 잠자고 있는 창조의 능력을 일깨움으로써, 외부로부터 부과된 가치를 수용하는 것이 아니라 스스로 가치의 주체임을 확인시킨다. 세계를 자신의 눈으로 인식하고, 자신의 힘을 세계에 투사하여 세계를 자신의 방식으로 조형하는 이러한 일련의 과정은 삶의 과정이자 예술창작의 과정이다. 삶을 예술작품을 창작하듯이 살아가는 것, 이것은 니체가 궁극적으로 희망하는 삶이다.

---

86. N; KSA12, 89(2[66]). 니체에서 예술과 삶의 관계는, 이상엽, 〈니체의 삶의 예술철학〉, 《니체연구》, 17집, 한국니체학회, 2010, 87-113쪽 참조.

니체에게 예술은 생리학의 응용이다. 도취라는 생리적 현상이 모든 예술 행위의 출발이고 따라서 도취를 통해 자기를 표현하는 일체의 행위는 근본적 의미에서 예술의 지위를 얻게 된다. 니체의 예술생리학은 전통적 예술의 배타적 경계를 급진적으로 허문다. 니체의 확장된 예술개념은 그의 '미래예술'의 선언에도 잘 드러난다. 미래예술에서 "은둔자 같은 예술가와, 자신의 작품을 전시하는 예술가는 사라지게 될 것이다."[87] 니체는 자신이 말하는 미래예술이 "예술작품의 예술에 반대하는 새로운 예술개념"임을 천명하며, 그것이 지향하는 바가 "천재 대신에 …… 자기 자신을 넘어 인간을 창조하는 그러한 인간"[88]에 있음을 분명히 한다. 결국 니체에서 예술이란 자신의 심층에 있는 '힘에의 의지'를 신뢰하고 그 힘을 변용시켜 자신의 "위대한 양식grossen Stil"[89]을 창조하는 것이다.

모든 인간들이 근본적으로 예술가의 지위를 가진다면 그들의 예술적 행위와 그것의 결과물인 예술작품에 대한 평가는 어떻게 이루어지는가? 니체는 이 문제와 관련하여 행위의 결과가 아니라 행위의 동

---

87. N; KSA9, 25(1[81]). 니체의 예술의 종언이 특히 그의 근대성 비판과 어떤 관련이 있는지는 A. Hütig, "Zwischen Barbarisierung und Vergeisterung: Nietzsches Theorie der Moderne und seine These vom Ende der Kunst", pp 181-191 참조.

88. N; KSA10, 503(16[14]).

89. GD; KSA6, 119(11). 니체의 예술생리학이 현대예술에 끼친 영향은 지대하다. 그것에 대해서는 김정현, 〈니체와 현대예술의 탄생〉, 87-119쪽. 또 정낙림, 《니체와 현대예술》, 127-220 참조. 그리고 F. Ulfers / M. D. Cohen, "Nietzsche and the Future of Art", pp.1-23 참조.

기와 과정에 가치를 둔다. 즉 니체에게 예술에 대한 평가는 그것이 이룬 공리적 결과에 있기보다는 행위의 과정 자체에 있다. 즉 예술에서 중요한 것은 힘에의 의지가 얼마나 탁월하게 발현되는가에 있다. 힘에의 의지의 발현 양태를 니체는 능동적인 양식과 수동적인 양식으로 구별한다. 능동적인 힘에의 의지 행사는 외부의 자극에 의해 반응Reaktion하는 방식이 아니라 세계를 자발적으로 선택한다. 즉 그는 자신의 힘을 변용시켜 자신만의 "위대한 양식grossen Stil"[90]을 세계에 새겨 넣는다. 이에 반해 수동적인 방식의 힘에의 의지는 언제나 피로와 권태에 젖어 자신의 힘을 실험하기를 포기하고 이미 주어진 사회 질서나 가치를 따르려는 자들에게서 흔히 볼 수 있다. 그들에게는 저항을 극복하려고 분투하는 모습이 없으며, 명령할 줄도 모르는 존재이다. 그들은 스스로 복종을 선택하는 자들이다. 니체는 이러한 자들을 '노예'라 부르기를 주저하지 않는다. 이런 자들은 "가장 위험하고, 모든 병든 동물 가운데 가장 오래 가장 깊이 병든 존재"[91]이다. 그들과 같은 유형의 인간이 바로 '데카당'이다.

모든 인간이 예술가가 될 수 있다는 것은 개별자들이 세계를 자신의 방식으로 이해하고 자신의 방식으로 힘을 세계에 투입하고 변형시키기 때문이다. 이것을 니체는 관점주의Perspektivismus로 설명하기도 한다. 니체는 "관점적인 것이 삶의 근본 조건"[92]이라고 보는데, 관

---

90. GD; KSA6, 119(11).
91. GM; KSA5, 336f.
92. JGB; KSA5, 12.

점적인 것은 힘에의 의지의 산물이다. 관점이 다양하고, 관점에서 결과하는 해석이 다양하게 존재한다는 것은 힘에의 의지가 다수라는 것에 대한 방증이다. "해석의 다양성, 그것은 힘의 표시이다."[93] 해석이 다양할수록 그리고 해석이 타자의 그것과 다를수록 힘은 증대한다. 따라서 "인간의 향상은 편협한 해석들의 극복을 수반한다는 점, 모든 도달한 강화와 힘의 확장은 새로운 관점들을 열어놓고 또 새로운 지평들을 믿게 한다는 점"[94]에 있다. 예술 역시 세계를 자신의 관점에서 보고 해석하며 자신의 힘으로 세계를 조형하는 행위이다. 따라서 좋은 예술가란 이러한 자세를 견지하는 자, 즉 자신의 관점을 가지며, 그리고 동시에 관점은 고정된 것이 아니라 수많은 관점이 창조될 수 있다고 믿고 실험하는 자를 의미한다. 새로운 해석을 창조한다는 것은 다른 해석을 극복했다는 것이고, 이것은 저항을 통해 증대되는 힘을 의미한다.

니체는 예술의 본질을 예술작품과 그것의 수용이라는 측면에서 이해하는 전통적 관점을 거부하고 인간의 근본충동에서 찾음으로써 예술을 새롭게 정의한다. 예술생리학의 핵심주장은 예술행위와 생리적 도취는 해석학적 순환의 고리에 있다는 것, 따라서 예술과 삶은 분리될 수 없다는 것이다. 전통적으로 예술은 특별한 재능을 타고난 천재가 자연 혹은 세계의 본질을 작품 속에 구현한다. 작품 감상자는 작품을 통해 천재가 전하는 진리를 감상하고 그것의 의미를 되새김질

93. N; KSA12, 120(2[117]).
94. N; KSA12, 141(2[108]).

한다. 창작자와 감상자가 예술을 대하는 태도에는 근본적 차이가 있다. 특히 감상자는 작품을 수동적으로 수용할 뿐이다. 이러한 태도는 예술생리학의 관점에서 볼 때 반反예술적 태도이다. 예술생리학에 따르면 몸의 생리적 도취의 느낌, 즉 힘의 상승과 충만의 느낌과 연관된 일체의 생명의 체험 그 자체가 예술이다. 예술생리학은 예술을 연주회나 전시회에 묶어두는 박제된 예술작품과 그것을 만들어 내는 전문가로부터 해방시킨다. 예술생리학은 예술과 삶에 대한 새로운 정립을 통해 예술의 본래적 지위를 회복시켜준다. 니체의 예술생리학은 예술의 본래적 가치를 회복함으로써 모든 인간을 자신의 가치를 창조하는 주체자로 세운다. 개별자가 가진 "창조하고 형성하고 변형할 수 있는 힘의"[95] 예술적 충동은 "끝없이 생산해 내려는 생명의 의지"[96]에 다름이 아니다. 그렇기에 니체는 예술을 니힐리즘 극복의 출발점으로 확신했던 것이다.

95. JGB; KSA5, 168.
96. Z; KSA4, 147.

02
듀이

경험으로서
예술

1 생명체의 활동과 미적 경험

"경험은 예술의 근원이요 예술의 싹이다. …… 아무리 시시한 경험이라 하더라도 기쁨과 환희에 찬 인식이나 절망과 애통이 가득한 인식이 그 안에 포함되어 있다. 이것이 바로 미적 경험이다."[1] 인용문은 존 듀이J. Dewey 미학의 핵심을 보여준다. 듀이가 말하는 경험은 근본적으로 유기체 일반이 행하는 생명활동을 말한다. 따라서 듀이에게 예술은 인간만이 독점할 수 있는 배타적인 것이 아니다. 새들의 노래, 둥지짓기, 군무 등도 근본적으로는 예술 행위로 수용해야 한다.

니체와 마찬가지로 듀이는 예술의 출발점을 생명체의 활동에서 찾는다. 모든 살아 있는 것들은 생명을 유지하기 위해 환경에 반응하고 적

---

1. J. Dewey, Art as Experience(1934), New York, The Berkley Publishing Group, 2005, pp.18-19. 존 듀이, 박철홍 옮김, 《경험으로서 예술 1》, 50쪽. 앞으로 인용은 박철홍의 번역에 의거한다. 듀이의 미적 경험에 관한 아래의 논의는 정낙림, 〈예술과 생리학—니체와 듀이철학을 중심으로〉, 《철학논총》 102집, 2020.10, 382-390쪽을 수정·보완한 것이다.

응한다. 환경과의 상호작용은 경험의 기초가 되고 경험을 통해 환경을 재편하려는 활동이 자연스럽게 따른다. 비버가 생존을 위해 나무를 자르고 자른 나무로 댐을 만드는 과정도 듀이에게는 경험에 해당한다.

존 듀이J. Dewey는 흔히 프래그머티즘Pragmatism 철학의 대표적 철학자로 알려져 있다. 그의 철학이 '경험' 개념을 중심으로 형성된 것에서 알 수 있듯이, 듀이는 전통 형이상학, 특히 이원론에 기초한 서양철학의 전통에 비판적이다. 그의 예술에 대한 이해도 다르지 않다. 그는 예술에 관련된 전통적 이해가 예술가와 예술작품이 우리의 일상 경험과는 무관한 것으로 보는 입장에 비판적이다.

전통적으로 예술에 대한 이론들은 예술작품에서 시작하는 경우가 많다. 즉 "예술작품이 먼저 있고 예술작품에 대한 연구를 통하여 예술에 대한 일반이론인 미학이론을 정립한다."[2] 그래서 사람들은 예술을 그림, 조각품, 건축 등 이미 존재하는 물질적인 그 어떤 것으로 생각한다. 그 결과 예술이란 나와 나의 경험과는 무관한 것으로 이해한다. 더 나아가 사람들은 예술작품을 일반적인 사람과는 관계가 없는 특별하고 독자적인 것, "실제적이고 일상적인 삶과는 아무런 관련이 없는 것으로 생각한다."[3]

듀이의 예술에 관련된 전통적 이해에 비판적 입장은 예술가에 대한 이해에서도 발견된다. 예술가는 특별한 재능을 타고난 사람이고, 그들의 창작은 상품제작과는 다르다. 즉, "예술가와 기술자를 구분하

---

2. 같은 책, 19쪽.
3. 같은 책, 20쪽.

고 예술작품을 일상적 생활 속에서 마주치는 것과는 다른 고차적인 것으로 보는 생각이 너무나 만연해 있다."[4] 이러한 고정관념을 더욱 강화하는 것은 예술에 관해 전문가를 자처하는 사람들로부터 비롯된다. 그들의 이론들은 미적 경험과 일상 경험의 차이를 전제한다. "많은 예술이론가나 비평가들은 예술과 일상적 경험사태가 서로 분리된다는 것을 아주 자랑스럽게 주장하며, 심지어 양자의 분리를 정당화하기 위한 그럴듯한 견해를 제시하기도 한다."[5]

예술가들 역시 일상적 경험과 미적 경험이 무관한 것이 당연한 것으로 믿어왔다. "예술가들은 예술작품을 공동체의 삶과 관련된 것으로 보기보다는 '자기표현'의 수단으로 간주하며, 이것이 예술가의 일차적 임무라고"[6] 확신한다. 그들은 일상의 삶과 예술을 분리하고, 예술은 삶의 효용성과는 무관한 "심미적 관조"[7]를 목표로 한다. 듀이는 미적 경험과 일상적 경험의 분리, 예술작품에서 삶과 사회적 조건을 지우는 것 그리고 예술가를 예외적 존재자로 간주하는 태도는 "예술의 성격 자체에 내재된 것이 아니라 특수한 외적 조건 때문에 생겨난 것이라는 점"[8]을 강조한다.

듀이는 미적 경험을 일상적 경험에서 분리하는 것에 이론적 근거를 제시한 철학자로 칸트를 꼽고 있다. 칸트에서 미적 판단은 "주

4. 같은 책, 24쪽.
5. 같은 책, 25쪽.
6. 같은 책, 31쪽.
7. 같은 책, 32쪽.
8. 같은 곳.

관의 쾌 또는 불쾌의 감정"과 관계하기에 그것은 "인식판단이 아니다."[9] 그리고 미적 판단은 "무관심한 만족"[10]과 관계한다. 이것으로부터 우리는 칸트가 미적 경험을 인식 행위뿐만 아니라 일상적 경험과 구별한다는 것을 알 수 있다. 칸트는 미를 "욕망, 행동, 정서적 흥분과는 관련이 없는" 무관심한 "관조에 의한 즐거움"[11]으로 이해한다. 듀이는 "욕구와 욕망은 …… 미적 경험의 필수적인 구성요소"[12]이며, 무관심성은 생명체와 환경 사이에 어떤 것도 일어나지 않는다는 것을 의미한다고 본다. 그는 욕구와 사유 행위를 미적 경험으로부터 배제할 수 없고, 욕구와 사유는 미적 경험에서 통합된다고 주장한다.[13] "미적 경험은 욕구나 지적인 사고 작용이 없는 경험이 아니라, 욕구나 사고가 인식적 경험에 완전히 통합되어 실천적 경험이나 지적인 경험과는 구별되는 미적 성격을 띠게 된 경험"[14]이다. 즉, 예술은 무관심한 관조에서 비롯되는 것이 아니라 우리의 욕구와 필요를 만족시키려는 경험에서 출발한다.

칸트가 잘 보여주듯이 근대에서 예술에 대한 철학적 관심은 주로 예술과 진리의 문제에 초점이 맞추어진다. 그래서 듀이가 볼 때 근대

---

9. KU, B.5.
10. KU, B. 124.
11. 존 듀이, 박철홍 옮김, 《경험으로서 예술 2》, 124쪽.
12. 같은 책, 129쪽.
13. R. Eldridge, "Dewey's Aesthetics", M. Cochran (ed.), The Cambridge Companion to Dewey. Cambridge University Press, 2010, p. 248 참조.
14. 존 듀이, 《경험으로서 예술 2》, 126쪽.

철학에서 "예술작품에 관련된 제작과정과 제작행위 그리고 제작과정에서 예술가가 하는 감상행위와 같은 것들을 미적인 것과 아무런 관련이 없는 것처럼 무시한다."[15] 듀이는 여전히 오늘날에도 그 영향이 남아 있는 칸트식의 예술에 대한 이해는 지극히 근대라는 시대적 상황을 감안하지 않은 탈역사적 태도로 본다. "칸트의 미학이론은 특정한 시기—예술의 '재현적' 성격이 특히 강조되던 시대 그리고 재현되는 대상의 '이성적' 성격, 즉 규칙성이나 반복성과 같은 존재의 이성적 측면이 강조되던 시대—에 적합한 이론에 지나지 않는다."[16]

예술작품이 일상적 삶의 경험과 무관한 것이고 그렇기에 특별한 것으로 취급되어야 한다는 생각은 근대 제국주의와 자본주의의 등장과 더불어 더욱 고착된다. 이제 예술작품은 수집, 전시, 소유 그리고 민족적 우월감 같은 예술 외적인 것이 예술의 중요한 가치로 등장하게 된다. 듀이는 예술이 일상적 삶에서 일탈해 재화의 일부로 편입되는 비예술적 상황을 '박물관 예술museum art'로 비판한다. 근대의 박물관은 제국주의가 자신들을 과시하기 위해 과거의 예술작품을 한곳으로 모으고, 또 식민지에서 약탈한 예술작품을 전시한 곳이다. 박물관의 시작은 "자기 나라의 과거 예술의 위대함을 과시하기 위한 것"과 "다른 나라로부터 빼앗아온 전리품을 전시하기 위한 것"[17]에서 시작되었다.

국가 단위의 박물관은 자본주의의 발달과 더불어 부를 축적한 자

15. 같은 책, 124쪽.
16. 같은 책, 125쪽.
17. 존 듀이, 《경험으로서 예술 1》, 29쪽.

본가들이 값비싼 예술품으로 부를 과시하고 치장하기 시작하면서, 예술품은 삶에서 분리된 특정한 공간과 특별한 사람들이 향유하는 것으로 간주하기 시작했다.

"자본주의의 발달은 예술작품을 보관하는 것을 고유한 기능으로 하는 박물관이라는 기관을 만들어 내었으며, 그 결과 예술작품이 일상생활에서 분리된 것이라는 생각을 형성하는 데 결정적 영향을 미쳤다. …… 신흥재벌들은 진귀하고 값비싼 예술품들을 수집하여 자기 주변을 치장하였다. …… 자본가들은 그림이나 조각이나 값비싼 예술품들을 수집하고 치장함으로써, 주식이나 채권이 경제계에서 그들의 지위를 증명하듯이 높은 교양을 지닌다고 증표로 과시"[18] 했다.

듀이가 볼 때 예술과 삶의 분리라는 근대의 가치관은 여전히 우리 시대의 상식이 되고 있다고 비판한다.

듀이의 예술과 경험의 관계를 가장 잘 보여주는 주장은 "예술작품은 경험과 '더불어' 그리고 경험 '속에서' 만들어지는 것"[19]이다. 듀이에게 경험은 환경과의 상호작용에서 출발한다. 그런데 로크, 흄 등 17-18세기 영국 경험론에서 말하는 경험론과는 차이가 있다. 경험론에서 경험은 인식의 근거와 확실성에 대한 관심에서 출발하며, 경험은 지식의 재료 즉, 인식과 지각의 관점으로 이해한다. 경험이 지

18. 같은 곳.
19. 같은 책, 20쪽.

식의 출발점이지만 지식의 구축에서 주도적인 역할은 반성, 관념 등의 개념에서 확인할 수 있듯이 의식 혹은 이성이다. 이에 반해 듀이의 경험은 유기체가 자연에 적응하고 대응하는 생물학적 활동에서 출발한다. 경험에서 주도적인 것은 인간이 아니라 자연이다.

듀이에서 경험의 출발은 충동impulsion에서 출발한다. 그렇기에 "완결된 경험의 맨 처음 단계"[20]는 충동이다. 충동은 유기체의 생존을 위한 먹이, 생식활동을 이끄는 원동력이다. "가장 중요한 그리고 궁극적인 고려 사항은, 삶은 환경 속에서 영위된다는 사실이다. 엄밀히 말하면 삶은 단순히 환경 '속에서' 영위되는 것이 아니라, 환경이 있기 때문에 영위되는 것이며, 정확히 말하면 환경과의 상호작용을 통해서 영위된다는 것이다."[21] 듀이의 말에서 확인할 수 있듯이 듀이의 경험에서 주도권은 환경이 가진다. 듀이 철학에서 다윈의 영향을 확인할 수 있는 대목이다.

듀이의 경험 개념은 젊은 시절 생리학에 관한 학습과 무관하지 않다. 듀이는 대학 시절 헉슬리T.H.Huxley의 〈생리학〉을 수강했고, 이 수업을 통해 그는 인간이 따르고 순응해야만 하는 세계 혹은 자연 혹은 생리학적 조건이 있다는 것을 간파하게 된다.[22] 듀이는 "헉슬리의

20. 같은 책, 132쪽.
21. 같은 책, 37쪽.
22. 정순복, 〈존 듀이의 예술사상과 일상적 삶의 예술화〉,《미학》 31집, 한국미학회, 2001. 11, 123 쪽 참조, 듀이 미학에서 헤겔, 다윈 그리고 헉슬리가 끼친 영향에 대해서는 R. J. Bernstein, John Dewey, Atascadero, CA: Ridgeview Publishing Co., 1966, pp.9-21 참조. 듀이 경험개념에 다윈이 끼친 영향에 대

생리학으로부터…… 나는 세계 혹은 우리의 생명활동이 인간 유기체가 지니고 있는 것과 같은 종류의 특질들 내지 속성들을 지니고 있는 것"으로 알게 되었다고 고백한다.[23] 이렇게 듀이는 유기체와 세계의 역동적 상호작용에 대한 논리적 근거를 확보한다. 경험은 유기체로서 인간이 자연과 마주하여 이루어지는 상호작용의 행위이다. 자연과의 "상호작용은 긴밀한 관련을 맺고 있게 하는 것과 겪는 것으로 이루어져 있으며, 일차적으로 신체 운동적이며 감각적인 것이다."[24]

예술은 살아있는 생명체가 환경과 마주하여 행하는 수동적 적응과 능동적 대응인 경험과 뗄 수 없는 관계가 있다. 모든 경험은 생명력을 발산하고 마주한 세계와 상호작용을 통해 자신을 조직화하려는 행위이기에 근본적으로 미적 요소를 포함하고 있다.

> 그러므로 "미적인 것을 올바로 이해하기 위해서는 예술작품을 낳게 한 일상적 경험사태에서 시작해야 한다. 일상적 경험사태라는 것은 사람들의 이목을 집중하게 하는 일이 실제로 일어나는 곳이며, 사람들의 관심을 불러일으키고 즐거움을 주는 그런 사건현장이다."[25]

해서는 T. Leddy, "Dewey's Aesthetics", in: https://stanford.library.sydney.edu.au/archives/fall2017/entries/dewey-aesthetics/ 참조.

23. J. Dewey, "From Absolutism to Experimentalism", in: R. J. Bernstein(ed.) Jon Dewey on Experience, Natur & Freedom, New York: Liberal Arts Press, 1960, p.4 정순복, 위의 논문 124쪽 재인용.

24. 듀이, 《경험으로서 예술 1》, 220쪽.

25. 같은 책, 22쪽. "예술이란 살아 있는 유기체가 자신이 필요로 하는 것을 충족시키기 위해 자신을 둘러싸고 있는 환경 사이에서 능동적인 행하기와 수동적인

파르테논 신전은 누구나 수긍하는 위대한 예술작품이다. 그런데 이런 지위를 얻게 된 것은 누군가의 경험, 즉 건축과 향유의 경험 때문이다. 파르테논은 예술이 일상경험에서 출발한다는 점을 말해준다. 신전은 "예술작품으로서 제작된 것이라기보다는, 종교적 삶의 기념물로서"[26] 건설된 것이다. 파르테논을 경험한다는 것은 신전을 건설한 아테네 시민들의 삶의 경험을 들여다본다는 것을 의미한다.

> 파르테논 신전에 스며들어 있는 미적 경험을 이론화하고자 하는 사람은 신전을 자기 삶의 중심으로 삼았던 사람들, 즉 신전을 건설한 사람이나 신전에서 즐거움을 향유했던 사람들, 즉 신전을 건설한 사람이나 신전에서 즐거움을 향유했던 사람들과 오늘날 일상적 삶을 사는 우리들 사이의 공통점이 무엇인지를 알아야 한다.[27]

우리가 흔히 예술의 역사에서 배우는 위대한 걸작들은 인간들의 일상적 경험과 단절된 것이 아니다. 파르테논 신전이 보여주듯이 우리가 흔히 박물관에서 감상하는 예술작품은 삶의 방편으로 제작된 것이다. 이 점은 우리가 예술의 기원으로 알려진 원시인들의 동굴벽화를 통해서도 알 수 있다. 예술 장르로 구분되는 노래, 춤, 연극, 그

겪기 사이에서 상호작용하는 가운데 발생한 것이다."(국순아, 《듀이의 자연주의 철학》, 광주: 전남대학교출판문화원, 2022, 211쪽)

26. 같은 책, 22쪽.

27. 같은 곳.

림 그리고 건축은 모두 삶의 현장이 출발점이다.[28] 따라서 우리는 "미적인 것을 올바로 이해하기 위해서는 예술작품을 낳게 한 일상적 경험사태에서 시작해야 한다."[29]

듀이는 인간은 동물과 마찬가지로 환경에 적응해야 생존이 가능한 존재이다. 유기체는 생존을 위해 자신이 마주한 자연이 변한다는 것과 변화에는 어느 정도의 일관성이 있다는 것을 경험으로 알게 된다. 가장 흔한 예로 식물과 동물의 번식이 그것이다. 유기체들이 환경에 적응한 것은 자연의 고유한 리듬을 쫓는다는 것을 의미한다. 유기체로서 인간들은 자연이 리듬을 쫓으면서도 자연의 리듬이 기계적인 법칙으로 진행되지 않는다는 사실을 간파한다. 자연에서 리듬의 질서가 깨어질 때 인간은 리듬의 균형을 의도적으로 복원하려고 한다. 인간의 의식주 행위는 바로 이런 행위와 관련된다. 이것은 인간의 경

---

28. 발터 벤야민은 적절하게 예술의 시작이 제의와 관련되었고, 예술작품은 대량 복제기술, 즉 사진과 영화가 등장하기 전에는 제의적 가치를 가진 것으로 평가한다. 발터 벤야민, 심철민 옮김, 《기술적 복제 시대의 예술작품》, 서울: 도서출판 b, 2017, 38-44쪽 참조.

29. 듀이, 《경험으로서 예술 1》, 22쪽. 철학사에서 통상 예술적인(artistic) 것과 미적인(aestetic) 것을 구분하는데 전자는 작품을 제작하는 행위, 그리고 후자는 작품을 향유하는 행위를 의미했다.(같은 책 108쪽) 듀이는 이러한 분류를 거부한다. 예술적인 것과 미적인 것을 분리하는 것은 주관과 객관의 이원론에 기초한 태도에 기인하는데, 그가 볼 때, 예술의 생산과 향유는 경험 속에서 분리될 수 없는 하나의 통합된 형태를 보여준다. 듀이는 두 개념 대신 '예술품(art products)'과 '예술작품(work of art)'라는 개념을 쓰는데, "예술품은 어떤 사람에 의해 만들어진 생산물 그 자체를 …… 인간이 예술품과 상호작용하여 하나의 경험이 될 때 …… 하나의 경험이 향유할 만한 것이 될 때 예술품은 비로소 예술작품이 된다."(존 듀이, 박철홍 옮김, 《경험으로서 예술 2》, 60쪽)

험과 여타 유기체의 경험을 구별하는 중요한 요소일 뿐만 아니라 인간의 미적 경험의 기원을 설명하는 중요한 단서가 된다.

인간의 경험은 욕구뿐만 아니라 지적인 사고 작용도 포함된 통합적인 경험이다. 그러므로 듀이는 인간의 상호작용interaction은 자연에 적응하는 것을 넘어 자연 자체에도 적극적으로 대응, 간섭하여 인간화된 자연을 창조한다고 본다. 듀이는 이것을 교변작용transaction으로 설명한다. "경험에서 인간 밖에 있는 사물과 사건들은 물리적 세계에 속하는 것이면서 동시에 사회적인 것이며, 그러한 사물과 사건들은 함께 상호작용하는 인간적 요소에 의해 변형된다. 동시에 인간 자신도 외부에 있는 사물이나 사건들과의 상호교류, 보다 엄밀히 말하면 '교변작용'을 통해서 변화하고 발전한다."[30]

듀이에게 미적 경험은 일상적 경험과 연속선상에 있다. 미적 경험은 일상적 경험의 완결된 형태를 보여준다. 듀이에서 "미적 경험은 어떤 특별한 요소를 독특하게 소유함으로써 차별화되는 것이 아니라 일상적 경험이 모든 요소를 한층 완전하고 풍부하게 통합함으로써 차별화되는 경험이다."[31] 다시 말하면 일상적 경험이 미적 경험이 된다는 것은 인간이 자연 및 인위적 환경과 가장 충만한 상호작용을 하고, 외적 리듬을 따르면서도 저항이나 장애물에 대항하여 자신의 에너지를 조직하고 재편하여 자신의 방식으로 표현한다는 것을 의

---

30. 듀이, 《경험으로서 예술 2》, 112쪽.
31. 슈트터만, 김광명/김진엽 옮김, 《프라그마티즘 미학: 살아있는 아름다움, 다시 생각해 보는 예술》, 성남: 북코리아, 2010, 20쪽.

미한다.

인간은 자신을 둘러싼 환경에 적응하기 위해 자연의 리듬을 따라가면서 생존을 최적화시키려고 노력한다. 심장의 박동 소리, 밤낮과 계절의 변화, 출생과 죽음 등 자연의 거대한 리듬은 인간의 생존과 뗄 수 없는 것이다.[32] 만약 자연과의 조화가 깨질 경우, 즉 자연의 리듬에서 벗어날 경우 인간은 자신의 생존을 위해 환경과의 균형상태를 회복하기 위해 자신의 리듬을 창조한다. 듀이에 따르면 환경과의 조화를 위한 일련의 노력이 바로 심미적 경험을 낳는 근거이다.[33] 자연의 리듬을 따르면서 자연과의 조화를 위한 인간의 노력은 자신만의 리듬을 창조하는 데, 그것이 음악에서의 박자, 그림에서의 선, 시에서의 운율, 조각에서의 곡선 등이다.[34] 따라서 예술은 환경과의 조화를 이루기 위해 인간이 자신의 사고를 대상 속으로 통합하려는 노력이라고 말할 수 있다. 듀이에게 예술가란 환경과의 통합의 경험을

---

32. 《경험으로서 예술 1》, 303쪽 참조.
33. "완성과 미완성이 공존하며 주기적으로 등장하는 우리가 사는 세계, 우리의 노력 여하에 따라 일정한 패턴이 만들어지는 세계에서만 진정한 의미에서 성취의 순간들이 있다. 그리고 일정한 시간 간격을 두고 주기적으로 나타나는 이 성취의 순간에 기쁨과 슬픔, 환희와 절망을 느끼는 것과 같은 미적으로 향유할 수 있는 경험이 등장한다."(《경험으로서 예술 1》, 45쪽)
34. "환경과 유기체의 에너지가 적절한 방식으로 만날 때, 형식을 구성하는 일반적 조건, 즉 억제, 저항, 촉진, 균형 등이 나타난다. 예술적 형식을 가능하게 하는 가장 중요한 환경적 특징은 리듬이다. 시, 그림, 건축, 음악이 나타나기 이전에 자연에는 리듬이 존재한다. 만일 그렇지 않다면, 형식의 본질적 특성인 리듬은 재료가 경험의 완결을 향해 나가는 내적 작용이 아니라, 단지 외부에서 물질적 재료 위에 덧붙여진 것에 지나지 않을 것이다."(《경험으로서 예술 1》, 302쪽)

보다 잘 포착하는 사람들일 뿐이다.[35]

　듀이에게 예술은 기본적으로 경험과 더불어 그리고 경험 속에서 만들어지는 것이다. 예술은 자연의 리듬을 재현한 것이다. 따라서 우리가 예술의 장르로 이해하는 노래와 춤, 연극, 드라마 등은 모두 자연과 마주한 경험의 산물이다. 따라서 예술을 우리의 경험세계와 무관한 예외적 활동과 산물로 보는 것은 잘못된 태도이다. 다만 예술작품은 일상적 경험을 보다 세련되고, 강렬한 형태로 표현되었을 뿐이다. 파르테논 신전, 비극은 그리스인들의 삶과 분리될 수 없다. 즉 그리스의 그림, 음악, 연극, 건축 등 우리가 흔히 예술이라고 말하는 것은 화랑, 극장 그리고 박물관에 보관되고 전시되는 것을 목적으로 하지 않았다.

　듀이는 예술이 경험과 '더불어' 그리고 경험 '속에서' 이루어진다는 것을 거듭 강조한다. 이것을 바탕으로 듀이는 물질과 정신, 예술적 행위와 일상 경험, 작가와 감상자를 분리하는 전통적 예술철학을 비판한다. 아무리 위대한 예술작품도 충동이라는 생리학적 경험에서 촉발된 산물이다. 이제 철학자들의 과제는 "일상적 경험이 보다 세련되고 강렬한 형태로 표현된 예술작품과 일상적 경험을 구성하는 사건, 행위, 기쁨과 고통 사이의 관련을 회복하는 것이다."[36] 예술에 대

---

35. 예술가란 "환경과의 조화를 이루기 위하여 사고한 내용이 원래 주어진 대상들 속으로 통합되는 경험의 순간을 잘 포착하는 사람"(듀이, 《경험으로서 예술 1》, 41쪽)이고, 그렇기에 예술작품에는 일상적 경험의 충만하고 강렬하며 통합된 힘을 보존되어 있다.
36. 같은 책, 20쪽.

한 정당한 이해의 필요성은 예술뿐만 아니라 인간 삶을 이해하는 중요한 일이기도 하다. 왜냐하면 "예술에 대한 올바른 이해는 …… 경험 세계로 되돌아가는 것, …… 경험이 갖는 미적 특성들을 찾아내는 것 …… 예술작품이 경험에서 특별한 공정의 과정을 거쳐 나왔다는 것을 제대로 이해하게 될 것"[37]이기 때문이다. 이 점에서 듀이의 경험으로서 예술은 니체의 예술생리학의 이념과 일치한다.

듀이는 일상적 경험과 미적 경험의 연속성을 가진다는 것과 아름다움은 일상적 삶을 초월한 것이 아니라 일상적 경험이 명료하고 완결된 것을 확신한다. 그리고 이것에 대한 이론적 근거를 밝히는 것을 자신의 과제로 본다.

> 예술이론은 '매일 이루어지는 일상적인 일들이 어떻게 하여 예술적 창작의 형태로 발전되는가?' 또는 '일상적 장면과 상황에 대한 향유가 어떻게 미적 경험을 수반하는 특별한 만족감으로 발전되는가?' 하는 것과 같은 물음에 대해 대답할 수 있어야 한다.[38]

듀이 자신의 답은 '하나의 경험'과 '예술'의 관계로 제시된다.

37. 같은 책, 33-34쪽.
38. 같은 책, 35쪽.

2 하나의 경험과 예술

"예술작품은 내면에서 분출되는 에너지와 외부에 있는 환경적 조건의 상호작용에서 시작되는 것이며, 이러한 상호작용의 결과를 통일된 경험으로 재구성하는 것이다."[39] 예술작품이 경험에서 출발하지만, 일상의 모든 경험이 예술작품이 되는 것은 아니다. 예술작품에서 경험은 일정한 형태와 구조를 가지고 통합되어야 하고 이럴 때 비로소 경험은 충만하고 강렬한 형태를 띤다. 그렇기에 예술작품에 구현된 경험은 우리가 일상적으로 행하는 경험 중에서도 특별한 그리고 성공한 경험이라고 할 수 있다.

그렇다면 경험은 어떻게 통합되고, 강렬한 형태를 갖출 수 있을까? 모든 경험은 기본적으로 하는 것과 겪는 것, 즉 능동적 행위와 수동적 행위가 긴밀하게 관계할 때만 가능하다. 경험의 질을 결정하는 것도 바로 행위의 능동과 수동 관계의 긴밀성이다. 그런데 행위의 능동

39. 같은 책, 145쪽.

성과 수동성 사이는 일정한 질서, 즉 리듬 혹은 패턴이 존재한다. 경험에서 이 리듬을 발견하는 것은 예술 및 학문을 위한 첫걸음으로 매우 중요하다. 학문에서 법칙의 발견도 바로 리듬을 포착하는 것에서 시작하고, 예술작품에서 발견되는 통합되고 강렬하고 생생한 경험도 바로 이 리듬을 포착하는 것에서 출발한다.

인간의 삶은 경험의 리듬을 재현하는 것으로 이루어졌다고 해도 과언이 아니다. 그것은 "재료를 다루는 것은 두드리고, 쪼개고, 자르고, 빻고, 형을 뜨는 것과 같은 일을 되풀이하는 리듬 …… 전쟁을 준비하고 승리할 때, 식물을 파종하고 수확할 때의 리듬"[40]에서도 확인할 수 있다. 그리고 "모든 예술과 예술작품 …… 에는 잠재의식 깊은 곳에 있는 하부구조로서 생명체와 환경이 관계를 맺는 기본적 패턴이 자리 잡고 있다."[41]

개별 경험에는 각각의 고유한 리듬이 존재한다. 그런데 예술작품은 개별 경험이 질서를 가지고 통합되어야 한다. 개별 경험의 리듬이 질서, 즉 형식을 갖추는 것이 통합에서 결정적이다. 듀이는 경험을 묶는 형식의 출발은 우리가 흔히 생각하듯이 이성의 역할이 아니고 우리가 개별 경험의 리듬을 발견할 때 느끼는 기쁨과 슬픔, 환희와 절망 등의 정서emotion이다. 이 정서는 개별 경험에 통일성을 부여하고 적절한 표현 매체를 선택하여 작품 속에 표현하게 된다. 우리

---

40. 같은 책, 303쪽.
41. 같은 책, 306쪽. 자연의 패턴을 지각하는 것이 인간의 심미적 경험과 어떻게 관계하는가에 대해서는 필립 볼, 조민웅 옮김, 《자연의 패턴》, 서울: 사이언스 북스, 2019 참조.

가 느끼는 기쁨의 정서는 다양한 경험에서 상이한 층위로 다가오는데, 창작자는 특정 소재를 선택하여 기쁨의 정서를 강렬하고 분명하게 작품에 구현한다.

모든 유기체는 감각기관을 통해서 대상세계와 관계를 맺는다. 유기체의 상호작용도 일차적으로 감각작용에서 출발한다. 인간도 마찬가지인데 인간의 인식행위도 감각작용을 전제로 한다. 그런데 여타의 유기체와 달리 인간의 감각작용에는 정신적인 부분이 강하게 결합한다. 지적인 부분이 감각작용에 결합함으로써 감각은 보다 강화되고 조직된 형태의 경험, 미적 경험으로 탄생하게 된다.

감각작용은 지적인 것과 긴밀한 관련을 맺는다. 왜냐하면 감각기관을 통한 참여가 단순한 감각으로 그치지 않고 삶에 유익한 것이 되려면 마음의 작용이 있어야 하기 때문이다. 감각된 것에 마음이 작용하면 세계와 교섭에서 의미와 가치가 발견되며, 세계와의 교섭이 의미와 가치를 지니게 된다. 그리고 이때 세계와 교섭한 결과는 앞으로 생명체와 환경의 교섭에 더욱더 유용하며 적절하게 사용된다.[42]

이렇게 인간은 유기체로서 환경과 상호작용하는 존재인 동시에 경험에서 다른 유기체의 상호작용과 차이도 보여준다. "인간은 환경에서 주어진 것을 그저 수동적으로 받아들이기만 하는 존재가 아니라, 상호작용의 성격 그 자체에 영향을 미칠 수 있는 힘을 갖고 있는 존

---

42. 듀이, 《경험으로서 예술 1》, 57쪽.

재이다. 그러므로 인간이 참여하는 경험에서 중요한 사실은 경험의 과정에서 인간이 행하는 인간적 요소가 실제로 일어난 일을 결정하는 중요한 요소가 된다는 사실이다."[43] 인간은 환경과의 상호작용에서 환경은 리듬을 가진다는 것과 리듬의 포착은 앞선 상호작용뿐만 아니라 이후의 상호작용을 예고한다는 것을 자신의 의식을 통하여 기억하고 시간의 단절 없이 경험을 통합한다.

인간의 상호작용이 여타의 동물과 달리 지적인 능력을 활용한다는 것에 대한 강력한 증거는 인간은 상호작용의 지속을 형식으로 발전시키고 개별 경험을 형식을 통해 조직화한다는 사실이다.

> 잘 통합되고 완결된 경험은 일정한 '형식'을 갖추고 있다. 그 경험에는 경험을 성장시키는 역동적인 조직화 과정이 있다. …… 완결된 경험은 시작에서 발전을 거쳐 완결에 이르는 시간적 과정과 성장의 단계가 있다. 경험은 경험대상과 경험하는 사람의 마음과의 상호작용을 통하여 일어난다. 경험하는 사람은 누구나 이전의 경험을 통하여 이미 조직화된 마음의 체계를 가지고 있다. 경험대상은 있는 그대로 받아들이는 것이 아니라, 이미 형성되어 있는 조직화된 마음의 내용들과 상호작용을 통해서 경험대상이 소화되고 흡수된다.[44]

형식은 경험에서 매우 중요한데, 과거의 경험을 지속성과 질서의

43. 듀이, 《경험으로서 예술 2》, 111-112쪽.
44. 듀이, 《경험으로서 예술 1》, 127쪽.

관점에서 해석하고 일어날 경험에도 해당할 것으로 예견하는 것에는 상상력이 작동하고 있기 때문이다. "현재의 활동과 과거의 활동을 연결하고 조절하는 것 그 자체가 바로 상상력의 작용이다."[45] 미적 경험은 특별히 상상력이 없이는 불가능하다. 상상력은 창작뿐만 아니라 감상의 차원에서도 작동한다. "예술작품은 상상력의 산물이면서, 동시에 상상력에 대해 작용하고 영향을 미친다."[46]

환경에서 매체들을 선택하는 것과 선택된 매체들을 작품에서 재구성하는 것에서도 상상력 없이는 불가능하다. 이렇게 인간의 경험에는 여타의 유기체가 보여주는 환경과의 즉자적인 상호작용 이상의 것이 있다. 환경에서 채택한 재료는 경험을 통해 인간화된 재료로 재탄생한다. "예술의 재료는 …… 상호작용 과정에서 원래의 대상이 변형된 것이다. …… 개성을 가지고 삶을 살아가는 개인을 만나 융합되고 변형된 후에야 비로소 예술작품의 재료가 될 수 있으며, 예술작품을 구성하는 소재가 될 수 있다."[47]

예술적 경험은 리듬과 패턴의 통찰과 관계하며, 따라서 예술작품은 리듬과 패턴의 핵심을 요약하고 응축시켜 강렬하게 전달하는 것으로 볼 수 있다. 즉 예술적 경험과 예술작품은 모두 경험에서 리듬과 패턴을 발견하는 것에서 비롯된 감정과 밀접한 관계가 있다. 듀이는 이것을 경험의 고유한 질성quality으로 설명한다.

45. 듀이, 《경험으로서 예술 2》, 156쪽.
46. 같은 책, 158쪽.
47. 같은 책, 181쪽.

우리의 삶은 다른 경험들과는 구별되는 경험의 연속으로 이뤄져 있다.…… 삶에서 실제로 일어나는 경험은 역사적 사건과 유사한 것으로, 시작과 과정과 끝이 있다. 그것도 시작에서부터 결말에 이르기까지 유기적이고 리듬이 있는 변화와 발전의 과정이 있다. 바로 이런 점에서 각각의 경험은 다른 어떤 경험에서도 찾아볼 수 없는 고유한 그리고 경험 전체를 물들이는 독특한 '질성'을 가진다.[48]

질성이란 감각기관을 통하여 세계와 접촉할 때, 즉 우리가 대상과 직접 마주하는 경험을 하면서 획득하는 대상의 질적 특성이다. 듀이에게 경험은 곧 '질성'의 경험을 의미한다. "이 질성을 포착하는 질성적 경험을 통하여 생명체는 비로소 세상의 경이로움과 장엄함이 존재하는 것을 가능하게 하며, 이 세상의 경이로움과 장엄함을 스스로 체험하고, 세상의 경이로움과 장엄함을 밖으로 드러내게 된다."[49]

우리의 경험은 시간적, 공간적으로 분절된 개별 경험의 통합으로

---

48. 같은 책, 89-90쪽.
49. 같은 책, 57쪽. 철학사에서 질성(quality)는 영국 경험론의 철학자, 특히 로크 (J. Locke)에 의해 잘 알려졌다. 로크는 주로 사물의 객관적 성질로 생각했던 수, 크기, 모양, 무게, 운동을 제1성질로 사물에 대한 주관적 부분이 동반된 성질, 소리, 색깔, 냄새, 맛, 촉감과 같은 것을 제2성질로 본다. 그러나 듀이가 말하는 질성은 로크의 그것과 차이가 있다. 듀이의 질성은 감각을 통해 세계를 경험할 때 경험자의 정서(Emotion)와 관계된 것으로 찬란함, 강인함, 우아함, 섬세함 등이 그것이고, 이것은 세계의 경이로움과 장엄함 등의 심미적 감정을 일으킨다. 즉 듀이에게 질성이란 하나의 경험 상황이 주는 고유하고 독특한 성질로 주로 심미적인 것과 관련된다. 같은 책, 42-43쪽 각주 8) 참조.

이루어지는데, 개별 경험을 녹여서 묶는 것이 질성이다. 질성은 우리가 경험할 때 기쁨, 슬픔, 안온함, 경탄 등의 느낌을 말한다. 우리가 특정한 장소에서 느끼는 알 수 없는 편안함은 바로 경험의 질성에서 비롯된 것이다. 질성은 "그 자체로서 직접적으로 알려지지 않고, 직접적으로 경험되고 느껴지고 소유되는 것"[50]이다. 경험의 질성은 다시 한번 경험과 인식의 출발이 감각에서 출발한다는 것을 상기시켜준다. 경험의 질성은 우리의 일상적 경험에 편재해 있다. 그런데 우리는 일상적 경험에서 질성이 있다는 것을 자각하지 못하는 경우가 많다. 그런데 예술가의 경험과 그 경험을 토대로 하는 예술작품은 질성에 관하여 우리의 일상적 경험과는 다른 양상을 보여준다. 예술작품은 "일상적인 과정을 거쳐 완결된 경험에 들어 있는 질적 특성이 명료하고 강렬하게 드러난"다.[51] 즉 예술작품에서 질성은 일상적 경험의 그것에 비해 강렬한 형태로 집약된다.

이렇게 예술은 질성을 통해 경험을 통합한다. 예술작품은 질성을 표현한 것으로 세계를 질성, 즉 느낌의 방식으로 구현한다. 유기체의 경험에서 무엇보다도 중요한 것은 대상의 인식이 아니라 대상세계와 마주하여 느끼는 질성이다. 질성으로 전해진 세계는 개념보다 선행하며 총체적이다. 그러므로 듀이는 "여러 가지 요소들이 복잡하게 뒤얽혀 있는 삶의 장면을 제대로 이해할 수 있게 하는 것은 반성적 사

---

50. R.J. 번스타인, 정순복 역, 《존 듀이 철학입문》, 서울: 예전사, 1995, 132쪽.
51. 듀이, 《경험으로서 예술1》, 108쪽. "예술작품은 다른 종류의 경험에도 들어 있는 경험의 의미를 명료화하고 강조해서 보여주는 것"이다.(같은 책, 186쪽)

고나 과학적 사고라기보다는 바로 미적 경험"[52]에서 가능하다고 본다. 듀이에게 질성과 사유의 관계는 분명하다. 질성이 "모든 사유의 배경이고, 출발점이며, 규제하는 원리"이다.[53] 우리가 어떤 장소에서 느끼는 아늑함 혹은 불편함, 어떤 광경에서 느끼는 감탄과 비탄은 독립된 경험에서 얻어지는 것이 아니라 질성이 감각을 통해 전해진 것이다. 인식적 차원에서 장소는 구별되고 차이가 있지만 아늑함이라는 질성은 인식적 차이를 넘어서 관통한다.

질성은 기쁨, 슬픔, 희망, 두려움, 분노, 호기심 등의 정서로 발전하여 표현으로 이어지게 된다. 이러한 정서들은 미적 질성이라고 할 수 있다. "예술가가 작품을 만드는 것이 진정으로 예술적인 것이 되기 위해서는, 그가 표현하고자 하는 질성이 있어야 하며, 그가 '포착한 질성'에 따라 창작의 과정이 완전히 통합되어야만 한다. 예술가는 창작행위를 하는 동안 감상자의 마음과 행위를 동시에 가져야 한다."[54] 듀이는 예술가가 경험의 부분들을 질성을 통해 어떻게 통합하는지를

---

52. 같은 책, 186쪽. 질성과 사고 관계에 대해서는 박철홍, 〈듀이의 경험 개념에 비추어 본 사고의 성격: 이성적 사고와 질성적 사고의 통합적 작용〉,《교육과학연구》, 33집, 2011, 79-104쪽 참조.
53. J. Dewey, "Qualitative Thought", in: The Later Works, 1925-1953. Vol. 5, Ed. J. A. Boydston, Carbondale: Southern Illinois Uni. Press, 2008, p. 261. "모든 질성은 감각을 통해 받아들인 것이다. 그러므로 직접적인 감각적 성질, 즉 감각에 의한 질성들을 가치 없는 것으로 보는 철학자들의 시도와 바람은 진실을 가리는 것으로 생각하는 감각에 대한 염려 때문에 생긴 것이며, 그런 점에서 원래는 도덕적인 의도를 가지고 있다."(존 듀이,《경험으로서 예술 2》, 191쪽)
54. 같은 책, 111-112쪽.

영국 시인 키츠J. Keats, 1795-1821 시 〈천상의 것〉을 재인용하는 방식으로 자신의 주장을 드러낸다. 예술가는 "태양을, 달을, 별을, 그리고 지구와 지구에 있는 것들을 본다. 그런데 예술가는 이런 것들을 보되 있는 그대로 보는 것이 아니라 보다 더 위대한 것을 만들기 위한 재료로 본다. 보다 더 위대한 것, 이것이 바로 천상의 것이다. 보다 더 위대한 것은 이미 창조주인 신이 만든 것을 가지고 새로운 것을 만드는 것을 뜻하며, 그런 점에서 신이 만든 것보다 더 위대한 것이다."[55]

예술작품의 질성은 경험에서 출발한다. 그렇기에 모든 경험은 미적 경험의 요소를 가지고 있다. 예술가는 일상 경험에 편재한 질성을 자신이 선택한 매체를 통해 명료하고 강렬하게 드러낸다. 즉 "예술의 영원한 과제는 일상적 경험사태에서 벙어리나 귀머거리처럼 아무런 말도 못하는 재료를 아주 말 잘하는 매체로 바꾸는 것이다. 예술은 근본적으로 행위의 질성이며 행위가 가해진 사물의 질성이다. 이 말에 비추어 보면 진실로 새로운 예술작품은 모두가 어느 정도 새로운 예술의 탄생을 의미한다."[56]

모든 경험은 질성을 가지고 있고, 그렇기 때문에 미적 경험으로 발전될 가능성이 있다. 그러나 대부분의 경험은 미적 경험의 조건인 '하나의 경험an experience'에 이르지는 못한다. 하나의 경험은 질성으로 통합되고, 지속성을 유지할 정도의 형식을 갖추어야 한다.

55. 같은 책, 77-78쪽 재인용.
56. 같은 책, 82-83.

일정한 기간 동안 이루어진 삶의 경험이 하나의 단위로 묶일 수 있을 정도로 일정한 형식을 갖추고 있고, 형식을 알아볼 수 있을 정도로 계속성을 유지할 때 우리의 경험은 '00경험'이라고 명명할 수 있는 '하나의 경험'이 된다.[57]

하나의 경험에서 형식은 기계적인 반복적 활동과는 다른 것이다. 또한 하나의 경험이 성취한 통합은 경험의 단순한 집합이 아니다. 하나의 경험은 여타의 경험들과 구별되는 고유성을 유지한다. "'하나의 경험'은 '그 식사', '그 폭풍', '그 깨어진 우정' 등과 같은 고유한 이름을 붙일 수 있는 단일한 특성을 갖는다. …… 경험 전체가 하나의 독특한 질성으로 묶여 있기 때문이다."[58] 하나의 경험에서 '그 00'이 다른 경험들과 구별짓는 경험의 단일성과 고유성을 결정짓는다. 특정한 경험이 하나의 경험이 될 수 있는 것은 강력한 질성으로 묶이고 거기에 지적이고 실천적인 요소가 덧붙여져야 한다. 그렇기에 하나의 경험은 "단순히 정서적인 것도, 실천적인 것도, 지적인 것도 아니다."[59]

미적 경험은 감각적 경험에서 출발하지만, 감각적 경험을 넘어선 경험이다. 미적 경험은 정서적, 지적 그리고 실천적인 것이 상호 유기적으로 결합된 경험이다. 그렇기에 미적 경험은 그냥 스쳐 지나가는 경험과 달리 경험의 요소들이 결과 속으로 통합되고 목표를 성취한 하

---

57. 같은 책, 62-63쪽.
58. 같은 책, 92쪽.
59. 같은 곳.

나의 경험이라 할 수 있다. 예술가는 하나의 경험을 작품으로 표현하는 데 성공한 사람이다. 따라서 "어떤 경험도 '하나의' 경험으로 완결될 때는 심미적 성질을 갖는다. 반대로 말하면, 어떤 종류의 경험도 심미적 성질을 갖지 못한다면 통합되고 완결된 경험이 될 수 없다."[60]

하나의 경험이 되기 위해 무엇보다도 가장 중요한 요소는 전체 경험을 관통하는 질성이다. 하나의 경험은 완결된 경험으로서 "질성이 경험을 구성하는 모든 단계와 구성요소에 고루 퍼져 있으며, 스며들어 있다. 그러므로 하나의 경험에서 충만함과 완결은 단순히 어떤 활동이 끝나는 마지막 지점에 있는 것이 아니라, 연속적인 활동의 종합적이고 누적적인 작용의 결과로 주어지는 것이다."[61] 즉 하나의 경험은 경험을 구성하는 요소들이 경험의 시작과 끝에 이르기까지 긴밀히 연결, 통합되어 있고, 앞선 경험과 연속성을 가져야 한다. 이 모든 것을 가능하게 하는 추동력은 하나의 경험을 물들이는 독특한 질성이다.

그렇다고 하나의 경험이 일상적 경험과 분리된다는 것을 의미하지 않는다. 하나의 경험은 일상적 경험 중에서 지속성과 완결성 그리고 자족성과 독특성의 특징을 가진 경험을 말한다. 듀이가 드는 하나의 경험의 예시에서도 이 점을 확인할 수 있다. "만족할 만한 예술작품을 완성하는 것, 골치 아픈 문제를 해결하는 것, 경기를 끝까지 마치

---

60. 같은 책, 99쪽.
61. 같은 책, 128-129쪽. 잭슨(W. Jackson)은 일반적 경험과 다른 질성의 특징으로 '완결성(completeness)', '유일성(uniqueness)', '통합된 정서(unifying emotion)'를 들고 있다.(W. Jackson, John Dewey and the Lessons of Art, New Haven: Yale Uni. Press, 1998, pp.7-11 참조)

는 것, …… 저녁 식사를 하는 것, 장기를 두는 것, 대화를 나누는 것, 책을 쓰는 것, 선거운동을 하는 것"[62]도 하나의 경험이다. 즉 우리의 일상 경험도 질성으로 묶어낼 수 있을 때, '그 00'으로 불릴 수 있고, 하나의 경험이 된다. 마찬가지로 어떤 형태의 일상적 경험도 하나의 경험이 될 때 그것은 미적인 경험의 자격을 획득한다.

> 어떤 경험도 '하나의' 경험으로 완결될 때는 심미적 성질을 갖는다. 반
> 대로 말하면, 어떤 종류의 경험도 심미적 성질을 갖지 못한다면 통합
> 되고 완결된 경험이 될 수 없다.[63]

하나의 경험은 환경이 주는 자극에 단순 반응하는 것이 아니라 정서, 지성 및 실천적 능력이 능동적으로 발현되어야 성취된다. 듀이는 하나의 경험은 환경의 리듬과 패턴을 단순히 수동적으로 재현하는 것이 아니라 능동적인 형식을 통해 구성하는데, 형식은 "조직화된 마음의 체계"[64]에 의해 창조된 것이다. 형식은 수동적 재현이 줄 수밖에 없는 불안정성을 극복할 수 있게 한다. "형식은 하나의 사건, 대상, 장면, 상황에 관한 경험을 하나로 통합하는 힘의 작용으로 규정될 수 있다."[65] 그래서 듀이는 예술작품을 "형식화된 재료"[66]로 정의

---

62. 같은 책, 88-89쪽.
63. 같은 책, 99쪽.
64. 같은 책, 127쪽. "형식은 하나의 사건, 대상, 장면, 상황에 관한 경험을 하나로 통합하는 힘의 작용으로 규정될 수 있다."
65. 같은 책, 282-283쪽.
66. 존 듀이, 《경험으로서 예술 2》, 16쪽.

하고, 예술작품에서 결정적인 것은 "재료에 들어 있는 에너지를 조직화하는 것이며, …… 에너지를 어떻게, 어떤 형식을 띠도록 조직화하느냐 하는 것"[67]으로 본다. 예술가들의 개성도 바로 이러한 형식과 관련된다. 예술작품에서 형식은 경험의 핵심을 요약하고 응축하여 작품의 의도를 분명하게 전달한다. 감상자가 작품을 이해하는 첩경 역시 창작자가 작품에 구현한 형식을 파악하는 것이다.

미적 경험이 그러하듯이 하나의 경험 역시 감각 경험에서 출발한다. 감각 경험을 구성하는 요소들이 질성으로 통합될 때 경험은 미적 경험이 될 수 있다. 하나의 경험은 의미를 획득한 최소단위의 경험을 의미한다. 일상적 경험이 모두 하나의 경험이 될 수 있다. 다만 일상적 경험이 하나의 경험이 되기 위한 전제는 형식을 갖추어야 하고 의미를 형성해야 한다. 따라서 하나의 경험에는 물질과 정신, 육체와 영혼, 몸과 영혼이 긴밀하게 상호작용한다. 이것에 대한 가장 적절한 예시는 예술이다. 예술은 정신적인 것과 물질적인 것이 서로 연속적이며 결합되어 있다는 가장 좋은 증거라 할 수 있다. "예술작품은 감각과 이성의 분리가 부당하다는 것을 보여주는 좋은 예이다."[68]

우리가 하나의 경험에 도달한다는 것은 의미획득에 성공했다는 것을 뜻한다. 이것은 예술가들의 창작에서 보다 분명하게 확인할 수 있다. "예술은 선택과 조직을 통하여 그냥 스쳐 지나가는 경험을 가치

---

67. 같은 책, 17쪽.
68. 같은 책, 133쪽. "마음과 몸, 정신과 물질, 영혼과 육체를 서로 대립되는 것으로 보는 것은 근본적으로 삶의 경험을 불신하는 데서부터 출발한다."(존 듀이, 《경험으로서 예술 1》, 58쪽)

있는 '하나의' 경험으로 만드는 것이며, 따라서 우리들에게 균형 잡힌 지각을 할 수 있는 능력을 향상시켜 주는 것이다."[69] 예술작품은 인간의 개별적 경험을 통합하고, 더 나아가 경험의 의미를 확장하는 데 결정적 역할을 한다. 이것은 창작자에게만 해당하는 것이 아니라 감상자에게도 마찬가지이다. 예술작품은 감상자 개인의 경험과 관계할 때 의미가 있다. 즉 감상자가 작품을 이해하는 가장 좋은 길은 창작자가 구현한 미적 경험을 자신의 경험으로 체험하는 것이다. 이러한 추체험이 가능하기 위해서는 자신의 삶 속에서 획득한 하나의 경험이 예술가에 의해서 창작된 작품에서 미적 경험과의 유사성을 발견하는 안목이 필요하다.

예술은 일상적 경험의 의미를 명료하게 드러내고 강조한다. 그런 의미에서 미적 경험은 일상적 경험의 새로운 창조라고 할 수 있다.

> 새로운 경험의 창조는 때로는 경험의 확대와 강렬함에 의해서, 때로는 모험에 찬 여행에 의해서 얻어진다. …… 아무런 질서가 없던 경험의 원재료를 형식을 통해서 질서와 체계가 있는 재료로 변화시킴으로써 예술작품은 일상적 삶의 경험을 생생하게 유지할 수 있도록 만들어준다. 이것이 바로 진정한 예술의 힘이다.[70]

---

69. 존 듀이, 《경험으로서 예술 1》, 366쪽.
70. 같은 책, 274-275쪽.

3 문명과 예술

　듀이는 예술의 출발을 유기체적 존재의 생존술의 일종으로 본다. 유기체의 생존전략에서 무엇보다도 중요한 것은 환경에 적응하는 것이다. 유기체가 환경에 적응한다는 것은 환경이 요구하는 것을 우선적으로 따라야 한다. 환경이 요구하는 것은 패턴과 리듬의 형태로 유기체에게 강제되는데, 유기체는 환경의 패턴과 리듬에 수동적 위치에 있다. 그렇다고 유기체가 환경과의 관계에서 전적으로 수동적으로 반응하는 것은 아니다. 생존의 가능성을 높이기 위해 유기체는 환경의 불안정한 요소에 적극적이고 능동적으로 자신의 역량을 발휘한다. 곤충의 보호색, 새들의 둥지 등은 유기체가 환경에 단순히 수동적으로 당하는 존재가 아니라 환경에 능동적으로 행하는 존재인 것을 알 수 있다.

　유기체와 환경의 상호작용은 수동적인 겪기와 능동적 행하기의 변주이다. 모든 유기체는 생존하는 한, 환경과의 상호작용은 중지 없이 지속된다. 듀이는 유기체가 환경에 직면하여 행하는 이러한 상호작용을 경험으로 설명한다. 유기체의 상호작용, 즉 경험은 환경의 질서를 따르면서도 동시에 불완전성을 포함한 환경에 능동적으로 대처함으로써 안정을 찾으려는 생존본능과 관계있다. 유기체로서 인간의 경험 역시 기본적으로 여타의 유기체와 같이 환경과의 상호작용을 통해 생존을 도모한다.

인간의 모든 경험의 출발은 감각기관을 통해서 이루어진다. 인간의 경험이 감각에 기초하고 있다는 것은 예술을 통해 보다 명확해진다. 듀이는 예술의 기원에 대한 이성주의적 입장을 거부한다. 그에게 예술의 기원은 자연과 인간의 감각적 상호작용과 그것에서 비롯되는 감정과 정서를 자신이 선택한 매체를 통해 표현하는 행위이다. 인간과 환경의 관계, 즉 경험은 오감을 통해 시작된다. 여타의 유기체와 마찬가지로 인간의 오감이 자신을 둘러싼 환경을 이해하는 방식은 환경에 내재 된 '리듬'을 통해서이다. 이 리듬을 통해서 그는 자연의 변화에 적응하게 된다.

인간은 외부의 자연뿐만 아니라 인간의 신체 역시 고유한 리듬을 따른다는 사실을 알게 된다. 인간의 내외적 자연의 리듬을 따를 때 인간은 자연과 조화를 이룰 수 있고, 안정을 확보할 수 있다. 듀이는 인간이 리듬을 이해하고 따르면서 더 나아가 리듬을 재현하는 행위가 바로 예술의 출발이 된다고 주장한다. 예술에서 형식은 리듬의 규칙성을 표현한 것이다. 음악에서 박자, 그림에서 선, 시에서 운율, 조각에서 곡선에는 인간이 자연에서 획득한 리듬이 들어있다.

듀이는 인간이 다른 생명체와 마찬가지로 생명을 유지하기 위해 환경에 반응하고 적응하는 존재로 본다. 미적 경험 역시 유기체로서 인간의 감각적 경험의 산물이다. 그런데 인간의 경험은 여타의 유기체의 경험 이상을 보여준다. 즉 유기체의 경험은 생존을 위해 환경에 적응하는 데 초점이 맞추어져, 기계적이고 반복적인 형태의 경향성이 강하다. 이에 반해 인간의 경험은 환경과 조화로운 상태를 유지하기 위해 수동적 적응에만 머물지 않고, 단순 생존을 넘어 환경에 적극적으로 개입하여 환경 자체에 변경을 가하기도 한다. 이러한 인간의 경험에는 상상력, 기억, 추론 등 인간의 다양한 정신적 능력이 동시에 작동한다. 그러므로 경험은 인간의 성장과 완성의 토대라고 할 수 있다.

> 감각작용은 지적인 것과 긴밀한 관련을 맺는다. 왜냐하면 감각기관을 통한 참여가 단순한 감각으로 그치지 않고 삶에 유익한 것이 되려면 마음의 작용이 있어야 하기 때문이다. 감각된 것에 마음이 작용하면 세계와 교섭에서 의미와 가치가 발견되며, 세계와의 교섭이 의미와 가치를 지니게 된다. 그리고 이때 세계와 교섭한 결과는 앞으로 생명체와 환경의 교섭에 더욱더 유용하며 적절하게 사용된다.[71]

인간과 환경의 상호작용에는 여타의 유기체에서 찾기 어려운 지성적인 부분이 감각적인 활동에 강하게 결합한다. 그래서 앞서 언급했듯이 듀이는 인간의 상호작용을 교변작용transaction으로 명명하고, 인간 이외 유기체의 상호작용과 구분하기도 한다. 인간의 교변작용

---

71. 같은 책, 57쪽.

에는 생물학적, 역사적, 사회적 환경이 상호 복잡하게 상호작용한다. 그래서 인간은 자연적 존재이지만 인간화된 자연을 창조하고, 이것이 곧 인간을 문명적 존재가 되게 한다.

듀이는 인간의 교변작용을 통해 서양철학의 오랜 믿음이었던 마음과 몸, 정신과 물질 그리고 영혼과 육체의 이원론을 비판한다. 이원론은 삶 속에서 행하는 인간의 경험에 대한 불신의 태도, 삶에 대한 적대적 태도에서 비롯된 것이다. 인간의 경험은 경험대상과 경험하는 사람의 마음의 상호작용을 통한 결과물이다. 인간의 경험은 환경과 수평적으로 반응하는 것이 아니라 환경이 자신에게 부과하는 과제인 불안정성을 극복하기 위해 축적된 과거의 경험을 소환한다. 과거의 경험들은 일종의 형식을 갖추고 의식 속에 저장되어 있다. 인간은 과거에 경험할 수 없었던 현재의 새롭고 낯선 경험이 형식으로 포섭되지 않을 때는 새로운 형식을 창조한다. 이러한 과정은 인간에게는 삶의 과정이라 할 수 있고, 토인비식으로 '도전과 응전'에 해당한다.[72] 무엇보다도 예술은 정신적인 것과 물질적인 것이 분리되어 있다는 이원론에 대한 최고의 반박이라 할 수 있다.

예술은 근본적으로 환경과 조화로운 상태를 회복하려는 욕구에서 출발한다. 삶의 안정성에 대한 욕구는 우선적으로 환경에 적응하는 행위로 나타나고 적응의 첫 단계는 환경을 작동시키는 고유한 리듬을 간파하는 것이다. 인간이 환경에 가장 잘 적응하는 원시적 방식은 환경의 리듬을 재현하는 것이다. 인간이 환경의 리듬을 간파하고

72. 같은 책, 137쪽 참조.

재현할 때 느끼는 경탄과 환희, 환경과 조화의 상실로 느끼는 비탄과 절망의 감정, 즉 질성은 모든 예술의 출발점이 된다. 그런데 인간의 모든 경험에는 질성이 포함되어 있다. 그런 의미에서 인간의 경험은 모두 심미적이다. 질성은 일차적으로 우리의 감각기관으로부터 획득된다. 오감의 능력이 조화롭게 작동할 때 인간은 훨씬 더 풍부한 질성을 얻을 수 있다. 질성에 대한 감수성은 인간 역사의 시원으로 거슬러 올라갈수록 풍부하다.

오늘날 우리가 예술의 기원으로 보는 동굴벽화나 제의 등은 인간 일반이 가진 질성에 대한 수용성과 예술적 감수성에 대한 직접적 근거라 할 수 있다. 우리는 수만 년 전의 원시인들이 남긴 예술작품들이 가진 예술적 재능에 놀라게 된다. 여기에다 작품이 예술가가 아니라 부족 전체의 집단 창작이라는 점에 더욱 놀라게 된다. 전문적 교육을 받지 않은 그들이 어떻게 자신들의 경험을 작품으로 형상화할 수 있었을까? 듀이는 그 이유를 그들이 가진 오감의 능력과 그것을 바탕으로 세계와 마주하며 느끼는 질성에서 찾는다.

원시인들은 …… 그들이 주변에서 일어나는 일을 보고 들을 때는, …… 온갖 신체적 감각과 모든 신경을 총동원하여 사방에 주의를 기울인다. 그들의 감각기관은 우리의 경우처럼 먼 훗날에 일어날지도 모르는 일들을 대비하여 필요한 자료를 모으는 정보 수집기관과 같은 것이 아니라, 적이 나타났을 때 즉각적으로 사고하고 판단하며 대처하는 파수꾼 또는 판단에 따라 신속하게 대응하는 전초기지와 같은 것이다. 그러한 동작 속에는 과거, 현재, 미래가 뗄 수 없이 연결되

어 있으며, 나아가 감각, 정서, 판단(사고), 행위가 긴밀하게 통합되어
있다.[73]

원시인들의 이러한 태도와 행위는 듀이에게 미적 경험의 전형이
다. 이러한 경험을 자신들의 주변에서 찾을 수 있는 매체를 활용하여
표현한 결과가 우리가 경탄하는 원시인들의 작품인 것이다. 그들의
오감 모두는 생존을 위해 활성화되며, 조화롭게 협업한다. 그들의 작
품이 역동적이며, 생기가 넘치는 것도 바로 그들이 자연과 상호작용
하는 경험 자체가 그러하기 때문이다. 듀이에 따르면 근대인들의 감
각 경험은 원시인들의 그것과는 분명한 차이를 보여준다. 한 마디로
근대인들의 감각 경험에는 생기와 역동성이 사라졌다. 근대인의 감
각 경험에는 "어떤 자극이 주어지기는 하지만, 우리는 그러한 자극
안에 있거나 배후에 있는 현실을 지각하지 못하는 경우가 많다. 이때
우리에게 주어진 자극은 반복해서 주어지는 기계적 자극이나 단지
우리의 신경에 약간의 자극을 주고 지나가는 단순한 자극으로 감각
한다. 이때 인간 경험은 서로 다른 감각기관에 의해 주어지는 자료들
을 결합하고 종합하여 하나의 통일된 전체를 만들어 내지 못한다. 보
기는 하지만 느끼지는 못하는 경우가 많으며, 듣기는 하지만 직접적
으로 보지 않은 것, 즉 간접적으로 보고된 것만을 듣는 경우가 대부
분이며, 사물을 만지기는 하지만 피부 접촉을 넘어서는 감각작용과
결합하지 못하기 때문에 여전히 피상적 접촉에 지나지 않는 경우가

73. 같은 책, 49쪽.

대부분이다."[74]

　근대인들의 감각 경험이 보여주는 것은 오감들이 상호 단절된 채 작동하여 경험의 통합이 이루어지지 않는다. 감각 경험은 그저 단순 자극 정도로 이해한다. 근대인들은 경험의 종합을 질성에서 찾는 것이 아니라 지성에서만 찾으려 한다. 그들은 감각작용에 지적 관심이 함께 한다는 사실을 부정한다. 이것은 근대가 "감각작용을 표면적 흥분에만 머무르도록 만드는 삶의 조건에 놓여 있으며 그러한 삶의 조건에 굴복하고 말기 때문이다. 이런 조건하에서 사회적으로 훌륭하다고 인정받는 사람은 신체는 사용하지 않고 정신만을 사용하는 사람"[75]이다. 듀이가 언급하는 근대의 삶의 조건은 자본주의, 분업화 그리고 대도시로 상징되는 새로운 생활세계와 관계한다. 전기의 등장과 활자로 인쇄된 책의 대량 보급, 자동차를 비롯한 새로운 교통수단의 등장은 목가적 사회에 익숙했던 인간의 지각방식으로는 도저히 적응할 수 없게 되었다. 결국 오감은 시각 중심으로 재편되었고, 인간들은 정신분산의 방식으로 세계를 분할하여 이해하게 되었다. 이러한 삶의 조건에서 감각 경험을 통한 경험의 종합은 불가능하게 되었다. 이러한 상황에서 감각의 가치는 상실되었고, 철학에서 감각은 단지 인식의 문제로 축소되었다.

　결국 듀이가 볼 때 우리가 통합적 감각의 경험을 할 수 있는 길은 예술작품을 통해서이다. 예술작품은 경험의 질성을 리듬과 패턴의

---

74. 같은 책, 54쪽.
75. 같은 책, 55쪽.

형식에 맞게 재구성하고 매체를 활용하여 생생하고 두드러진, 즉 살아있는 경험을 구현한다. "예술작품은 경험의 다양한 본질을 전달할 수 있으며, 그것도 핵심을 요약하고 응축시켜서 강렬하게 전달할 수 있다."[76] 감상자는 작품을 통해 경험의 보다 깊은 의미를 자각하게 된다. 감상자가 예술작품을 통해 감동할 수 있는 것은 바로 경험이 가진 질성에 대해 이해하고 공감할 수 있는 능력이 내면에 잠재하고 있음을 뜻한다.

> 예술을 통하여 예술이 없었다면 표현되지 못한 채 그냥 남아 있을, 따라서 불완전하며 제한적이고 억눌린 상태에 있을 대상의 의미들이 명료화되고 강화된다. 이것은 고통스러운 사고에 의한 것도 아니며, 감각세계로의 도피에 의한 것도 아니다. 그것은 다름 아닌 새로운 경험의 창조에 의해 이루어진다.[77]

예술가들은 일반인에게는 무뎌진 경험의 질성을 포착할 수 있는 능력을 갖춘 존재이다. 그들은 경험에서 포착한 독특한 질성을 '하나의 경험'으로 완성한다. 그들의 작품에서 개별 경험들이 통합되고 명료하고 강렬하게 표현될 수 있는 것은 질성을 포착하는 감수성과 그것을 '하나의 경험'으로 통합하는 예술가의 남다른 능력 때문이다. 그러나 예술가가 가진 이러한 능력은 근대미학에서 말하는 천재가 가

---

76. 듀이, 《경험으로서 예술 2》, 192쪽.
77. 듀이, 《경험으로서 예술 1》, 274쪽.

진 남다른 재능에서 비롯된 것이 아니다. 앞서 우리가 원시인들의 예에서도 보았듯이, 듀이는 생리학적 차원에서 모든 인간은 경험에서 질성을 포착하고 그것을 통해 경험을 통합할 능력을 갖추고 있다고 확신한다. "예술작품을 통해서 감동을 받는 것은 예술가가 표현한 것을 마치 감상자 자신이 표현하고 싶어 했던 것을 표현한 것으로 느끼기 때문이다."[78]

듀이는 경험에서 질성을 포착할 수 있는 능력은 인간 일반에 포함되기에 감상자는 예술작품에 감응할 수 있는 것이다. 이런 의미에서 듀이는 "예술은 가장 보편적인 형태의 언어, 즉 의사소통의 수단"[79]이라고 본다. 즉 감상자는 예술작품을 감상할 때 창작자가 작품을 통해 경험의 질성을 어떻게 통합시키고 형식으로 표현하고 있는지, 자신의 축적된 경험을 바탕으로 재구성할 수 있다. 예술작품이 인간들 사이에 소통이 가능한 보편적 언어이면서 최후의 의사소통 매체라는 사실은 언어와 국적 그리고 인종과 관계없이 음악과 그림을 마주하는 감상 태도에서도 확인할 수 있다. "이 세상에는 충분한 의사소통을 방해하는 장애물과 장벽으로 가득 차 있다. 이러한 세계에서 예술작품은 인간들 사이에 아무런 방해도 받지 않는 완전한 의사소통을 가능하게 하는 유일한 매체가 된다."[80]

예술은 인간들 사이를 가로막는 장애물을 뛰어넘어 서로를 공감하

78. 같은 책, 222쪽.
79. 같은 책, 153쪽.
80. 같은 책, 223쪽.

게 하는 힘이 있으며, 말로서는 전달될 수 없는 생생한 삶의 의미를 직접적으로 전한다. 예술이 가진 이러한 힘은 예술이 근본적으로 인간의 삶의 생리학적 적응 방식과 태도 그리고 인간사회가 가진 기본적인 소망과 이상을 표현하기 때문이다. "삶의 현장에서 부딪치는 사물이나 사건들은 삶을 구성하는 여러 가지 요소들이 복잡하게 얽혀 있다. 여러 가지 요소들이 복잡하게 뒤얽혀 있는 삶의 장면을 제대로 이해할 수 있게 하는 것은 반성적 사고나 과학적 사고라기보다는 바로 미적 경험이다."[81] 예술작품이 가진 가장 본질적이고 순수한 의사소통의 매체적 성격은 듀이가 '예술품product of art'과 '예술작품work of art'을 구분하는 것에서도 잘 드러난다.

> 예술품은 어떤 사람에 의해 만들어진 생산물 그 자체를 가리킨다. 인간이 예술품과 상호작용하여 하나의 경험이 될 때 그리하여 예술품이 지닌 성격 때문에 하나의 경험이 향유할 만한 것이 될 때 예술품은 비로소 예술작품이 된다.[82]

예술품이 창작자의 것이라면, 예술작품은 감상자가 창작자의 예술품을 통해 '하나의 경험'에 도달할 때 성취된다. "예술작품이 진정한 의미에서 예술작품이 되는 것은 감상자 개인의 삶 속에서 독특한 경험을 불러일으킬 때이다. 개인의 경험 속에서 작용하지 않을 때 예술

---

81. 같은 책, 186.
82. 듀이, 《경험으로서 예술 2》, 60쪽.

작품은 단지 예술작품으로서의 '가능성'을 지니고 있을 뿐이다."[83] 이런 의미에서 듀이는 예술작품을 감상에서 분리하는 근대미학과 확실한 거리를 둔다. 그에게 예술은 작품만큼 감상의 행위 역시 중요하며, 그것은 예술이 인간의 경험에 기반한 공공재이다. 예술작품이란 "예술가의 경험과 관객의 경험이 미적 공동체를 형성하며 교감하는 장"[84]이라 할 수 있다.

듀이는 창작의 측면에서도 창작자와 감상자를 분리하는 근대적 미학관을 거부한다. "예술은 이른바 예술가의 전유물이 아니다. 해야할 일을 열심히 하며, 하는 일 속에서 기쁨과 만족을 발견하고, 진정한 애정을 가지고 재료와 연장을 다루는 기술자는 예술적 활동에 종사하는 것이나 다름없다."[85] 이 인용문에서 우리는 예술을 기술과 근본적으로 분리하지 않는 듀이의 생각을 읽을 수 있으며, 듀이의 발언이 그리스인들이 생각하는 예술관과 일치한다는 것을 알 수 있다. 예술에 해당하는 영어 arts와 독일어 Kunst는 그리스어 테크네techné에서 유래한다. 그리스어 테크네는 솜씨 혹은 맵시의 의미가 강하다. 그래서 테크네는 가옥, 동상, 배, 침대, 항아리, 옷 등 물건을 잘 만

83. 듀이, 《경험으로서 예술 1》, 232.
84. 정해창, 《듀이의 미완성 경험》, 파주: 청계출판사, 2013, 225쪽. "미적 경험의 형성에서 자연주의적 기원을 조건으로 하면서도 상호작용과 의사소통을 중시하는 듀이의 미학적 사고는 궁극적으로 상호관계를 공적인 것이나 공동체적인 의미로까지 확장한다."(홍일희, 〈니체와 듀이의 자연주의 미학 비교〉, 《미학》, 85권 4호, 한국미학회, 2019. 2, 316쪽)
85. 듀이, 《경험으로서 예술 1》, 24쪽.

드는 데 필요한 솜씨를 의미할 뿐만 아니라 군대 통솔, 토지 측량 심지어 연설 등 정신적 능력을 발휘하는 것도 테크네로 불린다. 테크네는 규칙에 대한 지식을 발휘하는 물질적, 정신적 행위 일반을 의미한다.[86] 듀이 역시 "노동자가 생산활동에 집중하여 열심히 일하는 것과 예술가가 창작활동에 전념하여 열심히 일하는 것이 적어도 형식상 동일한 것이라면, 생산활동에 전념하는 것이 심미적으로 고양된 인식을 방해하거나 억제한다는 주장은 성립하지 않는다."[87]고 주장한다.

듀이는 직업의 차이 유무와 상관없이 자신이 종사하는 일상의 경험에서 질성을 획득하고 경험을 통합하는 상상력을 발휘한다면, 그것이 실용적이라는 의미에서 미적인 것에서 배제하는 것은 잘못된 것이라 본다. 즉 듀이가 생각하기에 "모든 경험이 발전을 통해 일정한 수준을 이루어 통합적이고 정합적이며 완결적인 것이 되면 미적 차원에 도달한다."[88]

예술이 의사소통을 위한 최고의 매체라는 것, 그리고 예술작품이 창작자와 감상자의 상호작용을 통해 가능해진다는 것을 통해 우리는 예술과 삶의 관계를 유추해 볼 수 있다. "예술작품이 일상의 경험

86. 테크네와 예술개념의 변천에 대한 구체적 내용은 Ästhetische Grundbegriffe Bd.3, Hrsg.v. K. Barck u.a, Stuttgart 2001, pp.556-616 참조.
87. 듀이,《경험으로서 예술 2》, 139쪽.
88. T. Alexander, John Dewey's Theory of Art, Experience, and Natur: The Horizons of Feeling, New York: SUNY Press, 1987, p. 185참조. 국순아,《듀이의 자연주의 철학》, 215쪽 재인용.

과 떨어져 있지 않다는 것 그리고 사회생활 하는 곳곳에서 예술작품이 널리 향유된다는 것은 그 사회에서 공동체를 이루어 사는 사람들이 삶이 서로 긴밀한 관계를 맺고 있으며, 서로 통합되어 있다는 것을 의미한다. 그리고 그런 예술작품을 만드는 것은 잘 통합되고 긴밀한 관련을 맺는 삶을 창조하는 데 중요한 역할을 한다."[89] 예술이 자신의 사명을 다할 때 사회는 통합되고 개인들은 자신의 창조적 능력을 잘 발휘할 수 있게 되고 성숙한 존재로 거듭날 수 있게 한다.

예술이 공적인 성질을 가졌다는 것은 제의와 의식에서 예술의 역할을 보면 쉽게 이해할 수 있다. 무용과 연극은 종교적 제의에서 빠질 수 없고, 거대한 신전은 신을 모시는 건축물이었다. "연극, 음악, 그림, 건축의 여러 예술은 원래 극장이나 화랑, 박물관과는 아무런 관련이 없었다. 그것들은 공동체적 삶의 중요한 일부분일 뿐이었으며, 삶의 현장에서 자연스럽게 행해지고 사용되던 것이었다."[90] 더욱이 원시시대 예술작품의 창작과 감상은 집단에 의해 공동으로 이루어진 사실을 보더라도 "예술은 인간들에게 원래 그리고 운명적으로 공동체임을 자각하게 해준다."[91] 듀이는 거듭 예술에서 작품과 창작과 감상 행위의 분리를 당연한 것으로 생각하는 태도는 예술과 삶 그리고 공동체와의 관계에 근본적 이해가 부족하기 때문이라고 주장한다. 작품과 감상, 예술과 일상적 삶의 분리는 예술의 본질에서 비롯

89. 듀이, 《경험으로서 예술 1》, 179쪽.
90. 같은 책, 27쪽.
91. 듀이, 《경험으로서 예술 2》, 153쪽.

된 것이 아니라 예술의 영역 밖의 특수한 외적 조건, 즉 역사적 조건에 의한 결과이다.

예술이 일상생활을 위한 효용과 아무 관계가 없는 것이고 창작의 측면에서는 '예술을 위한 예술' 그리고 감상에서는 심미적 관조를 강조하고 예술을 수집, 소유, 전시 등 과시의 대상으로 보는 것은 예술의 본질에서 일탈한 것이다. 따라서 듀이는 예술에 대한 철학의 시급한 과제는 이제 "'매일 이루어지는 일상적인 일들이 어떻게 하여 예술적 창작의 형태로 발전되는가?' 또는 '일상적 장면과 상황에 대한 향유가 어떻게 미적 경험을 수반하는 특별한 만족감으로 발전되는가?' 하는 것과 같은 물음에 대해 대답할 수 있어야 한다."[92]고 본다. 그렇게 함으로써 예술과 삶의 관계는 제자리로 돌아갈 수 있게 될 것이다.

예술이 일상의 삶과 분리될 수 없다는 것은 우리가 이용하는 일상적 생활 도구에서도 확인할 수 있다. 주방 용구의 예를 보더라도 그것은 분명하다. 그것이 수제품이든 대량생산된 상품이든 그릇과 각종 식기 등은 제작과정에 미적인 고려가 빠질 수 없다. "동서고금을 막론하고 장인들은 물건을 만들 때 단순히 실용적 측면만을 고려하여 디자인하는 것이 아니라, 가능한 한 미적으로 보기 좋게 만들기 위해 고심하고 많은 시간을 투자한다."[93] 또한 식기의 사용자도 구매 단계에서부터 사용할 때도 그것이 가진 재료와 형태를 심미적 관점에서 판단하고 향유한다. 오늘날 의복, 자동차, 스마트폰 등 우리의

---

92. 듀이, 《경험으로서 예술 1》, 35쪽.
93. 듀이, 《경험으로서 예술 2》, 137쪽.

일상과 뗄 수 없는 것에서 미적 요소를 분리할 수 없다.

우리가 박물관에서 예술작품으로 감상하는 예술작품 역시 당대 인간들이 생활을 위한 목적에서 제작한 것들이다. 예술은 삶과 분리되지 않는다. 그러므로 예술작품 속에서 우리는 그것을 제작하고 향유한 인간들의 삶과 문화를 읽어낼 수 있다. "예술은 그 사회에서 사는 사람들의 경험을 보다 더 질서 있고 통합된 것으로 재창조할 수 있는 보다 강력한 힘과 능력을 행사"[94]한다. 듀이는 예술과 삶 그리고 문화의 관계에 관해 설명하기 위해 파르테논 신전을 예시로 든다. 파르테논은 예술작품을 의도하고 건축된 것이 아니라 제례의식을 위한 삶의 방편으로 세워진 것이다. 그리고 그것이 예술작품의 지위를 획득하게 되는 것은 사람들에게 보편적 형태의 언어로 향유될 때이다. 예술이 가진 가장 순수한 의사소통의 매체라는 점에 기초하여 우리는 파르테논에서 그리스인들의 삶과 문명에 대한 접근로를 찾을 수 있다.

예술이 공공재라는 사실은 오늘날 우리가 예술의 장르로 구분되는 춤, 노래, 시가 파종과 추수, 전쟁, 제례 등에서 사람들의 힘을 결집시켜 공동체를 유지하는 데 절대적인 영향을 주었다는 데서도 확인할 수 있다. 이러한 활동은 강력한 기억으로 후대에도 전해진다. 오늘날 우리가 예술을 통해 얻을 수 있는 정서 역시 같은 맥락에 있다.

미적 경험의 재료는 결국에는 사회적인 것이다. 따라서 미적 경험은 문명적인 삶을 기념하여 기록하고 구체화하여 표현하는 것이며, 나아

---

94. 듀이, 《경험으로서 예술 1》, 180쪽.

가 문명적인 삶의 발전을 촉진하는 방법이며 문명의 정도를 평가하고 판단하는 척도가 된다. 왜냐하면 예술은 개인에 의해 만들어지고 향유되는 것이기는 하지만 개인이 경험하는 내용은 그가 사는 사회와 문화가 있기에 가능한 것이기 때문이다.[95]

예술에는 문화의 고유한 집단적 개성을 담고 있다. 따라서 예술은 자연 및 역사·사회적 환경과의 상호작용 산물이면서 동시에 문명화된 삶을 지속시키는 원동력이라 할 수 있다.

예술은 유기체로서 인간이 환경과의 끊임없는 상호작용의 산물이면서, 문명을 구축하고 유지하는 원동력이다. 듀이는 예술이 가진 중요성을 자각하고 예술의 역할과 지위를 회복시키는 것이 개인의 건강한 삶과 공동체의 유대 그리고 문명의 지속성을 확보하는 첩경임을 거듭 강조한다. "예술이 문명 속에서 유기적 역할을 할 수 있도록 예술의 지위를 회복하는 문제는 과거의 유산과 오늘날의 지적 통찰력을 어떻게 재구성하여 일관성 있고 통합된 것을 만들어 내느냐 하는 것이 된다."[96]

---

95. 듀이, 《경험으로서 예술 2》, 242쪽.
96. 같은 책, 269쪽.

03

들뢰즈

감각의 기념비로서
예술

1 차이와 긍정

예술은 삶과 분리될 수 없다. 예술과 삶의 관계는 미학의 어원이 그리스어 아이스테시스aisthesis, 즉 감각에서 비롯되었다는 점에서도 잘 알 수 있다. 예술이 일차적으로 감각과 관계한다는 점은 그리스에서 최초의 예술이 코레이아koreia, 즉 춤이었다는 사실에서도 잘 드러난다. 춤은 인간이 대지 위에 서고 걷는 행위에서 시작된다. 촉각이 주는 쾌감에서 출발하는 춤은 신체의 박자와 리듬을 통해 쾌감을 배가시켰고, 박자와 리듬은 소리를 통해 변형된 형태로 창조된다. 이것이 음악이다. 춤과 합창이 디오니소스적 예술이라는 것은 예술이 감각에서 비롯되었다는 것을 다시 한번 확인해 준다.

예술이 감각에서 멀어진 것은 의식 및 초월자와 결합하면서 시작된다. 예술은 진리와 선과 분리될 수 없다. 미의 기준을 완전성perfectio, 비례harmonia, 명료성claritas에서 찾는 중세의 전통은 칸트와 헤겔의 예술철학에서도 발견된다. 헤겔은 예술을 절대정신을 감각으로 직관하는 것으로 정의한다. 헤겔에게 중요한 것은 절대정신이지 감각이 아니다. 따라서 헤겔의 목표는 예술이 아니다. 그에게 예술은 정신이 스스로 모순을 자각하는 하위 단계의 절대정신이고, 보다 고양된 정신으로 이해하기 위해 지양해야만 하는 것이다.

예술에서 감각의 복권은 니체에서 실현된다. 니체의 예술철학은 초기부터 후기에 이르기까지 감각에 대한 특별한 가치를 부여한다. 그의 초기 예술철학을 대변하는 '예술가 – 형이상학'에서 핵심 개념은 '디오니소스적인 것'이다. 디오니소스적인 것은 '감각'이 예술에서 어떤 역할을 하는지 잘 보여준다. 니체의 후기 예술철학을 집약하는 것은 예술생리학이다. 그에게 예술은 생리학의 일종이다. 특히 니체는 예술의 선결 조건으로 '도취'에 주목한다. 도취는 인간의 신체기관 전체를 자극하고 고양시킨다. 여기에서 인간은 자신의 힘이 상승하고 있다고 느끼며, 이 넘치는 힘을 외부로 방출하게 된다. 이 힘의 방출은 개인마다 달리 나타나는데, 니체는 이 힘의 방출방식을 '조형의 기술'로 본다. 즉 인간은 도취를 통해 고양된 힘을 각자의 방식으로 세계를 조형한다. 니체에 따르면, 이러한 행위가 근본적인 의미에서 예술적 행위이다.

니체에 따르면, 예술은 힘에의 의지의 징후를 직접적으로 드러내 준다. 힘은 예술의 출발이자 평가의 기준이 된다. 니체의 이런 생각은 들뢰즈에게 계승되고 보다 급진적 형태를 보여준다. 들뢰즈G. Deleuze에게 예술은 힘을 그리는 것이다. 니체의 후예라고 말하는 것이 이상하지 않은 들뢰즈는 예술을 신체, 더 분명히 말하면 살덩어리에 가해지는 힘을 보여주고 들려주는 것으로 정의한다. 그런데 힘은 보이지도 들리지도 않으니 그 느낌을 전하는 것이 필요한데 그것이 바로 감각이다. 들뢰즈에게 힘은 사유되는 것이 아니라 느껴지는 것이다. 힘의 느낌으로서 감각은 어떻게 표현되어야 할 것인가? 이것이 예술의 문제이고, 그것의 대표적인 예시를 들뢰즈는 프란시스 베이컨F. Bacon의 회화에서 찾게 된다.

들뢰즈의 예술철학은 그가 프란시스 베이컨의 작품을 분석한《감각의 논리Francis Bacon, Logique de la sensation》(1981)에서 잘 드러난다. 들뢰즈에서 감각의 논리는 힘force이 신체corp에 일으키는 파동과 관계하고 회화는 이 힘의 파동을 그리는 것이고, 음악은 이 힘의 파동을 들려주는 것이다. 들뢰즈에게 예술은 형상을 재현하는 것이 아니라 힘을 그리고 들려주는 것이다. 들뢰즈의《감각의 논리》에서 힘과 감각의 문제는 이미 그의 주저라고 할 수 있는《차이와 반복Différnce et Répétition》(1968)에서도 상론되고 있다.《차이와 반복》에서 들뢰즈가 표방하는 과제는 '차이 자체'를 사유하는 것이다. 들뢰즈가 볼 때 플라톤에서 헤겔에 이르기까지 철학사를 지배한 것은 동일성identité과 재현représentation이다. 동일성은 이데아와 존재, 실체 그리고 신 등의 이름으로 철학사에 등장하는데, 이것은 일체의 진리와 가치의 원본의 역할을 한다. 원본에서 차이가 나는 것은 허상과 모순으로 취급되었고, 제거되어야 할 것으로 간주된다.

들뢰즈의 예술철학은 동일성과 재현에 반대하는 차이에 대한 철학에 근거를 둔다. 들뢰즈가 볼 때 헤겔철학은 차이를 배제하는 동일성 철학의 절정이다. 따라서 들뢰즈가 헤겔철학과 대결하는 것은 자연스럽다. 들뢰즈는 자신에 앞서 반反헤겔주의를 보여주는 선구로 니체철학을 꼽는다. 이렇게 볼 때, 들뢰즈의 예술철학과 존재론은 모두 니체철학과 뗄 수 없는 관계에 있다. "불쾌한 헤겔적 냄새를 풍기고 ……. 거기서는 하나의 '이념'이—디오니소스적과 아폴론적이라는 대립이—형이상학적인 것으로 옮겨졌다."[1] "내가 무엇보다도 싫어하는 것은 헤겔주의와 변증법."[2] 앞의 인용은 니체의 것이며, 뒤의 인용은 들뢰즈의 것이다. 헤겔철학은 주체와 의식을 인간과 세계를 설명하는 출발점으로 보았고, 대상과 타자는 주체와 의식에서 비롯된 동일성의 산물로 본다. 이에 반해 니체와 들뢰즈는 헤겔식의 동일성과 차이 그리고 의식과 감각의 관계를 전도시킨다. 두 사람은 진리의 절대성과 유일성 그리고 영원성 대신 그것의 상대성과 다수성 그리고 유동성을 옹호한다.

니체는 프랑스 후기구조주의자들이 모범으로 삼는 철학자이다. 특히 들뢰즈는 니체와 밀접한 관계가 있다. 그의 주저라고 할 수 있는 《차이와 반복》에서 들뢰즈는 니체를 수시로 소환한다. 그가 차이와 반복 개념을 설명할 때 니체의 힘에의 의지와 영원회귀를 언급하는 부분은 그 대표적 사례이다. 존재자의 차이는 힘에의 의지를 긍정하는 것에서 가능하며 반복은 재현, 즉 동일성의 반복이 아니라 차이의 반복을 의미한다. 니체의 영원회귀는 차이의 반복에 대한 가

---

1. EH; KSA6, 310.
2. 질 들뢰즈, 김종호 역, 《질 들뢰즈 대담 1972-1990》, 서울: 솔, 1993, p. 29. "일관된 방식으로 들뢰즈는 자신의 사유를 '일반화된 반-헤겔주의'에 위치시키고, 모순의 부정성을 불균등한 것들의 긍정으로 대체한다."(아르노 빌라니, 로베르 싸소 책임편집, 신지영 옮김, 《들뢰즈 개념어 사전》, 서울: 갈무리, 2012, 249쪽)

장 적절한 예시이다. 들뢰즈의 이러한 사유는 그를 학계에 알린《니체와 철학Nietzsche et la Philosophie》(1962)을 통해서도 그 맹아가 잘 드러난다.

들뢰즈가 니체를 해석할 때 두드러진 점은 무엇보다도 니체철학을 철저히 반혜겔주의의 관점에서 해석한다는 것이다. "반혜겔주의가 공격의 날처럼 니체 저작을 가로지르고 있다."[3] 《니체와 철학》에서 들뢰즈는 혜겔과 니체를 갈라놓는 개념으로 '부정Negation'을 꼽는다. 잘 알려져 있듯이 혜겔의 변증법을 움직이는 힘은 모순과 부정에서 비롯된다. 현상과 물자체, 자유와 필연, 개인과 공동체의 분리를 어떻게 극복할 것인가가 칸트의 후계자인 피히테, 셸링, 혜겔의 철학적 과제가 되었다. 혜겔이 찾은 해결책은 '진리는 전체'라는 발언에서 잘 보여주듯이, 진리와 가상(비진리)을 배타적으로 보는 것이 아니라, 둘은 변증법적으로 매개된다는 것이다. 니체는 혜겔의 '부정' 개념이 노예적 태도에서 비롯되었다고 비판한다. 들뢰즈는 니체의 디오니소스적, 비극적 사유를 주인도덕의 근거로, 원한과 가책 그리고 연민을 노예도덕의 산물로 평가하고 두 세계관을 대결시킨다.

혜겔에서 진리는 감각적 단계에서 절대적 단계로 이행해 가는 의식의 변증법적 과정 전체를 의미한다. 낮은 단계의 진리에서 고양된 진리의 단계로 이행을 가능하게 하는 것은 앞선 단계에서 확정된 진

---

3. 질 들뢰즈, 이경신 옮김,《니체와 철학》, 서울: 민음사, 1999, 30쪽.《니체와 철학》에서 반혜겔주의자로서 니체를 해석하는 들뢰즈의 아래의 논의는 정낙림, 〈반혜겔주의자로서 니체 - 들뢰즈의 니체해석〉,《니체연구》 36집, 2019.10, 40-80쪽을 수정·보완한 것이다.

리가 비진리로 확인되는, 즉 모순에 봉착하는 것에서 비롯된다. 이 순간 의식은 진리로 확정된 앞 단계의 진리를 스스로 부정함으로써 고양된 진리의 단계로 나아갈 수 있다. 그런데 헤겔에서 모순은 의식 자체에서 비롯된다. 즉 진리로 확정하는 것도 의식이고, 확정된 진리에서 모순을 확인하고 부정하는 것도 의식이다. 그러므로 헤겔의 변증법은 의식 변증법이다.

들뢰즈는 헤겔의 변증법을 지배하는 힘이 세 가지 관념에서 비롯된다고 본다. 그것은 "대립과 모순 속에서 나타나는, 이론적 원리로서의 부정의 힘에 대한 관념, 분리 속에서, 분열 속에서 드러나는 실천적 원리로서의 〈슬픈 정념〉에 대한 가치 부여, 즉 고통과 슬픔의 가치에 대한 관념, 부정 자체의 이론적이고 실천적인 산물로서의 긍정성에 대한 관념"[4]이다. 이 세 가지 관념이 들뢰즈가 헤겔 변증법을 "원한의 기술"[5]로 평가하는 근거가 된다. 원한의 기술은 특히 헤겔의 부정과 긍정에 대한 이해와 밀접한 관계가 있다. 헤겔의 부정과 긍정에 대한 역할은 니체에서 전도된다. 들뢰즈가 니체를 반헤겔주의자, 반변증법주의자로 보는 것도 여기에서 출발한다. "헤겔과 니체 사이에는 어떤 타협도 불가능하다. …… 그것은 절대적 반변증법을 형성하고, 변증법 속에서 최후의 피난처를 발견하는 모든 신비화를 고발하려고 의도한다."[6]

4. 같은 책, 334쪽.
5. 같은 책, 280쪽.
6. 같은 책, 334쪽.

들뢰즈는 헤겔 변증법의 근본적 동력이 부정에 있다고 확신한다. 이 점은 헤겔이 부정성을 "모든 활동성, 생명적이고 정신적인 자기 운동의 가장 깊은 곳에 원천"[7]으로 표현한 데서도 확인된다. 헤겔의 부정성 개념은 근대를 추동한 힘이며, 그것은 생성과 존재, 몸과 의식, 개별자와 보편자의 이항적 대립을 뛰어넘는다. 들뢰즈가 볼 때 헤겔에서 생성, 몸 그리고 개별자는 부정을 통해서만 존재, 의식 그리고 보편자에 이를 수 있다. 그런데 들뢰즈는 이러한 부정이 오히려 세계에 대한 잘못된 이해에 기초해 있다고 본다. 그는 부정개념을 전제로 세계를 설명할 수밖에 없는 주체가 도대체 누구인가를 되묻는다. 여기에서 들뢰즈는 부정개념을 동력으로 작동하는 변증법적 사유방식과 대결하기 위해서 니체의 디오니소스적 사유를 소환한다.

들뢰즈는 헤겔의 변증법과 니체의 디오니소스적 사유의 근본적 차이를 부정과 긍정에서 찾는다. 들뢰즈는 니체의 디오니소스적 사유를 이렇게 해석한다.

"디오니소스는 긍정적인 신, 긍정하는 신으로 끈기 있게 제시되고 있다. 그는 우월하고 초-인격적인 쾌락 속에서 고통을 〈해소하는〉 것으로 만족하지 않고, 고통을 긍정하며, …… 그래서 디오니소스는 자신은 원초적 존재로 귀착되거나 원초적 기초 속에서 다수를 소멸시키기보다 다수의 긍정으로 스스로 변신한다. …… 그는 삶을 긍정하는 신

7. G.W.F., Hegel, Wissenschaft der Logik II, Bd. 6, p. 563.

이며, 삶을 위해서는 삶이 긍정되어야만 하고, 정당화되거나 대속되어서는 안 된다."[8]고 본다.

이런 점에서 니체는 소크라테스와 그리스도교를 헤겔에 앞서 부정의 정신을 앞세운 변증법적 세계관으로 보았다. "《비극의 탄생》의 참된 대립은 처음부터 디오니소스와 아폴론 간의 너무도 변증법적인 대립이 아니라, 디오니소스와 소크라테스 간의 보다 심각한 대립"[9]이다. 또한 "디오니소스의 사지가 찢긴 죽음은 다수의 긍정의 직접적인 상징이고, 예수의 십자가, 십자가의 기호는 모순과 그것의 해결의 이미지이며, 부정적 노동에 종속된 삶이다."[10] 이런 의미에서 "헤겔은 어떤 오랜 전통의 종착점이다."[11]

들뢰즈는 니체의 문제의식을 기반으로 힘에의 의지 차원에서 변증법적 부정을 재해석한다. 그는 부정을 반응적인 것으로 긍정을 적극적인 것으로 해석하는데, 긍정은 힘의 증대를 부정은 힘의 약화로 본다. 니체에 따르면 힘은 자신을 극복하는 것에서, 타자와의 격차를 크게 할수록 증대된다. 이에 반해 타자를 통해서만 자신을 규정하거나 타자와의 거리를 좁혀, 힘의 균형상태를 이루는 것이 진리이고 정

---

8. 들뢰즈, 《니체와 철학》, 39쪽.
9. 같은 책, 40쪽, GT; KSA1, 87f. 참조.
10. 들뢰즈, 《니체와 철학》, 45쪽. "디오니소스와 예수 혹은 차라투스트라와 예수 사이의 대립은 변증법적 대립이 아니라, 변증법 그 자체와의 대립이다. 즉 변증법적 부정에 대립하고, ..."(같은 책, 46)
11. 들뢰즈, 《차이와 반복》, 409쪽.

의라고 믿는 것은 힘의 고갈뿐만 아니라 삶 전체가 병들었다는 것을 의미한다. 니체는 힘들의 균형이 원천적으로 불가함을 분명히 함으로써 들뢰즈의 해석을 뒷받침한다. "힘들의 세계는 결코 균형에 이르는 법이 없고 한시도 휴식하는 법이 없다."[12]

그렇다면 긍정과 적극적인 것 그리고 부정과 반응적인 것은 어떻게 작동하는가? 들뢰즈는 신체와 의식의 작동방식을 예로 들어 설명한다. 그가 볼 때 신체와 의식의 작동방식은 긍정과 부정, 적극적인 것과 반응적인 것의 메커니즘을 잘 보여줄 뿐만 아니라, 이 문제에 대한 니체와 헤겔의 차이도 분명히 확인할 수 있다. 니체와 마찬가지로 들뢰즈에게 신체는 힘이 발생하고 경쟁하는 장소이다.

모든 힘은 복종하거나 명령하기 위해서 다른 힘들과 관계를 맺고 있다. 신체를 정의하는 것은 지배하는 힘들과 지배받는 힘들 간의 관계이다. 힘의 모든 관계가 하나의 (화학적, 생물학적, 사회적, 정치적) 신체를 구성한다. 모든 불균등한 두 힘은 그것들이 관계 속에 들어가자마자 하나의 신체를 구성한다. 그래서 신체는 항상 니체적 의미에서 우연의 산물이고, 가장 〈놀라운〉 것, 사실상 의식과 정신보다 훨씬 더 놀라운 것으로 보인다.[13]

---

12. N; KSA9, 498(11[148]).
13. 들뢰즈, 《니체와 철학》, 87쪽. 들뢰즈의 주장은 니체의 다음과 같은 언급을 차용한 것이다. "더욱 놀라운 것은 오히려 신체이다. 우리는 인간의 신체가 어떻게 가능하게 되었는지 한없이 놀라워할 수 있다. 살아있는 생명체들의 그렇게 놀라운 통합이 어떻게 가능하였는지! 이 각각의 생명체가 독립적이면서 동시에

신체가 힘을 긍정하고 적극적으로 확장하는 곳인 반면, 의식은 언제나 '무엇의 의식Bewußtsein von etwas'으로 대상에 구속되고, 규정된다. 그런데 헤겔에서 그 대상은 다름아닌 의식 자신이다. 그러므로 의식이 의식에 의해 규정되는 셈이다. "헤겔 논리학의 존재는 자기 자신의 대립자 속을 지나가면서 자신을 긍정하는, 순수하고 공허한, 단지 사유된 존재일 뿐이다. 그러나 그 존재는 결코 그 대립자와 다르지 않았다. 그것은 이미 존재했던 것 속을 지나가서는 안 되었다. 헤겔의 존재는 순수하고 단순한 무이다. 그리고 그 존재가 무와 더불어, 말하자면 자기 자신과 더불어 형성하는 생성은 완전히 허무주의적인 생성이다. 그리고 여기서 긍정은 부정 곁을 지나가는데, 그 이유는 그것이 단지 부정과 그것의 산물들의 긍정이라는 데 있다."[14] 따라서 "변증법은 반응적 힘들과 허무주의의 모든 조합, 그것들의 관계의 역사

예속되어 있고, 그러면서도 어떤 의미에서는 다시 명령하고 자신의 의지에 따라 행위하면서 전체로서 살고, 성장하고 한 순간 동안 존립할 수 있는지! 이런 일은 분명히 의식을 통해서는 일어날 수 없다!"(N; KSA11, 576(37[4]))

14. 들뢰즈, 《니체와 철학》, 316쪽. 헤겔은 《정신현상학》에서 의식의 본질에 대해 이렇게 설명한다. "의식은 한편으로 대상에 대한 의식이지만, 다른 한편으로 바로 그 자신의 개념이기도 하며 …… 의식은 자기 자신에서 자기 자신의 척도를 부여하고……"(PhG, pp.78-79). 헤겔은 의식에 변하는 것과 변하지 않는 부분이 있다고 보며, 이러한 의식전체를 '불행한 의식(Unglückliches Bewußtsein)'이라고 부른다. 의식의 두 간극 간의 모순과 대립 그리고 결합이 의식의 지양을 가능하게 한다. 불행한 의식은 두 간극의 완전한 화해인, 절대적 지에서 대립이 끝난다. 헤겔의 불행한 의식은 주로 《정신현상학》의 '자기의식' 장의 2부에 집중적으로 다루어진다.(PhG, pp.163-177 참조) 들뢰즈는 헤겔의 '불행한 의식'에 대해 "헤겔은 불행한 의식의 관점에서 현존을 해석했지만, 불행한 의식은 단지 가책의 헤겔적 모습일 뿐이다."라고 평가한다.(《니체와 철학》, 50쪽)

나 발전을 표현한다. 마찬가지로 차이 대신에 놓인 대립도 그것들이 상응하는 원리를 무의 의지 속에서 발견하는 반응적 힘들의 승리이다."[15]

　들뢰즈가 니체를 반헤겔주의자라고 판단하는 결정적 근거로 헤겔과 달리 니체가 신체를 의식에 선행하는 것으로 신체가 의식을 결정하는 것으로 평가하기 때문이다. 잘 알려져 있듯이 헤겔에서 의식은 신체대상를 결정한다. 의식의 외화로서 신체는 의식과 독립해서는 존립할 수 없다. 들뢰즈는 니체와 마찬가지로 신체의 활동이 보다 직접적이고 적극적으로 세계와 관계한다고 본다. 이에 반해 의식은 언제나 반성을 통해 세계를 의식에 일치시키려 분투한다. 의식은 세계와 자신의 간극을 모순으로 설정하고 모순의 극복을 통해 세계와 자신을 일치시킨다. 즉 의식과 세계는 동일성의 차원에서 이해되어야 한다. 그러나 들뢰즈는 의식은 개별자의 의식일 뿐 개별자의 의식을 묶는 동일한 의식이란 허상에 불과하다고 본다. 신체 역시 전적으로 개별자의 신체이고 신체에 대한 긍정은 곧 개별자가 자신의 힘을 확장하려는 적극적인 태도이다. 이와 반대로 신체에 대한 부정은 개별자 자신의 힘을 무화無化하려는 세계에 대한 반응적 태도 즉 니힐리즘의 자세이다. 디오니소스적 긍정은 결코 변증법적 부정과 조화할 수 없다.

　들뢰즈는 디오니소스적 긍정과 변증법적 부정을 힘의 기준에서 적극적인 것과 반응적인 것으로 분리한다. 그렇다면 누가 변증법, 즉 부정을 옹호하는가? 들뢰즈는 그 답을 원한과 가책에 떨고 있는 자에

---

15. 들뢰즈, 《니체와 철학》, 335쪽.

서 찾는다. "원한은 긍정의 유령을 생산하기 위해서 부정적 전제들, 두 부정을 필요로 하며, …… 원한 자체와 가책을 필요로 한다. 불행한 양심은 모든 변증법의 주체이다."[16] 현재의 삶이 불행하다는 의식과 불행의 근거를 타자에서 찾는 자의 내면에는 복수심과 원한으로 가득 차 있다. 이러한 자들에게 세계는 부정되어야만 하는 것이다. 그들은 현재의 삶이 불행할수록 피안의 삶은 그만큼 되돌려 받는다고 믿는다. 현재의 행복은 그들에게 보이지 않는 미래의 행복에 대한 배반이므로, 그들의 양심은 가책에 떨게 된다. 따라서 현재의 삶에 대한 그들의 태도는 부정적, 반응적 그리고 수동적이다. 들뢰즈는 이러한 자들을 노예적 존재로 본다.

노예적 태도를 가진 인간은 자신의 힘을 신뢰하고 적극적으로 자신의 의지를 펼치기보다는 언제나 타자를 통해 자신을 규정한다. 그를 움직이는 것은 부정과 타자와 세계에 대한 원한이다. "누가 변증법주의자인가, 누가 관계를 변증법화 하는가? 그것은 노예이고, 노예의 관점이며, 노예의 관점에서의 사유이다."[17] 들뢰즈의 이러한 생각은 정확히 니체에서 비롯되었다. 《도덕의 계보》에서 니체는 노예도덕의 작동원리를 이렇게 설명한다.

도덕에서의 노예 반란은 원한 자체가 창조적이 되고 가치를 낳게 될 때 시작된다: 이 원한은 실제적인 반응, 행위에 의한 반응을 포기하고,

---

16. 같은 책, 335쪽.
17. 같은 책, 32쪽.

오로지 상상의 복수를 통해서만 스스로 해가 없는 존재라고 여기는 사람들의 원한이다. 고귀한 모든 도덕이 자기 자신을 의기양양하게 긍정하는 것에서 생겨나는 것이라면, 노예 도덕은 처음부터 '밖에 있는 것', '다른 것', '자기가 아닌 것'을 부정한다 : 그리고 이러한 부정이야 말로 노예 도덕의 창조적인 행위인 것이다.[18]

들뢰즈는 긍정과 부정을 주인과 노예 유형의 인간이 택하는 선과 악의 구분법에서도 찾을 수 있다고 본다. "너는 악의가 있다. 그러므로 나는 선량하다. 노예의 근본적인 정식이 그러하다. 그것은 유형학적 관점에서의 원한의 본질을 표현한다. …… 사람들은 그 정식을 나는 선량하다. 그러므로 너는 악의가 있다라는 주인의 정식과 비교할 것이다."[19] '나는 선량하다. 그러므로 너는 악의가 있다. 너는 악의가 있다. 그러므로 나는 선량하다.' 주인에게 긍정적인 것은 전제 속에 있다. 이와 반대로 노예에게는 '너는 악의가 있다. 그러므로 나는 선량하다'라는 것으로 부정적인 것이 전제에 속한다.

주인은 긍정적인 산물로서 부정적인 것을 찾고, 노예는 부정적인 것의 파생물로서 긍정적인 것을 생각한다. '너는 악의가 있다. 그러므로 나는 선한 자이다'라는 태도에는 "극도의 증오, 삶에 대한 증오,

---

18. GM; KSA5, 270f.
19. 들뢰즈, 《니체와 철학》, 214쪽. 들뢰즈의 노예적인 선·악 개념은 니체의 주장을 변형한 것이다. 니체는 《도덕의 계보학》에서 어린 양의 논리로 노예적인 태도를 비판한다. "이 맹금류는 사악하다. 가능한 한 맹금류가 아닌 자, 아마 그 반대인 어린 양이야말로 좋은 것이 아닌가?"(GM; KSA5, 219)

삶 속에서 적극적이고 긍정적인 모든 것에 대한 증오를 숨기고 있다. …… 사람들은 강자들이 〈악의가 있고〉, 〈천벌을 받을〉 자들이기 때문에, 불행한 자들, 가난한 자들, 약자들, 노예들이 선량하다고 결론짓는다. 사람들은 선량한 불행한 자, 선량한 약자를 만들어 낸다. 강자들과 행복한 자들에 대한 복수보다 더한 복수는 없다."[20] '너는 악한 자이다. 나는 너와는 정반대이다. 그러므로 나는 선하다.' 노예는 결론에서 긍정을 도출하기 위해 부정한 것을 다시 부정하는 부정의 부정이라는 변증법을 통해 목표에 도달한다. 이런 점에서 들뢰즈는 변증법을 '원한의 이데올로기'로 정의한다.

들뢰즈에 앞서 니체는 원한의 이데올로기가 소크라테스, 그리스도교 그리고 헤겔의 변증법을 관통하고 있다고 본다. 니체에 따르면 살아있는 모든 것은 힘에의 의지를 따른다. 타자에 비해 큰 힘을 원하고 타자를 지배하려는 것은 살아 있는 것의 본성이다. 그런데 노예적 태도는 힘에의 의지와 모순된다. 노예적인 태도에는 왜곡된 힘에의 의지가 자리 잡고 있다. 노예적인 힘에의 의지는 주인의 태도를 부정하는 방식으로 행사된다.[21] 들뢰즈는 다음과 같은 물음으로 이 문제에 접근한다. "(1) 반응적 힘들이 어떻게 그 허구를 생산하는가? (2) 그것들이 어떤 영향 아래서 그것을 생산하는가? 말하자면, 누가 반응적 힘들을 첫 번째 단계에서 두 번째 단계로 가도록 만드는가? 누가

---

20. 들뢰즈 《니체와 철학》, 219쪽.
21. 가치의 전도 배후에는 힘에의 의지가 작동한다. 이에 대하여서는 정낙림, 〈가치전도와 힘에의 의지의 계보학 – 바울의 가치전도에 대한 니체의 비판〉, 《철학연구》 148집, 대한철학회, 2018.11, 327–356 쪽 참조.

원한의 질료를 공들여 만드는가?"[22]

들뢰즈는 원한에 형태를 주고, 가공하고, 창작하는 자, 즉 '원한의 예술가'로 사제를 들고 있는데, 사제는 노예적 세계관의 극치를 보여준다.[23] 들뢰즈가 말하는 사제의 복수의 심리학의 출처는 니체이다.

> 이들[유대인]은 자신의 적과 압제자에게 결국 오직 그들의 가치를 철저하게 전도시킴으로써, 즉 가장 정신적인 복수 행위로 명예회복을 할 줄 알았다. …… 유대인이야말로 두려움을 일으키는 정연한 논리로 귀족적 가치 등식(좋은 = 고귀한 = 강력한 = 아름다운 = 행복한 = 신의 사랑을 받는)을 역전하고자 감행했으며, 가장 깊은 증오(무력감의 증오)의 이빨을 갈며 이를 고집했던 것이다. 즉 '비참한 자만이 오직 착한 자다. 가난한 자, 무력한 자, 비천한 자만이 오직 착한 자다. …… 이에 대해 그대, 그대 고귀하고 강력한 자들, 그대들은 영원히 사악한 자, 잔인한 자, 음란한 자, 탐욕스러운 자, 무신론자이며, 그대들이야말로 또한 영원히 축복받지 못할 자, 저주받을 자, 망할 자가 될 것이다!'[24]

---

22. 들뢰즈, 《니체와 철학》, 223쪽.
23. 같은 책, 225 참조. 니체는 《도덕의 계보학》에서 원한과 사제의 관계를 다음과 같이 설명한다. "성직자들은 잘 알려졌듯이 가장 사악한 적이다. …… 그들의 무력감에서 태어난 증오는 기이하고 섬뜩한 것, 가장 정신적이고 독이 있는 것으로 성장한다. 세계사에서 모든 거대한 증오자들은 항상 성직자였으며, 또한 가장 정신이 풍부한 증오자들도 성직자였다.(GM; KSA5, 266(7))
24. GM; KSA5, 267.

이렇게 사제들은 반응적 힘이 적극적 힘에 대해 승리하도록 원한을 가공한다. 이들의 의지 역시 힘에의 의지의 일종이나, 무, 즉 신을 향한 의지, 즉 무에 대한 의지, 니힐리즘에 대한 의지일 뿐이다. 사제들은 적극적 힘을 내면으로 되돌리게 함으로써 반응적으로 만든다. 힘의 내면화와 그것의 결과에 대해 니체는 다음과 같이 설명한다.

> 밖으로 발산되지 않는 모든 본능은 안으로 향하게 된다. …… : 이것으로 인해 후에 '영혼'이라고 불리는 것이 인간에게서 자라난다. …… 거칠고 자유롭게 방황하는 인간의 저 본능을 모두 거꾸로 돌려 인간 자신을 향하게 하는 일을 해냈다. 적의, 잔인함과 박해, 습격이나 변혁이나 파괴에 대한 쾌감 — 그러한 본능을 소유한 자에게서 이 모든 것이 스스로에게 방향을 돌리는 것, 이것이 '양심의 가책'의 기원이다.[25]

양심의 가책은 원한을 강화하고 연장한다. 그뿐만 아니라 양심의 가책은 전염성이 강해 멀리까지 전파된다. 그리하여 강자까지도 양심의 가책이라는 전염병을 피하지 못하고 마침내 노예로 전락한다. 니체에 따르면 고통의 원인을 고통을 유발한 자에게 찾지 않고, 자신

---

25. GM; KSA6, 322f. 고통의 원인을 고통 유발자에서 찾지 않고 자신에게 돌리는 것에서 양심의 가책이 시작되었다. 니체는 이 과정을 어린 양의 비유를 통해 설명한다. "'나는 괴롭다 : 그 누군가가 이것에 대해 틀림없이 책임이 있다' …… '맞다, 나의 양이여! 그 누군가가 그것에 대해 틀림없이 책임이 있다: 그러나 너 자신이 이러한 그 누군가이며, 오로지 너 자신이야말로 이것에 대해 책임이 있다. - 너 자신이 오로지 네 스스로에 대해 책임이 있다!"(GM;KSA5, 375)

에게 찾는 병리적인 태도의 고안자는 사제이고, 원한의 방향을 내면으로 변경시킨 그들의 창작이 세계를 지배하게 되었으며, 마침내 도덕에서 노예의 반란이 완성된다.

들뢰즈는 문화와 역사를 부정개념에 기초한 불행한 의식이라는 측면에서 해석한 헤겔의 이론보다 원한의 방향 전환과 그것의 결과인 양심의 가책으로 해석한 니체의 주장이 훨씬 설득력이 있다고 확신한다. 유럽의 "역사는 반응적 힘들이 문화를 독점하거나 그것을 그 힘들의 이득으로 우회시키는 행위로서 나타난다. 반응적 힘들의 승리는 역사 속에서의 한 부수적 결과가 아니라 〈보편사普遍史〉의 원리와 의미이다."[26] 이에 반해 헤겔의 변증법은 운동의 이미지에 불과한 허구이다. 즉 변증법은 "힘에의 의지 활동의 천박한 근사치일 뿐이다. 추상적으로 징후들을 고려하고, 외관의 운동을 사물들의 계보학적 법칙으로 만들며, 전복된 이미지만을 원리로 취할 때, 변증법은 허구의 요소 속에서 작동하고 움직인다. 그것의 문제들 자체가 허구적일 때, 그것의 해결책들이 어떻게 허구적이지 않겠는가?"[27]

들뢰즈는 니체가 세 가지 방식으로 변증법을 비판한다고 본다. 첫째, "변증법은 구체적으로 현상들을 소유하는 힘들의 본성에 무지하기 때문에 의미를 알지 못한다." 둘째, 변증법은 "힘들, 그것들의 성질들, 그것들의 관계들이 파생하는 현실적 요소에 무지하기 때문에 본질을 알지 못한다." 셋째, 변증법은 "추상적이고 비현실적인 항들

---

26. 들뢰즈, 《니체와 철학》, 245쪽.
27. 같은 책, 277쪽.

사이에서의 교대를 행하는 데 만족하기 때문에 변화와 변형을 알지 못한다."[28] 그러나 무엇보다도 변증법의 문제는 '누가'라는 주체에 대해 묻지 않는다. 비록 변증법이 주체를 언급하는 경우에도 그것은 어디까지나 보편자와 화해하는 즉, "인간과 신을 화해시키고 또 종교와 철학을 화해시키는"[29] 추상적 주체일 뿐이다.

헤겔 변증법에서 가장 중요한 것은 "불행한 의식, 불행한 의식의 심화, 불행한 의식의 해결, 불행한 의식과 그것의 원천들의 찬양이다."[30] 이러한 태도에서 표현되는 것은 반응적 힘들이고, 부정의 노동이 궁극적으로 목표하는 것은 초월자, 즉 무이다. 니체에게 무에 대한 의지는 니힐리즘과 동의어이다. 이러한 점에서 헤겔의 변증법은 근본적으로 그리스도교적 사유의 아류이다. 따라서 니체에게 헤겔 변증법의 극복은 그리스도교의 극복과 같은 방향에서 이루어진다. 변증법 극복의 첫걸음은 부정으로부터 등을 돌리는 것에서 시작되어야 한다. 그것은 구체적으로 힘에의 의지에 따르는 존재방식을 택하는 것, 반응적 힘의 행사를 거부하는 것, 양심의 가책, 복수를 떨쳐버리는 것이다. 이러한 일련의 과정은 가치의 전환으로 이어진다. 가치 전환은 무거운 것을 가벼운 것으로, 부정을 긍정으로 전도시켜, 마침내 변증법에 기초한 가치관을 폐기한다. 변증법 뒤에 숨은 "복수 Rache로부터 인간의 구제, 이것이 내게는[니체에게는] 최고 희망에

---

28. 같은 곳.
29. 같은 책, 277-278쪽 참조.
30. 같은 책, 279쪽.

이르는 교량이자 오랜 폭풍우 뒤에 뜨는 무지개"이다.[31]

《니체와 철학》에서 들뢰즈가 니체를 반헤겔주의자로 해석할 때, 중심 개념은 헤겔의 변증법적 '부정' 개념이다. 들뢰즈는 헤겔의 부정 개념을 반응적인 것으로, 이에 대립하여 니체의 '디오니소스적인 것'을 긍정적인 것과 적극적인 것으로 해석한다. 《차이와 반복》에서 들뢰즈의 헤겔 변증법 비판은 주로 동일성Identität 개념을 중심으로 한다. 헤겔에서 동일성 개념은 차이는 부정되고 극복되어야 한다는 것을 전제로 한다. 들뢰즈는 헤겔의 동일성과 차이의 관계를 전도시켜 동일성은 차이의 그림자 혹은 차이의 효과로 본다. 들뢰즈는 차이와 동일성에 대한 철학적 정당화를 니체의 '영원회귀'에서 찾는다. 들뢰즈에 따르면 영원회귀는 동일자의 회귀가 아니라 차이의 반복이다.

들뢰즈는 《차이와 반복》의 〈머리말〉에서 자신이 다루는 주제가 시대와 밀접한 관계가 있다고 주장한다. 그는 하이데거의 '존재론적 차이', 구조주의의 공간에 대한 통찰, 현대소설의 기법도 모두 차이와 반복의 주위를 맴돈다고 본다. 그런데 이들 사유에는 공통적인 징후 혹은 조짐이 있다. 그 조짐이란 바로 "반헤겔주의로 집약될 수 있다. 즉 차이와 반복이 동일자同一者와 부정적인 것, 동일성과 모순의 자리를 대신 차지하고 있다. 왜냐하면 차이는 동일자에게 종속되는 한에서만 부정적인 것을 함축하고 마침내 모순까지 이르기 때문이다. 어떻게 파악하든 동일성의 우위가 재현의 세계를 정의한다."[32] 들뢰즈

---

31. Z: KSA4, 128.
32. 질 들뢰즈, 김상환 옮김, 《차이와 반복》, 서울: 민음사, 2004, 17쪽.

가 볼 때 현대적 사유는 재현의 파산선고를 딛고 등장한다. 물론 재현적 사고에 반기를 든 선구자는 니체이다. "그토록 오랫동안 유지되어온 방식으로 철학책을 쓰는 것이 거의 불가능해질 시대가 다가오고 있다. '아, 저 낡은 스타일이여……'. 새로운 철학적 표현 수단을 탐색하기 시작한 것은 니체였다."[33]

들뢰즈는 반복과 변증법적 동일성을 엄격히 구분한다. 헤겔에서 동일성은 존재의 본질을 규정한다. 대상객체은 의식주체이 외화外化된 것이기에 대상은 의식과 별개의 것이 아니다. 그러므로 대상과 의식 간의 비동일성은 동일성의 다른 국면 혹은 계기를 말한다. 이 문제에 대해 헤겔은《논리의 학》에서 "동일성과 비동일성의 동일성"[34]으로 설명한다. 이것을 도식화하면, 의식 → 대상의식의 부정 → 의식의식의 부정의 부정으로 표현할 수 있다. 들뢰즈가 볼 때, 헤겔은 세계를 의식의 동일성에 근거하여 설명한다. 즉 세계는 의식의 재현이고 존재자들의 차이는 바로 의식의 부정에서 비롯된 것이다. 그런데 들뢰즈의 눈에는 "모든 동일성은 흉내 낸 것에 불과하다. 그것은 차이와 반복이라는 보다 심층적인 유희에 의한 광학적 '효과'에 지나지 않는다."[35] 이렇게 볼 때 헤겔의 변증법 역시 플라톤 이래 보편과 특수, 본질과 현상의 문제에 대해 전통 철학이 그토록 집착한 재현의 한 형식이다.

들뢰즈는 동일성에 기초한 헤겔의 변증법을 거부하고 '차이 자체',

---

33. 같은 책, 22쪽.
34. G.W.F., Hegel, Wissenschaft der Logik I, Bd. 5, p. 74.
35. 들뢰즈,《차이와 반복》, 18쪽.

'즉자적 차이'와 차이들의 상호 관계에 주목한다. 그는 차이 자체에 대한 사유는 부정 없는 차이, 즉 동일자에 환원되지 않는 차이, 표상이나 개념으로 환원되지 않는 차이, 동일자를 재현하지 않는 차이를 구제하는 것인데, 이러한 차이들의 관계는 반복Repetition으로 설명되어야 한다. 차이의 반복은 동일자의 재현이나 기계적 반복과 다른 것이다. "차이가 부단한 탈중심화와 발산의 운동이라면, 반복에서 일어나는 전치와 위장은 그 두 운동과 밀접한 상응 관계에 놓여 있다."[36]

들뢰즈는 아리스토텔레스에서 라이프니츠를 거쳐 헤겔에 이르기까지 철학사는 차이를 철학의 주제로 삼았지만, 그들이 저지른 결정적 잘못은 차이 자체를 사유하기보다는 차이를 개념적 차원에서 사유했다는 것이다. 즉 그들은 차이의 개념을 개념의 차이로 오해한 것이다. "차이를 개념 일반 안에 기입하는 한, 우리는 도무지 차이의 독특한 이념을 기대할 수 없다."[37] 차이를 개념으로 끌어들이는 데는 무엇보다도 재현의 능력이 결정적이다. 들뢰즈는 재현이 차이를 네

---

36. 같은 책, 19쪽. 들뢰즈는 반복을 동일한 것을 재현하는 일반성(Generality)과 엄격히 구별한다. "일반성은 두 가지 커다란 질서를 거느린다. 그것은 유사성들이라는 질적 질서와 등가성이라는 양적 질서이다. 순환주기와 동등성들은 각각 그 두 질서를 상징한다."(같은 책, 25쪽) 이에 반해 "반복은 법칙에 반한다. 법칙의 유사한 형식과 등가적 내용에 반하는 것이다."(같은 책, 29) "반복이 실존한다면, 그 반복은 일반성에 대립하는 어떤 독특성, 특수성에 대립하는 어떤 보편성, 평범한 것에 대립하는 어떤 특이한 것, 변이에 대립하는 어떤 순간성, 항구성에 대립하는 어떤 영원성 등을 동시에 표현한다. 어떤 관점에서 보더라도 반복이란 결국 위반이다. 반복은 법칙에 물음을 던진다."(같은 곳)
37. 같은 책, 82쪽.

가지 끈으로 묶는다고 본다. 그 네 가지 끈은 "규정되지 않은 개념의 형식 안에서 등장하는 동일성, 규정 가능한 궁극적 개념들 간의 관계 안에서 성립하는 유비, 개념 내부적 규정들의 관계 안에서 성립하는 대립, 개념 자체의 규정된 대상 안에서 나타나는 유사성"[38]이다. 다시 말해 차이는 동일성, 대립, 유비, 유사성이라는 사중의 끈에 포박되는 경우, 다른 것과 '매개'된다. 매개된 차이는 헤겔의 관점에서는 보편자 혹은 주체를 재현하는 것이 되고, 그 경우에만 '차이는 악'이라는 단죄에서 마침내 벗어날 수 있다.

들뢰즈가 볼 때 존재는 결코 동일성의 개념으로 묶을 수 없는 개별적인 것, 즉 '일의적인 것'이다. "'존재는 일의적이다' …… 단 하나의 목소리가 존재의 아우성을 이룬다."[39] 존재의 일의성은 차이철학의 출발점이다. 일체의 존재는 자기만의 유일무이한 목소리를 가지고 있다. 따라서 차이를 하나로 묶는 것은 거짓이고 폭력이다. 들뢰즈는 자신에 앞서 존재의 일의성을 자각한 선각자로 둔스 스코투스, 스피노자 그리고 니체를 든다. 헤겔 역시 존재의 일의성을 철학의 주제로 다룬다. 그러나 헤겔의 관심은 존재의 일의성에 있다기보다는 차이의 소멸과 동시에 차이의 생산이라는 변증법적 운동에 있다. 그에게 차이의 소멸과 생산은 '모순' 개념과 뗄 수 없다. 헤겔에 따르면 모순은 차이에서 발생하기에 모순은 해소되어야 한다. 앞서 보았듯이 차

---

38. 같은 책, 88-89쪽.
39. 같은 책, 101쪽. "존재를 언명하는 각각의 것들은 차이에 의해 지배받고 있다. 즉 존재는 차이 자체를 통해 언명된다."(같은 책, 103쪽)

이에서 비롯되는 모순은 의식의 차원에서 이루어지고 모순은 의식이 동일성으로 복귀함으로써 해소된다. 이와 관련하여 헤겔은 다음과 같이 말한다.

차이 일반은 이미 모순 그 자체이다. …… 오로지 모순의 정점까지 이 끌려 갈 때만 비로소 이형異形이나 다형多形은 잠에서 깨어나고 활력을 얻는다. 또 그럴 때만 이 변화의 부분을 이루는 사물들이 부정성을 취하게 된다. 이 부정성은 자율적이고 자발적이며 살아 있는 운동의 내재적 충동이다. …… 실재성들 간의 차이를 충분하게 멀리 밀고 나아갈 때, 상이성은 대립으로 생성하고 그 결과 모순이 되며, 마침내 모든 실재성들 전체가 이번에는 절대적 모순 그 자체로 생성한다는 것을 알게 된다.[40]

이에 대해 들뢰즈는 차이를 존재의 일의성의 차원에서 이해하는 것과 모순 및 그것의 해소로 이해하는 사유 방식을 각각 유목적 분배와 정착적 분배에 비유한다. 유목적 분배란 소유지도 울타리도 척도도 없는 분배를 의미한다. 목초지를 찾아 이동하는 유목인들에게 분배는 유동적일 뿐, 각자에게 미리 배당된 몫이 존재하지 않는다. 여기에서는 "제한되지 않은, …… 명확한 한계가 없는 열린 공간 안에서 스스로 자기 자신을 분배하는 자들의 할당이 있을 따름이다. …… 여기서는 목숨이 걸린 문제가 발생할 때조차 어떤 놀이의 공간, 놀이

---

40. 헤겔, 《논리학》, II, 57, 70, 71쪽, 들뢰즈 《차이와 반복》, 120쪽 재인용.

의 규칙을 말해야 할 것이다."[41] 이에 반해 농경문화에서 쉽게 확인할 수 있는 정착적 분배에서는 주어진 규정에 따라 경작지가 분배된다. 이런 유형의 분배는 "고정되고 비례적인 규정들, 재현 안에 제한된 '소유지'나 영토들의 유사한 규정들에 따라 진행된다."[42] 유목적 분배는 사람이 공간을 채우는 것, 또는 그 공간에 자신을 배당하는 것이고 정착적 분배는 각자에게 그의 몫에 해당하는 공간을 배당하는 것이다.

헤겔이 차이를 이해하는 방식은 정착적 분배의 전형을 보여준다. 그는 "극단적이거나 상반적인 것들의 대립을 통해 차이를 규정한다. 그러나 무한으로 나아가지 않을 경우, 대립은 여전히 추상적인 것으로 남게 된다. 또 무한은 유한한 대립들의 바깥에 위치한다면 여전히 추상적인 것으로 머물게 된다. 즉 무한이 도입됨에 따라 여기서 상반적인 것들의 상호 동일성이 귀결되거나, 타자의 상반성이 자기의 상반성으로 바뀌게 된다."[43] 헤겔 변증법에서 차이는 여러 겹의 모순을 지양하고 마침내 마지막 시험, 즉 최종 근거에 도달한다. 그 최종 근거가 바로 동일성이다. 헤겔에게 차이는 동일성의 출현을 위한 바탕

---

41. 같은 책, 104쪽. "정착적 분배는 미리 주어진 어떤 한정된 공간 안에서만 각각의 역할이 결정되고 나누어진다. 반면 유목적 분배에서는 역할이 결정되고 배당됨에 따라 그에 걸맞은 공간이 아무런 제약 없이 새롭게 배당되어야 한다."(김상환, 〈헤겔과 구조주의〉, 《헤겔연구》 23집, 한국헤겔학회, 2008. 06, 25쪽)

42. 같은 책, 103쪽.

43. 같은 책, 120쪽.

이다. "차이는 여전히 동일성에 종속되어 있다. 차이는 부정적인 것으로 환원되고 있으며, 상사성과 유비 안에 갇혀 있다."[44] 결국 헤겔에서 차이는 존재의 일의성을 의미하는 것이 아니라 동일자의 소리를 재현한 것에 지나지 않는다.

들뢰즈에서 차이는 대립을 가정하지 않는다. 대립은 결코 차이를 해소할 수 없고, 동일성이라는 근거로 차이를 끌고 갈 수도 없다. 차이는 모순이 아니다. 모순과 차이는 다른 것이다. 그러나 헤겔에게 "지금과 여기는 텅 빈 동일성, 추상적 보편성으로 정립되며, 이것들은 자신과 함께 차이를 끌고 간다고 주장한다. 그러나 차이는 분명 따라가지 않고 있다. 다만 여전히 자신의 고유한 공간의 깊이 안에 걸려 있고, 언제나 특이성들로 이루어진 어떤 변별적 실재의 지금-여기에 붙들려 있다."[45] 즉 대립과 부정은 차이를 포획할 수 없다. 들뢰즈에게는 차이가 일차적이며, 부정은 차이의 환영 혹은 부차 현상이다. 이것이 들뢰즈가 헤겔의 정신현상학을 '부대현상학'으로 부르는 이유이다.[46]

---

44. 같은 책, 131쪽. 들뢰즈는 이미 《니체와 철학》에서도 이 점을 지적하고 있다. "헤겔의 변증법은 바로 차이에 대한 사색이지만, 그것은 차이에 대한 이미지를 뒤집는다. 그것은 있는 그대로의 차이의 긍정을 차이나는 것으로, 자기 긍정을 타자의 긍정으로, 긍정의 긍정을 그 유명한 부정의 부정으로 대체하고 있다."(들뢰즈, 《니체와 철학》, 334쪽)
45. 들뢰즈, 《차이와 반복》, 135쪽. "헤겔의 모순은 차이를 마지막까지 끌고 나가는 듯한 인상을 준다. 하지만 이는 출구 없는 길이다. 이 길을 통해 차이는 다시 동일성으로 돌아간다."(같은 책, 556)
46. 같은 책, 136쪽 참조.

들뢰즈의 차이철학에서 니체의 영향은 쉽게 확인된다. 그 근거는 들뢰즈가 차이 정신의 전형을 디오니소스적인 것에서 찾고 있다는 점이다. 니체와 들뢰즈에서 차이와 긍정은 일차적이다.

> 긍정이 일차적이다. 긍정은 차이, 거리를 긍정한다. 차이는 가벼운 것, 공기 같은 것, 긍정적인 것이다. 긍정한다는 것은 짐을 짊어진다는 것이 아니다. 오히려 거꾸로 짐을 던다는 것, 가볍게 한다는 것이다. 그것은 더 이상 부정적인 것이 아니다. 부정적인 것은 긍정의 환영, 대용품 같은 환영만을 산출한다. ······ 니체는 당나귀의 '예'와 '아니요'를 디오니소스-차라투스트라의 '예'와 '아니요'에 대립시킨다. 그것은 '아니요'로부터 긍정의 환영을 끌어내는 노예의 관점, 그리고 '예'로부터 부정적이고 파괴적인 귀결을 '주인'의 관점 ······ 사이의 대립이다.[47]

'차이는 긍정'이라는 주장이 의미하는 것은, 차이는 그 자체로 긍정해야 하는 것이고 차이의 긍정은 차이를 창조한다는 것이다. 그렇다면 우리는 '차이란 도대체 무엇이고, 그것을 긍정한다는 것은 어떻게 가능한가?'라고 물을 수 있다. 이 질문에 대한 열쇠는 '힘에의 의지'에 있다. 들뢰즈는 이미 《니체와 철학》에서 차이와 힘에의 의지의 관계를 분명히 하고 있다. "니체는 변증법주의자들이 보편자와 개별자에 대한 추상적 입장에서 더 나아가지 못하고 머물러 있음을 비판한다. 즉 그들은 징후의 포로들이었고, 힘들에 이르지 못했으며, 그 힘들에

47. 같은 책, 140쪽.

의미와 가치를 제공하는 의지에도 이르지 못했다. …… 차이의 그 요소 속에서 긍정은 창조적인 것으로 나타나고 발전한다. 힘에의 의지는 다수의 긍정의 원리, 증여의 원리, 혹은 주는 미덕이다."[48] 차이는 구체적으로 힘의 차이이고, 차이를 긍정한다는 것은 힘을 긍정한다는 의미이다.

차이와 긍정은 일차적이다. 그것은 존재의 일의성의 뿌리이다. 따라서 차이와 긍정의 최고의 적은 재현이다. 재현은 신, 주체, 동일자 등 그것이 무엇이 되었건, 단 하나의 중심으로 차이를 빨아들인다. 그곳에서는 차이의 긍정도, 차이를 창조하려는 힘에의 의지도 증발한다. 그곳에서 차이는 매개된다. 그런데 역설적으로 재현은 차이를 매개하지만, 차이 자체에 결코 다가갈 수 없다.

> 재현이라는 말에서 접두사 재再, RE-는 차이들을 잡아먹는 이 동일자의 개념적 형식을 뜻한다. 따라서 재현과 관점들을 중복한다고 해서 '재현 이하'의 것으로 정의되는 직접적이고 무매개적인 사태에 도달할 수 없다. …… 사물은 결코 동일자일 수 없다. …… 차이는 요소, 궁극적 단위가 되어야 하며, 따라서 배후에 있는 다른 차이들과 관계해야 한다. …… 다른 차이들에 의해서 차이는 결코 동일한 정체성 안에 빠지지는 않으며 다만 분화의 길로 들어선다.[49]

---

48. 들뢰즈, 《니체와 철학》, 336쪽.
49. 들뢰즈, 《차이와 반복》, 144쪽.

유사성, 동일성, 유비 그리고 대립은 차이를 왜곡시키는 4중의 가상이다. 이 4중의 가상은 부정과 마찬가지로 차이의 효과일 뿐이다. 4중의 가상은 재현의 뿌리가 된다. 들뢰즈에게 재현이 차이를 매개하는 것은 선후관계를 전도시키려는 거짓 행위이다. 헤겔의 변증법은 바로 이런 전도적 행위의 대표적 사례이다. 긍정이 자신을 부정하는 것에 의존하고, 오로지 자신의 부정을 통해 어떤 '의미'를 획득하는 동시에 부정이 일반화되는 변증법의 역사는 헤겔에서 그것의 절정에 도달한다. 부정을 앞세운 변질의 역사는 "차이와 미분적인 것 등의 놀이를 부정적인 것의 노동으로 대체하는 과정이다. …… 부정적인 것에 의해 생산되고 부정의 부정으로 생산되는 거짓된 긍정이 발생하게 된다."[50]

존재의 일의성은 존재가 결코 차이를 뛰어넘는 동일성을 재현하는 것이 아니라는 것, 차이는 부정되거나 매개될 수 없는 긍정 자체이다. 그렇다면 차이는 어떻게 상호 작용하는가? 여기에서 힘의 강도強度와 반복Repetition이 핵심 문제로 부상한다. 헤겔 역시 반복에 대해 사유했다. '동일성과 비동일성의 동일성'이 헤겔의 차이와 반복에 대한 사유의 핵심이다. 들뢰즈에 따르면 헤겔에 반기를 든 반복에 대한 새로운 사유가 19세기 후반부터 20세기 중반까지 다양한 형태로 펼쳐졌다. 키르케고르, 니체, 페기Charles Péguy 등 철학에서뿐만 아니라 문학과 예술에서도 반복이 주제가 된다. 그들에게 반복은 헤겔이 생각하듯이 동일자 혹은 동일성의 반복이 아니다.

50. 같은 책, 564쪽.

들뢰즈는 헤겔적인 동일성의 반복을 '헐벗은 반복'으로 평가한다. 반복은 물리적, 기계적인 또는 형이상학적인 것이 아니다. 동일성은 차이의 효과이고, 따라서 헐벗은 반복은 반복의 보다 심층적인 구조를 통해 해명되어야 한다. 반복은 차이들의 전치와 위장의 운동이 끝없이 일어나는 것이다. 들뢰즈는 반복에 대한 가장 흔한 오해가 반복을 일반성Generality과 혼동하는 것이라고 본다. 일반성은 두 가지 질서를 가지는데, "그것은 유사성Resemblance들이라는 질적 질서와 등가성Equality이라는 양적 질서이다. 순환주기와 동등성들은 각각 그 두 질서를 상징한다."[51] 이에 반해, 반복은 법칙이나 질서에 따르지 않는다. 오히려 "반복은 법칙에 반한다. 법칙의 유사한 형식과 등가적 내용에 반하는 것이다. …… 반복은 일반성에 대립하는 어떤 독특성, 특수성에 대립하는 어떤 보편성, 평범한 것에 대립하는 어떤 특이한 것, 변이에 대립하는 어떤 순간성, 항구성에 대립하는 어떤 영원성"[52]을 표현하는 것이다. 이런 점에서 반복은 법칙에 대한 위반이고 거부이다.

들뢰즈는 반복에 대한 자신의 주장을 니체의 영원회귀를 근거로 설명한다. 들뢰즈가 볼 때 니체의 영원회귀는 전형적인 반복의 형식을 보여주는데, 이때 반복은 무매개성과 무재현성의 형식이며 보편성과 독특성을 하나로 엮어내는 형식이다. 반복은 "자기 안에 차이들을 포괄하면서 하나의 특이점에서 또 다른 특이점으로 직물처럼 짜

---

51. 들뢰즈, 《차이와 반복》, 25쪽.
52. 같은 책, 29쪽.

여가는 방식이다."[53] 반복은 개념이나 재현 안의 동일성 형식과 대립한다. 재현은 매개와 개념으로 차이를 질서 지우지만 반복은 차이의 순수한 힘의 역동적 궤적이다. 따라서 반복으로서 영원회귀는 "결코 '같음' 일반을 되돌아오게 하는 힘이 아니라 창조하되 선별하고 추방하는 힘, 생산하되 파괴하는 힘"[54]이다. 여기서 우리는 들뢰즈가 영원회귀를 힘의 회귀로 해석하는 점에 주목해야 한다. 즉 반복은 차이의 반복이고, 차이는 곧 힘의 차이를 의미한다.

들뢰즈는 니체의 영원회귀를 동일자의 회귀가 아니라는 것, 그리고 회귀하는 것은 차이라는 것 그리고 차이는 힘의 강도에서 비롯된다는 것을 거듭 강조한다. "영원회귀는 동일자의 회귀를 의미할 수 없다. 오히려 모든 선행하는 동일성이 폐기되고 와해되는 어떤 세계 힘의 의지의 세계를 가정하기 때문이다. 회귀는 존재이다. 하지만 오직 생성의 존재일 뿐이다. 영원회귀는 '같은 것'을 되돌아오게 하지 않는다."[55] 돌아오는 것은 차이이고, 차이는 곧 새로움을 만들고, 이것은 무한한 생성의 세계 이외 다른 것이 아니다. 차이와 반복의 관계를 영원회귀로 설명하는 들뢰즈는 차이와 반복의 관계를 이렇게 요약한다. "영원회귀의 바퀴는 차이에서 출발하여 반복을 산출하는 동시에

---

53. 같은 책, 45쪽.
54. 같은 책, 46쪽. "반복은 더 이상 같음의 반복이 아니다. 그것은 다름을 포괄하는 반복이고, 하나의 물결과 몸짓에서 또 다른 물결과 몸짓으로 이어지는 차이를 포괄하는 반복, 이 차이를 그렇게 구성된 반복의 공간으로 운반하는 반복이다."(같은 책, 72-73쪽.)
55. 같은 책, 112쪽.

반복에서 출발하여 차이를 선별한다."[56]

따라서 니체의 영원회귀와 헤겔의 변증법적 반복은 근본적으로 대립한다. "변증법적 되풀이나 반복들이 표현하는 것은 단지 전체의 보존일 뿐이다. 이 반복들을 통해 모든 형태들과 모든 계기들이 하나의 거대한 기억 안에 보존된다. 무한한 재현은 보존하는 기억이다."[57] 이에 반해 영원회귀는 동일성의 재현이 아니라 차이 자체를 생산한다. 영원회귀는 평균적인 형상을 배제하고 우월한 형상을 선별한다. 그렇다고 우월한 형상이 무한한 혹은 절대적인 것을 의미하는 것은 아니다. 그것은 "오히려 영원회귀 자체의 비형상, 변신과 변형들을 거쳐 가는 영원한 비형상일 뿐이다. …… 영원회귀의 독창성은 기억에 있는 것이 아니다. 그것은 낭비에 있고 능동성을 띠게 된 망각에 있다."[58]

들뢰즈는 헤겔의 동일성 재현의 변증법을 매끈하고 완전한 원에 그리고 니체의 영원회귀를 일그러진 원에 비유한다. "만일 영원회귀가 어떤 원환이라면, 그 중심에 있는 것은 본연의 차이며, 같음은 단지 가장자리에 있을 뿐……이다. 그것은 매 순간 중심을 이탈하고 끊임없이 일그러지는 원환으로서, 단지 비동등성의 주위만을 맴돌고 있다."[59] 마찬가지로 들뢰즈에게 "반복은 모든 차이들의 비형식적 존

---

56. 같은 책, 114쪽.
57. 같은 책, 139쪽.
58. 같은 책, 141쪽.
59. 같은 책, 142쪽. "영원회귀 안의 반복은 [허상, 시뮬라크르에 해당하는] 어떤 과도한 체계들에 관련되어 있다. 이 체계들은 차이나는 것을 차이나는 것에, 다

재이고 …… 비형식적 역량이다. …… 반복의 궁극적 요소는 계속되는 불일치에 있으며, 재현의 동일성에 대립한다."[60]

들뢰즈는 니체의 영원회귀에서 돌아오는 것은 결코 같은 것이 아님을 거듭 강조한다. "영원회귀는 …… 같은 것, 일자_者, 동일한 것, 비슷한 것 등과 같은 선행 전제들을 통해 구현되는 재현적 범주들을 파괴한다. …… 같은 것과 유사한 것은 단지 영원회귀에 종속된 체계들의 작동방식에서 비롯되는 어떤 효과에 불과하다."[61] 돌아오는 것은 동일한 것도 유사한 것도 아니다. 들뢰즈는 철학에서 사유의 보편성을 설명하기 위해 차용하고 있는 공통감, 양식, 재인再認 등의 모델은 단지 사유의 이미지를 만드는 것으로 사유에서 진정으로 중요한 것은 이미지가 아니다. 이러한 사유의 이미지는 순환과 동일성의 유형을 쫓는다. 그래서 헤겔이 만든 반복은 "접속, 연속이고, 지속에서 늘어져 나온 시간의 길이, 같은 것의 반복"인 헐벗은 반복이고, 니체의 영원회귀는 "독특성 상호 간의 재취합과 응축"[62]으로 옷 입은 반복이라 할 수 있다. 헤겔의 반복은 차이의 배제를 목표로 하지만 니체의 영원회귀는 차이를 포함하는 반복이다.

들뢰즈는 반복, 즉 차이의 반복을 가능하게 하는 것은 '힘에의 의지'로 본다. "힘의 의지가 아니라면 도대체 영원회귀 안의 반복은 무엇을 통해 언명될 수 있단 말인가? 그 반복은 힘의 의지의 세계를 통해 언

양한 것을 다양한 것에, 우연한 것을 우연한 것에 묶는다."(같은 책, 260쪽)
60. 같은 책, 146쪽.
61. 같은 책, 282쪽.
62. 같은 책, 434쪽.

명된다."[63] 영원회귀에서 반복되는 것은 차이이고, 반복을 가능하게 하는 것이 힘의 의지라면, 결국 차이 발생의 근원은 힘이다. 차이는 곧 힘의 차이, 힘의 비대칭성, 힘의 불일치를 의미한다. 들뢰즈는 힘의 차이에서 발생하는 역동성을 강도强度[64] 개념을 통해 설명한다.

> 영원회귀는 질적이지도, 외연적이지도 않다. 그것은 강도强度적이고, 게다가 순수하게 강도적이다. 다시 말해서 영원회귀는 차이에 대해, 차이를 통해 언명된다. 영원회귀와 힘의 의지를 근본적으로 묶는 끈은 바로 여기에 있다.[65]

영원회귀가 강도적이라는 것은 영원회귀가 차이를 통해 반복되고, 그 차이는 힘들의 복합체인 강도 혹은 역량에 의해 이루어진다. 즉 영원회귀가 가능한 것은 차이의 역량, 즉 강도에서 비롯되며, 그것은 외부의 힘이 아니라 전적으로 내적인 힘에서 발생한다. 반복의 원인이 반복인 셈이다. 들뢰즈에 따르면 반복의 내재적 원리는 예술에서 어

---

63. 같은 책, 436쪽.
64. 강도는 "순수 차이로서 존재를 구성하는 차생(差生)적 과정의 역동성으로서, 완벽하게 감각과 연결되어 있으며 개념 안에까지 현존한다."(아르노 발라니, 로베르 싸소 책임편집,《들뢰즈 개념어 사전》, 46쪽)
65. 같은 책, 518쪽. "차이는 첫 번째 긍정이고, 영원회귀는 두 번째 긍정, '존재의 영원한 긍정', 또는 첫 번째 긍정을 통해 언명되는 n승의 역량이다."(같은 곳) 차이의 강도와 역량에 대해서는, 마누엘 데란다, 이정우 외 옮김,《강도의 과학과 잠재성의 철학 – 잠재성에서 현실성으로》, 서울: 그린비, 2016. 특히 2장을 참조할 것.

렵지 않게 확인할 수 있다고 본다. 들뢰즈는 예술이 근본적으로 재현과 무관하다는 점에서 반복적인 것으로 본다. "예술은 모방하지 않는다. 하지만 이는 무엇보다 먼저 예술이 반복하기 때문이고, 게다가 어떤 내면적 역량을 통해 모든 반복들을 반복하기 때문이다."[66]

영원회귀에서 반복되는 것은 차이이다. 차이를 거부하는 동일한 것, 유사한 것, 동등한 것은 회귀하지 않는다. "되돌아오지 않는 것, 그것은 신이고, 동일성의 형식이자 보증자에 해당하는 자이다. 되돌아오지 않는 것, 그것은 오로지 '결정적인 어떤 한순간 모두의 법칙 아래에서만 나타나는 모든 것이다."[67] 들뢰즈는 니체의 언명처럼 영원회귀를 긍정의 최고 형식임을 강조한다. 영원회귀에서 긍정되는 것은 차이, 우연적인 것, 다양한 것, 생성 등이다. 차이는 반복되고 반복은 차이를 낳는다. 차이와 반복의 이러한 놀이는 헤겔의 동일성 재현의 노동과 대비를 이룬다. 들뢰즈의 이러한 통찰은 니체의 유고에서도 확인된다. "생성에 존재의 성격을 각인한다 – 이것이 가장 최고의 힘에의 의지다. …… 모든 것이 회귀한다는 것은 생성의 세계가 존재의 세계에 극도로 접근하는 것이다: 고찰의 정점."[68]

---

66. 들뢰즈, 《차이와 반복》, 612쪽. 현대미술에서 비재현적 경향을 들뢰즈·가타리의 철학으로 해석하는 경향이 최근 눈에 띈다. 대표적인 연구서로 사이먼 오설리번, 안구 외 옮김, 《현대미술 들뢰즈·가타리와 마주치다》, 서울: 그린비, 2019 참조.
67. 들뢰즈, 《차이와 반복》, 519쪽. "부정적인 것은 다시 돌아오지 않는다. 동일자는 다시 돌아오지 않는다. 같은 것과 유사한 것, 유비적인 것과 대립적인 것은 돌아오지 않는다. 다시 돌아오는 그것은 오직 긍정뿐이고, 다시 말해서 차이나는 것, 유사성에서 벗어나는 것뿐이다."(같은 책, 623쪽)
68. N: KSA12, 312(7[54]).

2 힘과 놀이

들뢰즈가 니체를 해석할 때 두드러진 점은 니체의 철학을 철저히 반헤겔주의의 관점에서 해석한다는 것이다. 《니체와 철학》에서 들뢰즈는 헤겔 변증법의 핵심 개념 '부정否定, Negation'을 노예들의 전형적 사유 양식으로 이해하는 니체의 입장을 자세히 분석한다. 들뢰즈는 부정에 반대하는 긍정의 사유 양식으로 니체의 디오니소스적, 비극적 사유에 주목한다. 그는 디오니소스적 긍정이 원한과 가책 그리고 연민에 기초한 노예도덕과 대비되는 주인도덕의 핵심을 설명한다고 본다. 그리고 《차이와 반복》에서는 헤겔의 동일성同一性, Identität 개념과 니체의 힘에의 의지와 영원회귀가 어떻게 대립하는지를 차이와 반복이라는 개념을 통해 설명함으로써 니체를 반헤겔주의의 선봉으로 내세운다.[69]

---

69. 《차이와 반복》에서 들뢰즈가 니체의 힘에의 의지와 영원회귀를 어떻게 자신의 철학에 수용하는가에 대한 아래의 논의는 정낙림, 〈놀이와 철학 – 들뢰즈의 니

들뢰즈의 니체 해석에서 두드러지는 또 다른 특징은 들뢰즈가 니체의 놀이적 사유에 주목한다는 점이다. 들뢰즈는 《차이와 반복》에서 차이와 반복을 통해 세계를 설명하고자 하는데, 차이의 발생은 비대칭적 힘들이 상호 대립하고 묶이는 것에서 시작된다. 즉 힘들의 수렴과 발산이 차이를 끊임없이 산출하는 근거가 된다. 힘은 결코 멈추지 않는 것이고 또 균형을 이루지도 않는다. 힘의 이합과 집산을 통해 이루어지는 차이의 세계는 힘들의 놀이로 볼 수 있다.

들뢰즈의 초기 저작에 해당하는 《니체와 철학》에서도 놀이적 사유의 중요성을 쉽게 확인할 수 있다. 《니체와 철학》을 가로지르는 키워드는 '디오니소스'이다. 들뢰즈는 니체의 철학을 디오니소스라는 이름 아래 이해하고 자기 철학의 토양으로 삼는다.[70] 그는 니체의 디오니소스적인 것에서 전통 형이상학, 특히 헤겔적 부정과 동일성 개념을 해체하는 사유 양식을 발견한다. 그에게 디오니소스적인 것이 대변하는 것은 다수성, 생성, 우연, 가벼움, 긍정, 적극적인 것 등이다. 이 모든 것은 또다시 놀이가 함축하는 가치이다.

들뢰즈는 니체와 마찬가지로 철학사에서 놀이가 차지하는 중요성을 최초로 간파한 철학자로 헤라클레이토스를 꼽는다. 그의 헤라클레이토스에 대한 이해는 니체의 저서에 주로 의존한다. 헤라클레이토스

체해석2〉, 《니체연구》 38집, 2020.10, 126-159쪽을 수정 · 보완한 것이다.
70. 사실 니체는 스스로 "철학자 디오니소스의 마지막 제자" 그리고 "비극적 철학자"로 칭하는 데 주저하지 않는다. 즉 자신이 디오니소스적 정서를 최초로 철학적 사유로 전환시킨 철학자로 자평한 것이다. 이것에 대해서는 EH; KSA6, 345 참조.

는 "놀이의 충동에서부터 현존을 이해하고, 현존을 도덕적 혹은 종교적 현상이 아니라, 미적 현상으로 만든다."[71] 헤라클레이토스는 세계를 존재와 생성, 하나와 다수로 분리하는 것을 거부한다. 그에게 생성과 다수는 존재와 모순되지 않는다. "존재란 없으며, 모든 것은 생성 속에 있다." 또 "다수 너머 하나는 없다."[72] 헤라클레이토스에서 생성과 다수에 대한 긍정은 '놀이'의 사유로 이어진다. 들뢰즈는 B52의 놀이하는 아이를 제우스의 아내 헤라가 보낸 거인들의 장난감에 둘러싸인 디오니소스로 확신한다.[73] 디오니소스로 상징되는 생성, 우연, 다수의 긍정은 바로 놀이하는 아이, 아이온aion의 본성이기도 하다.

《니체와 철학》에서 들뢰즈가 니체의 놀이와 관련하여 특히 주목하는 것은 바로 《차라투스트라는 이렇게 말했다》를 중심으로 니체가 여러 번 언급한 '주사위 놀이'이다. 차라투스트라는 '우연을 구제하는 자'이고 우연의 긍정은 놀이하는 자의 전제조건이다. 고귀한 자들은 하나같이 "모험과 위험, 목숨을 건 주사위 놀이"를 한다.[74] 이에 반해 형이상학적, 신학적 세계관을 따르는 자, 즉 중력의 악령을 신봉하는 자들은 우연 대신 필연을 쫓는다. 이런 자들은 모두 놀이에 서툰 자들이다. 들뢰즈는 니체가 중력의 악령을 신봉하는 자와 우연을 구제하는 자들의 주사위 놀이의 차이를, 어른 혹은 인간의 놀이 대對 아이의 놀이 또는 신들의 놀이에 비유하고 둘의 차이를 상

---

71. 질 들뢰즈, 《니체와 철학》, 58쪽.
72. 같은 책, 58-59 참조.
73. 같은 책, 61쪽과 71쪽 참조.
74. Z; KSA4, 148.

세히 설명한다.

《차라투스트라는 이렇게 말했다》 3부 〈해뜨기 전〉에서 하늘은 '주사위 놀이를 즐기는 자를 위한 신의 탁자'로, 〈일곱 개의 봉인〉에서는 대지를 '주사위 놀이를 하는 신들의 도박대'로 칭한다. 하늘은 주사위가 던져지는 곳이고, 땅은 주사위가 떨어지는 곳이다. 그런데 들뢰즈가 볼 때 하늘과 대지, 즉 신의 탁자는 두 개의 세계를 의미하는 것이 아니다. "이 두 탁자는 두 세계가 아니다. 그것은 하나의 동일한 세계의 두 시간이고, 하나의 동일한 세계의 두 순간, 즉 정오와 자정, 주사위를 던지는 시간과 주사위가 떨어지는 시간이다."[75]

들뢰즈는 던져진 주사위와 떨어진 주사위 눈의 조합을 생성과 존재, 우연과 필연 그리고 다수와 하나의 관계를 설명하는 데 차용한다. 던져진 주사위는 우연, 생성 그리고 다수를, 떨어진 주사위가 만든 조합은 필연, 존재 그리고 하나를 의미한다. 즉 필연, 존재 그리고 하나는 우연, 생성 그리고 다수의 부산물인 것이다. 그렇기에 주사위 놀이는 전통 형이상학, 즉 무거운 정신이 새겨둔 서판의 가치를 전도시킨다. "한 번 던지는 주사위들은 우연의 긍정이고, 그것들이 떨어지면서 형성하는 조합은 필연의 긍정이다. 존재가 생성에 의해서 긍정되는 것과 정확히 같은 의미로, 필연은 우연에 의해서 긍정되며, 하나는 다수에 의해서 긍정된다."[76]

놀이하는 자는 무엇보다도 먼저 우연을 긍정해야 한다. 주사위 놀

75. 들뢰즈, 《니체와 철학》, 62쪽.
76. 같은 곳.

이를 지속시키는 것은 우연에 있는 것이지 떨어진 주사위 눈의 확률적 필연성을 확인하는 것에 있는 것이 아니다. 우연을 긍정할 때만 주사위 놀이는 반복될 수 있다. "왜냐하면 하나가 다수를 제거하지도 부인하지도 못하는 것과 마찬가지로, 필연이 우연을 제거하지도 부인하지도 못하는 것과 마찬가지로, 필연이 우연을 제거하지도 파괴하지도 못하기 때문이다. 니체는 우연을 다수, 단편들, 부분들, 혼돈 —즉 사람들이 부딪치도록 만들면서 던지는 주사위들의 혼돈—과 동일시한다. 니체는 우연으로 긍정을 만든다."[77]

우연을 긍정하는 것이 놀이하는 자들의 전제조건이다. 놀이를 모르는 자, 놀이에 서툰 자들은 우연을 긍정하지 않는 자들이다. 그들은 우연의 긍정에서 놀이하는 것이 아니라 필연적 확률의 법칙을 확인하기 위해 주사위를 던진다. 그들에게 우연은 필연의 결핍일 따름이다. 따라서 그들에게 주사위의 특정한 면이 나올 확률은 반드시 1/6이어야 한다. 그들이 주사위를 던지는 이유는 1/6의 확률을 확인하기 위해서이다. 그들에게 중요한 것은 결과이고, 주사위를 던지는 매번의 행위에는 차이가 없다. 즉 그들의 주사위 던지기는 새로움이 없는 동일성의 반복적이고 기계적인 노동이다. 그러나 1/6의 확률에 대한 믿음은 환상에 불과하다. 이들의 욕망은 니체가 비유로 든 하늘을 자신의 배설물로 덮으려는 거미의 실현될 수 없는 헛된 욕망이다.

놀이에 서툰 어른들과 달리 아이들의 주사위 던지기는 주사위가 지상으로 떨어져 만든 수의 조합을 목적으로 하지 않는다. 아이들에

77. 같은 곳

게 중요한 것은 주사위를 하늘로 던지는 행위 자체에 있으며, 매번의 주사위 던지기는 성취해야 할 목적을 위한 기계적 노동이 아니라 매번의 놀이가 만드는 차이 자체이다. 아이에게 놀이를 한 번 더 하게 하는 것은 바로 새로움에 대한 기대, 즉 우연을 긍정하는 것에서 가능한 것이다. 필연은 "우연 그 자체의 조합이다. 필연은 우연이 그 자체로 긍정되는 한에서 우연에 의해서 긍정된다. 그 이유는 우연 그 자체의 유일한 조합, 우연의 모든 부분을 조합하는 유일한 방식, 다수 중의 하나, 즉 수나 필연과 같은 방식만이 존재한다는 데 있다. …… 우연의 모든 조각들을 결합시키는 것은 운명적인 유일한 수, 우연 그 자체의 유일한 수이다."[78]

들뢰즈는 니체가 말하는 주사위 놀이가 우리에게 우연과 다수의 긍정, 차이와 생성의 반복을 말해주고 있다고 확신한다. 더 나아가 주사위 놀이는 《차이와 반복》에서 상론되지만, 니체의 가장 어려운 사상인 영원회귀를 이해하는 실마리도 제공한다고 본다.

던져진 주사위들이 일단 우연을 긍정할 때, 다시 떨어지는 주사위들은 필연적으로 주사위 던지기를 한 번 더 하게 하는 수나 운명을 긍정한다. …… 영원회귀는 …… 필연의 긍정, 우연의 모든 부분들을 다시 모으는 수이지만, 또한 최초의 시간의 회귀, 주사위 던지기의 반복, 우연 자체의 재생산이자 재긍정이다.[79]

78. 들뢰즈, 같은 책, 63쪽.
79. 같은 책, 66쪽. 들뢰즈가 니체의 영원회귀를 어떻게 수용하는가에 대해서

니체의 영원회귀를 이해하기 어려운 것은 사람들이 영원회귀를 동일자의 회귀라는 기계적 법칙으로 오해하기 때문이다. 이것은 서툰 주사위 놀이꾼이 결과의 필연성을 확인하기 위해 기계적으로 주사위를 던지는 행위를 반복하는 것과 같은 오류를 범하는 것이다. "영원회귀는 같은 것의 영속성도, 균형 상태도, 동일자의 머무름도 아니다. 영원회귀 속에서 되돌아오는 것은 동일자도, 하나도 아니고, 회귀 자체를 차별자로 그리고 차이나는 것으로만 일컬어지는 하나이다."[80]

영원회귀에서 되돌아오는 것은 동일자가 아니라 되돌아옴 자체이다. "되돌아옴 그 자체는 자신을 차별자로, 다수로 긍정하는 하나이다. 달리 말하자면, 영원회귀 속의 동일성은 되돌아오는 것의 속성을 가리키는 것이 아니라, 그와 반대로 차이나는 것을 위해 되돌아오는 상태이다."[81] 차이나는 것의 되돌아옴은 생성과 다수의 긍정을 의미한다. 즉 영원회귀는 긍정의 종합인 셈이다. 이런 의미에서 들뢰즈는 니체의 영원회귀가 디오니소스적인 것의 다른 이름으로 본다. "디오니소스는 변신의 신이고, 다수의 하나이며, 다수를 긍정하고 다수에 의해서 긍정되는 하나이다."[82] 따라서 영원회귀는 가치를 전환시키

는 M. Rölli, "Der Gedanke der ewigen Wiederkunft in den Nietzsche-Lektüren des Gilles Deleuze", in: Nietzsche und Frankreich, Hg. v. C. Pornschlegel u. M. Stingelin, Berlin u.a. 2009, pp.255-274 참조.
80. 같은 책, 98쪽.
81. 같은 책, 101쪽.
82. 같은 책, 146-147쪽.

는 동력이 되는데, 부정적인 것, 무거운 것은 긍정적인 것으로 또 가벼운 것으로 전환된다.

니체가 놀이에 서툰 자 혹은 '지체가 높은 자'로 비꼬는 형이상학자 혹은 도덕군자들은 웃음, 놀이, 춤을 모른다. 왜냐하면 "웃는 것은 삶을 긍정하는 것이고, 삶 속의 고통조차 긍정하는 것이다. 노는 것은 우연을 긍정하는 것이고, 우연의 필연을 긍정하는 것이다. 춤추는 것은 생성을 긍정하는 것이고, 생성의 존재를 긍정하는 것" [83]이기 때문이다. 웃음, 놀이, 춤은 가치 전환의 힘, 즉 니힐리즘을 전도시키는 힘을 가지고 있다. 웃음은 고통을 기쁨으로, 놀이는 필연을 우연으로, 춤은 무거움을 가벼움으로 전환시킨다. 이 모든 것은 또다시 사지가 찢어진 디오니소스가 우리에게 말해주는 것이다.

'지체가 높은 자' 혹은 '낡은 서판을 신봉하는 자'들이 놀이에서 패할 수밖에 없는 이유는 하나가 다수에서, 존재가 생성에서, 필연이 우연에서 출발한다는 것을 모르기 때문이다. "놀이하는 자는 충분히 긍정하지 않기 때문에, 우연 속에 부정을, 생성과 다수 속에 대립을 개입시키기 때문에, 바로 그 때문에 놀이에서 진다. 진정한 주사위 던지기는 주사위 던지기를 다시 하게 하는 승리의 수를 필연적으로 낳는다. 사람들은 우연과 우연의 필연을, 생성과 생성의 존재를, 다수와 다수의 하나를 긍정한다." [84] 따라서 놀이는 부정과 반응을 그리고 긍정을 '부정의 부정'으로 이해하는 변증법을 반대하며, 그러한 세

83. 같은 책, 296쪽.
84. 같은 책, 336쪽.

계관에서 자라난 허무주의에 등을 돌린다.

"헤라클레이토스가 언급하고 있는 …… 신적인 놀이, 니체가 그토록 단호한 결단 속에서 끌어들이고 있는 그 신적인 놀이는 우리가 이해하기 지극히 어렵고 재현의 세계 안에서는 다루기 불가능하다."[85] 들뢰즈의 니체 해석에서 놀이가 차지하는 의미를 충분히 이해할 수 있는 인용문은 《차이와 반복》을 정리한 〈결론〉에 등장한다. 들뢰즈의 주저라고 할 수 있는 《차이와 반복》은 차이에 대한 재평가를 목표로 한다. 차이에 대한 편견은 플라톤에서 헤겔에 이르기까지 철학사를 지배한 동일성identité과 재현représentation의 철학에서 비롯되었다. 들뢰즈에게 니체의 놀이 사유는 동일성과 재현을 와해시키고, 즉자적 차이를 복권시키는 토대를 제공한다.

동일성은 이데아와 본질이라는 이름으로 철학사에 등장하는데, 이데아와 본질은 원본으로 그리고 개별자는 원본의 이미지, 즉 모상으로 간주된다. 원본과 모상의 거리는 모상이 가진 가치를 가늠하는 척도가 된다. 개별자는 원본에 유사할수록, 즉 원본과 차이가 적을수록 그만큼 진리와 선에 가까운 것으로 평가된다. 즉 개별자의 차이성은 실재와의 거리를 의미하는 것으로 개별자가 허상과 모순이라는 근거가 된다. 따라서 전통 철학에서 차이가 부정적인 것, 제거되어야 할 모순으로 취급되는 것은 놀라운 일이 아니다. 헤겔철학은 차이를 배제하는 동일성 철학의 절정이다. 그런데 현대철학에서 차이에 대한 새로운 평가가 시작된다. 이것은 현대철학이 반헤겔주의를 기치로

---

85. 들뢰즈, 《차이와 반복》, 591–592쪽.

시작되었다는 것과 무관하지 않다.

현대철학은 재현의 파산을 선언한다. 현대철학은 재현의 발원지인 실재, 동일자 또는 신이 허상임을 폭로함으로써 앞선 시대와 자신의 시대를 구별한다. 동일자와 동일성 그리고 재현의 논리에서 추방된 개별자와 차이가 꿈틀거리며 등장한다. 그래서 현대철학이 자신의 과제를 "차이 자체를, 즉자적 차이를 사유하고 …… 차이소les différents들의 상호 관계를 사유"[86]하는 것으로 설정하는 것은 자연스럽다. 이 과제를 수행하기 위해 현대철학은 무엇보다도 차이 자체를 동일성으로 환원시키고, 즉자적 차이를 부정적인 것으로 만드는, 즉 차이를 잡아먹는 재현의 형식을 해체하고, 차이를 인과의 논리가 아닌 다른 형식의 논리로 설명해야 한다.

들뢰즈는 《차이와 반복》의 과제를 "부정 없는 차이의 개념"과 "반복의 개념"[87]을 설명하는 것으로 설정한다. 들뢰즈에게 반복은 동일성과 달리 차이와 모순관계에 있지 않다. 반복은 오히려 그 자체에

---

86. 같은 책, 18쪽. "아무리 무한하게 된다고 해도 재현은 발산과 탈중심화를 긍정할 능력을 결코 획득하지 못한다. 재현에는 어떤 수렴하는 세계, 어떤 단일 중심의 세계가 있어야 한다."(같은 책, 556쪽). 들뢰즈의 《차이와 반복》에 등장하는 개념에 대한 해설서로는 제임스 윌리엄스, 신지영 옮김, 《들뢰즈의 차이와 반복》, 서울: 라움, 2017 참조.

87. 같은 책, 19쪽. 현대에서 차이와 반복에 대한 대표적 사유를 보여주는 사상가로 들뢰즈는 키르케고르, 니체 그리고 페기를 들고 있다.(같은 책, 34쪽) 들뢰즈의 차이철학에 니체철학이 끼친 영향에 대해서는 C. Schmieder, "Die Differenz als kulturelle: Gilles Deluze und seine Nietzsche-Lektüren", in: "Einige Werden posthum geboren." Friedrich Nietzsches Wirkung, Hg. v. R. Reschke u. M. Brusotti, Berlin u.a, 2012, pp.141-149 참조.

차이, 이형, 변양을 포함한다. 반복은 "차이가 부단히 자리를 바꿈에 따라 살아나는 반복들, 비밀스럽고 위장한 채이며 숨어 있는 반복"[88] 을 의미한다. 이런 의미에서 반복은 질적 유사성ressemblance과 양적 등가성équivalence에 기초한 일반성généralité과는 다른 것이다. 즉 반복은 자체 내에 차이를 포함하기에 교환과 대체가 불가능하다. 따라서 반복은 일반화와 달리 법칙화할 수 없다. 반복은 차이나는 것의 반복, 즉 차이가 영원히 되돌아오는 것이다. 근원적 차이와 차이의 효과로서 반복에 대한 예시로 들뢰즈는 니체의 영원회귀를 들고 있다.

> 영원회귀는 동일자의 회귀를 의미할 수 없다. 오히려 모든 선행하는 동일성이 폐기되고 와해되는 어떤 세계(힘의 의지의 세계)를 가정하기 때문이다. …… 영원회귀는 '같은 것'을 되돌아오게 하지 않는다. 오히려 생성하는 것에 대해 회귀가 그 유일한 같음을 구성하는 것이다. 회귀, 그것은 생성 자체의 동일하게-되기이다. 따라서 회귀는 유일한 동일성이다. 하지만 이것은 이차적인 역량에 해당하는 동일성, 차이의 동일성일 뿐이다. 그것은 차이나는 것을 통해 언명되고 차이나는 것의 둘레를 도는 동일자이다.[89]

---

88. 같은 책, 18-19쪽. "영원회귀가 어떤 원환이라면, 그 중심에 있는 것은 본연의 차이며, 같음은 단지 가장자리에 있을 뿐 …… 그것은 매 순간 중심을 이탈하고 끊임없이 일그러지는 원환으로서, 단지 비동등성의 주위만을 맴돌고 있다."(같은 책, 142쪽)
89. 같은 책, 112-113쪽. 니체의 영원회귀에 대한 들뢰즈의 해석에 대해서는 임건태, 〈니체의 영원회귀 사상 – 들뢰즈와 하이데거의 해석을 중심으로〉, 《니체

들뢰즈는 니체의 영원회귀가 차이를 자신 속에 포함하는 반복의 전형적 예시로 본다. 반복은 동일성이 아니다. 반복은 동일성처럼 재현될 수 없는 것이다. 왜냐하면 반복은 끊임없이 동일성을 와해시키는 차이에 의해 산출되고 생성되기 때문이다.

되돌아오는 것은 오로지 극단적이고 과잉성을 띤 것, 다른 것으로 이행하면서 동일한 것으로 생성하는 것뿐이다. 그렇기 때문에 영원회귀는 힘의 의지의 변신과 가면들로 연출되는 연극적 세계를 통해 언명된다. 영원회귀가 언명되는 무대는 이 의지의 순수한 강도들이 드러나는 연극적 세계이다. 이 강도들은 변동하는 개체화 요인들로서, 더 이상 이러저러한 개체나 이러저러한 자아의 인위적 한계들 안에 붙들려 있지 않다.[90]

영원회귀는 힘에의 의지의 가면극이고 이 가면극을 가능하게 하는 것은 힘에의 의지의 강도intensité이다. "힘의 의지는 변신들, 소통하는 강도들, 차이들의 차이들, 들숨과 날숨의 숨결들로 반짝이는 세계

연구》15집, 한국니체학회, 2009. 04, 216-227쪽 그리고 조현수, 〈들뢰즈의 '존재의 일의성'의 두 구성요건인 '존재의 공통성'과 '존재=차이'는 어떻게 니체의 영원회귀에 의해 동시에 긍정될 수 있는가?〉,《대동철학》79집, 대동철학회, 2017.6, 148-168쪽 참조.
90. 같은 책, 113. "힘에의 의지가 아니라면 도대체 영원회귀 안의 반복은 무엇을 통해 언명될 수 있단 말인가? 그 반복은 힘의 의지의 세계를 통해 언명된다."(같은 책, 436쪽) "만약 차이가 즉자 존재라면, 영원회귀 안의 반복은 차이의 대자 존재이다."(같은 책, 282쪽).

이다. …… 영원회귀는 이런 세계의 존재이자 이런 세계를 통해 언명되는 유일한 같음의 사태이며, 이 세계에서 모든 선행의 동일성을 배제한다."[91] 영원회귀, 즉 반복은 차이의 효과이고, 차이를 끊임없이 산출하는 것은 차이의 강도 즉 강도의 차이이다. 들뢰즈에게 차이는 곧 강도의 차이를 의미한다.[92]

차이는 강도로 존재한다. 힘에의 의지와 마찬가지로 강도에 정지란 존재하지 않는다. 즉 강도는 비동일적이고 비균등적이다. 따라서 차이의 강도를 결코 법칙화 혹은 규범화할 수 없다. 들뢰즈는 차이를 차이 자체, 즉자적 차이 그리고 내적 차이로 칭함으로써, 차이가 세계의 출발이라는 것을 강조한다. "차이는 크든 작든 언제나 체계의 핵심을 형성하고 있다."[93] 차이가 동일성이나 재현으로 묶일 수 없듯이, 세계 역시 동일성과 재현으로 이해될 수 없다. 차이는 자신 안에 내적 차이를 가지는데, 그것을 들뢰즈는 '차이소' 혹은 '분화소'라 칭한다. "차이의 분화가 있어야 하며, 분화소로서의 즉자적 차이, 스스로 나뉘는 차이가 있어야 한다. 이 분화소를 통해 차이나는 것은 차이나는 동시에 회집되어 있을 뿐, 결코 어떤 선행의 유사성, 동일성, 유비, 대립 등의 조건 아래 재현되는 것이 아니다."[94] 들뢰즈는 차이

---

91. 같은 책, 518쪽.
92. "강도의 차이라는 표현은 동어반복이다."(같은 책, 476쪽)
93. 같은 책, 271쪽.
94. 같은 책, 263f. 차이소(les différent)는 다시 차이나는 것들을 종합하거나 소통하게 해주는 분화소와 이념적 연속체를 구성하는 미분적인 것으로 나뉜다. 즉 들뢰즈에서 차이는 분화적 차이이자 미분적 차이의 의미를 가진다. 분화와 미

와 세계의 관계를 차이의 분화로 설명한다. 차이는 다른 차이들과 상호 관계하고 분화를 통해 개체화된다.

들뢰즈는 내적 차이, 즉 차이소를 라이프니츠의 개념인 '미분적인 것dx', 즉 '무한하게 작은 것'에 대한 개념을 빌려와 설명한다. 라이프니츠에서 미분적인 것은 무한 분할의 결과로서 0에 근접해 가는 것을 의미한다. 라이프니츠에게 그것은 모나드인데, 이것은 자기 동일성을 가진 형이상학적 점, 즉 실체이다. 그러나 들뢰즈에서 미분적인 차이소는 모나드와 달리 자기 안에 차이의 역량을 가지고 있어, 자기 분화의 역량과 잠재성을 가진다. 즉 생성과 변화는 엄밀하게 보자면 바로 차이의 최소 단위인 차이소에서 시작된다. 그런데 차이소는 단독으로는 잠재성을 발휘할 수 없다. 차이소들은 상호 비율적 관계, 즉 미분비dy/dx를 통해 비로소 잠재성이 현실적인 것으로 될 수 있다. 미분비는 차이소의 강도를 수렴하고 발산한다. 미분비의 이러한 기능은 결국 차이소의 현실화와 관계된다. "개체화는 강도의 활동이다. 이 활동을 통해 미분비들은 현실화되도록 규정되고, 게다가 강도에 의해 창조된 질과 연장 안에서 어떤 분화의 선들을 따라 현실화되도록 규정된다."[95]

분을 연결하는 것이 강도적 차이, 즉 개체화이다. 여기에 대해서는 《차이와 반복》, 18쪽 각주 2 참조.
95. 같은 책, 525쪽. 니체와 들뢰즈의 주체의 해체와 힘에의 의지의 관계에 대해서는, Y. Souladié, "Nietzsche, Deleuze: Desubjectification and Will to Power", in: Nietzsche and the Problem of Subjectivity, Ed. by J. Constâncio, Berlin, 2015, pp.394-410 참조.

차이소는 이념이라고 할 정도로 그 아무것도 없는 텅 빈 것이지만 그것은 잠재성의 차원에서 보자면 무한하다. 그것은 차이소들 간의 미분비에 의해 무한 분할이 가능하기 때문이다. 차이소들 사이의 미분비에 의한 분할과 개별화의 가능성에 대해 설명하기 위해 들뢰즈는 '알배아', '애벌레 주체', '기관 없는 신체' 등을 예로 든다. 알과 기관 없는 신체는 순수한 차이 즉 차이소이고 잠재성의 세계이다. 거기에는 외적 구분이 없고, 기능의 구별이 없다. 배아와 기관 없는 신체에는 구분되지 않은 물질 덩어리와 힘에 의해 일어나는 파장, 진동과 리듬이 존재할 뿐이다. 수정란의 분할은 더 커지기를 원하는 힘의 원리에 따라 세포막을 뚫고 쪼개진 것이다. 수정란의 복잡한 분할은 자신 속의 힘을 더욱 크게 하기 위해 외부로 발산된 산물이다.[96]

잠재적인 것이 현실적인 것으로 되는 분화는 차이소가 다른 차이

---

96. "세계 전체는 하나의 알이다. …… 세계는 어떤 알이지만, 알은 그 자체가 어떤 연극이다. 장면화되는 이 연극에서는 배우들보다는 배역들이 우세하고, 배역들보다는 공간들이, 공간들보다는 이념들이 우세하다."(같은 책, 464-465쪽 참조). 애벌레 주체에 대해서는 같은 책, 462-463쪽 참조. 기관 없는 신체가 팔, 다리, 심장과 같은 기관보다 더 근본적임을 들뢰즈는 《안티 오이디푸스》에서 이렇게 기술한다. "신체는 신체다. 그는 혼자이며 기관들을 필요로 하지 않는다. 신체는 결코 유기체가 아니다. 유기체는 신체의 적이다."(질 들뢰즈, 펠릭스 가타리, 김재인 옮김, 《안티 오이디푸스》, 서울: 민음사, 2014, 34쪽). 들뢰즈는 기관 없는 신체가 유기체보다 더 근본적이라는 것 그리고 대상을 구별하는 시각보다 촉각의 우선성을 회화로 보여주는 대표적인 예시로 프란시스 베이컨의 그림으로 든다. 들뢰즈는 베이컨의 그림이 대상의 재현이 아니라 '힘을 그리는 것'으로 평가한다. 여기에 대해서는 3절 〈감각과 예술〉 참조. 들뢰즈의 강도와 잠재성의 생태학적 의미에 대해서는 마누엘 데란다, 이정우 외 옮김, 《강도의 과학과 잠재성의 철학 - 잠재성에서 현실성으로》 참조.

소 사이의 미분비(관계)에 의해 창조되는 일종의 배치, 사건 그리고 놀이이다. 이러한 잠재적인 것의 분화가 동일성과 재현과 무관함을 들뢰즈는 유목적 분배와 정착적 분배의 차이를 예로 들어 설명한다. 미리 할당되거나 배당된 몫, 정해진 약속이나 법칙에 따라 분배하는 정착적 분배와 달리 유목적 분배는 "소유지도 울타리도 척도도 없는 유목적 노모스 …… 여기서는 더 이상 미리 배당된 몫은 없다. 차라리 제한되지 않은, 혹은 적어도 명확한 한계가 없는 열린 공간 안에서 스스로 자기 자신을 분배하는 자들의 할당이 있을 따름이다. 여기서는 그 누구에게도 무엇 하나 돌아오거나 귀속하지 않는다. …… 여기서는 목숨이 걸린 문제가 발생할 때조차 어떤 놀이의 공간, 놀이의 규칙을 말해야 할 것이다."[97] 그러므로 정착적 분배가 동일성의 분배라면, 유목적 분배는 독특성의 분배를 의미하고 분배의 방식 자체가 놀이가 된다. 유목적 분배에는 동일성, 유비, 대립 그리고 유사성이라는 재현의 네 가지 형식이 틈입할 여지가 없는 것이다.

들뢰즈에서 차이는 긍정의 대상이다. 차이는 결코 부정적이거나 제한해야 할 것, 그렇기에 동일성에 이르는 단순한 하나의 계기일 수가 없다. 그것은 즉자적인 것이고 무조건 긍정해야만 하는 것이다. "긍정이 일차적이다. 긍정은 차이, 거리를 긍정한다. 차이는 가벼운 것, 공기 같은 것, 긍정적인 것이다. 긍정한다는 것은 짐을 짊어진다는 것이 아니다. 오히려 거꾸로 짐을 던다는 것, 가볍게 한다는 것이

---

97. 질 들뢰즈, 《차이와 반복》, 104쪽.

다. 그것은 더 이상 부정적인 것이 아니다."[98] 차이는 반복을 낳고 반복은 또 차이를 만든다. 그래서 반복은 기억이나 상기가 아니라 망각에서 가능하다. 그렇기에 들뢰즈는 니체의 생각을 쫓아 "영원회귀의 독창성은 기억에 있는 것이 아니다. 그것은 낭비에 있고 능동성을 띠게 된 망각에 있다."[99]고 말할 수 있는 것이다. 그러므로 영원회귀는 모든 것을 돌아오게 하는 것이 아니다. 그것은 오히려 극단적인 것, 동일성을 벗어던진 것, 세계의 변용을 가져오는 힘의 비동등성, 즉 차이를 돌아오게 한다. 그렇기에 "차이는 첫 번째 긍정이고, 영원회귀는 두 번째 긍정, '존재의 영원한 긍정', 또는 첫 번째 긍정을 통해 언명되는 n승의 역량"[100]인 셈이다. 영원회귀는 "과도하고 비동등한 것, 끝낼 수 없고 끊임없이 이어지는 것, 가장 극단적인 형식성의 산물인 비형식만을 긍정하기에 이른다."[101] 그렇기에 영원회귀는 긍정하는 역량 자체로 볼 수 있다.

> 영원회귀는 다양한 모든 것, 차이나는 모든 것, 우연한 모든 것을 긍정한다. …… 차이나는 것을 차이나는 것에, 다양한 것을 다양한 것에, 우연한 것을 우연한 것에 묶는다.[102]

---

98. 같은 책, 140쪽.
99. 같은 책, 141쪽.
100. 같은 책, 518쪽.
101. 같은 책, 260쪽.
102. 같은 곳.

영원회귀의 반복이 차이의 반복이라는 것, 그리고 차이는 동일성을 벗어나는 과도하고 비동등한 것, 즉 우연적인 것의 긍정을 의미한다. 들뢰즈는 차이의 생성과 차이들의 관계 그리고 차이의 분화로서 개별화는 강도힘의 우연적 분배, 할당 그리고 배치로 본다. 차이와 관계하는 이 모든 것은 우연적인 것이며, 그것은 일종의 놀이이다. 우연을 긍정하지 않고서는 차이와 반복의 놀이는 불가능하다. 그래서 들뢰즈는 니체의 개념을 빌어, 우연을 제거하고 제한하는 것을 목표로 하는 일체의 재현형식을 고안하는 자를 '놀이에 서툰 자'로 평가한다. 놀이에 서툰 자들에서 "분할 규칙은 미리 확립된 특성을 지니는데, 이 특성은 결핍에 의한 조건과 짝을 이루고, 그 조건은 어느 조각이 나올지 모르는 놀이 참가자 안에 있다."[103] 이에 반해 우연을 절대적으로 긍정하는 '신적인 놀이' 혹은 '아이들의 놀이'에는 규칙이 미리 존재하지 않는다. 이들의 놀이에서 "긍정은 한정하거나 제한하는 긍정이 아니다. 그것은 다만 던져진 물음들이나 이런 물음들을 낳는 결정들과 범위가 같은 긍정이다. 이런 놀이에서는 필연적으로 이길 수밖에 없는 패牌가 반복된다. 자기 자신의 고유한 복귀 체계 안에 가능한 모든 조합과 규칙들을 끌어안고 있는 덕분에 그럴 수밖에 없는 노릇이다."[104]

놀이에 서툰 자들은 우연을 부정한다. 그들은 우연을 필연의 그림자로, 필연으로 나아가는 하나의 계기 혹은 필연의 결핍과 모순으로

103. 같은 책, 261쪽.
104. 같은 곳.

생각한다. 우연을 필연의 모순으로 보는 것은 차이를 동일성의 재현으로 이해하는 것과 마찬가지로 '당연히 그러해야 한다'는 도덕적 세계 해석의 산물이다. 즉 그들은 존재를 도덕이라는 허구를 통해 재단하는 것이다.[105] 어른들과 비교하여 아이들의 주사위 놀이는 우연을 철저히 긍정한다. 어른들의 주사위 던지기가 주사위의 특정 눈이 나올 확률을 확인하는 기계적인 행위, 즉 노동이라면 아이의 주사위 던지기는 매번의 주사위 던지기와 그것이 만들어 내는 우연에 경탄하는 놀이인 것이다. 아이들의 "주사위 놀이는 단번에 우연을 긍정한다. 각각의 던지기는 매번 모든 우연을 긍정한다. 던지기들의 반복은 계속 유지되고 있는 어떤 똑같은 가설에도, 동일성을 띤 어떤 불변의 규칙에도 더 이상 종속되어 있지 않다. …… 우연이 충분히 긍정된다면, 놀이 참여자는 결코 패할 수 없다. 왜냐하면 모든 조합, 그리고 그 조합을 산출하는 각각의 던지기[놀이]는 우발점의 움직이는 장소와 명령에 정확하게 일치하는 본성을 지니고 있기 때문이다."[106] 우연을 단번에 긍정한다는 것은 주사위를 던지는 행위뿐만 아니라 주사위가 떨어져 만드는 결과의 우연성도 긍정한다는 것이다. 차이를 긍정한다는 것은 차이의 강도의 불균등성을 긍정한다는 의미이다.

---

105. "이 인간적인 놀이 방식, 이 거짓된 놀이 방식은 자신의 전제들을 감추지 않는다. 즉 그것은 어떤 도덕적 전제들이고, 여기서 가설은 선과 악에 관련되어 있으며, 놀이는 어떤 도덕성의 학습이다."(같은 책, 591쪽). 들뢰즈는 어른들의 놀이의 대표적인 경우로 파스칼의 도박사의 증명, 플라톤의 제비뽑기, 라이프니츠의 체스 놀이를 예시로 들고 있다. 같은 책, 591쪽 참조.
106. 같은 책, 429쪽.

들뢰즈는 차이와 반복을 놀이로 이해함으로써 자연스럽게 존재론의 문제를 놀이로 접근한다. "존재론, 그것은 주사위 놀이 – 코스모스가 발생하는 카오스모스 – 다. 만일 존재의 명법들이 '나'와 어떤 관계를 맺는다면, 그것은 균열된 나와 맺는 관계이고, 이 균열된 나의 틈바구니는 그 존재의 명법들을 통해 매번 시간의 순서에 자리를 바꾸고 재구성된다."[107] 들뢰즈의 주체는 자신 속에 무한한 분할의 가능성을 가진 애벌레 주체, 기관 없는 신체이기에 세계에 자신의 독특성을 분배한다. 독특성의 분배가 일차적으로 카오스모스의 모습을 띄지만, 유목적 분배가 그렇듯이 독특성은 새로운 코스모스를 매 순간 창조해낸다. 독특성의 분배는 차이의 강도가 빚어내는 놀이이다. 즉 세계는 언제나 생성 중에 있고, 그것은 차이와 반복의 놀이 이외 그 어떤 것도 아닌 것이 된다. 들뢰즈의 이런 세계 이해는 놀이에 대한 헤라클레이토스와 니체의 사상을 충실히 계승하고 있다고 볼 수 있다.

107. 같은 책, 431쪽.

3 감각과 예술

들뢰즈의 예술철학은 그가 프란시스 베이컨의 작품을 분석한《감각의 논리Francis Bacon, Logique de la sensation》(1981)에서 잘 드러난다.《감각의 논리》는 우리가 앞서 살펴본《니체와 철학》,《차이와 반복》등의 저서에서 들뢰즈가 일관되게 극복하고자 동일성과 재현의 형이상학과 니체의 디오니소스적인 것, 힘에의 의지 그리고 영원회귀를 차용하여 설명하는 차이 자체와 잠재성, 역량, 강도 등이 현대예술, 특히 회화에서 어떻게 구현되는가를 설명한다. 그가 소환한 화가는 베이컨이다. 들뢰즈는 예술은 감각의 논리에서 이해되어야 한다고 주장한다. 감각의 논리는 힘force이 신체corp에 일으키는 파동과 관계하고 회화는 이 힘의 파동을 그리는 것이다. 즉 회화는 형상을 재현하는 것이 아니라 힘을 그리는 것이다.

들뢰즈의《감각의 논리》에서 힘과 감각의 문제는《차이와 반복Différnce et Répétition》(1968)에서도 이미 상론되고 있다.《차이와 반복》에서 들뢰즈가 표방하는 과제는 '차이 자체'를 사유하는 것이다.

들뢰즈가 볼 때 플라톤에서 헤겔에 이르기까지 철학사를 지배한 것은 동일성identité과 재현représentation이다. 동일성은 이데아와 존재, 실체 그리고 신 등의 이름으로 철학사에 등장하는데, 이것은 일체의 진리와 가치의 원본 역할을 한다. 원본에서 차이가 나는 것은 허상과 모순으로 판정되었고, 제거되어야 할 것으로 간주된다. 헤겔 철학은 차이를 배제하는 동일성 철학의 절정이다.

들뢰즈는 동일성 철학에 파열을 낸 철학자로 니체를 첫손으로 꼽는다. 니체의 신의 죽음에 대한 선언과 힘에의 의지와 영원회귀는 차이와 반복에 대한 모범적 예시이다. 니체의 철학은 차이 자체를 사유하고 차이를 동일성으로 환원시키지 않는다. 들뢰즈는 차이 자체, 즉 즉자적 차이를 사유하기 위해서는 차이를 잡아먹는 재현의 형식을 해체해야 한다고 본다. 들뢰즈에게 반복은 동일성과 달리 차이와 모순관계에 있지 않다. 반복은 "차이가 부단히 자리를 바꿈에 따라 살아나는"[108] 것을 의미한다. 즉 반복은 차이나는 것의 반복, 차이가 영원히 되돌아오는 것이다.

그렇다면 무엇이 차이를 가능하게 하는가? 그것에 대해 들뢰즈는 차이소와 강도, 즉 힘을 통해 설명한다. 차이는 그 자신 안에 차이를 가능하게 하는 차이소 혹은 분화소를 가지는데, 이것은 더 이상 나눌 수 없는 이념과 같은 것이다. 그러나 차이소는 자기동일성을 가지는 최소 단위의 형이상학적 실체가 아니라 오히려 강도, 즉 힘으로 존재한다. 강도, 힘의 차이 혹은 분화가 차이를 가능하게 한다. 이것을 설

---

108. 질 들뢰즈, 《차이와 반복》, 18쪽.

명하기 위해 들뢰즈는 잠재성, 애벌레 주체, 알 그리고 기관 없는 신체 등의 개념을 활용한다. 《감각의 논리》에서 들뢰즈는 베이컨의 작품 분석을 통해 힘의 차이와 분화를 보다 상세히 설명한다.

"예술은 모방하지 않는다. 하지만 이는 무엇보다 먼저 예술이 반복하기 때문이고, 게다가 어떤 내면적 역량을 통해 모든 반복들을 반복하기 때문이다."[109] 《차이와 반복》에서 들뢰즈는 예술이 동일성의 재현이 아니라 차이의 반복임을 강조한다. 들뢰즈에서 차이는 동일자로 환원되지 않는 차이, 표상이나 개념으로 환원되지 않는 차이, 동일자를 재현하지 않는 차이를 의미하며, 그는 이것을 즉자적 차이 혹은 차이 자체로 명명하기도 한다. 그러므로 차이의 반복은 동일자의 재현이나 기계적 반복과 다른 것이다. "차이가 부단한 탈중심화와 발산의 운동이라면, 반복에서 일어나는 전치와 위장은 그 두 운동과 밀접한 상응 관계에 놓여 있다."[110]

들뢰즈에 따르면 아리스토텔레스에서 헤겔에 이르기까지 철학사는 차이를 철학의 주제로 삼았다. 하지만 철학자들의 결정적 잘못은 차이 자체를 사유하기보다는 차이를 개념 안으로 편입시켜 사유했다는 점이다. 즉 그들은 차이의 개념을 개념의 차이로 오해한 것이다. 차이를 개념의 차이로 오도한 결정적 잘못은 재현의 능력을 과신한 것이다. 재현은 차이를 '동일성, 유비, 대립, 유사성의 네 가지 끈

---

109. 들뢰즈, 《차이와 반복》, 612쪽
110. 같은 책, 19쪽.

으로 묶어 개념 안으로 몰아넣는다.[111] 그런데 존재는 결코 개념으로 일반화시킬 수 없는 '일의성', 즉 하나의 독특한 목소리를 갖는다. "'존재는 일의적이다' …… 단 하나의 목소리가 존재의 아우성을 이룬다."[112]

그렇다면 차이는 구체적으로 무엇을 의미하는가? 즉 차이를 차이나게 하는 것은 도대체 무엇인가? 여기에서 힘과 강도强度, intensité가 대답의 결정적 단서를 제공한다. 즉 차이의 근거는 바로 힘과 강도의 차이이다. 그리고 반복되는 것은 같은 것이 아니라 차이가 반복된다. 반복은 "자기 안에 차이들을 포괄하면서 하나의 특이점에서 또 다른 특이점으로 직물처럼 짜여가는 방식이다."[113] 들뢰즈의 차이와 반복에서 우리가 니체의 힘에의 의지와 영원회귀의 흔적을 발견하는 것은 어렵지 않다. 들뢰즈가 볼 때 니체의 영원회귀는 동일자의 회귀를 의미하지 않는다. "영원회귀는 …… 같은 것, 일자, 동일한 것, 비슷한 것 등과 같은 선행 전제들을 통해 구현되는 재현적 범주들을 파괴한다. …… 같은 것과 유사한 것은 단지 영원회귀에 종속된 체계들의 작동방식에서 비롯되는 어떤 효과에 불과하다."[114] 그러므로 들뢰즈는 반복의 본질이 "계속되는 불일치에 있으며, 재현의 동일성에 대립한다."[115]고 말했다.

---

111. 같은 책, 88-89쪽 참조.
112. 같은 책, 101쪽.
113. 같은 책, 45쪽.
114. 같은 책, 282쪽.
115. 같은 책, 146쪽.

차이가 반복될 수 있는 것은 차이의 강도, 즉 힘과 관계한다. 들뢰즈는 다시 한번 니체의 영원회귀와 힘에의 의지로 이 문제에 접근한다. "힘의 의지가 아니라면 도대체 영원회귀 안의 반복은 무엇을 통해 언명될 수 있단 말인가? 그 반복은 힘의 의지의 세계를 통해 언명된다."[116] 들뢰즈에게 힘은 동등하지 않으며, 비대칭적이다. 힘은 수렴과 발산을 통해 끊임없이 차이를 생성한다. 힘은 결코 멈추지도 않고 또 균형을 이루지도 않는다. 따라서 반복은 끊임없이 동일성을 와해시키는 힘의 차이에 의해 산출되고 생성된다. 그렇다면 이제 우리가 물어야 할 과제는 '힘의 차이, 차이의 강도는 어떻게 발생하는가?' 그것은 '의지의 산물인가?'이다.

들뢰즈는 차이를 동일성의 철학과 일반성Generality의 법칙으로 포섭될 수 없는 것과 마찬가지로 의지의 산물도 아니라고 주장한다. 들뢰즈는 차이는 차이 자체에 의해서 생성된다고 보는데, 차이 내부에 차이를 발생시키는 '차이소les différent' 혹은 '분화소'가 존재한다.

차이의 분화가 있어야 하며, 분화소로서의 즉자적 차이, 스스로 나뉘는 차이가 있어야 한다. 이 분화소를 통해 차이나는 것은 차이나는 동시에 회집되어 있을 뿐, 결코 어떤 선행의 유사성, 동일성, 유비, 대립 등의 조건 아래 재현되는 것이 아니다.[117]

---

116. 같은 책, 436쪽.
117. 같은 책, 263f. 18쪽 각주 2 참조.

결국 차이소에서 차이의 분화와 조합을 그리고 그것을 통해 생성의 세계를 설명할 수 있게 된다. 들뢰즈는 차이소를 설명하기 위해 라이프니츠의 무한하게 작은 것, 즉 '미분적인 것dx'을 차용한다. 생성은 차이소가 차이소들의 관계맺음 방식인, 즉 미분비dy/dx를 통해 잠재성에서 현실화되는, 즉 개체화되는 것을 의미한다. 미분비에 의해 차이소의 강도는 수렴되고 발산되고 차이소들은 서로 짝짓기하게 된다.[118] "개체화는 강도의 활동이다. 이 활동을 통해 미분비들은 현실화되도록 규정되고, 게다가 강도에 의해 창조된 질과 연장 안에서 어떤 분화의 선들을 따라 현실화되도록 규정된다."[119]

차이와 차이소 그리고 미분비와 개체화 등을 설명하기 위해 들뢰즈는 다양한 예시를 드는데, 주로 생물학 개념을 차용한다. '알배아', '애벌레 주체', '기관없는 신체' 등이 그 대표적인 경우이다. 알배아과 아르토Antonin Artaud에게서 차용한 기관 없는 신체는 순수한 차이 즉 차이소이고 잠재성의 세계가 어떤 것인가를 설명해 준다. 알과 기관이 없는 신체에는 유기체와 같은 외적 구분이 존재하지 않는다. 따라서 기능의 구별도 없다. 배아와 기관 없는 신체는 단지 물질 덩어리일 뿐이다. 그것에서 확인할 수 있는 것은 파장, 진동과 리듬이다. 생명활동의 원초적 징후인 파장과, 진동 그리고 리듬은 힘을 의미한다. 수정란의 분할과정은 더 증식되기를 원하는 힘이 작동하고 있다는 것에 대한 증거이다. 더 커지기를 원하는 힘에 의해 수정란은 세포막

---

118. 정낙림, 〈놀이와 철학 - 들뢰즈의 니체해석 2〉, 149-150쪽 참조.
119. 같은 책, 525쪽.

을 뚫고 분할되는 것이다. 즉 수정란의 복잡한 분할은 자신 속의 힘을 더욱 증대시키기 위해 힘을 외부로 발산시킨 산물이다.

수정란의 예시에서 볼 수 있듯이, 생명활동의 출발은 힘이고, 힘의 차이에서 분화가 발생하고 개체화가 진행된다. 근본적인 것은 힘, 즉 강도이지 유기체가 아니다. 유기체는 단지 차이소들간의 미분비에 의해 나타나는 우연한 결과물이다. 차이소들의 비율적 관계는 법칙으로 결코 묶을 수 없는 헤아릴 수 없는 조합을 가진다. 그 이유는 힘의 비대칭성으로 인해 균형이 불가능하기 때문이다. 따라서 이러한 차이소들 사이의 강도의 수렴과 발산으로 야기되는 반복은 규칙화할 수 없고 재현될 수 없는 것이다. 그렇다면 이러한 강도와 잠재성의 세계는 어떻게 전달될 수 있을까? 들뢰즈는 《차이와 반복》의 결론 부분에서 이렇게 말함으로써 우리 논의의 방향을 지시한다.

> 현대 음악에서 모든 반복들이 공존하는 방식을 보라. …… 회화 부분에서 팝아트가 모사, 모사의 모사 등등을 밀고 나가 결국 모상이 전복되고 허상으로 변하게 되는 그 극단의 지점에까지 이르는 방식을 보라. …… 습관의 김빠지고 기계적인 반복들로부터 어떤 자그마한 양태 변화들이 분리되어 나오는 소설 기법을 보라.[120]

"우리는 유기적 구성 아래에서 신체가 나타나고 있음을 본다. 이 신체는 유기적 구성과 유기적 요소들을 부서지게 하거나 부풀어 터

---

120. 같은 책, 431쪽.

지게 하고, 그것들에게 발작을 강요하며, 그것들을 어떤 힘들과 관계하도록 놓는다."[121] 들뢰즈는 《차이와 반복》에서 주장했던, 차이 자체, 차이소, 잠재성 그리고 분화의 문제를 《감각의 논리》에서 보다 구체성을 띤 사유로 제시한다. 《감각의 논리》에서 들뢰즈는 힘force이 신체corp에 작동하는 방식을 감각sensation을 통해 설명한다.

> 감각은 살의 시스템인 신경 시스템 위에 직접 작용한다. …… 감각은 현상학자들이 말하듯이 세상에 있음이다. 나는 감각 속에서 되고 동시에 무엇인가가 감각 속에서 일어난다. 하나가 다른 것에 의하여, 하나가 다른 것 속에서 일어난다. 결국은 동일한 신체가 감각을 주고 다시 그 감각을 받는다. 이 신체는 동시에 대상이고 주체이다.[122]

들뢰즈에서 감각은 감각기관에서 얻은 자료를 지성에 넘기는 기능을 수행하는 지각perception과는 다른 것이다. 감각은 신체에서 일어나는 힘의 자극과 반응을 의미하며 정신의 차원이 아니라 전적으로 물질적 차원으로 이해되어야 한다. 즉 감각은 유기체 이전의 살덩어리로서 신체에서 일어나는 힘의 발생, 분화, 충돌의 파동과 반응의 '사건'이다. "감각은 하나의 '범주'에서 다른 범주로, 하나의 '층'에

---

121. 질 들뢰즈, 하태환 옮김, 《감각의 논리》, 서울: 민음사, 2008, 182쪽. 《감각의 논리》에서 들뢰즈가 니체의 힘 개념을 수용하고 변형하는가에 대한 아래의 논의는 정낙림, 〈힘과 예술 ― 니체의 예술생리학과 들뢰즈의 감각의 논리를 중심으로〉, 《니체연구》 42집, 2022. 10, 140-172쪽을 수정·보완한 것이다.
122. 같은 책, 47-48쪽.

서 다른 층으로, 하나의 '영역'에서 다른 영역으로 이동하는 것"[123]이다. 그러므로 "감각은 변형의 주역이고 신체를 변형시키는 행위자이다."[124]

그런데 감각의 활동 배후에는 힘이 자리한다. 즉 감각의 조건은 힘이다. "감각이 있기 위해서는 힘이 신체, 즉 파동의 장소 위에서 행사되어야 한다. 하지만 힘이 감각의 조건이라고 해도 실제 느껴지는 것은 힘이 아니다."[125] 왜냐하면 힘은 볼 수도 없고, 들을 수도 없으며, 느낄 수 없는 것이기 때문이다. 힘은 감각을 촉발하고 감각은 신체를 횡단하여 신체를 변형시킨다. 이 변형을 통해서 비로소 우리는 힘이 작동하고 있음을 감지하게 되는 것이다. 예술가의 역할은 이 보이지 않는 힘을 보이도록 하고 들리지 않는 힘을 소리 나도록 하는 것이다. 신체에 행사되는 "힘들은 시각이나 청각 등보다 훨씬 깊은 것으로서 리듬이라고 한다. 리듬은 그것을 청각적 층리에 투여하면 음악처럼, 시각적 층리에 투여하면 회화처럼 나타난다. …… 따라서 궁극적인 것은 바로 리듬과 감각 사이의 관계이고, 그 관계에 따라 각각의 감각 속에는 그 감각이 통과하는 층리들과 영역이 만들어진다."[126]

감각은 신체에서 하나의 질서에서 다른 질서로, 하나의 층위에서 다른 층위로, 하나의 영역에서 다른 영역으로 이동한다. 이 이동이

---

123. 같은 책, 49쪽.
124. 같은 곳.
125. 같은 책, 69쪽.
126. 같은 책, 55-56쪽.

신체의 변형을 만드는 원인이다. 그런데 감각의 이동은 힘의 고유한 성질에서 비롯된다. 힘은 비대칭적이기에 한 자리에 머물지 않는다. 감각은 결국 힘들 사이의 관계, 즉 힘의 분배가 발현되는 양태를 의미한다. 힘이 본질상 상투적인 것을 거부하듯이, 감각 역시 형태를 갖춘 유기체를 지향하지 않는다. 그러므로 들뢰즈에게 신체는 유기체를 의미하지 않는다. "신체는 신체다. 그는 혼자이며 기관들을 필요로 하지 않는다. 신체는 결코 유기체가 아니다. 유기체는 신체의 적이다."[127] 들뢰즈에게 신체는 '기관이 없는 신체'이다. 이것을 설명하기 위해 들뢰즈는 《차이와 반복》에서 이 말의 원저자인 '아르토'를 인용한다. 신체에는 입도 없다. 혀도 없다. 목구멍도 없다. 식도도 없다. 위도 없다. 배도 없다. 항문도 없다."[128] 들뢰즈의 신체는 기관에 의한 구분이 없을 뿐만 아니라, 기능의 구별도 없다. 신체는 힘들이 들끓는 잠재성의 세계이다.

힘과 감각 그리고 신체의 관계를 설명하기 위해 들뢰즈는 《차이와 반복》에서 언급한 '알'을 《감각의 논리》에서 다시 소환한다.

"신체는 기관을 가진 것이 아니라 경계 혹은 층위들을 가진다. 따라서 감각은 질적으로 규정되지도 않고 질적인 것도 아니다. …… 감각은 진동이다. 우리는 알이 바로 유기적으로 되기 이전에 이러한 상태에 있는 신체를 제시함을 안다. 알은 축들과 힘의 전달, 밀도의 점진적인 단계,

---

127. 질 들뢰즈, 펠릭스 가타리, 《안티 오이디푸스》, 34쪽.
128. 들뢰즈, 《감각의 논리》, 58쪽 아르토 재인용.

영역적 분할, 역학적인 움직임, 역동적인 경향들을 제시하는데, 여기에 비하면 형태들이란 우발적이거나 보조적일 따름이다. …… 유기체란 생명이 아니라 생명을 가두고 있는 것이다. 신체는 전적으로 살아 있지만 유기적이지 않다. 따라서 감각이 유기체를 통해 신체를 접하면, 감각은 과도하고 발작적인 모습을 띤다. 감각은 유기적 활동의 경계들을 잘라 버린다. 감각은 살 한가운데에서 신경의 파장이나 생생한 흥분 위에 직접 실린다. …… 기관 없는 신체는 살과 신경이다. 이어서 파장이 신체를 통과하여 거기에 여러 층위들을 새긴다. 그리고 감각이란 신체 위에 작용하는 힘들과 파장과의 만남으로서" 발생한다.[129]

들뢰즈가 말하는 기관 없는 신체는 기관이 없다는 의미보다는 기관의 발생이 우연적인 것이고 항구적이지 않다는 의미가 강하다. "기관없는 신체는 기관의 부재에 의해서뿐만 아니라, 결국은 결정된 기관들이 잠정적으로 일시적으로 존재한다는 사실에 의해 정의된다."[130] 감각은 층리와 영역의 차이를 내포하고 있다. 그런데 감각은 어떻게 한 층리에서 다른 층리로 넘어가는가? 즉 어느 층리에서 입이던 것이 다른 층리에서는 항문이 되는가? 결국 이것은 힘의 작용과 분할로 설명되어야 한다. 힘의 수축과 이완 또는 수렴과 발산이 감각을 이동시키고 특정 영역에서 특정 기관을 배치한다. 여기에 필연성은 존재하지 않는다.

129. 같은 책, 57-58쪽.
130. 같은 책, 61쪽.

들뢰즈는 감각과 힘의 논리를 가장 잘 보여주는 매체로 예술을 꼽고 있으며, 그 대표적인 예시로 프란시스 베이컨의 작품을 든다. "회화의 임무는 보이지 않는 힘을 보이도록 하는 시도로 정의될 수 있다."[131] 《감각의 논리》는 1971~72년 파리의 그랑 팔레Grand Palais에서 개최된 베이컨 회고전의 충격과 반향을 고스란히 담고 있다.[132] 베이컨의 회화가 보여주는 뒤틀린 얼굴 그리고 허물어지고 흘러내리는 듯한 고깃덩어리의 이미지와 솔로 문질러 형체가 무엇인가를 구분할 수 없는 형상 이미지는 지금까지 회화를 구분해왔던 구상적인 것도 그렇다고 비구상적, 즉 추상적인 것도 아니었다. 들뢰즈는 베이컨의 회화가 보이지 않는 '힘', 즉 신체에 가해지는 힘을 그리고 있다는 것을 단번에 알아본다. 들뢰즈는 베이컨의 회화를 자신의 철학에 기초하여 해석했고 그 결과물이 《감각의 논리》이다.[133]

---

131. 같은 책, 69쪽. 들뢰즈의 《감각의 논리》를 기반으로 베이컨의 작품을 상세히 분석한 국내의 저서로는 박정자, 《눈과 손, 그리고 햅틱》, 서울: 기파랑, 2015를 참조하라.

132. 이찬웅, 〈들뢰즈 회화론: 감각의 논리란 무엇인가〉, 《미학》 71집, 한국미학회, 2012, 106쪽 참조.

133. 사실 베이컨이 자신의 회화에 대한 들뢰즈의 해석에 얼마나 동의하는가에 대한 분명한 입장은 없다. 다만 베이컨과 대담한 실베스터(D. Sylvester)의 입을 통해 간접적으로 확인할 수 있다. 실베스터는 이렇게 말한다. "물론 들뢰즈의 해석을 베이컨이 '전적으로' 동의했을 리는 만무"[하다.] …… 들뢰즈는 구조, 형상, 윤곽만으로 이루어진 자칫 단순해 보일 수 있는 베이컨의 그림들에서 '보이지 않는 힘'을 읽어낸다. 들뢰즈는 유기체가 아닌 신체 자체에 의해 느껴지는 원초적 감각 속에서 리듬을 발견해 내고 리듬과 감각의 관계를 통해 보이지 않는 힘, 즉 에너지가 느껴진다고 말한다. 그리하여 들뢰즈는 베이컨의 작품을 "신경계에 직접 호소하는", "감각을 신경계에 직접 전달하는" 새로운 기법의 회화라

베이컨은 구상화와 추상화에 대한 거부감을 스스로 밝히고 있다. 그가 볼 때, 구상화는 지각할 수 있는 풍경, 인물, 정물 등 대상의 표면을 재현한 것이다. 인물화에서 재현될 대상은 눈, 코, 입 등과 같은 신체기관이다. 추상화는 구상화에 반대하여 대상의 재현을 거부하는 길을 가지만 과도한 정신화로 감각에서 너무 멀리 갔지만, 그럼에도 구상화의 서사와 패턴을 떨쳐버리지는 못했다. 우리가 추상화를 이해할 수 있는 것도 클리셰, 상투성이 회화에 있기 때문이다. 구상화의 상투성이 대상 의존적이라면, 추상화의 상투성은 정신적인 것이다.

그런데 "감각이란 쉬운 것, 이미 된 것, 상투적인 것의 반대일 뿐만 아니라, '피상적으로 감각적인 것'이나 자발적인 것과도 반대이다."[134] 베이컨의 선택은 감각을 그리는 것인데, "감각이란 빛과 색의

고 칭송한다. 짧은 순간의 내 체험만으로도 충분히 공감되는 이야기이다. 그렇게 읽어낸 들뢰즈의 감각도 베이컨 못지않게 섬세하고 동물적이다."(데이비드 실베스터, 주은정 옮김, 《나는 왜 정육점의 고기가 아닌가?》, 서울; 디자인하우스, 2015, 8쪽)

134. 들뢰즈, 《감각의 논리》, 47쪽. 들뢰즈는 베이컨이 추상화를 거부하고 있고 그 가장 중요한 근거는 '긴장의 결여'로 판단한다. 추상화는 긴장을 중화시킨다. 같은 책, 126쪽 참조. 이 점에 대해 베이컨은 들뢰즈의 해석에 근거가 될 만한 발언을 아셍보(M. Archimbaud)와의 대담에서 한다. "추상 미술은 내겐 하나의 손쉬운 해결책으로 보입니다. 그림 그리는 재료 자체가 추상물이지요. 그런데 회화란 단지 물질에 불과한 게 아닙니다. 그것은 물질과 주체 사이에 벌어지는 어떤 갈등의 결과이지요. 거기엔 이른바 긴장이 존재하는데, 나는 어쩐지 추상 화가들은 이러한 갈등의 두 가지 측면 가운데 하나를 처음부터 제거하고 시작한 게 아닌가라는 느낌이 듭니다."(미셸 아셍보, 최영미 옮김, 《화가의 잔인한 손》, 서울:강, 1998, 200쪽)

자유롭거나 대상을 떠난 유희 속에 있는 것이 아니라, 반대로 신체 속에 있다."[135] 그러므로 회화는 신체 속의 감각을 그려야 한다. 들뢰즈는 신체를 그리는 회화를 형상形像화로 설명한다. 들뢰즈에게 형상은 대상이 아니다. 들뢰즈는 형상을 "감각으로 환원되는 형태"[136] 또는 "감각에 결부된 느낄 수 있는 형태"[137]로 설명한다. 들뢰즈는 형상을 구상과 구분하기 위해 구상을 소문자 figure로, 형상을 대문자 Figure로 표시한다. 들뢰즈에게 회화는 형상을 창조하는 활동이다. 베이컨은 구상화도 추상화도 아닌 제3의 길인 형상화를 선택한다. 형상화가 지향하는 것은 "닮도록 하여라. 단 우발적이고 닮지 않는 방법을 통해서"[138]이다.

들뢰즈가 말하는 베이컨의 형상화가 지향하는 닮도록 그린다는 것은 사물의 형태를 목표하는 것이 아니라 감각을 닮게 그린다는 의미이다. "감각적인 닮음"[139]은 베이컨의 인물화가 의도하는 것이다. 베

---

135. 같은 책, 48쪽.
136. 같은 책, 49쪽.
137. 같은 책, 47쪽.
138. 같은 책, 114쪽. 들뢰즈의 형상화의 미학적 의미에 대해서는 윤대선, 〈들뢰즈에 있어 형상의 미학이란 무엇인가? - 《감각의 논리》(1981)에 나타난 회화적 존재론을 중심으로〉, 《미학》 64집, 2010.12, 141-177쪽 참조. 형상의 창조가 가진 교육학적 의미에 대해서는 김재춘, 〈들뢰즈의 '감각을 그리는 활동'으로서 회화 예술과 교육의 관계: 《감각의 논리》를 중심으로〉, 《교육철학연구》 43권 제3호, 2021.4, 29-57쪽 참조.
139. 같은 책, 134쪽. 베이컨의 인물화에서 자주 보이는 기법인 지우거나 솔로 문지르는 방식 역시 감각적인 닮음을 표현하기 위한 것이다. "베이컨에게 있어서 지우거나 솔로 문지른 부분들은 중화된 유기체적 부분들로서, 영역 혹은 층위

이컨의 인물화는 얼굴이 아니라 머리를 그린다. 얼굴은 눈, 코, 입 등의 유기체가 구조화된, 즉 기관의 배치가 완료된 반면, 머리는 비유기체인 고깃덩어리이고, 감각의 분할가능성으로 들끓는 잠재성의 장소이다.

베이컨의 회화는 살과 신경으로 이루어진, 즉 기관 없는 신체를 가로지르는 감각을 그린다. 앞서 말했듯이 감각은 힘을 통해서만 활동할 수 있다. 감각을 그린다는 것은 보이지 않는 힘을 그린다는 의미이기도 하다. 베이컨의 머리 그림에서 눌리고, 비틀리고, 지워지는 등 힘의 다양한 층위들이 충돌하고 분리되고 연결되는 흔적을 생생하게 느낄 수 있다. 영화나 텔레비전의 편집기술로 신체의 역동적인 모습을 보여주기 위해 장면의 느린 재생에서 볼 수 있듯이 베이컨의 그림은 머리 위에 가해지는 압력, 팽창력, 수축력을 정지화면처럼 보여준다.

베이컨 인물화의 주제로 자주 등장하는 히스테리 환자의 근육위축, 마비, 과민반응, 감각상실은 바로 힘과 감각과 신체의 순수한 현재화를 극단적으로 보여주기 위한 방편이다. 히스테리가 의식의 지배에서 해방된 무의식의 현재를 보여주듯이, 히스테리 환자의 신체는 구조화되기 이전의, 즉 형상화되기 이전의 신체와 신체에 작동하는 힘을 보여준다. "히스테리적인 것, 이것은 자신의 현재함을 강요하는 것이고, 히스테리적인 것에게는 다른 사물들과 존재들이 현재

의 상태로 되돌아간 부분들이다. '사람의 얼굴은 아직 자기의 낯을 감추지 못했다……'"(들뢰즈, 《감각의 논리》, 58-59쪽).

하고 또 너무나 현재한다. 히스테리적인 것은 모든 것에 이 과도한 현재함을 주고 전달한다."[140]

힘을 그리는 베이컨의 그림이 기괴한 것은 우리에게 익숙한 상투성에서 벗어나 있기 때문이다. 힘을 그리는 베이컨의 그림을 이해하기 위해 우리는 무엇보다도 베이컨 그림의 세 가지 요소를 이해할 필요가 있다. 베이컨 그림의 세 가지 요소는 형상Figure, 윤곽contour 그리고 아플라aplat이다.

> 그[베이컨]는 자신의 회화에서 근본적인 세 요소를 구별한다. 그 요소는 물질적 구조, 동그라미-윤곽, 세워진 이미지이다. 조각에서의 용어로 생각한다면, 세 요소는 골격과 유동적인 받침대, 그리고 받침대를 타고 골격 속을 돌아다니는 형상이라고 해야 할 것이다.[141]

우선 베이컨의 형상Figure에 대해 알아보자. 앞서도 언급했지만, 베이컨에서 형상은 대상이나 사물의 다른 이름이 아니다. 미술은 크게 구상화와 비구상화, 즉 추상화로 나뉜다. 구상화는 대상의 재현을 일차적 목표로 한다. 그러므로 우리는 구상화에서 화가가 어떤 대상을 재현하는지 그리고 그림이 말하고자 하는 서사를 어렵지 않게 간파할 수 있다. 그런데 베이컨의 그림은 무엇을 재현하는지 그리고 그림을 통해 그가 말하고 싶은 것이 무엇인지를 간파하는 데 적잖은 어려움

---

140. 같은 책, 63-64쪽.
141. 같은 책, 16쪽.

이 있다. 그렇다고 이러한 이해의 어려움을 근거로 베이컨의 그림을 추상화로도 볼 수 없다. 베이컨은 세계를 정신화한 추상화에 대한 강한 거부감을 드러낸다. 베이컨은 자신이 그리는 것이 형상이라고 말하고 구상figurative과 구분한다. 그가 형상을 대문자로 쓰는 이유이다.

베이컨이 그리는 대상은 구상화가 재현하고자 하는 대상이 아니다. 형상은 감각으로 환원되는 형태를 의미하며 감각은 힘의 파동이다. 결국 형상화는 감각을 그림으로써 힘을 보여주는 것이다. 고깃덩어리는 힘을 왜곡 없이 드러내는 적절한 소재인 셈이다. 베이컨이 도축장에서 절단된 소와 돼지의 사체 그리고 형체가 문드러진 인물의 머리를 자주 그리는 이유도 여기에 있다. 베이컨이 궁극적으로 그리고자 하는 것은 살 아래 있는 힘이다. 그런데 들뢰즈가 볼 때 베이컨의 형상화야말로 살아있는 생명의 세계를 가장 정직하고 충실하게 재현하고 있다. 즉 베이컨의 형상화는 세계에 대한 가장 정직한 모습을 구현해내고 있다.

윤곽contour은 베이컨 회화에서 형상의 주변에 동그라미 형태로 나타나는 것으로, 형상과 아플라 사이에 위치한다. 윤곽은 일차적으로 형상과 아플라의 경계선으로 보인다. 베이컨 회화에서 윤곽은 주로 원형과 타원형의 형태가 많다. 윤곽의 대표적인 예시는 레슬링을 하는 듯한 뒤엉킨 인물들을 형상으로 배치하고 주변을 씨름 경기장 혹은 레슬링 경기장에서 볼 수 있는 둥근 경계선을 두른 것이다. 이것을 보더라도 윤곽은 일차적으로 형상을 감싸 다른 것들로부터 고립시키는 역할을 한다. "하나의 형상은 트랙 위에, 의자, 침대 혹은 안락의자 위에, 동그라미나 평행육면체 속에서 격리된다."[142]

그런데 윤곽은 형상을 포위하는 역할을 하는 동시에 형상과 아플라가 상호 교류하는 접지선의 역할도 한다. "사실 윤곽은 장소로서 물질적 구조에서 형상으로, 형상에서 아플라로라는 두 방향으로의 교환 장소이다. 윤곽은 일종의 이중적 교환이 일어나는 동식물의 막과 같은 것이다."[143] 즉 윤곽은 형상과 아플라 모두에게 "연락을 보장해주는 삼투막"[144]의 역할을 한다. 윤곽은 형상과 아플라가 힘을 교환하는 장소이다. 형상은 윤곽을 뛰어 넘어가고자 애를 쓰고 아플라는 윤곽을 뚫고 형상속으로 침투하고자 한다. 형상과 아플라 둘 사이에 치열한 힘의 공방의 전선이 윤곽인 셈이다. 들뢰즈는 형상이 윤곽으로 확장하는 것을 힘의 확산으로 아플라가 형상으로 침투하려는 것을 힘의 수축으로 본다. 모든 생명체의 힘은 확산과 수축 또는 팽창과 수축의 반복으로 작동하며, 들뢰즈는 베이컨의 회화에서 형상, 윤곽 그리고 아플라의 관계를 힘의 확산과 수축의 장면으로 읽어내고 있다.

아플라aplat는 베이컨 회화에서 형상과 윤곽을 뺀 나머지 부분, 즉 배경을 의미한다. 아플라는 형상과 윤곽과는 달리 입체감이 없는 원색의 평면으로 처리된다. 이 때문에 사람들은 베이컨이 아플라를 부차적인 것으로 다룬다고 생각할 수 있다. 그러나 이것은 잘못된 생각

142. 같은 책, 14쪽.
143. 같은 책, 23쪽.
144. 같은 책, 45쪽.

이다. 형상이 형체를 알 수 없을 정도의 흐릿한 것과는 달리 아플라는 원색으로 처리되어 강렬하고 선명한 느낌을 준다. 아플라에는 원근법이 존재하지 않는다. 여기에 베이컨의 숨은 의도가 있다. 베이컨은 아플라를 통해 세계를 2차원으로 묶는다. 베이컨은 원근법이 왜곡된 시각 능력에서 비롯되었다고 본다. 원근법은 대상을 부풀리거나 축소하여 세계를 왜곡시키고 조작한다. 베이컨의 아플라는 그림을 2차원적 세계로 제한하려는 의도를 보여주기 위한 시도이다. 이런 이유에서 베이컨은 원근법 대신 근접시각을 선택한다.

원색으로 처리된 아플라의 평면과 흐릿한 형상은 뚜렷한 대비를 이루면서 우리의 촉각적 능력을 촉진시킨다. 베이컨에게 그림은 눈으로 만져지는 것, 촉각적 시각 즉 햅틱haptic을 보여준다. 들뢰즈는 베이컨이 "조각과 회화의 중간적인 어떤 것을 생각하고 있음을"[145] 확신한다. 햅틱을 통해 베이컨 회화가 우리에게 말하는 것은, 눈에 의해 구획되고 정형화된 세계보다 더 근본적인 것은 촉각에 의해서 전달되는 감각의 세계이다. 감각의 세계야말로 시각에 의해 왜곡되기 이전의 일차적인 잠재성의 세계이다. 이 잠재성의 세계는 힘들에 의해 무한한 분화 가능성을 함축한다.

---

145. 같은 책, 143쪽. 들뢰즈는 햅틱의 기원을 이집트의 저부조에서 확인하고 그들의 탁월성을 찬양한다. 저부조는 감각의 자율성과 협력을 보장한다. 그는 베이컨이 회화에서 저부조의 효과를 꾀한다고 확신한다. "이집트인들에게 영광을. '나는 과거의 위대한 유럽의 이미지들로부터 나 자신을 분리해 본 적이 없다. 이집트적 구도는 회화적 구도이기보다는 차라리 저부조적 배치다."(같은 책, 141쪽)

우리는 형상과 윤곽, 아플라를 통해 베이컨이 의도하는 바를 짐작할 수 있다. 형상과 아플라는 윤곽으로 구분되지만 둘은 윤곽을 경계로 부단히 힘의 팽창과 수축의 활동을 반복한다.

> 아플라로부터 형상으로 가는 움직임과 공존하고 있는 다른 움직임은 거꾸로 형상으로부터 물적 구조인 아플라를 향해 간다. 처음부터 형상은 신체이고 그 신체는 동그라미 안에서 생겨난다. 하지만 신체는 구조로부터 무언가를 기다릴 뿐만 아니라 자기 자신 안에서도 무언가를 기다린다. 이제 이 신체 안에서 무언가가 일어난다. 그는 움직임의 근원이다. 이제 장소의 문제가 아니고 사건의 문제가 된다.[146]

들뢰즈가 말하는 사건은 신체의 한 층위에서 다른 층위로, 한 영역에서 다른 영역으로, 한 질서에서 다른 질서로 횡단하는 감각이 일으키는 사건이다. 그러나 감각이 신체의 층위와 영역 그리고 질서를 횡단하여 신체를 변형시키는 것을 가능하게 하는 것은 힘의 수축과 팽창 운동에 있다. 이 수축과 팽창은 기계적 법칙, 일정한 패턴의 형태가 아니라 매 순간 새로운 사건의 형태, 즉 우연성의 놀이로 이루어진다. 힘은 코드, 유사성 그리고 상투성cliché을 거부한다. 베이컨의 형상화는 바로 이러한 사건으로서 힘을 그린다.

그렇다면 들뢰즈는 왜 베이컨의 회화를 힘의 차원에서 해석할까? 그것은 들뢰즈에게 힘이 생명의 다른 표식이기 때문일 것이다. 생명

---

146. 같은 책, 29쪽.

은 언제나 죽음과의 대결을 통해 자신을 확인한다.

　　생명은 죽음에게 소리친다. 그러나 죽음은 더 이상 우리를 나약하게
　　만드는, 너무나도 명확히 보이는 것이 아니다. 죽음은 생명이 감지해
　　내고 찾아내어 소리를 지르며 보이게 만드는, 이 보이지 않는 힘이다.
　　죽음이 생명의 관점에서 판단되는 것이지, 우리가 쉽게 생각하듯이 생
　　명이 죽음의 관점에서 평가되는 것은 아니다.[147]

　들뢰즈가 자신의 전 철학을 통해 말하고자 하는 것은 바로 위의 인
용문이 요약하고 있다. 그가 긍정의 철학, 차이의 철학 그리고 감각
의 논리를 통해 말하는 것은 바로 힘과 생명에 대한 예찬이다. 힘에
대한 긍정, 힘의 차이와 역량에 대한 그의 집요한 정당화 그리고 보
이지 않는 힘을 그리는 것이, 예술의 사명임을 역설하는 것도 모두
생명의 관점에서 죽음을 평가하고자 한 들뢰즈의 분투였던 것이다.
이 점에서 우리는 들뢰즈가 니체의 철학적 후계자임을 다시 한번 더
확인한다.

147. 같은 책, 75쪽.

3부

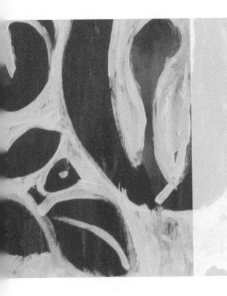

예술생리학과
현대예술의 지형

현대예술은 복잡하고 어렵다! 이것은 감상자에게만 해당하는 것은 아니다. 더군다나 오늘날 예술 지형도의 복잡성은 예술을 정의하는 것을 가로막고 있다. 예술을 정의하려는 다양한 이론적 시도가 있었 지만 모든 이를 충족시킬 이론은 등장하지 않고 있다. 한 세기 전만 해도 예술을 재현 혹은 표현적인 차원에서 정의하고 평가할 수 있었 다. 그러나 사진과 영화라는 복제기술을 기반으로 하는 매체의 등장 은 모방 중심의 예술관을 붕괴시켰다.

현재 진행되고 있는 예술의 복잡성은 우선 소재의 다양성에서 비 롯된다. 한 세기 전에는 예술작품에 사용될 거라고는 도저히 생각할 수 없었던 재료들이 전시관의 한 자리를 차지하고 있다. 돌무더기, 죽은 동물의 사체, 책더미도 예술작품이 되며, 물질적 대상이 지속 하지 않는 퍼포먼스, 심지어 물질에서 해방된 인간의 개념에 기초한 활동도 예술의 이름을 얻는다. 화분을 전시관에 두고 식물을 기르는 것, 창작자가 예술가인지 기술자인지 모를 디지털예술, 그리고 드디어 인공지능이 창작한 그림과 소설이 등장한 상황에서 작품과 창작자를 중심으로 예술을 정의하는 것은 불가능하게 되었다.

예술작품을 포함한 예술활동 전체가 신체기관의 쾌감과 불가분의 관계가 있다는 오랜 믿음도 오늘날에는 설득력을 잃었다. 우리는 자연을 놀라울 정도로 완벽히 재현한 풍경화, 인체의 비례를 정확하게 구현한 조각작품, 자연의 소리를 조화롭게 구성한 음악에 동반되는 쾌감을 미의 본질과 뗄 수 없는 것으로 믿어왔다. 그러나 오늘날 예술작품은 더 이상 관람객의 쾌감에 신경을 쓰지 않는다. 회화와 조각에서 반원근법과 비대칭성, 음악에서 불협화음 그리고 무용에서 비유기적 동작 등 불쾌감을 자극하는 요소들이 예술의 중요한 부분으로 당당히 자리 잡고 있다.

오늘날 예술과 비예술, 창작자와 감상자의 경계는 모호해졌다. 창작자에게 작품의 창조자 그리고 작품의 의미에 대한 배타적 독점권을 부여한 전통은 사라졌다. 20세기 초 작가 중심의 제도화된 예술과 부르주아적 향유로서의 예술에 반기를 든 '모든 것이 예술'이고 '모든 인간은 예술가이다'라는 아방가르드의 구호는 오늘날 더 이상 선언문에 담긴 이념이 아니다. 하나의 예술사조로서가 아니라 예술세계 전체가 이제는 '모든 것이 예술이 될 수 있고', '모든 인간이 예술가일 수 있는' 상황에 진입했다. 이러한 현대예술의 복잡한 지형을 가장 잘 설명할 수 있는 개념은 '예술다원주의'일 것이다. 그리고 예술다원주의에 이론적 정당성을 부여한 것은 '예술의 종말The End of Art' 선언이다. 예술의 종말 선언은 20세기 초 전통 예술과 급진적 단절을 꾀한 다양한 '반예술운동'을 토양 삼아 전개되었다. 예술의 종말에 대한 수많은 주장 중에서 대표적인 것은 단토A. Danto의 예술 종말론일 것이다. 단토는 1964년 워홀A. Warhol의 〈브릴로 상자〉에서 예술과 비예술이 더 이상 감각적 지각의 차원에서 구별될 수 없음을 간파한다. 단토에 따르면 이제 '예술이 무엇인가'에 대한 물음은 '왜 그것이 예술인지'에 대한 설명 가능성에 달려있다.

단토의 예술의 종말 선언은 작가, 장르, 재료에 갇혀있는 예술의 장벽이 붕괴되어 예술에 대한 자명성이 상실된 시대에 대한 예술사적 진단이라 할 수 있다. 이제 누구이든, 자신의 생각을 유·무형의 형태로 창조하고, 그것을 예술로서 설명할 수 있다면, 그것은 예술의 지위를 획득하게 된다.

그런데 예술다원주의는 피할 수 없는 문제에 직면한다. 모든 것이 예술이 될 수 있다면, 그것들 사이에서 더 좋은 예술과 그렇지 않은 예술을 구별하는 것은 무의미하다. 예술다원주의는 '모든 것이 허용된다Anything goes'는 극단적 상대주의의 딜레마를 피할 수 없다. 예술다원주의를 옹호하는 자들은 예술의 좋고 나쁨에 대한 기준이 없는 것이 아니라 다수이며, 맥락에 따라 다른 기준을 적용하면 될 것이라고 반박하겠지만, 만약 그들의 원칙을 고수한다면 그러한 기준들은 잠정적이고 상대적인 것이 되고 만다.

그렇다면 예술다원주의가 표방하는 '확장된 예술정신'을 옹호하면서도 예술을 평가하는 기준을 제시할 수 있는 길은 없는가? 이 문제는 예술의 근거를 접근 불가능한 천재들의 아우라Aura에서 찾는 전통적 절대적 예술관과 예술에 대한 극단적 상대주의로 초래된 냉소주의 모두를 극복하는 것과 직접적으로 관계한다. 우리 시대는 거대

담론의 폭력성을 극복했지만, 그 대신 상대주의가 초래한 '가치 아나키즘'의 안개에 휩싸여 있다.

우리는 니체의 '예술생리학Physiology of Art'과 듀이의 '경험으로서 예술Art as Experience' 그리고 들뢰즈의 '감각의 논리로서 예술'에 주목한다. 세 철학자는 진리에 대한, 특히 상대주의에 대한 태도의 차이에도 불구하고 공통적으로 예술의 출발을 '생명활동'에서 찾는다. 니체는 '몸'의 정동Affect인 '도취'에서, 듀이는 '생명체의 경험'에서, 그리고 들뢰즈 역시 '감각'에서 예술의 근거를 찾을 만큼 몸을 모든 창조적 활동의 뿌리로 본다. 즉 모든 인간은 도취할 수 있고, 생명의 힘이 약동하는 한 예술에 참가하고 있다. 그렇다고 도취와 생명의 기운이 곧바로 예술이 되는 것은 아니다. 니체에게 가치를 창조하는 인간의 도취와 야만인의 도취는 다르며, 듀이에게도 경험의 질적 차이에 의해 문명과 야만으로 갈린다. 또한 들뢰즈 역시 감각 자체가 예술이 되는 것이 아니라 '힘의 표현'만이 예술이 될 수 있다고 본다.

니체는 인간의 생리학적인 현상인 '도취'에서 예술의 근거를 확보함으로써, 예술이 인간의 삶과 근본적으로 분리될 수 없다는 결론에 도달한다. 니체는 "미학이 응용생리학에 지나지 않는다"라는 예술생리학Physiologie der Kunst의 이념을 자신의 주저로 계획한 《힘에의 의지Wille zur Macht》의 한 장章으로 기획할 정도로 '예술생리학'에 몰두한다. 니체에 따르면 인간이 자신의 세계를 조형하는 한 그는 예술가이다. 그러나 니체에게는 단토를 비롯한 포스트모던주의자들과는 달리 예술을 평가할 수 있는 기준이 있다. 그것이 바로 '힘에의 의지'이다. 즉 세계를 조형하는 창조적 행위가 힘을 증대시켜 삶을 촉진시키느냐 혹은 반대로 힘을 약화시켜 삶을 병들게 하는가에 따라 예술은 '디오니소스적 예술'과 '데카당스적 예술'로 구분된다. 이런 점에서 우리는 니체의 예술생리학이 가치의 평가와 전도 그리고 새로운 가치의 창조라는 니체의 철학 기획에 결정적 의미가 있음을 알 수 있다.

듀이는 니체와 마찬가지로 예술의 출발점을 생명체의 활동에서 찾는다. 그에게도 예술은 일상적 삶과 분리되지 않는다. 그에게 미술, 음악, 무용 등의 분과와 예술의 출발, 즉 점, 선 그리고 리듬과 균형 등은 모두 몸이 세계와 마주하는 경험에서 획득한 것이다. 문명이란 바로 이러한 경험을 통합하고 보다 고차적인 방식으로 구현하는 데서 성취된다. 따라서 인간은 근본적으로 예술적이지만 경험을 조직하고 통합하는 단계에서 질적인 차이는 존재할 수밖에 없다. 듀이가 문명화된 삶의 척도로서 예술을 제시하는 것도 이러한 이유 때문이다.

들뢰즈는 예술을 감각의 문제로 파악한다. 그는 예술작품을 '감각들의 기념비'로 설명하는데, 예술작품에서 감각은 정동과 힘들의 관계인 기호 혹은 이미지의 집적이기 때문이다. 들뢰즈는 예술의 출발을 의식이 아니라 몸신체에서 찾는다. 지각은 우리의 몸에 힘이 작용하고 있음의 신호인데, 예술은 바로 감각으로 드러나는 힘의 강도와 리듬을 표현하는 것이다. 즉 들뢰즈에게 예술은 재현이 아니라 세계에 현상하는 힘을 보여주고 들려주고 조형하는 것이다. 그에게 모방 행위 역시 힘의 표현일 뿐이다. 이것을 그는 프란시스 베이컨의 작품 분석을 통해 보여준다. 예술의 출발을 감각과 정동에서 찾는다는 점에서 들뢰즈의 생각은 니체와 듀이와 크게 다르지 않다. 그런데 감각과 정동만으로 예술이 되는 것은 아니다. 구성된 감각만이 예술의 지위를 얻는다. 들뢰즈는 미학적 구성을 기술적 구성과 분리하는데, 후자에서는 감각이 재료 안에서 실현되는 데 반해, 전자의 경우는 반대로 재료를 감각으로 이행시킨다. 구성된 감각이란 새로운 지각과 정동들을 창조하는 데 결정적이다.

그렇다면 생리학적 차원에서 예술을 이해하는 세 철학자들의 주장이 현재의 예술계를 이해하는 데 어떤 기여를 할 수 있을까? 오늘날 예술의 복잡한 지형을 구분 짓는 것은 쉽지 않지만 대체적으로 다음의 경향성이 강하다.

첫째, 오늘날의 예술은 작가/작품/감상자의 구획이 중요한 일이 되지 못한다. 예술에서 상호작용성의 중요성은 점증하고 있으며 창작자의 배타적 정체성은 약화되고 있다.

둘째, 예술에서 실험성, 우연 그리고 놀이의 가치가 점증하고 있다. 이것은 창작뿐만 아니라 감상에도 해당된다. 한 세기 전만 하더라도 예술가는 완성될 작품을 머릿속에 그리고 그것을 좇아 작품을 창작했다. 그러나 오늘날 예술은 완전성을 목표로 하는 재현이 아니라 우연을 통해 낯선 것을 발견하는 실험을 중요하게 보는 경향이 강하다.

셋째, 현대예술이 우연과 놀이를 바탕으로 실험을 중요하게 생각하는 태도는 예술의 장르를 해체하는 하이브리드 형태의 창작을 촉진하고 있다.

넷째, 현대예술은 예술과 삶의 관계를 재정립하려는 태도가 강하다. 근대적 예술은 예술을 특별한 능력을 가진 사람과 그것을 향유할 수 있는 사람을 구분한다. 이러한 태도는 예술을 작가와 작품 중심으로 생각함으로써, 예술과 삶의 관계를 왜곡시킨다.

니체, 듀이 그리고 들뢰즈가 생각하듯이 예술은 유기체로서 인간이 자신의 힘을 발휘하는 것에서 시작하고, 이런 점에서 인간은 모두가 예술가의 지위를 가진다. 현대예술에서 인간 일반의 목적이 아니라 개별자의 행위 과정을 중요하게 생각하는 태도는 예술과 삶의 관계를 새롭게 정립하려는 것에서 비롯되었다.

1 실험하는 미술

　현대예술은 작가/작품/감상자의 경계를 해체하고 인간이 가진 고유한 예술의 능력을 놀이와 우연성에서 찾고 그것을 바탕으로 실험성을 강하게 드러낸다. 이러한 경향은 이미 20세기 초 전통적 예술 정신에 반기를 들고 '반예술反藝術 운동'을 표방한 아방가르드avant-garde, 즉 전위예술前衛藝術 운동에서도 확인된다. 제1차 세계대전 후 유럽에서는 계몽과 유럽 문명에 대한 강한 회의가 다양한 분야에서 제기된다. 예술계에서도 전통적 예술, '아름다움의 예술'에 대한 반감이 점증하게 되었고, 마침내 전통을 부정하는 반예술운동으로 이어진다. 반예술운동에서도 특히 스위스, 독일, 프랑스를 중심으로 일어난 다다Dada운동이 대표적이다.[1] 다다의 정신을 가장 격렬하게 펼쳤

---

1. 'Dada'는 장난감 목마라는 뜻으로 스위스 취리히에 망명 중이던 시인 짜라(Tristan Tzara), 휠젠벡(Richard Hülsenbeck), 발(Hugo Ball)이 발간한 잡지에서 그들의 예술운동을 지칭하는 개념으로 차용했다고 전한다. 다다운동은 제1차 세계대전의 산물로 볼 수 있다. 다다는 유럽의 근대적 전통과 그것의 바탕

고 후대에 지대한 영향을 미친 예술가로는 뒤샹Marcel Duchamp을 꼽을 수 있다. 뒤샹은 르네상스 이래로 의심 없이 수용되었던 예술에 대한 전통적 태도에 반기를 든다. 예술에 대한 전통적인 정의는 예술 그 자체는 삶과 무관하게 독자적인 가치를 가진다는 것이다. 비록 재현을 거부했지만 순수예술을 고집했던 모더니즘에서도 예술에 대한 전통적 가치는 완강히 고수되고 있다. 뒤샹은 예술에 대한 이러한 태도는 사실 부르주아적 편견에 불과하다고 본다.

뒤샹은 예술Art이라는 단어가 시작된 산스크리트어의 어원을 동원해서 예술이 예술가의 창조적 기능과 절대적으로 관계한다는 사실을 거부한다. 그의 설명에 따르면 원래 'Art'라는 개념에는 '만든다' 혹은 '한다'는 보다 근본적인 의미가 있다. 그러므로 뒤샹이 볼 때, 예술가의 창조행위는 '어떤 행위를 한다'라는 정도의 의미를 지닐 뿐, 여타의 행위와 구별되는 고유하고 배타적인 의미를 가지는 것이 아니다. 뒤샹은 미술이 무엇인가에 대한 본질적 질문을 다시 제기한다. 그는

이 된 이성에 대한 격렬한 거부 그리고 니체의 근대성과 니힐리즘에 관한 철학을 추종했다. 다다는 문화 및 예술운동의 성격이 강했으며 전통과 사회의 질서에 도발적 방식으로 반항했다. 그들은 자신들의 예술적 목표로 반이성, 반예술, 반도덕을 내세웠다. 특히 그들은 전통적 예술에서 말하는 오브제(objet) 개념을 거부한다. 이 점은 뒤샹(Marcel Duchamp)이 잘 보여주고 있다. 다다운동의 대표자로는 앞서 언급한 문인들 외에 화가로는 뒤샹, 에른스트(Max Ernst), 슈비터스(Kurt Schwitters) 등이 있다. 다다운동에 대해 더 상세한 내용은 로봇 린튼, 윤난지 옮김, 《20세기의 미술》, 서울: 예경, 1993, 136-162쪽; 다께우찌 도시오, 안영길 외 옮김, 《미학, 예술학 사전》, 서울: 미진사, 1993, 374-375쪽; 조주연, 《현대미술 강의》, 파주: 글항아리, 2017, 186-218쪽 참조.

지금까지 미술작품으로 성립되기 위해 꼭 필요했던 형태, 재료, 내용, 범주, 기술 등이 무가치한 것으로 보고, 오히려 미술가가 어떻게 그것을 미술로서 규정하는가에 따라 미술의 정의는 달라진다고 보았다. 이 점은 다다주의자인 슈비터스K. Schwitters의 다음과 같은 언급에서 잘 드러난다. "미술가가 뱉어놓은 모든 것은 미술이다."[2] 즉 미술작품이 성립되기 위해서 중요한 것은 형태, 재료, 내용, 범주, 기술 등이 아니라 미술가가 그것을 미술이라고 간주하는가 하는 것이다.

다다의 주창자들은 미술의 본질이 눈에 보이는 형상의 문제에 있기보다는 '어떻게 미술을 이해할 것인가'라는 개념의 문제에 있다고 본다. 따라서 전통적인 관점에서는 도저히 받아들일 수 없는 '물질 없는 미술'도 가능하다고 본다. 다다의 이러한 입장은 창작에서 '우연'을 적극적으로 수용하는 태도로 드러난다. 다다주의자인 아르프Jean Arp의 작품은 이 점을 잘 보여주고 있다. 그의 작품 〈트리스탄 짜라의 초상〉은 나무로 만든 몇 가지 형태들이 중첩되어 있는데, 여기서 형태들의 배열은 의도된 것이 아니라 우연에 의한 것이다.

우연을 창작의 실험에 보다 급진적으로 받아들인 미술가는 뒤샹이다. 1913년에 뒤샹이 발표한 작품 〈세 개의 표준 정지 장치〉는 이것을 잘 보여준다. 그는 이 작품에서 각각 1미터 길이로 된 세 가닥의 실을 1미터 높이에서 화폭 위로 떨어뜨리는 실험을 감행한다. 그는 왜 이런 시도를 했을까? "이는 우연, 즉 나의 우연에 의해 만들어

2. 린튼, 《20세기의 미술》, 141쪽.

진 형태들을 고정시키고 보존시키기 위한 것이었다."[3] 뒤샹은 미리 기획된 것을 의도적으로 만들어내는 것이 미술이라는 오래된 정의를 거부하고 서양 전통 미술에서 배제한 우연과 형상을 만들어내지 않는 무無를 창작의 동력으로 삼는다. 그는 오브제 중심의 미술을 포기함으로써 미술의 경계를 혁명적으로 확장하는 길을 열었다. 단토가 이론적 차원의 예술의 종말론을 선포하기 오래전에 뒤샹이 창작을 통해 '예술은 죽었다'고 선언한 셈이다.

뒤샹이 예술을 오브제가 아니라 우연과 순간의 실험을 통해 펼치는 일종의 놀이로서 보고 있다는 사실은 그의 작품 〈샘〉이 보여주고 있다. 〈샘〉은 20세기 예술에서 가장 큰 충격적 사건의 하나라는 사실을 부정할 사람은 없을 것이다. 이 작품은 공장에서 대량으로 생산된 남성용 소변기Mott사 제품를 전시회에 'R. Mutt'라고 서명한 후 설치했다. 〈샘〉은 예술작품과 상품, 기성품레디메이드과 창작의 경계에 대한 뜨거운 논쟁을 불러일으켰다. 이 작품을 통해 뒤샹이 노리는 의도는 분명하다. 그는 사물이 그것의 용도에 따라 그 가치가 달라진다는 점, 또 창작자와 작품 그리고 감상자의 관계도 그 위치에 따라 전도될 수 있다는 것을 보여준다. 즉 특정한 동기에 의해 구상되고 특정한 의미를 지닌 형상을 제작하기 위해 창의력과 기술이 동원된 것이 작품이라는 전통적 이해를 거부하고 예술가에 의해 선택되는, 그것도 우연히 선택되는 것이 바로 작품이 된다는 사실을 〈샘〉을 통해 보여준다. 뒤샹에게 중요한 것은 물질로서의 작품이 아니라 의미의 차

3. 린튼, 같은 책, 144쪽.

원에서 새로움이다. 따라서 그에게 물질의 차원에서 작품과 상품 사이에 근본적 차이는 존재하지 않는다

서양미술사를 뒤흔든 뒤샹의 전복적 창작실험은 수많은 추종자를 낳게 된다. 미니멀리즘, 팝아트, 과정미술, 신체미술, 대지미술 그리고 개념미술은 모두 뒤샹의 후예라고 할 수 있다. 미니멀리즘은 최소한의 형태와 산업적 제작방식을 창작에 도입한다. 미니멀 미술은 합판, 철판, 플렉시글라스 등 산업 재료를 소재로 택하여 가장 단순한 형태를 만들어 장소에 구애받지 않고 설치한다. 토니 스미스Tony Smith의 1962년 작품인 〈주사위〉는 미니멀리즘이 지향하는 것이 무엇인지를 잘 보여준다. 스미스는 철판으로 6피트 크기의 주사위 모양의 정육면체를 제작하여 미술관 마당에 설치한다. 스미스의 〈주사위〉는 그가 직접 철을 자르고 용접하고 페인트칠한 것이 아니다. 작품의 결정은 작가, 제작은 기술자의 몫이다. 그뿐만 아니라 기술자는 동일한 〈주사위〉를 대량으로 제작할 수 있다. 이것을 통해 미니멀리즘은 예술작품의 유일무이성에 대한 거부하고 창작과 제작의 경계를 모호하게 함으로써 작가와 예술작품이라는 전통적 개념을 의도적으로 훼손한다. 미니멀리즘은 '작가'의 배타적 지위를 격하하는 대신 제작자와 관람자의 지위를 고양시킨다.

미니멀리즘에서 유지되었던 형태는 과정미술에서 작가의 선택마저도 재료의 논리에 따라 사라지는 실험이 시도된다. 과정미술은 미술에 과정을 도입하는 것으로, 작품은 고정되어 있고 불변해야 한다는 믿음에 도전한다. 과정미술은 무엇보다도 작품의 재료인 물질의 유동성을 작품으로 구현한다. 작품은 물질, 즉 재료의 변화에 따

라 전혀 예측할 수 없는 형태로 변해간다. 즉 작품은 끊임없는 생성의 과정을 보여준다. 이제 작품의 결정권은 작가가 아니라 물질이 가지게 된다. 로버트 모리스Robert Morris가 1967년 펠트를 전시관 벽에 걸어둔 작품 〈무제〉는 과정미술이 지향하는 것이 무엇인지 잘 보여준다. 여러 갈래로 늘어진 펠트는 중력, 공기의 흐름 등과 같은 우연성이 펠트 뭉치의 형태를 지속적으로 변형시킨다. 모리스의 1969년의 작품 〈매일 지속적으로 변경되는 작업〉은 흙, 진흙, 석면, 솜, 물, 기름, 펠트, 실뭉치 등의 재료를 쓰레기 더미처럼 3주간 방치하는 형태로 전시한 것이다. 이 작품 역시 제목처럼 작품의 중심은 물질의 변형과 생성이다. 과정미술은 물질이 만드는 우연과 생성에 전적으로 맡겨 작가의 개입 없는 예술의 가능성을 추구한다.[4] 오늘날에도 과정미술의 실험은 계속되는데, 2019년 부산 시립미술관에서 개최된 '반복과 차이'전에 출품된 일본인 작가 미야나가 아이코의 〈깨어남에 대한 기다림〉도 과정미술의 전형을 보여준다. 작가는 나프탈렌으로 의자를 만들고 그 위를 레진으로 수십 겹 둘러싼다. 이 의자는 유리로 된 상자 속에 전시된다. 나프탈렌은 자연 상태에서는 고체에서 기체로 기화되기에 우리 육안으로 볼 수 없지만 아이코의 작품속에서 나프탈렌은 기화하는 순간 레진 안에서 굳어져 기포공기방울를 남긴다. 이 작품의 중심은 나프탈렌과 레진이 만드는 생성의 과정이다.[5]

4. 로버트 모리스의 과정미술에 대해서는 조주연, 《현대미술 강의》, 305–308쪽 참조.
5. 미야나가 아이코의 〈깨어남에 대한 기다림〉에 대해서는 2019년 3월 19일 한

신체미술은 신체가 창작의 주체이자 대상이 되는 미술을 말하며, 통상 퍼포먼스로 알려져 있다. 초창기 퍼포먼스는 주로 행위로 이루어진다. 1960년대에 이르러 포퍼먼스는 행위에서 신체로 이동하게 된다. 신체미술의 사례는 비토 아콘치Vito Acconci가 잘 보여주고 있다. 아콘치의 1970년 작품 〈트레이드마크〉는 작가가 자신의 살을 깨물어 이빨 자국을 내고 거기에 물감을 칠해 종이에 찍어낸 것이다. 〈트레이드마크〉는 신체가 캔버스이자 작가가 되는 신체미술의 이념을 잘 보여준다. 신체미술의 극단적 실험은 크리스 버든Christopher Lee Burden이 보여준다. 1971년 작품 〈발사〉는 전시실에서 버든이 5미터 정도 거리에서 친구에게 소구경 소총을 자신의 팔에 쏘게 한 퍼포먼스이다. 총알은 버든의 왼팔을 스쳐 상처를 내고 피가 흘러내렸다. 버든은 이러한 극단적 행위를 통해 신체의 가학성과 피학성의 극단과 신체를 바치는 제의적 퍼포먼스를 보여준다. 이런 퍼포먼스는 1974년 작품 〈못 박힌〉에서도 계속된다. 이 작품은 폴크스바겐의 일명 '딱정벌레' 차로 알려진 비틀 후면에 누운 자세로 양손에 못이 박힌 버든을 실은 자동차가 2분간 큰 소음을 내면서 운행하는 퍼포먼스이다. 신체미술은 신체를 미술의 재료로 삼았다는 점뿐만 아니라 신체가 가진 생리적, 심리적 그리고 사회 및 문화적 의미를 묻고 있다는 점에서 미술의 경계를 확장한다.[6]

겨레 신문, 문화면에 실린 노형석의 기사 참조. https://www.hani.co.kr/arti/culture/music/886583.html.

6. 신체미술에 대해서는 조주연,《현대미술 강의》, 313-320쪽 참조.

신체미술이 신체를 미술의 대상으로 삼았다면 대지미술land art은 자연 그 자체를 미술의 대상으로 삼는다. 대지미술이 미술사에 가지는 의미는 우선 미술이 미술관, 화랑 그리고 박물관이라는 장소에서 독립할 수 있다는 것을 보여주었다는 점이다. 그리고 대지미술은 작품의 영구적 가치에 반기를 들고 작품을 자연의 변화에 맡김으로써 작품의 소멸을 추구한다. 로버트 스미스슨Robert Smithson의 1970년 미국 유타Utah 주의 그레이트 솔트 호수에 설치한 거대한 작품 〈나선형 방파제〉는 호수의 수위에 따라 나타나기도 하고 사라지기도 한다. 크리스토Christo와 잔 클로드eanne Claude 부부의 1972-1976년 사이에 완성된 〈달리는 담〉은 캘리포니아 북부의 구릉을 따라 39.4km에 달하는 흰색 천을 설치한 작품으로 대지미술을 대표하는 작품이다.

대지미술의 정신을 잘 보여주는 또 다른 작가는 영국 출신의 앤디 골드워시Andy Goldsworthy이다. 그의 작품 소재는 주로 돌, 바위, 나뭇가지, 나뭇잎, 얼음 등이다. 그는 이 소재들을 이용하여 원통형의 탑, 원형의 굴, 나선형 등의 형태를 가진 작품을 들판, 빙판, 바닷가, 강 등에 설치한다. 그의 작품은 시간의 흐름에 따라 자연스럽게 소멸하도록 함으로써 '사라짐의 미학'을 구현한다. 이것을 통해 그는 물질의 구성과 해체의 과정을 자연의 흐름에 맡긴다.

현대미술의 아방가르드적 실험에서 빼놓을 수 없는 것이 개념미술이다. 개념미술은 회화와 조각이라는 미술의 기초적 범주로 분류될 수 없는 미술이다. 미술을 넘어서는 미술이라는 점에서 말 그대로 말 그대로 탈근대, 즉 포스트모더니즘 미술이라 할 수 있다. 개념미술은 미술에 언어와 사진을 도입한다. 로버트 모리스Robert Morris의

1963년 작품 〈미학적 철회에 대한 진술서〉는 종이 위에 타자로 쓰고 자신의 서명을 곁들인 공증서이다. 이 공증서의 내용은 자신의 1963년 미니멀리즘 작품 〈호칭기도〉의 예술적 가치를 철회한다는 내용이다. 로렌스 와이너Lawrence Charles Weiner의 1968년 작품 〈진술들〉역시 인쇄된 텍스트이다. 한 면당 몇 줄씩 쓰인 64쪽의 텍스트를 미술관에 전시한 것이다. 와이너는 이러한 자신의 작업이 미술의 지위를 가질 것인가 하는 문제를 관객 혹은 수용자의 손에 맡긴다. 댄 그레이엄Dan Graham은 사진을 중심으로 개념미술을 펼치고 있다. 그의 1966-1967년 작품 〈미국식 집〉은《아츠arts》지에 실린 것으로, 교외 주택단지를 사진으로 찍고 인화하여 여기에 글을 덧붙인 것이다. 작품은 대량생산 주택의 간략한 역사와 소비자가 선택할 수 있는 옵션 등을 사진으로 소개한다. 이와 같은 개념미술은 물감과 돌, 나무 등의 물질 대신 인쇄와 사진이라는 탈물질적 매체를 활용함으로써 미술의 오래된 물질적 기초를 뒤흔든다.

뒤샹이 뒤흔든 반예술운동은 미술에서 탈근대적, 탈전통적 미술운동의 원천이 된다. 앞서 간략하게 살펴본 미니멀리즘, 팝아트, 과정미술, 신체미술, 대지미술, 개념미술 등은 그 대표적인 경우다. 그런데 이들은 상호 분리된 장르라기보다는 상호 영향을 주고받는 관계이며, 통합되는 양상을 보여준다. 20세기 실험미술의 다양한 양태가 일종의 총체적 형태로 드러난 대표적인 경우가 요셉 보이스Joseph Beuys의 플럭서스Fluxus 운동이다. 보이스는 뒤샹으로부터 시작된 미술에서 우연과 순간의 가치에 주목하고 인간의 유·무형의 일체 행위에서 예술의 근거를 찾는다. 그에 따르면 모든 인간은 예술가이다.

플럭서스는 1960년대 초 운동의 형태로 결성되었다.[7] 플럭서스의 어원적 의미는 '흐르는 것'을 의미하며, 헤라클레이토스Heraklit의 '모든 것은 흐른다panta rhei'에서 차용했다.[8] 플럭서스 운동이 지향하는 가치는 운동의 주창자 중의 한 사람인 리투아니아계 미국인 마키우나스George Maciunas가 1963년에 발표한 플럭서스 〈선언문 Manifesto〉에 잘 나타난다.[9] 마키우나스는 플럭서스 선언문을 통해 플럭서스가 모방을 지향하는 전통적 미술을 거부할 뿐만 아니라 모더니즘의 지식인 중심, 특히 추상미술, 초현실주의에 대해 반대한다고 공표한다. 플럭서스는 예술이 전문작가와 비평가 중심의 세계를 벗어나 모든 이의 것이 되어야 하는 당위를 실천하고자 한다. 마키우나스가 플럭서스 선언문을 발표하고 2년 뒤 선언문을 보완한 〈예술 및 플럭서스 예술오락에 관한 선언문〉은 플럭서스 운동이 구체적으

7. 플럭서스와 보이스에 대한 다음 내용은 정낙림, 〈니체의 예술생리학과 현대예술-플럭서스 운동을 중심으로〉, 《철학연구》 120집, 대한철학회, 2011.11, 299-304쪽 및 정낙림, 《니체와 현대예술》, 196-204쪽을 수정·보완한 것이다.
8. 플럭서스의 운동의 대표자로 마키우나스(George Maciunas), 보이스(Joseph Beuys), 케이지(John Cage), 백남준(Nam June Paik) 등이 있다. 플럭서스 운동의 계보와 분파에 대해서는 http://www.fluxus.org 참조. 플럭서스에 대한 일반적 이해는 조정환 외, 《플럭서스 예술혁명》, 서울: 갈무리, 2011 참조
9. "부르주아적 질병의 세계, 즉 '지식인적인' 전문적이고 상업화된 문화를 제거하라. 죽은 예술, 모방, 인공예술, 추상예술, 환상주의 예술, 수학예술의 세계를 제거하라! / 예술에서 혁명적 흐름과 조류를 촉진하라, 살아있는 예술, 반-예술을 촉진하라, 비평가, 딜레땅트를, 전문가들에게만이 아니라 모든 사람에게 이해될 수 있는 비예술실재(NON ART REALITY)를 촉진하라 / 문화적, 사회적, 정치적 혁명가들의 핵심집단을 통일된 전선과 행동으로 융합하라."(G. Maciunas, "Manifesto", 조정환 외, 《플럭서스 예술혁명》, 21쪽)

로 무엇을 실천하고 있는지 밝힌다. "사회에서 예술가의 비전문적 지위를 확립하기 위해서 그는 …… 어느 것이든 예술일 수 있고 누구든지 그것을 할 수 있음을 입증해야 한다. …… 그것은[플럭서스 예술 오락은] 스파이크 존스의 보드빌[노래], 농담, 어린아이들의 놀이, 그리고 뒤샹의 융합이다."[10]

플럭서스 운동의 주창자이며 이론가인 켄 프리드먼Ken Friedman은 플럭서스 운동을 12개의 개념으로 요약한다. 그가 내세우는 12개 개념은 '세계주의', '예술과 삶의 통일', '인터미디어', '실험주의', '우연', '놀이성', '단순성', '함축성', '견본주의', '특유성', '시간 속의 현전', '음악성'이다.[11] 이 중에서도 플럭서스가 내세우는 가장 중요한 가치는 실험주의이다. 플럭서스는 전통적인 예술의 장르 구분, 예술가와 감상자의 분리, 예술작품의 유일성과 영구성의 가치를 철저히 거부한다. 플럭서스는 해프닝, 퍼포먼스, 이벤트, 액션 등 전통적으로 예술의 영역 밖에 있던 것을 예술의 영역으로 받아들였고, 음악, 문학, 무대예술, 그리고 비디오 아트에 이르기까지 다양한 예술 매체들 간의 혼성교배를 통해 새로운 예술형식을 창조했다.

무엇보다도 플럭서스는 삶과 예술의 이항대립을 폐기한다. 예컨대 전시관이나 공연장에서 정지된 오브제에 묶여있는 미술이나 주어진 악보에 따라 연주되는 음악을 거부한다. 이런 형태의 예술은 삶이 가

---

10. G. Maciunas, 〈예술 및 플럭서스 예술오락에 관한 선언문〉, 조정환 외, 같은 책, 24-25쪽.
11. 조정환 외, 같은 책, 26쪽 참조.

진 근본적이고 역동적인 예술적 충동을 담아내는 데 충분한 역할을 하지 못할 뿐만 아니라, 삶과 예술의 근원적 관계를 왜곡한다고 보았기 때문이다. 제한된 공간에서 이루어지고 제한된 사람만이 감상할 수 있는 예술은 자격요건을 갖춘 사람들만의 향유와 사치의 수단일 뿐이다. 이러한 예술은 예술의 가치를 부르주아지의 취향과 그들의 구매력에 넘길 가능성이 농후하다. 근대의 미술이 화랑을 통해 매매되는 일종의 상품으로 전락했고, 예술은 예술가에게도 감상자에게도 생계와 장식이라는 덫에 포획되었다. 플럭서스는 삶과 분리되는 이러한 예술을 철저히 거부한다. 그들은 오브제화된 예술품을 지향하는 피상적 예술을 거부하고 삶과 예술을 일치시키고자 한다. '모든 것이 예술이고, 모든 사람이 예술가'라는 플럭서스의 정신은 삶과 예술의 일치를 지향하는 그들의 태도에서 비롯된 것이다.

플럭서스 운동이 지향하는 중요한 또 다른 가치는 '놀이'이다. '예술오락', '농담', '어린이들의 놀이'는 플럭서스가 우연성과 순간에 어떤 의미를 부여하는지 알 수 있다. 놀이는 주어진 목적과 예정된 결과를 확정하지 않을 때, 즉 상황과 맥락의 우연성을 철저히 긍정할 때 비로소 가능하다. 플럭서스는 오브제화된 작품을 예술의 목표로 보지 않고, 예술적 행위 자체를 예술의 진정한 목표로 생각한다. 창작의 목표가 오브제가 아니라면 예술 행위는 곧 실험과 놀이일 수밖에 없다. 플럭서스가 장르를 가로지르는 무경계의 자유로운 예술적 실험을 펼치고, 시간 속에서 사라지는 순간에 집중하는 그들의 다양한 행위예술은 놀이가 어떻게 예술이 될 수 있는지를 잘 보여준다. 플럭서스 예술가에게 예술은 곧 놀이이다.

플럭서스를 대표하는 예술가는 보이스다. 보이스의 예술관을 가장 잘 보여주는 것은 다음과 같은 보이스의 물음일 것이다. "어떻게 …… 이 지상에 모든 살아있는 사람들은 …… 예술가가 ……될 수 있는가?"[12] 이 물음에 대한 보이스의 답은 '확장된 예술개념Erweiterter Kunstbegriff'이다.[13] 보이스는 예술의 본질을 인간의 창조적 활동 자체에서 찾는다. 그는 그 누구든 조형하는 활동을 하는 한, 모든 인간은 예술가의 자격을 가진다고 본다. 그에게 노동자의 노동과 직업 예술가의 창작활동은 질적으로 다르지 않다. "나는 다음의 사실이 원리상 동일하다고 본다: 하나의 생산물이 화가 혹은 조각가에 기원하거나 또는 물리학자에 의한 것이건 동일한 것이다."[14]

보이스에게 사회활동과 정치 행위도 예술 행위의 일종이다. 이러한 활동 역시 사회를 조형하는 행위이기 때문에, 조각가가 물질적 재료에 조각하는 행위와 근본적으로 다르지 않다. 사회의 구성원으로서 개개인은 모두 자신의 방식으로 사회를 공동으로 조각하는 행위 예술가인 셈이다. 이렇게 예술을 인간의 모든 행위로 확장시키는 것이 바로 보이스의 '확장된 예술'의 기본 정신이다.

---

12. V. Haralan u.a., Sozial Plastik - Materialen zu Joseph Beuys. Achberg 1984, 58쪽.
13. 보이스의 '확장된 예술 개념'은 니체의 예술생리학에 지대한 영향을 받았다. 이것에 대해서는 정낙림, 〈니체의 예술생리학과 현대예술 ─ 플럭서스 운동을 중심으로〉, 299-304쪽, K. C. Voigt, Joseph Beuys liest Friedrich Nietzsche. Das autopoietische Subkekt, München 2016 참조.
14. Haralan, 같은 책, 102쪽.

우리는 우리가 살고 있는 세계를 어떻게 만들고 창작하는가: 조각은 모든 사람이 예술가가 되는 혁명적 과정이다. 그 때문에 내가 조각하는 행위는 확정되거나 완성되지 않는다. 이 과정은 계속된다: 화학적 반응, 발효과정, 색채변화, 부패, 말라비틀어짐. 이 모든 것은 유전한다.[15]

"예술은 삶"이고 "삶은 예술"이다.[16] 보이스는 '확장된 예술'과 '사회 조각'을 다양한 형태로 실험한다. 대표적인 경우는 독일의 카셀Kassel에서 개최되는 도큐멘타documenta전에서 보여준 일련의 시도이다. ⟨자유대학을 위한 위원회Komitte für eine Freie Hochschule⟩(1971), ⟨직접 민주주의를 위한 조직체Organisation für Direkte Demokratie⟩(1972), ⟨창조성과 학제 간의 연구를 위한 자유 국제대학 협회Freie internationale Hochschule für Kreativität und interdisziplinäre Forschung e.V⟩(1977) 창설, 그리고 ⟨식목운동⟩(1982)은 보이스의 확장된 예술이 무엇을 의미하는지 잘 보여준 대표적인 사례들이다. 이러한 보이스의 예술활동에는 신체미술, 대지미술, 개념미술적 요소가 모두 녹아든 것을 확인할 수 있다.

보이스의 삶과 예술의 근원적 관계에 대한 통찰은 2차 세계대전에 전투기 조종사로 참가하였다가 크림반도에서 전투기가 격추되어 타

---

15. 정낙림, ⟨니체의 예술생리학과 현대예술⟩, 302쪽.
16. J. Stüttgen, "Fluxus und der 'Erweiterte Kunstbegriff'", in: Kunstmagazin, August Heft. Wiesbaden 1980, p. 53.

타르인에 의해 구조된 사건과 무관하지 않다. 보이스의 전언에 따르면 전투기 격추로 부조종사는 즉사하고 자신은 의식불명 상태로 조난되었다. 전투기가 추락한 지역은 타타르족의 거주지역이었고, 타타르인들이 조난된 보이스를 구조하여 그의 몸에 동물의 지방을 두껍게 바르고 펠트 천으로 감싼 채로 두었다고 한다. 보이스는 기적적으로 살아났고, 이 경험은 보이스에게 삶과 죽음, 그리고 예술적 행위에 대한 새로운 통찰을 주게 된다.[17]

보이스 작품에 자주 등장하는 재료인 지방, 버터, 꿀, 밀납, 펠트는 모두 비행기 추락과 타타르인에 의한 구조 경험과 관계되고, 이 소재들이 모두 온도에 따라 고체에서 액체로 또 반대로 변한다는 것에서, 삶과 죽음 그리고 생성의 상징이 된다. 또한 보이스의 헤프닝과 퍼포먼스는 삶과 죽음을 연결하는 샤먼의 행위를 상징한다. 그의 예술 행위가 샤머니즘과 밀접한 관계가 있다는 것은 '죽은 토끼'와 관련된 일련의 퍼포먼스에서 잘 드러난다. 1963년 2월 2~3일 독일 뒤셀도르프 쿤스트 아카데미에서 개최된 플럭서스 페스티벌인 〈페스툼 플룩소룸 플럭서스―음악과 안티음악―도구로 쓰이는 연극〉이 개최되었는데, 첫째 날은 〈플럭서스 시베리안 심포니 1악장〉이, 둘째 날은 〈두 음악가를 위한 악곡〉이 공연되었다. 〈플럭서스 시베리안 심포니 1악장〉은 피아노와 죽은 토끼로 작품이 구성된다. 보이스는 죽은 토

---

17. 보이스의 전투기 조난과 타타르인들에 의한 구출, 그리고 그것이 보이스 삶에 끼친 영향에 대해서는 H. Stachelhaus, Joseph Beuys. translated by David Britt, New York 1991, p. 21 참조.

끼 한 마리를 흑판 위에 걸어 놓고 토끼의 배를 갈라 심장을 도려내어 죽은 토끼 옆에 나란히 걸어 놓은 후 상기된 얼굴로 토끼 앞으로 다가가 에릭 사티Éric Satie의 곡을 연주했다.[18]

이후에도 토끼를 주제로 한 다수의 공연이 있었는데, 그중 가장 잘 알려진 공연이 1965년 11월 26일 독일 뒤셀도르프 쉬메라Schmela 화랑에서 열린 〈죽은 토끼에게 어떻게 그림을 설명할 것인가〉이다. 보이스는 머리에 꿀을 잔뜩 바르고 꿀 위에 금박을 뿌리고, 오른발은 펠트로 둘둘 말고 왼발은 쇠로 밑창을 댄 신발을 신은 기괴한 모습으로 왼팔로 죽은 토끼를 아기처럼 안고 2시간 동안 이야기를 하는 퍼포먼스를 행한다. 여기서 보이스는 복장으로 타타르인 샤먼을 재현하고 있고, 죽은 토끼는 영락없이 전투기 격추로 생사를 헤매던 자신의 처지를 상징한다. 토끼는 유럽 문화권에서 부활절의 토끼가 보여주듯이 부활을 상징한다. 유럽 문화권 이외에도 다양한 문화권에서 토끼의 생식과 다산 능력 그리고 털갈이 등이 상징하는 변신 능력은 토끼를 영적인 상징물로 간주하는 근거가 된다. 일련의 토끼 연작은 보이스의 세계관을 잘 드러낸다. 그의 작품은 인간중심적 세계관의 허상을 폭로하고 생과 사, 상처와 치유, 인간과 동물, 문명과 자연에 대해 샤머니즘의 관점에서 새로운 통찰을 제시한다. 그에게 예술가는 샤먼이고 예술 행위는 일종의 제의이다. 그가 작품에서 택한 펠트, 꿀, 기름 등은 과정미술의 정신을 계승한다.

1974년의 미국 뉴욕에서 행한 〈코요테, 나는 미국이 좋고 미국도

---

18. 조정환 · 전선자 · 김진호, 《플럭서스 예술혁명》, 144-145쪽 참조.

좋아한다〉는 공연도 보이스의 예술관을 잘 보여준다.[19] 이 작품은 펠트로 온몸을 감싼 보이스가 뉴욕 케네디 공항에서 르네 블록René Block의 미술관까지 응급차를 타고 와서 닷새 동안 코요테와 지낸 후 다시 응급차를 타고 공항으로 가는 퍼포먼스이다. 유튜브 동영상으로 감상할 수 있는 이 작품은 오늘날에도 논란거리이다. 코요테는 인디언들에게 신성한 동물이다. 즉 코요테는 인디언을 상징한다. 보이스는 코요테가 자신의 서식지를 떠나 미술관에 설치된 우리에서 갇혀 지내듯이 미국에서 인디언들이 자신의 땅에서 소위 '보호구역'으로 추방된 폭력을 고발하고 있는 것이다. 보이스는 인간의 관점에서 코요테를 보는 것이 아니라 코요테에 적응하는 자신을 보여줌으로써 자연에 적응과 동화가 어떻게 가능한가를 보여주고 있다. 이러한 퍼포먼스를 통해 보이스는 인간과 자연에 대한 태도의 전환을 촉구하고 있는 셈이다.

19. 보이스의 〈코요테, 나는 미국이 좋고 미국도 좋아한다〉에 관해서는 김현화, 《현대미술의 여정》, 파주: 한길사, 2019, 503-504쪽 참조.

2 불협화음과 놀이하는 음악

소리와 시간의 예술인 음악은 인류의 역사와 함께한 예술이다. 음악의 시작은 우리가 일상에서 경험하는 소리를 재구성하는 것에서 비롯되었을 것이다. 소리의 재구성은 소리의 강약과 장단, 그리고 높이의 변화 그리고 여러 소리의 조화를 통해 우리가 알고 있는 수많은 음악으로 탄생하게 된다. 음악에 대한 최초의 이론가는 피타고라스 Pythagoras이다. 그는 현의 길이와 현이 진동할 때 발생하는 음의 높이 관계를 수학적으로 규명했다. 그는 수학적 비율이 맞는 음악은 세계의 질서와 상응한다고 본다. 즉 좋은 음악은 사람에게 우주의 질서를 통찰하고 순응하게 하여 영혼을 편하게 한다고 본다. 이에 비해 나쁜 음악은 영혼에 악영향을 끼쳐, 개인뿐만 아니라 공동체 전체의 질서에 해를 끼친다고 본다. 그에게 좋은 음악이란 음들이 조화를 이루는, 즉 조성이 잘된 협화음으로 이루어진 음악을 말한다. 나쁜 음악은 조성을 무시하여 화음이 깨진 음악을 말한다.

피타고라스 이래 우리에게 자연스럽고 완전한 느낌을 주는 협화음을 추구하고 귀에 거슬리고 어색하게 들리는 불협화음을 피하는 것이 작곡과 연주에서 오랜 전통이 되었다. 조화가 좋은 것이고 부조화는 피해야 한다는 것은 음악 이외의 예술에서도 통용되는 믿음이었다. 이러한 믿음에는 음악, 미술 그리고 무용에서 협화음과 조화는 자연의 질서에 부합하고 반대로 불균형은 자연의 질서에 위배된다는 선입견이 자리잡고 있다. 그래서 부조화를 옹호하는 예술가들은 인간의 영혼을 해칠 뿐 아니라 사회질서를 파괴하는 자로 지탄받는다. 플라톤의 시인 추방론도 여기에 기초한다. 조화와 균형 그리고 질서를 추구하는 음악은 이성의 시대인 르네상스와 근대를 거치면서 서양 고전음악의 완성으로 나아간다. 그러나 19세기 들어오면서 협화음에 기초한 고전음악의 매끈함이 자본을 무기로 헤게모니를 장악한 부르주아지들의 취향을 쫓는 것이 아닌가 하는 근본적 회의가 일어나기 시작한다. 음악이 세계를 반영하는 것이라면 결코 조화롭지 않은 세계를 회피하는 음악은 정직하지 못한 음악이다. 쇤베르크는 "예술은 장식이어서는 안 된다. 진실해야 한다."[20]고 강조한다.

음악에서 아방가르드 운동은 쇤베르크에서 비롯되었다고 보는 것이 정당하다.[21] 후기 낭만주의의 영향권 아래에 있던 쇤베르크가 전통음악과의 단절을 보이기 시작한 작품은 현악 4중주곡인 〈성스러운 밤〉(1899)이다. 여기에서 그는 바그너가 〈트리스탄과 이졸데〉에서 쓰기 시작한 반음계를 적극 활용한다. 그러나 진정으로 전통과

---

20. 오희숙, 《철학 속의 음악》, 서울: 심설당, 2009, 277쪽 재인용.
21. 다음 내용은 정낙림, 《니체와 현대예술》, 168-175쪽을 수정·보완한 것이다.

의 단절은 1905년 이후 작품들이다. 현악 4중주곡 〈D 단조와 F# 단조〉(1905/1908), 15개의 악기를 위한 〈실내교향곡〉(1906), 〈다섯 개의 관현악 작품들〉(1909) 등을 필두로 한 작품들이다. 그는 이들 음악에서 후기 낭만주의의 대규모 관현악 음악을 피하고 소규모 악기 편성 양식을 취하거나 대규모로 하더라도 악기의 독주나 음색의 빠른 교대를 시도했다. 선율의 리듬과 대위법이 점점 더 복잡해지고 선율은 통일되지 않고 부조화로 나아간다. 이러한 실험의 결과는 그의 무조 atonal 음악을 낳게 된다. 무조란 조성이 없는 것을 뜻한다. "무조음악이란 작곡가가 판에 박은 듯한 화음과 선율을 사용하지 않음으로써 중심 조성과의 관련을 계획적으로 피하는 음악이다."[22]

쇤베르크는 극단적으로 반음계를 활용하여 모호해진 조성을 계획적으로 실험하는 이유를 "불협화음의 해방"[23]이라고 스스로 밝히고 있다. 그렇다면 왜 그는 불협화음에 그토록 집착하는가? 이 물음에 대답은 20세기 초 인간이 처한 상황과 무관하지 않다. 20세기 인간의 내면에는 불안, 공포, 두려움, 반항 그리고 충동 등이 혼재해 있다. 이러한 인간의 내면을 정직하게 음악적으로 드러낼 수 있는 방법은 불협화음, 리듬적인 원자주의, 단편적인 선율, 주선율이 없는 음악일 것이다. 쇤베르크의 찬양자인 아도르노는 20세기 인간의 고통을 드러낼 수 있는 음악의 재료는 불협화음이라 단언한다. 협화음은 고통을 포장하는 거짓이다.

22. D. J. 그라우트, 《서양음악사》, 484쪽.
23. 같은 책, 485쪽.

불협화음들은 긴장, 모순, 고통의 표현으로서 성립되었다. 이것들이 퇴적되어 '재료'가 되었다. 이것들은 더 이상 주체적 표현의 매체들이 아니다. 그렇다고 해서 이것들이 그 원천을 부인하는 것은 아니다. 긴장, 모순, 고통은 객관적 항의를 알리는 특징들이 되었다. 새로운 음향들이 재료로 변모하는 것에 힘입어 그 음향들이 한때 알렸던 고통을 ―고통을 붙들어 둠으로써― 지배하게 된 것은 새로운 음향들에서 일어나는 수수께끼와 같은 행복이라고 할 것이다. 새로운 음향들이 갖고 있는 부정성은 유토피아에 대한 충실한 믿음을 간직하고 있다. 그 부정성은 침묵하고 있는 협화음을 그 내부에서 포괄하고 있다. 이렇기 때문에 협화음과 유사한 모든 것에 대해 신음악이 보이는 열정적인 예민함이 나오는 것이다.[24]

아도르노는 불협화음을 재료로 하는 음악만이 인간의 고통을 정직하게 기록한다고 보며, 이러한 음악을 신음악neue Musik이라 부르고 그것의 선봉자로 쇤베르크를 호명한다. 아도르노의 지적처럼 쇤베르크의 음악은 근대성에 대한 강한 비판의식을 담고 있다. 세계를 화음으로 묘사하는 것은 미성숙하거나 위선이다. 그는 자신의 무조음악과 12개 음으로 작곡하는 기법은 모두 근대의 정신과 형식을 극복하기 위한 실험으로 본다. 그에게 음악은 단순히 자연의 아름다움과 인간의 도덕적 완성을 노래하는 것이 아니다. 그에게 음악은 자신

24. Th.W. 아도르노, 문병호·김방현 옮김, 《신음악의 철학》, 서울: 세창출판사, 2012, 130-131쪽.

이 살고 있는 세계를 정직하게 표현해야 하며, 그러기 위해 끊임없이 전통과 대결해야 하고 시대에 맞는 양식을 창조해야 한다.

쇤베르크는 자신의 시대를 가장 잘 드러낼 개념으로 '불협화음'을 들고 있다. 그는 불협화음이 단순히 화음에 대한 부정적 의미를 가진다는 생각을 단호히 거부한다. 불협화음이야말로 세계의 진정한 본질에 가깝고, 그것을 통해 새로운 가치가 잉태된다. 쇤베르크는 불협화음의 가치를 저서 《화성학 이론Harmonienlehre》에 이렇게 언급한다. "협화음과 불협화음의 차이는 정도의 문제일 뿐 본질적으로 다른 것이 아니며"[25] 둘을 이항적 관계로 보는 것은 잘못되었다. 불협화음에 대한 그의 적극적 수용은 조화와 균형을 최고의 이상으로 보았던 근대성에 대한 비판에서 비롯되었다. 이성의 타자로서 신체, 감정, 혼동, 불협화음을 배제한 세계는 포장된 세계일 뿐 진정한 것이 아니다.

쇤베르크는 불협화음과 협화음을 전통적인 음악관과 달리 상호 배타적으로 보지 않는다. '불협화음은 일종의 하모니'이며 "확장된 협화음에 지나지 않는다."[26] 이것을 통해 쇤베르크는 불협화음의 제거를 목표로 하는 협화음을 부정하는 것이지, 협화음 존재 자체를 거부하는 것은 아님을 알 수 있다. 아도르노는 불협화음을 음악의 재료로 삼는 쇤베르크의 무조음악이 그에 앞선 300년 음악사의 건드릴 수 없는 뿌리인 조성음악을 뒤흔든 일대 혁명이라고 본다. 아도르노는

---

25. Arnold Schönberg, Harmonienlehre, Wien: Universal-Edition, 1922, 18쪽.
26. 같은 곳.

불협화음은 협화음의 근거이며 인간의 심층적 내면의 저장고이고, 쇤베르크의 무조음악은 바로 내면의 기록이라 본다.

> 쇤베르크에서는 모든 것이 달라진다. 그에게 고유하게 나타나는 혁명적인 모멘트는 음악적 표현의 기능이 변전된다는 사실에서 드러난다. 더 이상 격정적인 겉치레는 나타나지 않는다. 오히려 음악이라는 매체에서 무의식, 충격, 상흔傷痕의 살아 있는 자극들이 왜곡되지 않은 채 기록된다. 그러한 자극들은 형식이 부과하는 금기들을 공격한다. 왜냐하면 이러한 금기들은 자극들을 금기가 가하는 검열에 종속시키고, 합리화시키며, 형상으로 변형시키기 때문이다. 쇤베르크가 형식에서 시도한 혁신들은 표현 내용의 변화와 짝을 이루고 있었다. 쇤베르크의 혁신들은 표현 내용이 표현하고자 하는 현실을 꿰뚫는 것에 기여하고 있다.[27]

음악에서 쇤베르크의 혁명적인 태도는 같은 음을 반복하는 몇몇 예외적인 경우를 제외하고 모든 음들을 예외 없이 평등하게 쓴다는 것이다. 어떤 음도 다른 음들을 위한 장식이 되지 않아야 한다는 것이 그의 생각이었고, 이러한 그의 생각을 실현한 것이 12음 기법이다. 그의 12음주의는 세상에 불필요한 존재는 없고, 어떤 것도 다른 것을 위한 장식이 되어서는 안 된다는 그의 세계관을 토대로 한다.

> [쇤베르크의 〈현악 4중주 no.1〉의] 주제들은 아주 간결하게 해석되었

---

27. Th.W. 아도르노, 《신음악의 철학》, 70-71쪽.

고 명확하지 않은 주제의 전개와 장식적인 것들은 나타나지 않는다. 형식에 의거해 보면 이것은 소나타 악장이지만 형식은 극단적으로 압축되어 있어 불필요한 것들은 보이지 않는다.[28]

쇤베르크의 무조음악은 조성음악 중심의 음악사에 대한 거부와 동시에 조성음악을 필요로 했던 사회에 대한 강한 저항 의식을 담고 있다. 쇤베르크의 음악적 실험은 그의 후예들에게 계승된다. 쇤베르크의 제자인 베르크Alban Berg와 베베른Anton Webern은 스승의 음악을 계승하고 발전시켰다. 베르크는 스승의 작곡기법을 수용하되 때로는 화음에 조성적인 수직 화성적 진행을 허용하는 음열을 선택함으로써 청중들이 좀 더 편안하게 다가갈 수 있도록 했다. 아도르노는 베르크의 음악이 짜임새를 추구하는 것과 반대로 작은 모티브로 잘게 해체되는 경향이 두드러진다고 평가한다. "베르크의 음악은 각각이 주제로부터 잔여물ein Rest을 유지하는데, 이는 갈수록 작아져서 결국 극도로 미세한 차이만 있을 만큼 작은 어떤 것이 된다."[29] 그 결과 베르크의 "음악은 최소 단위로 줄어들어 사실상 단일음으로 종결"[30]된다.

28. Zum Rundfunkkonzert vom 22. Feb. 1940, 577. 노명우, 《계명의 변증법을 넘어서 – 아도르노와 쇤베르크》, 서울: 문학과 지성사, 2002, 56쪽, 재인용.
29. Th.W. Adorno, Die musikalischen Monographien, in: Gesammelte Schriften Bd. 13, Frankfurt am Main 1970, p. 328. 오희숙, 《철학 속의 음악》, 265쪽 재인용.
30. Th.W. Adorno, Die musikalischen Monographien, p. 372, 오희숙, 《철학 속의 음악》, 266쪽 재인용.

이것을 통해 베르크의 음악이 노리는 바는 "의식의 외형적 통일성은 더 이상 지배적이지 않다"[31]는 것을 보여주는 것이다.

베베른도 스승의 실험을 계승하는데, 그의 작품은 짧고, 치밀하고 섬세하며 낭비가 없는 응축된 작곡법에 기반한다. "그의 작품의 지배적인 원칙들은 간결함과 극단적인 집중이다. …… 그는 전위나 리듬의 옮김과 같은 기법을 쓰고 있으나, 동형진행이나 (대부분) 반복은 사용하지 않는다."[32] 그가 추구하는 간결함으로 현악 4중주곡의 경우 악장의 길이가 1분을 넘지 않았고, 교향곡의 경우 전체 연주시간이 10분을 넘기지 않았다. 그의 압축된 음악은 청중들로 하여금 극단적인 집중을 요구하는 효과를 낳았다. 그의 교향곡 21번부터 도입된 점묘주의點描主義도 파격적이다. 회화에서 점묘주의가 점을 찍어 그림을 완성하듯이 교향곡 21번의 경우 베베른은 9개의 독주 악기가 각각 연주해야 할 부분에 휴지休止를 둠으로써 합주가 마치 작은 점들의 연속이나 음의 작은 다발로 들리는 실험을 행한다.[33]

쇤베르크가 열어젖힌 새로운 음악은 다양한 형태의 실험음악을 탄생시켰다. 그들은 모두 불확정성Indeterminacy과 우연이 음악에 가지는 중요성에 동의하고 그것을 적극 작곡에 활용했다. 음악에서 불확정성 또는 비결정성을 가장 적극적으로 도입한 작곡가는 부레즈P. Boulez이다. 부레즈는 모든 소리는 심지어 무성까지도 모두 음악으로

---

31. Th.W. Adorno, Musikalische Schriften V, in: Gesammelte Schriften Bd. 18, p. 475. 오희숙, 《철학 속의 음악》, 267쪽 재인용.
32. D. J. 그라우트, 《서양음악사》, 489쪽.
33. 같은 책, 492쪽 참조.

수용되어야 한다고 본다. 그에게 모든 소리는 마치 인간 개개인이 독립적 개체로 존재하듯이 하나의 독립적인 사건으로 존재한다. 따라서 개별 소리를 음악의 위계구조 속에 편입하여 마치 그물의 코처럼 생각하는 것은 잘못된 것이다. 또 더 나아가 소리의 의미를 앞뒤의 맥락에서 찾으려는 것 또한 지극히 인간중심적 사유이다. 개별적 소리는 그것 자체로 의미가 있는 것이지, 그것의 가치가 특별한 음악적 전개 혹은 발전에 기여하는 것에 따라 결정되는 것은 아니다. 소리의 조합은 어떤 식으로 이루어졌든 정당한 것이다. 그러므로 부레즈에게 좋은 곡/나쁜 곡, 뛰어난 작곡가/형편없는 작곡가의 구분은 무의미하다. 따라서 음악에서 전문가와 비전문가의 구분은 무의미하다.

전통적 음악의 해체와 새로운 실험에 가장 전위에 선 작곡가는 케이지J. Cage이다. 케이지는 음악에서 우연성을 극단으로 밀고 간 작곡가이다. 그에 따르면 음악을 구성하는 음은 그때그때 우연히 선정되며, 계획이나 의도에 의한 음의 선택은 없다고 주장한다. '우연성 음악Chance Music'은 그가 표방하는 실험정신을 대변하며, 작품 〈4분 33초〉는 그것의 극단을 보여준다. 케이지는 모든 음이 '음악'이고, 또 인간의 모든 행위마저도 음악이 될 수 있다고 보았다. 〈4분 33초〉는 음악의 3요소를 전적으로 배제한다. '세상의 모든 소리는 음악'이기에 그가 악보 없이 4분 33초간 지휘대에 그냥 서 있는 도중에도 청중들의 기침, 웅성거림은 들리고 그 소리는 음악이 될 수 있는 것이다. 〈4분 33초〉는 악보와 악기, 연주와 노래 이전에 음악의 출발이 소리임을 우리에게 환기시켜 준다.

3 감각의 방출과 현대무용

    그리스에서 예술의 출발은 제의와 밀접한 관계가 있다. 그리스어 코레이아koreia는 종교 제의에서 펼치는 춤을 뜻하는데, 여기에서 시, 음악 등이 파생되었다고 한다.[34] 그만큼 예술의 기원에서 무용이 차지하는 비중은 크다. 예술은 인간의 감각기관의 쾌감, 보고 듣는 데서 오는 즐거움과 일차적으로 관계한다. 춤은 인간이 걷고 신체를 움직이는 생명활동에서 출발한다. 그렇기에 춤을 예술의 시원으로 보는 것은 온당하다.

    미에 대한 가장 오래된 정의는 시각, 청각 등 감각에 즐거움을 주는 것이다. 그리스에서 철학이 탄생할 무렵부터 감각에서 출발하는 즐거움이 지속성을 가지려면 정신적인 것과 결부되어야 한다고 보았다. 그에 따라 고대 그리스 철학자들은 미에서 규칙을 찾게 된다. 예

---

34. 춤의 기원과 개념사에 대해서는 "Tanz", in: Ästhetische Grundbegriffe, Bd. 6, Hrsg. v. K. Barck u.a, Stuttgart/Weimar, 2005, pp.1-14.

술에 해당하는 그리스어 테크네techné나 미에 해당하는 칼론kalon에 질서와 규칙, 균형과 조화의 의미가 포함되는 것도 이러한 배경에서 출발한다.

근대 무용은 궁정의 연희와 사교에서 비롯되었다. 교회권력으로부터 자유롭게 된 왕과 귀족들은 중세까지만 하더라도 천민적인 것으로 폄하되었던 춤을 자신들의 연희에 끌어들인다. 귀족들의 사교에서 춤은 필수가 되었고, 춤을 위해 전용 복장이 등장했고, 춤을 위한 자세와 스텝을 배우기 위해 무용교사를 고용하였다. 궁중무용은 중세 농민들이 주로 야외에서 추었던 동작이 크고 자유롭고 활기찬 민속 무용과 달리 동작이 작고 세련되고 우아한 스텝과 자세로 구성된다. 궁중무용은 점차 왕과 귀족의 공식행사의 필수적인 의례로 정착되어 부와 명예를 뽐내는 수단으로 활용되어 규모가 커지고 호화롭게 되었다. 그 대표적인 경우가 16세기, 17세기 유행한 미뉴에트minuet이다.

무용사에서 발레ballet는 중요한 의미를 가진다. 발레의 시작은 16세기 중엽 프랑스의 궁중 연희에서 펼쳐졌던 춤에서 비롯되었다. 당시 춤의 스텝과 기교가 점차 정교해져 연습이 필요했고 그것을 전문적으로 교육하는 아카데미도 생기게 된다. 발레가 여타의 무용과 다른 점은 연극, 음악, 시 그리고 무용이 결합된 무용극의 성격을 띠고 있다는 점이다. 18세기 프랑스 혁명 이후 발레는 왕과 귀족의 전유물이 아니라 부르주아지의 예술로 전환된다.

오늘날 우리에게 익숙한 발레의 형식은 18세기 후반에 와서야 자리를 잡기 시작한다. 우선 무엇보다도 발레의 중심인 발레리나의 의

상은 가볍고 속살이 비칠 정도의 얇은 흰색의 재질로 여성미가 돋보이도록 제작되었다. 발레리나의 동작은 공중으로 날아오르는 나비를 연상시킬 정도의 고상함과 단아함을 드러내도록 테크닉이 더욱 정교하고 완벽해졌다. 19세기 발레 공연을 전문으로 하는 발레단이 창립되고 공연 전용 음악이 작곡되었다. 〈지젤〉, 〈백조의 호수〉, 〈잠자는 숲속의 미녀〉, 〈호두까기 인형〉 등 우리에게 익숙한 작품들이 19세기 후반에 등장한다. 19세기 후반 시민계급을 중심을 '발레광balletomanes'이라는 열광적 관객층도 형성되었다.

　현대무용은 공통적으로 발레에 대한 거부와 직간접적으로 관계한다. 현대무용은 춤을 발레에서 해방시켜 몸과 정신의 자유로움을 추구하는 경향이 강하다. 그 대표적인 경우가 이사도라 던컨Isadora Duncan이다.[35] 현대무용이 이사도라 던컨에 출발했다는 것을 부정하는 사람은 많지 않을 것이다. 던컨은 발레에 묶인 춤을 과감히 버리고, 춤이 가진 원래의 뿌리로 돌아간다. 그녀가 택한 첫걸음은 몸을 속박하던 토슈즈와 코르셋을 과감히 벗어던지는 것이었다. 그 대신 그녀는 맨발 상태로 그리스풍의 튜닉을 입고, 때로는 나체인 상태로 자신이 선택한 공간, 그리스 신전이든 바닷가이든 스스로 선택한 곳에서 춤을 추었다. 그녀가 찾은 춤의 첫 번째 고향은 자연이었다. 자연에 순응하기 위해 그녀가 택한 선택은 몸을 옭아매는 무용 도구를 걷어내는 것이다. 그녀는 발레리나의 필수품인 코르셋, 쁘띠코트, 긴

---

35. 던컨, 라반, 뷔그만, 커닝엄의 현대무용에 대한 내용은 정낙림, 《니체와 현대예술》, 178-192쪽을 수정, 보완했다.

소매와 무거운 치마를 버린다.

　몸의 해방은 곧바로 움직임의 자유로 나타난다. 그녀에게 춤은 발레리나들이 음악에 맞춰 스텝과 손동작을 기계처럼 완벽하게 구현하는 묘기와 같은 것이 아니다. 춤이란 파도의 일렁임과 바람의 움직임에 따라 자연스럽게 몸을 움직이는 것이다. 던컨이 걷기, 달리기, 건너뛰기, 수직으로 뛰기 등의 우리가 일상적으로 하는 자연스러운 동작을 춤의 요소로 받아들인 것은 바로 춤을 '자연스러운 움직임'으로 보기 때문이다. 이러한 단순한 동작들은 신체의 자연스러운 힘을 보여줄 뿐만 아니라, 동작의 단순미를 보여준다. 그녀에게 춤과 일상의 동작 사이에는 근본적 차이가 없다.

　자연스러운 움직임으로서의 춤은 본능에 충실한 춤을 의미하며, 이러한 춤은 테크닉으로 체계화될 수 없고 춤추는 사람의 자유와 즉흥성이 춤에서 핵심적 역할을 한다. 또한 던컨의 춤은 무대의 거대한 장치나 안무가의 화려한 의상을 통해 청중에게 구경거리를 제공할 목적을 가지지 않는다. 춤의 목적은 오로지 춤추는 자의 그때그때의 감정과 느낌을 표현하는 것이다. 춤에 대한 그녀의 이러한 생각은 무용을 형식과 기교에서 몸의 움직임 자체로 무게 중심을 옮겨놓게 된다. 이와 함께 현대무용이 이른바 '움직임의 시Poetry of motion'로 태어나는 단초를 마련하게 된다. 던컨은 무용의 모델로 그리스 무용을 꼽는 것을 주저하지 않는다. 던컨에게 그리스야말로 자연에 이은 춤의 두 번째 고향이다. 그녀에게 그리스 문화는 인류의 역사에서 자연에 가장 가까운 문화이다. 그녀가 고집한 헐렁한 무대 의상은 바로 그리스인의 복장을 재현한 것이고 토슈즈를 버리고 맨발로 춤추는 것, 신체의 자연스러운 아름다움을 드러내는 것도 모두 그리스의 춤에서 기원한다.

던컨은 자신에게 최초로 춤을 추게 한 것은 "바람과 파도, 새와 벌의 날갯짓"이며, 자신의 세계관은 "루소, 휘트먼, 니체"[36]에게 빚지고 있다고 고백한다. 그녀의 자연스러운 춤은 바로 다음과 같은 니체의 생각을 닮았다. "이제 자연의 본질은 상징적으로 표현되어야 한다. 새로운 상징체계가 필요하다. 우선 입, 얼굴, 말의 상징적 표현뿐만 아니라 몸의 모든 부분을 율동적으로 움직이는 춤의 몸짓으로도 말이다."[37] 이것을 던컨은 "자연을 보라, 자연을 연구하라, 자연을 이해하라, 다음에는 자연을 표현해 보라"[38]고 자기화한다. 무용이란 "동작을 통해서 인간의 영혼을 표현하는 예술일 뿐만 아니라 보다 자유로운 삶, 보다 조화 있고 보다 자연스러운 삶의 완전한 개념"[39]이라는 말속에서도 우리는 니체가 말하는 디오니소스적 예술의 극치를 확인할 수 있다. 또 니체가 차라투스트라의 입을 통해 전하는 '대지에 충실하라'는 가르침은 던컨에게 "무용은 대지의 움직임과 조화된 인간 육체의 움직임이다. 대지의 움직임과 조화되지 않으면 그 무용은 그릇된 것이다."[40]로 나타난다.

---

36. 월터 소렐, 신길수 옮김, 《서양무용사상사》, 서울: 예전사, 1999, 325쪽.
37. GT; KSA1, 33f.
38. I. 던컨, 최혁순 옮김, 《이사도라 던컨의 무용에세이》, 서울: 범우사, 1998, 143쪽.
39. 던컨, 같은 책, 105쪽.
40. 던컨, 같은 책, 143쪽.

던컨은 전통무용에서 배척되었던 몸의 가치를 자신의 무용에서 복권시킨다. 그녀에게 이상적인 몸이란 발레리나가 보여주는 가냘프고, 하늘을 향해 무중력으로 도약하는 듯한, 현실에서는 존재하지 않는 천사 같은 몸이 아니다. 그녀에게 몸이란 하늘을 향해 도약하기 위한 것이 아니라, 대지에 뿌리를 내리고, 당당히 현실의 고통을 받아들이는 주체이다. 즉 몸은 무용의 이상을 위해 또 부르주아지의 취향을 위해 위장되고 포장되어야 하는 것이 아니라, 오로지 자신만을 온전히 표현하는 창이다. 즉 몸은 정신의 명령을 수행하는 그림자가 아니라 자신을 표현하고 의미를 구축하는 주체이다. 그녀는 몸이 가진 근본적 가치를 그리스 문화가 잘 보여주고 있다고 확신하고, 자신이야말로 그리스 무용을 부활시킨 사람으로 자평한다. 그녀가 그리스의 신전과 바다에서 즐겨 춤을 추었던 것도 이러한 이유에서 출발한다.

던컨이 실험한 무용은 무용의 역사를 새로 써야 할 정도로 충격 그 자체였다. 무용의 중심을 몸과 몸의 동작 그 자체로 옮긴 던컨의 무용은 20세기 무용의 강령과 같은 역할을 했다. 던컨 이후의 무용은 모두 그녀의 문제의식을 심화시키고 확장시킨 산물이다. 던컨의 무용 정신을 계승하고 발전시킨 대표적인 경우는 독일의 무용가이자 이론가인 루돌프 폰 라반Rudolf von Laban과 그의 제자인 마리 뷔그만Mary Wigman이다.

무용이론가로서 라반은 현대무용의 이론적 정초에 결정적 역할을 한 사람이다. 그는 몸의 움직임에 대한 체계적이고 정밀한 연구를 오랫동안 진행했고, 그 결과를 이론으로 발표하게 된다. 그가 개발한 움직임 기록법인 〈라바노테이션Labanotation〉은 현대무용의 과학적 연구의 토대가 되었다. 그래서 그를 흔히 '무용학의 아버지'라 부른다. 그는 자신의 이론을 바탕으로 대작 〈동작들의 합창〉(1910)을 선보였고 1936년 베를린 올림픽 매스게임을 기획하고 진행했다. 그는 무용 교육과 움직임에 대한 연구에 매진했는데, 그것의 결과가 1946년에 설립한 '움직임 예술 스튜디오The Art of Movement Studio'이다. 이연구소에서 그는 무용을 비롯한 일체 인간의 움직임을 연구했고, 심지어 인간의 움직임이 어떻게 효율적으로 산업에 이용될 수 있는가에 대해서도 관심을 기울였다. 그는 동작과 신체의 유기적 관계를 분석하고 그것을 바탕으로 무용을 위한 훈련체계도 세웠다. 이러한 라반의 노력은 자신의 이름을 딴 무용과 신체 움직임을 기록한 '라바노테이션'이라는 표기법으로 완성된다.

라반의 제자인 뷔그만은 현대 표현주의 무용의 창시자로 불린다. 그는 스승의 움직임에 대한 연구를 무용의 기반으로 삼는 동시에 자기표현을 무용의 핵심 가치로 도입한다. 즉 무용에서 움직임은 자기표현과 연결되어야 한다고 본다. 그녀는 자기를 표현하는 움직임을 무용의 전부라고 생각하고 무대 배경, 조명 그리고 음악 등과 같은 요소를 무용에서 완전히 배제하는 실험을 한다. 이러한 이유에서 뷔그만의 무용은 '절대무용'으로 불리기도 한다. 그녀의 무용은 음악 없이 그리고 특별한 무대의 장식도 없이 정적 속에서 공연되는 경우가 다수이다. 뷔그만은 음악이나 무대장치의 도움을 받지 않고 움직임의 표현만으로 관객들에게 무용의 핵심을 전달한다. 그녀는 "무용의 예술성은 내면적으로 넘치는 움직임에 근거한 것으로, 이미 만들어진 음악의 리듬에만 맞추는 것은 그 순수성이 파괴된다"[41]고 본다.

뷔그만의 절대무용에서 춤추는 사람은 몸의 표현에만 집중할 수 있고, 그것을 통해 자신의 의도를 포장 없이 전달하게 된다. 뷔그만의 무용은 인위적으로 꾸민 동작을 거부한다. 어두침침한 무대에서 혐오스럽게 몸을 뒤트는 무용수의 움직임은 관객에게 혐오와 불쾌감을 동반하는 경우도 허다하다. 그녀의 대표작인 〈마녀의 춤〉(1914)은 여기에 대한 적절한 예일 것이다. 〈마녀의 춤〉은 머리에서부터 발끝에 이르기까지 검은 계열의 옷감을 뒤집어쓰고 무시무시한 가면을 쓴 뷔그만이 악마의 마술에 걸린 듯 황홀경의 상태에서 온몸을 비트는 움직임을 보여준다. 불빛이 거의 없는 어두침침한 무대는 괴기스러움을 더한다. 이 무용을 통해 뷔그만이 표현하고자 하는 것은 결코 아름답다고 할 수 없는 인간의 심층적 내면세계다. 그녀는 관객에게 있는 그대로의 삶을 직시할 것을 촉구한다.

던컨에서 출발한 현대무용은 다양한 갈래로 전개되는데, 20세기 중반에 이르러 무용에서 실험은 더욱 급진적 형태로 나타난다. 그중에서도 대표적인 경우가 머스 커닝엄Merce Cunnigham의 무용이다. 커닝엄은 자신의 무용을 새로운 춤New Dance이라 명명하고 당대의 주류 무용인 '표현주의'와 거리를 취한다. 그는 표현주의 무용이 성취한 업적을 평가하면서도 무용에 표현의 짐을 과도하게 부과하는 것에 거부감을 드러낸다. 즉 커닝엄은 표현주의가 무용을 인간의 내면 깊이 숨어있는 감정을 몸의 움직임으로 표현하는 것에 동의할 수 없

---

41. 김말복, 《무용의 이해》, 서울: 예전사, 1999, 206쪽.

었다. '왜 무용이 반드시 어떤 감정, 의지 등의 의미를 전달해야 하는가?' '움직임과 움직임의 간격을 의미로 연결시켜야 하는가?' '움직임에는 반드시 의미나 목적이 있어야 하는가?'

커닝엄은 자신도 한때 깊이 몸담았던 표현주의 무용이 채워주지 못한 무용에 대한 의문을 스스로 해결하고자 하는데, 그의 답은 움직임이 반드시 무엇인가를 표현하거나 의미를 전달하는 수단일 필요가 없다는 것이다. 즉 움직임은 그냥 움직임뿐이라는 것이다. 커닝엄은 움직임을 표현이라는 목표에 맞춰 기획하고 실연하는 것보다는 개별 움직임 자체에 집중하는 것이 오히려 해석의 다의성을 제공한다고 생각한다. 그는 이러한 믿음에 입각하여 다수의 실험적 무용을 선보인다. 그는 무용에서 펼쳐지는 움직임이 상호 독립적인 것과 마찬가지로 음악, 무대장치, 의상 등도 모두 서로에게 종속되지 않고 독립적이어야 한다고 본다. 커닝엄의 무용에서 이 각각은 서로 해체된 채로 존재한다. 따라서 관객이 그의 무용에서 하나의 통일된 줄거리를 찾거나, 무용 장치들 사이에서 하나의 의도를 찾는 것은 헛된 짓이다. 비록 개별 관객이 자신의 관점에서 그것을 찾는 것은 장려해야 할 일이지만 그것은 개인의 해석일 뿐이다. 이러한 커닝엄의 세계관에는 그가 교류하던 아방가르드 예술가 친구들의 영향이 크다. 그가 교류했던 대표적인 전위 예술가는 케이지, 뒤샹, 앤디 워홀 등이다.

커닝엄의 '새로운 춤'은 무용에서의 움직임과 일상의 움직임 사이의 차이를 인정하지 않는다. 그의 무용에서 무용수의 움직임은 작품을 위해 인위적으로 숙련된 동작이 아니다. 그것은 걷기, 뛰기, 달리기와 같은 일상적 동작의 연장이다. 이런 의미에서 그의 무용은 전통적 의미에서는 무용이 아니다. 그는 무용에서의 움직임과 일상적 행위의 경계를 해체했을 뿐만 아니라, 무용의 구성도 지워버린다. 무용은 어떤 줄거리를 따라 전개되는 것이 아니라 그때그때의 맥락에 따라 전개된다. 그의 무용을 지배하는 것은 우연성이다. 커닝엄은 자신의 무용이 어떤 것도 가능한 '열린 장open field'이 되기를 원했다. 커닝엄의 우연성 무용의 극단은 무용수 선발과 구성에서도 잘 나타난다.

"[그의 무용은] 움직임을 만들고 연결할 때 움직임의 템포와 방향, 움직임의 종류(달리기, 뛰기, 돌기)와 실시방법(군무, 독무)과 배역 등을 도면에 쓰고 그 위에 동전을 던져서 이들에 관련된 사항들을 결정하고 이에 따라 움직임을 구성하였고, 신체의 부위에 번호를 매기고 난 뒤 일련의 카드에 각 신체 부위를 지정하고 또 다른 세트의 카드에 각기 동작의 설명 또 공간상의 위치 등을 적어 넣은 뒤 그것들을 각기 뽑아서 움직임을 구성"[42]하였다.

이러한 그의 태도는 뒤샹이 예술을 창작자가 우연히 선택한 것으로 보는 자세와 유사하다. 커닝엄에게 움직임은 무용가에 의해 의도된 것이 아니라 발견되는 것이다. 그는 이와 같은 예술관에 기초하여 우연성 무용을 적극 실험한다.

커닝엄이 우연성을 무용에서 가장 중요한 가치로 받아들이고, 움직임에서 우연적 선택을 강조함으로써 무용수는 무용의 주제, 역할,

42. 김말복, 같은 책, 195쪽.

진행에서 자유롭게 된다. 그와 동시에 무용은 동작과 동작, 동작과 무대장치, 동작과 음악이 우연히 충돌하고 결합하는 새로운 상황을 선보인다. 관객들 역시 무용을 단지 수동적으로 감상하는 것이 아니라, 독립된 무용의 요소들이 우연히 충돌하여 만들어낸 무대 위 상황을 자기식으로 해석하고 의미를 부여하는 등 능동적 감상자가 된다. 더 나아가 커닝엄의 열린 장으로서 무용에서 관객은 무용에 적극적으로 개입할 수도 있다. 커닝엄의 무용은 관객의 적극적 개입을 허용함으로써 무대와 객석의 공간 구분을 해체했을 뿐만 아니라 공연의 시간마저도 상황에 따라 늘이거나 줄여 시간개념도 해체한다. 그는 무용수와 관객의 돌발적인 행동도 용인함으로써 무용을 완벽한 열린 장으로 만들었다. 그의 이러한 생각은 "모든 움직임은 무용이다"[43]라는 존 케이지의 입장에 그가 전적으로 동의하고 있음을 알 수 있다. 커닝엄의 파격적 실험은 무용계에는 큰 충격이었지만, 관객을 무용의 요소로 받아들임으로써 무용이 움직임에서 출발한다는 원래 의미를 환기시켰다. 모든 사람에게 열린 커닝엄의 무용은 현대무용에서 실험적 태도를 촉진하는 기폭제가 되었다.

우리가 기억해야 할 또 다른 현대 무용가는 피나 바우쉬Pina Bausch 이다. 독일 부퍼탈 '탄츠테아터Tanztheater'의 안무가인 그녀는 1970년대에 이미 현대 무용계의 최정상에 올랐으며, 2009년 갑작스런 사망에도 탄츠테아터에 대한 관심은 식을 줄 모른다. 우리 시대 무용은 피나 바우쉬의 탄츠테아터를 빼고 논의가 불가능할 정도로 무용사

43. 김말복, 같은 책, 220쪽.

에서 피나 바우쉬의 위상은 확고하다. 피나 바우쉬는 폰 라반에 의해 촉발되고 뷔그만이 본격적으로 실험한 독일 표현주의 무용의 세례를 받았지만, 거기에 머물지 않고 춤에 대한 보다 근본적이고 급진적인 실험을 한다. 그것이 그녀가 주도한 탄츠테아터 운동이다. 피나 바우쉬의 무용을 한마디로 요약하면 '낯설게 하기Verfremdung'이다.[44]

피나 바우쉬의 무용은 우리에게 낯설다. 그녀가 안무한 작품을 처음 관람한 관객의 반응은 대체로 비슷할 것이다. '그것이 과연 춤인가?' '춤이 아니라면 어떤 장르에 속하는가?' '저것도 예술이라 할 수 있는가?' 등등. 그녀의 탄츠테아터는 기존 무용의 일반적, 관습적 태도로는 이해할 수 없다. 우리에게 무엇보다도 낯선 것은 '탄츠테아터'라는 용어이다. 탄츠테아터가 춤을 의미하는 탄츠Tanz와 공연장을 의미하는 테아터Theater의 조합이니, 그녀의 무용이 무용에 연극적 요소를 포함시킨 것으로 생각할 수 있다. 그러나 그것은 성급한 판단이다.

우리는 피나 바우쉬의 부퍼탈 탄츠테아터의 명성으로 그녀와 부퍼탈이 탄츠테아터의 발원지일 것으로 생각할 수 있다. 그러나 사실 탄츠테아터의 운동은 1920년대 쿠르트 요스Kurt Jooss의 실험발레로 소급되고, 무용단의 고유한 명칭으로 '탄츠테아터'를 최초로 쓴 사람

---

44. 피나 바우쉬의 무용에 관한 내용은 정낙림, 〈니체와 현대무용 — 피나 바우쉬의 탄츠테아터를 중심으로〉, 《니체연구》 27집, 한국니체학회, 2015.4, 150-159쪽을 수정 · 보완한 것이다. 피나 바우쉬의 생애와 작품에 대한 안내서로는 마리온 마이어, 이준서 옮김, 《피나 바우쉬 — 끝나지 않을 몸짓》, 서울: 을유문화사, 2023을 참조하라.

도 피나 바우쉬가 아니다. 또한 부퍼탈 이외에도 브레멘, 함부르크, 베를린, 보훔 등 독일의 여러 도시뿐만 아니라 세계의 주요 도시에 '탄츠테아터'가 있다.[45] 피나 바우쉬의 탄츠테아터에는 춤과 연극의 요소가 남아있지만, 그것은 통상적인 의미의 춤과 연극이 아니다. 비록 초기에 그녀가 베르톨트 브레히트Bertolt Brecht의 '개방 연극이론'과 앙토냉 아르토Antonin Artaud의 '잔혹연극'의 영향을 받은 것[46]은 사실이나 그들의 영향은 곧바로 흐릿해졌고, 〈카페 뮐러〉(1978)를 기점으로 부퍼탈 탄츠테아터는 피나 바우쉬의 독자적이고 고유한 방식으로 새로운 예술영역을 구축해 나갔다. 그녀 역시 부퍼탈 탄츠테아터가 어떤 사람 혹은 어떤 사조의 영향의 산물이라는 것을 강하게 거부한다.[47]

---

45. '탄츠테아터'라는 명칭은 무용단을 지칭하는 것으로 최초로 쓴 사람은 게르하르트 보너(Gerhard Bohner)이다. 탄츠테아터의 발생사와 현황에 대해서는 수잔네 슐리허, 박균 옮김, 《탄츠테아터》, 파주: 범우사, 2006; 요헨 슈미트, 이준서, 임미오 옮김, 《피나 바우쉬》, 서울: 을유문화사, 2005, 29-56 참조.
46. 피나 바우쉬는 브레히트의 〈소시민 칠거지악〉(1976)을 무대에 올렸지만, 자신의 방식으로 해체하고 재구성해낸다. 브레히트와 아르토의 영향에 대해서는 슐리허, 《탄츠테아터》, 28쪽 참조. 또 이은희, 〈포스트 브레히트적 공연양식으로서 탄츠테아터―서사적 양식과 피나 바우쉬〉, 《브레히트와 현대연극》 28권, 한국브레히트학회, 2013, 41-73쪽 참조. 이 논문에서 저자는 바우쉬의 탄츠테아터를 '브레히트 없는 브레히트 수용'으로 해석한다.
47. 아마 다음의 평가가 부퍼탈 탄츠테아터에 대한 정당한 평가일 것이다. "탄츠테아터는 춤을 깨부수고 해체한다기보다는 오히려 춤의 본질이 무엇인가를 묻고, 춤의 본질로부터 출발하는 제대로 된 춤으로 되살리려는 운동인 만큼, 거기다 섣불리 춤과 연극의 혼종이라는 수사를 갖다 붙이는 것은 탄츠테아터의 본질을 왜곡하는 위험천만한 처사이다."(김효, 〈댄스시어터는 춤과 연극의 혼종이

피나 바우쉬의 탄츠테아터에서 우리가 느끼는 또 다른 낯섦은 춤을 추는 무용수와 관계된 것이다. 우선 무용수들의 복장이 낯설다. 무용수들은 발레복 혹은 타이츠와 같은 통상적 무용복을 입는 대신, 마치 사무실로 막 출근하는 샐러리맨의 정장 차림 혹은 공장에서 노동자가 입는 노동복, 심지어 잠옷과 같은 일상복 차림으로 등장한다. 또 남성 무용수들의 경우 정장 구두, 여성의 경우는 하이힐을 신고 춤을 추는 경우가 많고, 그렇지 않은 경우는 주로 맨발로 춤을 춘다. 그리고 그들의 춤이란 것이 주로 걷고, 가로질러 달리고, 포용하는 것 등 일상의 동작과 차이가 없다.

더 낯선 것은 탄츠테아터에는 주역과 단역이 누구인지 알 수 없다는 점이다. 더 정확히 말하면 탄츠테아터에는 주인공이 존재하지 않는다. 그 결과 주인공의 성격과 줄거리를 실마리로 무용을 이해하려는 관객들에게는 대단히 불편할 수도 있다. 더욱이 무대의 중심과 주변이 분할되지 않은 채, 무용수들이 무대 곳곳에서 자신도 이해할 수 없다는 듯이 동작과 말을 반복한다. 탄츠테아터에서 무용수들은 서로에게 분리된 채 각자가 자신의 이야기를 춤으로 구현하는 것으로 보일 때가 많다. 관객은 자신의 시선을 어떤 무용수에게 둘지 알 수 없어 머리가 어지러울 지경이다. 다음의 피나 바우쉬의 말은 관객에 대한 결례처럼 들린다. "각자는 자기가 원하는 대로"…… "내가 하는 일은 보는 것입니다. 나는 사람들을 지켜보는 것밖에는 결코 하지를

아니다〉, 57쪽)

않죠."[48]

탄츠테아터의 무대와 음악 등의 장치도 우리에게 낯설다. 전통적인 무용에서는 무대 미술과 음악은 무용의 진행에 대한 배경이 되거나 줄거리를 암시하는 역할을 한다. 그러나 탄츠테아터에서 이것을 기대하는 것은 헛된 것이다. 탄츠테아터의 무대는 우선 일상의 공간을 그대로 옮겨놓은 경우가 많다. 30대의 나이로 요절하기 전까지 무대감독을 맡은 롤프 보르지크Rolf Borzik는 〈봄의 제전〉(1975)을 위해 무대 바닥을 두꺼운 토탄土炭으로 채웠고, 〈아리아〉에서는 무대 전체를 무릎 깊이까지 물로 가득 채웠다. 또 〈카페 뮐러〉에서는 무대를 의자로 채운다. 〈카네이션〉의 수만 송이 카네이션, 〈네페〉에서의 폭포 등도 이러한 경우에 해당한다. 그런데 이러한 무대장치가 어떻게 무용과 관계되는지 관객으로서는 간파하기가 힘들다. 또한 탄츠테아터가 사용하는 음악은 관객들에게 무용의 전개에 대한 이해를 돕기보다는 듣기에 불편한 경우가 대부분이다. 예를 들어 〈푸른 수염〉(1977)에는 벨라 바르톡벨라 바르톡Bela Bartok의 오페라 음악이 차용되는데, 음악은 무대 탁자 위에 놓인 레코드플레이어에서 흘러나온다. 음악은

48. 문예령 편저, 《서양무용사》, 서울: 눈빛, 2000, 173쪽. 여기에 해당하는 대표적인 작품이 〈카페 뮐러〉이다. 무대의 앞쪽에서는 여자 무용수가 남자 무용수를 안고 떨어뜨리기를 반복한다. 무대 뒤쪽의 한 여자 무용수(피나 바우쉬 분)는 눈을 감고 팔을 앞으로 나란히 한 채 몽유병자처럼 무대 앞으로 헤매고 다닌다. 무대 뒤쪽의 또 다른 여자 무용수는 자신의 내면세계에 침잠하여 세상과 단절된 채, 천천히 같은 자세와 제스처로 무대 위를 돌아다닌다. 이 상황에서 생뚱맞게 빨간 머리의 여자가 헐렁한 옷을 걸치고, 하이힐을 신고 총총걸음으로 바삐 회전문을 통해 무대 중앙을 누빈다.

한 소절이 흘러나오고, 중단되고, 다시 앞선 음악이 반복되고 중단된다. 이 음악은 꽤 오랫동안 중단없이 되풀이된다. 관객들에게는 음악은 고통이 된다. 또 〈왈츠〉에서는 국가國歌가 울려퍼지는데도 무용수는 무례하게 자신의 행위를 중단없이 계속한다. 이렇게 탄츠테아터에서 음악과 무용수의 동작은 무관하게 서로 평행선을 달린다.

관객이 탄츠테아터에서 느끼는 가장 큰 낯섦은 피나 바우쉬가 도대체 작품을 통해 무엇을 말하는지, 즉 서사가 무엇인지 알 수 없다는 것이다. 〈봄의 제전〉이나 〈푸른 수염〉 등의 초기 작품은 예외로 하고, 탄츠테아터의 대부분의 작품에서 서사는 물론이고 무용수의 앞의 행위와 뒤의 행위, 장면과 장면 사이에 어떤 논리적 관계가 있는지 이해하기는 불가능에 가깝다. 이 점은 요스K. Jooss를 비롯한 표현주의 무용과 명확히 구분되는 점이다. 탄츠테아터가 서사플롯를 무시하는 것은 피나 바우쉬의 언어에 대한 불신에서 비롯된다. 그녀에게 언어란 대상이나 사태의 의미를 온전히 전달하는 매체가 아니다.

피나 바우쉬의 언어에 대한 태도는 1979년의 작품 〈아리아〉를 통해서 잘 드러난다. 작품 〈아리아〉를 이끄는 것은 무용수들이 자신의 특정 신체 부위를 두고 하는 돌림 놀이이다. 첫 번째 무용수가 자신의 신체부위를 묘사하면 다른 무용수가 이것을 변주시켜 반복한다. 첫 번째 무용수가 "내 어깨는 뼈가 앙상해."라고 말하면, 다음 무용수가 "내 눈은 뼈가 앙상해"라고 이어받고, 또 다른 무용수가 "내 코는 뼈가 앙상해.", "내 발은 뼈가 앙상해.", "내 이빨은 뼈가 앙상해."라는 방식으로 이어진다. 각각의 무용수들이 비록 "뼈가 앙상해"라는 같은 말을 하지만 의미가 동일한 것은 아니다. 무용수들의 이러한 행위를 통해 피나 바우쉬는 언어의 지시 및 소통의 기능에 한계가 있음을 보여주고, 신체의 물질성을 강조한다. 언어는 상이한 대상을 동일성 법칙으로 포섭할 수 없다. 오히려 언어는 대상에 따라 그리고 맥락에 따라 그 의미가 분절되기에 의사소통을 위해 충분하지 않다.[49]

피나 바우쉬가 무용에서 언어를 사용하는 경우에 주로 외침의 형태가 많다. 그녀는 인간의 언어 대신 자연의 소리, 기계음 등을 자주 차용하는데, 이것 역시 그녀가 언어를 소통적 특성보다는 음성적, 청각적 특성에 주목하고 있다는 것을 의미한다. 피나 바우쉬는 언어를 통한 의사소통의 가능성을 신뢰하지 않는다. 그녀는 무용에서 하나의 통일된 서사가 주어지고 무용수들에게 그것에 따라 춤을 추도록 요구하고, 또 동일한 서사를 관객에게 강요하는 것은 폭력이라 본다. 의미는 무용수나 관객에게 모두 분절된 형태로 해석되고 이해될 뿐이다. 그래서 피나 바우쉬가 택한 무용의 방법은 독립된 이미지들을 덧붙이고 중첩시키는 콜라주와 몽타주의 기법이다. 피나 바우쉬는 자신의 무용이 결코 시작과 끝, 그리고 원인과 결과를 쫓지 않는다는 점을 인터뷰에서 밝히고 있다. "나는 절대로 앞에서부터 시작하지 않습니다. 앞에서 뒤로 작업하는 것이 아니라 작은 부분들을 가지고 작업했어요. 그것들은 서서히 커지고 조합되고 밖으로 자

49. 이은희, 〈포스트 브레히트적 공연양식으로서 탄츠테아터〉, 50쪽 참조, 피나 바우쉬에서 언어의 의미는 C. Fernandes, Pina Bausch and the Wuppertal Dance Theater – The Aesthetics of Repetition and Transformation, New York: Peter Lang, 2002, p. 69 참조.

라나죠."[50]

탄츠테아터에서 무용수들의 움직임, 외침, 음악 그리고 무대는 각 각 라이프니츠의 모나드처럼 독립적으로 작용하는 동시에 그것들 사이에 위계도 존재하지 않는다. 피나 바우쉬는 특정 장면, 동작, 음악을 반복해서 변주하는 몽타주 기법을 즐겨 사용한다. 춤은 주로 충격적 장면을 중심으로 전개되고, 이 장면이 포개져 콜라주 되고 변주된다. 관객들에게 이러한 전개는 카오스적인 것이 동시적으로 다가온다는 느낌을 받는다. "피나 바우쉬의 무대는 불연속성, 파편성, 불협화음 등, 요컨대 온갖 '불순함'으로 가득 찬다."[51] 관객들은 파편적인 이미지들을 모자이크처럼 조합하여 나름의 의미를 찾는 퍼즐 놀이를 하는 것 이외에 다른 방도가 없다. 피나 바우쉬는 자신이 택한 방식의 중요성을 이렇게 말한다.

> 그것들이야 처음에는 그야말로 아무것도 아니에요. 그저 대답들에 불과하지요. 그저 문장들, 누군가가 보여주는 사소한 것들일 따름이지요. 모든 것이 처음에는 분리되어 있어요. 그러고는 언젠가 내가 옳았다고 생각하는 그 무엇인가를 다른 것과 연결시키는 시점이 와요. 이것은 저것과, 그것은 다른 것과, 하나를 상이한 다른 것과 연결하지요.

---

50. 마리온 마이어, 《피나 바우쉬 – 끝나지 않을 몸짓》, 133쪽.
51. 김효, 〈댄스시어터는 춤과 연극의 혼종이 아니다〉, 55쪽. 피나 바우쉬의 작품에서 파편화와 분절화는 무대, 동작, 음악, 언어 등 모든 차원에서 일어난다. 그래서 그녀의 작품을 "파편들의 연극'이라 칭하는 연구자도 있다. 수잔네 슐리허, 《탄츠테아터》, 157쪽 참조.

그리고 나서 내가 맞아떨어지는 무엇인가를 발견했다면, 나는 이미 무엇인가 좀 더 큰 작은 것을 가진 것이지요. 그러면 나는 다시 완전히 다른 곳으로 갑니다. 그것은 아주 작게 시작해서 점점 더 커져요.[52]

관람객이 탄츠테아터를 감상할 때 느끼는 또 하나의 낯섦은 일반 작품이 보여주는 문제제기와 문제해결의 가능성을 피나 바우쉬의 탄츠테아터는 전혀 보여주지 않는다는 것이다. 더 정직하게 말하면 피나 바우쉬는 문제를 제기할 뿐이고 오히려 문제의 해결 불가능성을 강조한다. 탄츠테아터가 즐겨 다루는 주제는 두려움, 그리움, 외로움, 좌절, 불안, 공포, 인간에 의한 인간의 지배와 착취, 어린 시절과 죽음, 기억과 망각 등, 우리가 피하고 싶지만 그럴 수 없는 실존의 근본 정조와 깊은 관계가 있다. 이러한 주제를 다룰 때 피나 바우쉬의 태도는 타협이 불가할 정도로 단호하다. 그녀는 실존의 근원에서 기원하는 갈등과 고통은 변조되거나 조화될 수 없는 것이라 확신하고 작품에서 그것을 여과 없이 전달한다. "피나 바우쉬는 변명을 하지 않으며, 자신의 관객들에게도 역시 변명을 허용하지 않는다."[53]

피나 바우쉬의 무용에는 세상에 목적 없이 던져진 인간의 실존을 잔혹한 방식으로 구현하는 경우가 많다. 무용에서 관객이 목도하는 것은 출구 없는 삶의 잔인함이다. 인간 운명의 잔혹함에 대한 피나

52. 요헨 슈미트, 《피나 바우쉬》, 106쪽.
53. 같은 책, 23쪽.

바우쉬의 대표 작품은 〈봄의 제전〉(1975)이다. 무용은 어느 원시 부족이 봄을 맞아 신자연에게 부족의 여성 중 한 명을 제물로 바치는 과정을 보여주고 있다. 여성 희생자를 간택하기 위해 붉은 천이 한 여성에서 다른 여성으로 옮겨지고 마지막으로 받은 사람이 희생자가 된다. 붉은 천은 희생의 상징이며 동시에 희생집행자의 심리를 의미하기도 한다. 붉은 천의 전달은 마법적인 매혹과 뒤섞인 두려움, 절망감, 전율감을 일깨우는 촉매제가 된다. 결국 붉은 천은 왜소한 한 여성에게서 멈추고 붉은 천은 간택된 희생자의 붉은 슬립으로 변한다. 희생양으로 선택된 여성은 격렬히 도약하는 몸짓으로 죽음을 향해 춤을 춘다. 죽음과 사투를 벌이는 격렬한 춤을 추는 이 여성의 몸에 걸쳐진 붉은 슬립이 반쯤 미끄러져 한쪽 가슴을 드러낸다. 이것은 집단에 의해 죽음을 선고받은 한 가냘픈 여성의 운명에 대한 무능함을 상징한다.[54] 이렇게 피나 바우쉬는 인간 운명의 잔인한 극단을 보여주는 데 주저하지 않는다. 이러한 끔찍한 장면을 감상하는 관객의 마음은 편할 리 없을 것이고, 자신도 작품의 희생자와 같은 운명을 맞을 수도 있다는 불안과 두려움에 휩싸인다.

피나 바우쉬 무용의 '낯설게 하기'는 우리에게 너무나 친숙하고 익숙하여 자명한 진리로 받아들이는 것에 대해 회의해볼 것을 요청한다. 그렇다고 그녀가 답을 제시하지도 않는다. 많은 사람이 피나 바

---

54. 같은 책, 52쪽 참조. 피나 바우쉬는 실존의 극단적 잔혹함을 보여주는 것에 대해 이렇게 말한다. "나는 결코 모난 것들을 둥글게 하길 원치 않습니다." "나는 그것을 할 수도 없을 겁니다."(문애령 편저, 《서양무용사》, 169쪽)

우쉬에게 무용을 통해 무엇을 말하고자 하는지 질문한다. 그러나 그녀의 답은 '나는 모른다'는 것이다. 그녀는 반드시 답이 있어야 한다는 것에도 또 그 답이 하나라는 것에도 반대한다. 피나 바우쉬는 몸의 정직성을 신뢰하고 그것을 바탕으로 실험하는 것이 자신이 춤추는 전부이고, 거기에 어떤 의미가 동반될 필요는 없다고 본다. "피나 바우쉬가 보여주는 몸은 정직하다. 인간의 관계가 가능한 것은 우리가 서로에게 정직할 때라고 말하는 듯하다. 피나 바우쉬의 탄츠테아터는 정직한 삶의 모습과 정직한 몸을 보여준다."[55] 수잔 손택Susan Sontag은 탄츠테아터에 대해 "먹는 것과 춤추는 것은 우리가 몸이라는 집에 살고 있음을 상기시킨다."라고 말한다.[56]

피나 바우쉬에게 춤은 신체의 정직성을 가장 잘 드러낼 수 있고, 자신 이외의 존재자, 그것이 인간이든 자연이든, 그들에게 자신의 이야기를 진실하게 표현할 수 있는 통로이다. 춤이 가진 근원적인 표현 매체로서의 가치를 피나 바우쉬는 이렇게 말한다.

춤추는 것, 처음부터 그것은 내 이야기의 일부가 되는 것입니다. 나는 나를 표현하기를 원합니다. 처음에 그것은 단지 춤추는 것에 관계될 뿐이죠. 나는 춤추기를 원합니다. 왜냐하면 그것이 사물과 나에 대해 잘 느끼도록 해주니까요. 사실 나는 처음부터 줄곧 그것을 아주 중요

---

55. 안치운, 〈슬픔을 넘어서는 응시〉, 《한국연극학》 27호, 2005, 120-121쪽.
56. S. Huschka, Moderner Tanz, Konzepte-Stile, Hamburg 22002, p. 9에서 재인용.

한 것으로 받아들였습니다. …… 나는 오직 나 자신이 춤추기만을 원했습니다. …… 만약 춤추고 싶은 욕망이 끝난다면, 모든 것이 또한 끝난다고 나는 믿습니다.[57]

피나 바우쉬의 탄츠테아터에는 전체 무용을 끌고 가는 전지적 주인공과 하나의 단일하고 통일된 서사가 존재하지 않는다. 주인공을 내세워 하나의 서사를 끌고 가는 대신, 파편화된 이미지들의 덧붙임과 중첩의 방법, 즉 콜라주와 몽타주 기법으로 작품이 진행된다. 무용은 여러 사건이 일관적 서사 없이 해프닝처럼 이미지에서 이미지로 나열되고, 포개진다. 탄츠테아터에는 한 마디로 시장터와 같이 무용수들이 분주히 등장하고 퇴장하고, 그들의 몸짓의 몸짓으로 만들어지는 장면들이 쉼 없이 교차한다. 이것은 마치 놀이터에서 아이들이 다양한 놀이를 하는 것에 비유할 수 있다. 그런데 놀이의 측면에서 보자면 하나의 놀이보다는 다양한 놀이가 놀이 자체를 중단시키지 않고 계속하게 하는 지혜라 할 수 있다.

피나 바우쉬는 수많은 이질적인 이미지들이 포개지고 겹칠 때, 수많은 파편으로 완성되는 모자이크처럼, 보다 풍부한 세계상을 보여줄 것으로 생각한다. 탄츠테아터의 관객은 무용의 수많은 이미지 중 몇 개의 이미지들을 조합하여 작품을 이해하고 의미를 찾을 것이다. 즉 각자는 자신의 방식으로 무용의 전체상을 구성하는 것이다.

57. 문애령, 《서양무용사》, 170쪽.

그러한 방식으로 누군가가 볼 수 있고, 다른 누군가가 또 다른 방식으로 볼 수 있는 것—이것이 내가 발견한 것입니다. …… 단지 그것이 어떤 사람을 만족시킨다는 이유만으로 이처럼 사람들이 아주 분명한 시각에 나를 굴복시키려고 할 때, 나는 그것이 위험하다는 것을 알고 있습니다.[58]

탄츠테아터에서 주인공은 없다. 무대의 중심도 없다. 더욱이 작품은 피나 바우쉬의 독단적인 결정에 의해 진행되는 것이 아니라, 무용수들의 자발적 참여를 통해 이루어진다. 바우쉬는 자신의 안무 작업이 '어떻게 사람들이 움직일까'보다는 '무엇이 사람을 움직이게 하는가'에 대한 질문에서 시작된다고 한다. 바우쉬는 무용수들이 스스로 움직이는 이유를 찾도록 자극한다. 무용수들은 각자 자신의 이유에서 움직일 것이다. 그들 각자는 자신을 표현하는 것이다. 그것은 곧 자신의 방식으로 의미 있는 것, 즉 가치를 창조하는 셈인 것이다. 그녀에게 무용은 자신을 표현하는 일체의 움직임이다.

피나 바우쉬의 탄츠테아터가 지향하는 우연에 개방된 무용에서 우리는 그녀의 세계관을 엿볼 수 있다. 탄츠테아터가 분절된 이미지의 순간을 통해 안무를 진행한다는 것은 과거와 미래에 가치를 두지 않고, 오직 현재의 시간에 집중한다는 것을 의미한다. 수잔 손택은 탄츠테아터의 작품을 "현실의 시간에 현실의 감정을 경험하는 것"으로

---

58. 문애령 편저, 《서양무용사》, 168쪽.

정당하게 평가한다.[59] 안무를 진행하는 원동력도 계획이 아니라 우연성에 있다. 우연에 대한 긍정은 어떤 비참한 현실에도 그것을 긍정하고 계속 살아가는 원동력이 된다. 바우쉬가 잔혹하고 끔찍한 모습을 반복해서 노출시키는 것은 삶에 대한 근본적 긍정에 기초한다. 어차피 다른 길이 없고, 운명의 잔인성은 불변할 것이기 때문이다. 이러한 태도를 니체는 디오니소스적 지혜로 부른다. "앞으로도, 뒤로도, 그리고 모든 영원 속에서도 다른 것을 가지려 하지 않는 것"[60] 이것이 바로 '운명에 대한 사랑amor fati'이다.

59. 같은 책, 164-165 쪽 참조.
60. EH; KSA 6, 297.

4 매체와 새로운 예술의 탄생

　현대예술의 두드러진 특징은 예술에 대한 전통적 이해가 실효를 다했다는 것이다. 창작, 감상, 장르를 가르는 구획선은 무너졌고, 이전에는 상상할 수도 없었던 탈경계적 예술들이 속속 등장하였다. 예술의 지형을 근본적으로 변경시킨 동력으로 기술적 복제를 가능하게 한 매체의 등장을 빼놓을 수 없다. 19세기 후반 등장한 사진과 영화는 예술에 대한 전통적인 정의를 파괴하게 된다. 대상의 재현을 예술의 정의로 믿고 작가의 구상을 손의 힘을 빌려 구현한 사물을 예술작품으로 평가했던 전통적 기준에서 손이 아닌 기계의 역할이 압도적인 사진과 영화를 예술로 볼 수 없다는 주장도 있었다. 그러나 오늘날 사진과 영화의 예술적 지위에 대해 의심하는 사람은 없다.[61]

　19초 프랑스인 조제프 니세포르 니엡스Joseph Nicephore Niepce에

---

61. 매체에 대한 내용은 정낙림 〈매체와 감각의 재편〉 282-293쪽을 수정 · 보완한 것이다.

의해서 탄생한 사진은 예술에서 기술적 복제시대의 도래를 예고한다. 사진이 예술창작에 끼친 결정적인 기여는 화가의 "손을 해방"[62] 시켰다는 점이다. 카메라의 눈은 화가의 손보다 빨리 대상을 기계적으로 재현, 즉 복제한다. 그리고 사진은 카메라의 렌즈를 조절하거나 렌즈의 위치를 조정함으로써 인간의 육안으로 포착할 수 없는 것까지도 담아낸다. 또한 카메라의 확대나 고속도 촬영의 특수 기법으로 육안으로는 도저히 잡아낼 수 없는 부분도 드러낸다. 즉 사진은 자연의 눈으로는 존재하지 않는 미지의 세계를 탐험할 수 있게 한다.

제7의 예술로서 영화는 그 파급효과 면에서 이전의 예술 장르와는 비교가 되지 않을 정도로 크다. 벤야민에 따르면 영화란 "그 예술적 성격이 전적으로 복제 가능성에 의해 규정되는"[63] 예술이다. 벤야민은 영화의 등장으로 "예술이 운명의 시간을 맞이하였다"[64]고 단언한다. 영화는 서로 이질적인 장면과 다양한 시간 층위를 자유롭게 편집함으로써 기계적 연쇄로는 얻을 수 없는, 새롭게 구성되고 창조된 세계를 보여준다.[65] 영화는 영사기를 통해 초당 24장의 사진을 스크린에 옮긴다. 이것을 통해 영화는 사진에 존재하지 않는 동작을 부여한다. 영화는 시간과 공간이 객관적이고 절대적인 것이 아니라 주관적 체험과 뗄 수 없다는 것을 실증한다.

62. 발터 벤야민, 《기술복제시대의 예술작품》, 17쪽. 사진과 영화에 대해서는 저서
　　 I부 3장 〈벤야민: 기술적 복제시대의 아우라 상실로서 예술의 종말〉 참조.
63. 《기술복제시대의 예술작품(제2판)》, 60쪽.
64. W. Benjamin, GS, Bd. V.2, p. 1149.
65. 마셜 매클루언, 《미디어의 이해》, 39쪽 참조.

초기의 영화 이론가들은 영화가 몰고 온 변화에 무감각했다.[66] 이들은 영화의 기술적 의미와 역사적 의미를 전혀 간파하지 못했다. 영화의 기술적 의미를 이해하기 위해 우리가 택할 수 있는 가장 좋은 방법은 영화와 연극을 비교하는 것이다. 우선 연극배우와 영화배우의 연기의 차이가 무엇인지 살펴보자. 연극배우는 극중에서 자신이 맡은 인물을 관객의 눈앞에서 직접 연기로 표현한다. 이에 반해 영화배우는 자신의 연기를 관객이 아닌 기계장치 앞에서 하고 또 다른 기계장치를 통해 이미지 형태의 영상으로 관객과 만나게 된다.

연극과 영화의 또 다른 차이는 배우의 연기가 일회적인가 아니면 반복적인가라는 물음과 관계한다. 연극배우는 주어진 시간과 주어진 장소에서 짜인 대본에 따라 연기를 하며, 연극을 관람하는 청중은 연극배우의 연기에서 일회적이지만 그 자체로 완결된 세계를 경험한다. 이에 반해 영화배우의 연기는 완결성을 목표로 하지 않는다. 극장에서 관객이 감상하는 완성된 영화는 카메라 기사가 촬영한 부분 장면들을 감독이 기계적 장치의 힘을 빌려 편집하고 각종 효과를 덧붙인 것이다. 따라서 영화배우는 연극배우와 같이 대본 순서대로 연기할 필요가 없다. 영화에서 촬영의 순서는 동료 연기자, 스튜디오의 상황 그리고 야외촬영의 경우 일기 상황 등을 고려하여 임의로 정해진다. 그렇기에 영화의 촬영 순서와 완성된 영화의 전개순서는 일치

---

66. 벤야민이 예로 들고 있는 대표적인 경우는 아벨 강스(Abel Gance)와 세브랭-마르스(Séverin-Mars)의 영화이해이다. 《기술적 복제시대의 예술작품》, 48쪽 참조.

하지 않는다.

따라서 기계 의존도에서 연극과 영화는 매우 큰 차이가 있다. 연극의 중심은 배우다. 연극에서 기계라 해야 무대전환, 조명 그리고 음향효과를 위한 기기가 전부라 해도 과언이 아니다. 이에 반해 영화는 기계와 그것의 효과에 의존하는 예술이다. 특히 카메라를 빼고서는 영화를 설명할 수 없다. 촬영과 편집의 수많은 기법을 통해 영화는 대상을 확대, 축소 그리고 입체화하는 등 공간을 재편할 뿐만 아니라 시간의 빠르기를 감독의 의도에 따라 자유롭게 조정한다. 이러한 기술적 효과들은 영화제작에 결정적 역할을 한다. 영화의 제작뿐만 아니라 영화 관객들을 지배하는 것도 연극과 달리 기술적 효과이다. 영화 관객은 영사기를 통해서만 영화배우를 만난다. "관객은 기계장치에 감정이입이 됨으로써만 배우에게 감정이입이 된다."[67] 더욱이 영화는 기계의 도움으로 연극과 달리 반복적 감상이 가능하다.

영화에서 기계의 역할이 결정적이라는 것은 배우들의 지위에서도 확인된다. 영화배우는 연극배우와 달리 관객을 만나기 전 일차적으로 카메라 테스트를 거쳐야 한다. 영화의 경우 카메라를 통해 구현된 배우의 영상 이미지가 실물 이미지보다 더 중요하다. 스크린에 투사된 배우의 얼굴 이미지와 배우의 실재 얼굴 사이에는 적잖은 차이가 있다. 이 차이는 자연의 눈과 카메라, 즉 기계 눈의 표상 방식의 차이이다. 연극과 달리 영화 관객은 기계 눈을 통해 표상된 배우를 본다. 즉 관객은 카메라의 렌즈의 위치에서 배우를 보게 된다. 따라서 기계

67. 같은 책, 53쪽.

의 관문을 통과해야 하는 영화배우의 연기는 연극배우의 연기와는 다를 수밖에 없다.

영화와 연극에서 배우가 차지하는 비중은 확연하게 차이가 난다. 영화에서 배우의 연기는 한 부분일 뿐이다. 이 점은 관객의 입장에서도 마찬가지다. 연극의 경우 관객은 배우의 연기에 몰입하지만, 영화는 그렇지 않다. 이 점에 대해 아른하임의 지적은 적절하다. 영화에서는 "배우를 소도구처럼 다루고, 소도구처럼 특징에 맞게 선발하며, 또한 …… 적절한 장소에 배정"[68]한다. 이에 반해 연극배우는 "자신의 배역 속으로 몰입한다. …… 영화배우의 연기는 결코 하나의 통일적인 것이 되지 못하며, 수많은 개별적 연기들로 구성된다. 영화배우의 연기[는] 합성 편집이 가능한 일련의 에피소드로 분해"된다. 그것의 "근본적인 이유는 기계장치의 기본적인 필연성" 때문이다.[69]

기계장치의 기본적 필연성은 영화가 다양한 기계장치의 힘에 근거한다는 이유도 있지만 근본적으로 영화가 편집의 예술이라는 점 때문이다. 관객이 영화를 감상할 때 쉽게 지각할 수 없지만 필름을 통해 재현되는 이미지는 개별적으로 촬영된 장면들의 편집물이다. 그러니까 영화의 장면 전개는 독립적으로 촬영된 필름을 이은 것으로 필름들 사이의 이격離隔은 영화의 속도감과 긴장감을 오히려 높이는 효과를 낸다. 몽타주는 영화가 합성된 편집예술이라는 사실을 보다 쉽게 설명한다. 블록을 쌓아 건축물을 완성하듯이 몽타주는 카메라

68. 같은 책, 57쪽 재인용.
69. 같은 책, 59-60쪽 참조.

의 각각의 숏shot들을 병치하여 하나의 시퀀스로 편집하는 기술을 말하는 것으로, 숏들간의 창조적 배치라 할 수 있다.[70] 그러므로 영화는 편집된 영상, 즉 기계적으로 처리된 환영인 셈이다.[71]

영화에서 편집의 중요성은 그림의 창작과정과 비교해도 쉽게 알 수 있다. 화가가 그림을 통해 우리에게 제시하는 이미지는 총체적이고 완결된 하나의 이미지이다. 화가는 하나의 완결된 이미지를 화폭에 구현하기 위해 그림의 구도, 원근, 단축, 명암 등을 진지하게 고려한다. 이에 반해 촬영기사가 생산하는 이미지는 카메라 숏을 통해 획득된 개별적이고 분절된 부분 이미지들이다. 촬영된 부분 이미지를, 마치 모자이크화에서 타일들이 모여서 통합된 하나의 이미지를 만들듯이, 통합된 이미지로 만드는 것은 전적으로 편집의 덕이다.

영화에 의한 리얼리티의 표현 쪽이 오늘날의 인간에게 [회화와는] 비교가 안 될 정도로 중요한 것이 되어 있는 것은, 이 영화의 리얼리티 표현이 바로 현실과 기계장치 간의 극히 강력한 상호침투에 의거함으

---

70. 몽타주 기법은 소련의 영화감독 아이젠슈타인의 〈전함 포템킨〉(1925)의 오데사의 계단 전투장면으로 우리에게 친숙하다. 몽타주 기법을 최초로 영화에 활용한 감독은 소련의 쿠레쇼프이고 그의 영화 〈지구의 창조적 얼굴〉(1920)이 영화사에서 몽타주 기법을 최초로 활용한 것으로 알려져 있다. 쿠레쇼프는 다섯 조각의 동작 화면을 조립하여 남녀 주인공의 일련의 동작을 표현했다. 여기에 관해서는 수잔 헤이워드, 《영화사전 - 이론과 비평》, 2012, 218-227쪽 참조.

71. 영화 관람객이 보는 영상은 실재를 자각할 수 없을 정도로 기계적으로 편집된, 인공적인 것, 즉 환영이다. 그래서 벤야민은 영화를 도달할 수 없는 낭만주의자의 꿈을 그리고 있는 노발리스 소설 〈하인리히 폰 오프터딩겐〉의 부제를 따 기술의 나라에서 핀 '푸른 꽃'으로 표현한다. 《기술적 복제시대의 예술작품》, 70쪽 참조.

로써 기계장치조차 더 이상 제약이 되지 않는 그러한 현실 파악의 시점……을 제공하고 있기 때문이다.[72]

영화가 분절된 개별영상들을 하나의 통합된 영상으로 만들어내는 편집의 예술이라는 점은 여타의 예술과 영화를 구별짓는 결정적인 차이이다. 영화의 편집술은 영화의 완성도와 작품성을 결정한다고 할 정도로 매우 중요하다. 편집의 기술은 매우 다양하며, 유명감독들은 자신만의 독창적 편집술을 보여준다. 영화사에서 편집술의 중요성을 보여준 영화는 소련의 영화감독 아이젠슈타인S. Eisenstein의 〈전함 포템킨〉(1925)이다. 이 영화를 유명하게 만든 편집기술이 바로 몽타주montage 기법이다. 몽타주montage는 프랑스어로 원래 편집이란 뜻이지만, 영화에서 몽타주는 특정한 편집기법을 지칭한다. 〈전함 포템킨〉의 우크라이나의 항구도시 오데사 공원의 계단 전투장면은 몽타주 기법의 교과서라 할 수 있다. 몽타주는 개별적으로 촬영된 장면 조각을 편집의 과정에서 병치시켜 충돌과 갈등의 연속과정을 보여주는 효과를 내는 기법이다. 몽타주 기법은 영화의 속도감과 더불어 긴장감을 배가시킨다. 오늘날 몽타주는 주로 주제를 요약해서 보여주거나 몇 개의 장면으로 시간의 경과를 보여주는 시퀀스를 지칭한다.

교차편집cross-cutting도 영화 편집술에서 빼놓을 수 없다. 교차편집은 시간적으로 동시에 일어나지만, 다른 공간에서 일어나는 두 가

72. 같은 책, 73쪽.

지 이상의 상황을 번갈아 편집함으로써 상황을 하나의 흐름으로 통합하는 데 유효하다. 교차편집은 상황이 클라이맥스로 치달을 때 흔히 활용된다. 관객들에게는 두 가지 이상의 상이한 상황이 어떤 결과로 나타날 것인지에 대해 궁금증을 유발한다. 교차편집이 갱스터나 스릴러 영화에서 흔히 쓰이는 것도 이 때문이다. 영화 〈대부The Godfather〉(1972)에 등장하는 세례식 장면, 배신자들에 대한 살해 장면을 동시에 평형하게 배치하는 것은 교차편집의 대표적 사례이다.

플래시백flashback도 영화에서 자주 사용하는 편집술이다. 플래시백은 "영화에서 사용되는 내러티브 장치로 시간상으로 등장인물의 인생이나 역사의 좀 더 앞선 시기로 되돌아가 그 시기를 이야기하는 것을 말한다."[73] 주로 영화의 등장인물이 과거를 회상하거나 역사적 사건을 설명할 때 유효한 편집기법이 플래시백이다. 이 기법은 정신분석을 기반으로 하는 영화에서 과거의 트라우마를 떠올릴 때 자주 쓰는 편집술이다. 편집과정에서 감독은 자신이 의도하는 바를 극대화하기 위해 다양한 편집실험을 감행한다. 그는 시간과 공간의 재구성뿐만 아니라 효과음의 추가 등을 통해 자신만의 개성을 표현한다. 그리고 앞선 편집의 결과가 만족스럽지 않을 때, 편집을 수정할 수 있다. 그러므로 영화의 작품성은 편집이 결정한다고 해도 무방하다.

영화의 층위는 매우 다양하다. 할리우드 영화로 대표하는 대중지

---

73. 수잔 헤이워드, 《영화사전》, 642쪽. 영화에서 플래시백의 활용에 대해서는 M. Turin, Flashbacks in Film: Memory and History, New York & London: Routlege, 1989. 참조.

향의 오락영화에서부터 어떤 예술작품과 비교하더라도 손색이 없을 정도로 예술성이 뛰어난 영화도 있다. 그중에서도 구로사와 아키라 감독의 1951년 영화 〈라쇼몬〉은 영화사의 한 페이지를 장식할 만큼 중요한 영화이다. 아키라 감독이 영화에서 차용한 플래시백의 편집술은 영화의 작품성을 결정한 중요한 기술로 받아들여지고 있다.[74] 이 영화의 시나리오는 아쿠타가와 류노스케의 단편소설 〈라쇼몬〉(1915)과 〈덤불 속〉(1922)인데, 영화는 한 무사의 죽음에 대해 수사하는 관료 검비위사檢非違使가 네 사람, 즉 무사를 살해한 산적, 무사의 아내, 무사의 혼백 그리고 나무꾼을 취조하는 추리극의 형식으로 진행된다. 그들 네 사람이 전하는 진술의 내용은 모두 다른데, 도덕과 사실이 어떻게 각자의 처지에 따라 달라지는가를 속도감 있게 전달한다. 감독은 영화를 통해 진리는 각자의 삶의 척도에 따라 서로 달라질 수 있다는 것, 진리는 존재하는 것이 아니라 창조되는 것임을 말한다. 어떤 진리가 삶에 충실한 것인가가 진리 문제의 핵심이다. 아키라는 네 사람 진술의 진정성을 관객의 몫으로 넘긴다.

아키라가 영화 〈라쇼몬〉 관객의 참여를 의도한 장치는 앞서 언급한 편집기술인 '플래시백'과 '촬영기법'이다. 영화는 플래시백을 통해 등장인물이 자신의 과거를 회상하여 재구성한 장면을 보여준다. 따라서 등장인물이 경험한 사건에 자신들의 해석이 덧붙여질 수밖에 없

---

74. 영화 라쇼몬에 대한 논의는 정낙림, 〈진리의 허구성과 허구의 진정성—영화 '라쇼몬'과 니체의 관점주의〉, 《니체연구》 31집, 2017.4, 93-94쪽을 수정·보완한 것이다.

다. 즉 플래시백은 주관적 진실의 영화적 재현이라 말할 수 있다. 아키라가 플래시백의 기법을 차용한 것은 우연이 아니다. 영화에서 주인공들은 과거의 사건에 자신의 해석을 덧붙여 재구성한다. 즉 사건은 그들의 창작물인 셈이다.[75]

〈라쇼몬〉에서 플래시백과 더불어 주인공들의 기억의 주관성을 극대화한 장치는 촬영기법이다. 아키라는 류노스케의 〈덤불 속〉이 "마치 외과용 메스로 파헤치듯이, 인간 마음 깊숙한 곳에서 존재하는 어두운 이상 심리와 비틀림을 적나라하게 드러내고" 있음에 경탄하면서, "인간 마음의 이런 이상한 충동을 빛과 그림자의 정교한 사용으로 표현하기로 했다."[76]고 말한다. 감독의 의도를 미야가와 가즈오 촬영감독은 숲의 그림자와 햇빛을 통해 담아낸다. 영화가 완성된 후 아키라는 "특히 숲속의 빛과 그림자를 이용해 관객들을 방황하는 인간 마음속 세계로까지 인도하는 도입부는 정말 뛰어난 카메라 워크였다."[77]고 만족감을 표시한다.

산적 다조마루의 마초적 행위는 화면의 흔들림과 빠른 장면 전환으로 묘사되고 있는 반면에, 무사인 다케히로를 묘사할 때는 카메라

75. 〈라쇼몬〉에서 플래시백의 구체적 활용에 대해서는 김정호, 〈플래시백 분석: 라쇼몽과 세 편의 영화의 경우〉, 《영화연구》 29집, 한국영화학회, 2006. 8, 7-37쪽, 이종승, 〈플래시백과 피드백 개념의 융합을 통한 영화 시간의 복합성 연구〉, 《씨네포럼》 14집, 동국대학교 영상미디어 센터, 2012.5, 73-110쪽 참조.
76. 구로사와 아키라, 《감독의 길: 구로사와 아키라 자서전》, 서울: 민음사, 1997, 321쪽.
77. 같은 책, 328쪽.

가 거의 정지된 듯한 느낌을 줄 정도로 카메라의 움직임은 최소화된다. 무사의 아내인 마사고의 다층적 성격은 라벨M. Ravel의 음악 '볼레로Bolero'를 효과음으로 삽입하여 리듬감 넘치는 카메라 워크로 표현된다. 또 덤불 속 사건을 우연히 목격한 나무꾼의 경우는 철저히 관찰자의 입장을 보여주는 데 주력한다.

또한 영화적 장치와 관련하여 우리의 주목을 끄는 것은 검비사위가 화면에 전혀 등장하지 않는다는 점에 주목할 필요가 있다. 재판정에서 취조를 당하는 피고인들은 모두 고개를 약간 들어 심문관을 쳐다보면서 답하는 자세를 취한다. 더 놀라운 것은 취조를 하는 검비사위의 대사가 전혀 들리지 않는다는 것이다. 카메라는 정확히 검비사위의 좌석에 위치한다. 피고인이나 참고인은 마치 질문을 받은 것처럼 스스로 답한다. 법정은 연극무대와 매우 흡사하며, 관객의 시선은 검비사위의 좌석, 즉 카메라의 위치와 일치한다. 그래서 관객은 마치 카메라 감독이 되어 화면을 바라보는 착각을 불러일으킬 정도이다. 아키라의 이러한 구도는 매우 의도된 것처럼 보인다. 〈라쇼몬〉에서 감독의 눈으로서 카메라는 곧 관객의 눈이기도 한데, 결국 관객 각자가 자신의 관점에서 재판정에 소환된 인물들의 내러티브를 관찰하고 평가하게 하는 구도이다. 무대와 카메라의 위치는 관객들이 〈라쇼몬〉을 열린 자세에서 감상하게 한다.

영화가 초래한 사회·문화적 그리고 예술사적 영향은 엄청난 것이었다. 그러나 이것은 매체가 인간사회에 끼친 서막에 불과했다. 전기시대의 도래와 함께 인간은 이전 시대와 질적인 차원에서 다른 삶을 살게 된다. 마셜 매클루언Marshall McLuhan의 매체가 "인간의 확장The

Extension of Man"[78]이라는 주장의 가장 설득력 있는 예시는 바로 전기이다. 전기가 몰고 온 충격은 철도와 비교가 되지 않을 정도로 급진적인 형태로 나타난다. 전기의 가장 단순한 이용방식인 전깃불만 보더라도 전기가 인류에게 준 충격을 확인할 수 있다. 전깃불은 밤과 낮의 경계를 지움으로써 시간에 대한 관념을 수정하도록 했다. 이에 발맞춰 전깃불은 인류의 삶 자체를 근본적으로 바꿔놓는다. 노동과 수면의 시간을 자연이 결정하는 것이 아니라 인간이 결정하게 되었다. 전기는 인간의 삶을 근본적으로 재구조화했다. 전기는 자체로 정보를 포함하지 않지만, 전신, 전화, 라디오, 텔레비전은 전기라는 형식이 없으면 어떤 정보도 나를 수 없다.

전기는 인쇄술과 더불어 자리잡은 근대의 시각중심적인 선형적 사고를 해체한다. 근대의 상징인 철도는 출발역과 종착역이 정해져 있다. 그런데 전기는 전혀 다른 매커니즘을 보여준다. "철도는 종착역과 대도심을 필요로 하지만, 농가에서나 중역의 사무실에서나 똑같이 이용할 수 있는 전력은 어떤 장소든 중심이 되게 한다."[79] 철도와 달리 전기에서 중심과 주변이라는 방향은 무의미하다. 이것은 전기와 전파의 이동속도가 중심과 주변을 구분할 수 없을 정도로 빠르고 파급이 전방위적이라는 점에서 비롯된다. 전기에서 발신자와 수신자는 근대처럼 고정되어 있지 않다. 즉 전기는 철도와 달리 사회를 탈중앙집권화시킨다. 전기는 공간과 시간의 한계를 해체하고 우리의

---

78. 마셜 매클루언, 《미디어의 이해: 인간의 확장》, 5쪽 참조.
79. 같은 책, 86-87쪽.

신경망을 전 지구적으로 확장시킨다.

전기시대가 우리 삶과 세계를 어떻게 변화시켰는지는 텔레비전을 통해서도 확인할 수 있다. 텔레비전은 인간이 전기시대에 적응하는 데 절대적 기여를 한다. 텔레비전의 시간과 공간을 뛰어넘는 동시성은 앞선 매체가 과거의 사실을 전한다는 점과 결정적 차이를 보여준다. 텔레비전의 실시간 방송을 통해 우리는 이전 시대 책이나 신문에서 간접적으로 접할 수 있던 수만 킬로미터 떨어진 곳의 사람들과 실시간 소통할 수 있게 된다. "이제 세상은 극단적인 반전reverse을 일으켜 압축되고 있다. 전기에 의해 응축되고, 지구는 바로 하나의 촌락이 된 것이다."[80]

전기시대의 총아인 텔레비전은 매체로서뿐만 아니라 예술의 소재로도 등장하는데, 그것이 미디어아트이다. 미디어아트의 선구자인 백남준이 텔레비전을 활용해 시도한 예술실험은 파격이었고, 또한 전기시대 예술이 삶과 어떻게 관계해야 하는가를 보여준다. 백남준은 전기의 시대와 더불어 시작된 '지구촌' 시대에 텔레비전 기반 미디어아트는 지구적 예술이라는 것을 예증했다. 미디어아트는 동시성과 상호성이라는 전기 매체의 특성을 유감없이 발휘한다.[81]

백남준의 미디어아트 시작은 1963년 독일 부퍼탈 파르나스 갤러리에서 열린 변형된 TV수상기의 전시에서 비롯되었다. 그는 이 전시

---

80. 같은 책, 7쪽.
81. 백남준의 미디어 아트에 대한 내용은 정낙림, 《니체와 현대예술》, 204-208쪽을 수정 · 보완한 것이다.

회에서 비결정성과 변동성을 TV의 왜곡된 영상이미지와 수직수평 영상단위의 변주, 라디오의 전파가 만들어낸 리듬을 통해 드러낸다. 그에게 비결정성이 중요한 이유는 예술을 특정 목적에 가두지 않고 미지의 것, 새로운 것에 도달할 수 있게 하는 가치이기 때문이다.

> 작업과정과 최종 결과는 아무런 연관이 없다 …… 실험적 텔레비전에 서 …… 나는 작업 전에는 미리 시도된 이미지의 비전을 가질 수 없었 다. 나는 처음으로 나를 어디로 인도할지 알 수 없는 방법을 추구했다. 이는 회로를 연구하며 다양한 피드백을 시도하거나 어떤 회로는 절단 하고 다른 신호를 가해 전파를 변형시키는 것을 의미한다.[82]

백남준은 예술에서 비결정성이 가지는 가치를 실현하기 위해 음악, 미술과 같은 기존 장르는 물론 TV와 비디오를 비롯한 전기와 전자의 기술을 상호 충돌시키는 '인터미디어'의 방법을 적극적으로 받아들인다. 상호 이질적인 매체들의 우발적인 상호작용은 예술에서 새로운 양식들을 탄생시켰다. 이러한 실험은 대부분 관객의 자발적 참여를 유도하는 방식으로 진행되었다. 백남준이 고안해낸 참여 TV, 위성아트도 이러한 맥락에서 나왔다. 참여 TV는 일반 TV의 일방향 一方向을 극복하고 소통에서 쌍방향을 추구한다. 백남준은 참여 TV를 위해 몇 가지 아이디어를 제시한다. 핵심은 기술적으로 상호 소통할

---

82. 백남준, 《비디아 앤 비디올로지》 백남준아트센터, 미출간 번역문고, 5쪽, 조정 환 외, 《플럭서스 예술혁명》, 178-179쪽 재인용.

수 있는 TV를 만들어 관객의 자발적 참여를 끌어내는 것이다. 즉 참여 TV는 "멀티 인풋과 멀티 아웃풋 방식으로 열린 시스템"을 만들어 궁극적으로 "관객의 참여를 이끌어낼 수 있는, 닫혀 있지 않은 전자 환경"[83]을 만드는 것이다.

백남준의 미디어아트는 매체가 예술의 소재가 될 수 있다는 실험성이 강했다면, 오늘날 디지털 매체를 기반으로 하는 디지털예술은 예술계의 중심이 되었다. 우리 시대를 주도하는 매체는 인터넷과 스마트폰 등 컴퓨터 기술을 기반으로 하는 디지털 매체이다. 독일의 매체철학자 노르베르트 볼츠Norbert Bolz는 디지털 매체가 중심이 된 21세기를 "놀이하는 사람의 시대"[84]로 설명한다. 스마트폰과 컴퓨터는 "도구가 아니라 장난감으로 고찰할 때 그것을 더 잘 파악할 수 있다. …… 그래서 대부분의 경우에 아이들은 성인들보다 컴퓨터 기술에 더 빠르고도 문제없이 접근한다. 요컨대, 컴퓨터 문화의 목표는 경제적 인간과 그의 도구를 향하는 것이 아니라 놀이하는 인간과 놀이에서의 기쁨을 지향한다."[85]

인터넷이 놀이적 특징을 가지고 있다는 점은 정보의 생성과정과 정보에 대한 접근방식에서도 쉽게 확인할 수 있다. 인터넷의 정보는 '하이퍼텍스트hypertext'로 이루어진다. 그것은 텍스트가 노드와 링크를 통해 웹이라는 가상공간에 보관되는 원리인데, 책이나 신문과 달

---

83. 백남준, 《백남준: 말馬에서 크리스토까지》, 에디트 데커/ 이르멜린 리비어 엮음, 임왕준 외 옮김, 서울: 백남준아트센터, 2010, 57-58쪽.
84. 노르베르트 볼츠, 《놀이하는 인간》, 21쪽.
85. 같은 책, 207쪽.

리 정보는 물질의 형태가 아니라 이미지 파일로 저장된다. 웹에 접속만 하면 누구나 텍스트를 자유롭게 검색할 수 있을 뿐만 아니라, 마음만 먹으면 누구라도 새로운 정보를 텍스트에 덧붙이는 저자가 될 수 있다. 즉 하이퍼텍스트는 근본적으로 상호텍스트의 성격을 가진다. 이러한 상호작용의 용이성이 하이퍼텍스트의 확장성과 개방성의 원천이 된다. 또한 도서관과 달리 하이퍼텍스트는 정보를 선별하여 폐기하거나 보관하지 않는다. 즉 모든 정보는 보존될 동등한 가치를 가진다. 그렇기에 신문이나 텔레비전의 경우 편집부에서 하듯이 정보를 선별하여 제공하는 것은 월드와이드웹에서는 생각할 수 없다. 인터넷 가상공간은 누구도 배제하지 않고 어떠한 정보도 무가치한 것으로 폐기되지 않는, 말하자면 평등한 시민의 자격을 누린다.

쌍방향 소통을 지향하는 웹 2.0시대가 열리면서 '위키피디아', '페이스북', '유튜브' 등이 등장하여 상호작용의 가능성을 획기적으로 증대시키고 있다. 마침내 "정치가 초국가화하고 세계 커뮤니케이션이 일상의 현상이 된 것에 대해 의심하는 것은 아무 의미가 없다. 돈, 정보, 교양, 에너지, 환경 파괴, 테러 등에는 더 이상 영토적 경계가 존재하지 않는다."[86] 이제 세계의 한계는 지리적 한계가 아니라 넷 접속 가능성 유무가 된다. 즉 "세계는 커뮤니케이션적 도달 가능성의 테두리이다."[87] 인터넷은 중앙관리시스템을 허용하지 않는다. 따라서 인터넷에서 중심과 주변은 아무런 의미가 없다. 인터넷에서 수신

---

86. 노르베르트 볼츠, 《세계를 만드는 커뮤니케이션》, 파주: 한울, 2009, 65쪽.
87. 같은 책, 책, 71쪽.

자와 발신자의 고정된 역할은 사라지게 된다. 말 그대로 "중심이 도처에 있다"[88]는 니체의 발언은 인터넷 세계에서는 형이상학적 발언이 아니라 실재 세계의 작동 원리가 된다.

우리의 일상을 떠받치는 디지털 기술은 오늘날 예술창작의 주요 소재가 된다.[89] 디지털 매체의 등장은 예술작품에 대한 전통적 정의와 그것의 생산과 수용방식에서 전면적인 변경을 요구하게 된다. 특히 인터넷을 통해 정보의 교환과 공유를 가능하게 한 유비쿼터스 네트워크는 창작에서 절대적 개방과 공동 작업을 가능하게 했다. 네트워크 예술은 가히 혁명적이다. 각 웹사이트는 스스로 작품 전시관이 된다. 또한 각 사이트의 전시관을 시간과 공간적으로 결합하고 합성할 수 있다. 빌 비올라의 말처럼 이제 "기술은 모든 예술 활동의 근간이 되는 열쇠"[90]가 되었다.

일반적으로 디지털예술은 "컴퓨터라는 정보기기와 멀티미디어 저작이나 편집도구 같은 소프트웨어를 사용하여 작품을 구성, 저장, 표현, 배포할 수 있는 기법으로 이루어진다."[91] 디지털 기기를 포함한 미디어 예술의 유형은 ① 컴퓨터 모니터나 텔레비전 화면에 어떤 영

---

88. Z; KSA4, 273. 루만은 일찍이 디지털 기반의 사회에서 인간을 "우연에 방치된 존재"로 표현한다.(N. Luhman, Soziologische Aufklärung, Bd. Ⅲ, , Opladen 1993, p. 105)

89. 디지털예술에 대한 내용은 정낙림, 〈니체의 놀이철학과 디지털예술의 미적 체험—베나윤의 디지털예술작품을 중심으로〉, 《철학연구》 124집, 2012. 11, 361-71쪽을 수정 · 보완한 것이다.

90. 플로랑스 드 메르디외, 정재곤 옮김, 《예술과 뉴테크놀로지》, 열화당, 2009, 8쪽.

91. 김상욱, 《디지털 아트》, 대구: 경북대 출판부, 2011, 30쪽.

상물을 보여주는 유형, ② 빔프로젝터로 스크린에 영상물을 비추는 유형, ③ 멀티미디어 저작 도구로 영상물을 변형하거나 합성하여 어떤 의미를 보여주는 유형, ④ 센서나 전자장치 혹은 컴퓨터를 사용하여 관객의 행동이나 어떤 도구의 조작으로 영상물이 반응하는 유형으로 대별된다.[92] 그러나 오늘날 우리의 관심을 끄는 디지털예술의 유형은 네 번째 유형이다. 이 유형은 바이오 기술을 응용한 터치스크린과 관객의 움직임을 감지하는 센서 기술을 적극 활용한다. 이러한 기술은 작품과 관람자의 상호작용을 가능하게 한다.

디지털예술작품은 작가의 의도를 표현한 컴퓨터 파일데이터과 그것을 실행할 수 있는 컴퓨터와 모니터 등의 장치로 구성된다. 중요한 것은 이 파일 형태의 소프트웨어인데, 이것은 디지털예술을 여타의 예술과 구별하는 결정적 역할을 한다. 파일형태의 예술인 디지털 작품은 무한대로 복사, 조작, 표현, 배포, 재구성할 수 있다. 이러한 디지털예술의 특징은 고전적 예술작품의 원본성과 물질성의 개념을 해체한다. 디지털예술에서 복사본과 원본의 차이는 없으며, 동일한 작품이 무수히 많을 수 있다.[93] 또 특정한 시간과 공간에서 설치되는 물질로서의 작품의 한계도 벗어던진다. 더욱이 인터넷을 비롯한 유무형

92. 김상욱, 같은 책, 26쪽 참조.
93. "디지털 시대에서는 원본과 위조 사이에 그리고 기록과 허구 사이에 존재론적이고 객관적인 차이점이 존재하지 않는다."(Hans Ulrich Reck, "Zwischen Bild und Medium. Zur Ausbildung der Künstler in der Epoche der Techno-Ästhetik", in: Peter Weibel(Hrsg.), Vom Tafelbild zum globalen Datenraum, ZKM Karlsruhe, 2001, p. 27.)

의 네트워크가 설치된 곳에서 언제나 어디서나 작품을 감상할 수 있다. 즉 작품 전시장은 네트워크가 되는 것이다. 디지털예술은 비록 모니터 등 컴퓨터 장치가 필요하지만 데이터가 만들어내는 비물질적인 사이버스페이스에서의 이미지 생성과 변형이 핵심이다. 여기에서 더 이상 본질과 재현이라는 전통적 미학이론은 설 땅을 잃는다.[94] 또한 디지털예술에서 작가개념은 모호해진다. 작품의 아이디어를 내는 사람이 있고, 그것을 실행에 옮기는 프로그래머가 있고 또 작품의 완성을 위해 반드시 감상자의 적극적인 개입이 필요하다. 그렇다면 여기에서 누구를 작가로 보아야 하는가에 대한 대답은 쉽지 않다.

디지털예술이 전통 예술과 다른 결정적인 특성은 '상호작용성Interactivity'에서 확인할 수 있다. 현대예술에서 상호작용은 작품에서 관객의 적극적인 참여를 실험한 플럭서스가 시초라고 할 수 있으나, 그것은 여전히 실험과 해프닝의 성격이 강했다. 이에 반해 디지털예술에서 상호작용은 보다 근본적이다. 제프리 쇼Jeffrey Shaw는 디지털 매체 예술의 기준을 "원본성, 비물질성, 상호작용성, 원격현전, 가상성" 등을 제시한다.[95] 디지털예술이 가진 상호작용성의 성격은 근본적으로 디지털 매체의 특성에서 비롯된다.[96] 디지털 기기가 작동하

---

94. 디지털 이미지에서는 "표면과 깊이, 가상과 진리 사이의 긴장이 더 이상 존재하지 않는다."(Nobert Bolz, Eine kurze Geschichte des Scheins, München, 1991, p. 118.)
95. Jeffrey Shaw, "Neue Medien – Neue Kriterien?", in: Perspektiven der Medienkunst, ZKM(ed.), Karlsruhe, 1996, p. 8-13..
96. 랜델 패커(Randell Packer)와 캔 조던(Ken Jordan)은 디지털 복합 매

기 위해서는 사용자의 행위가 개입되어야 하고 그것의 결과로 기기가 반응하고 다시 여기에 사용자가 반응하는 방식으로 상호작용이 이루어진다. 디지털기기와 사용자의 상호작용의 1차적 흔적은 컴퓨터 게임이다. 디지털예술은 최첨단의 센서기술과 탄저블, 햅틱 기술 등을 활용함으로써 감상자는 작품을 보고 듣는 것뿐만 아니라 손으로 만지거나 느끼면서 작품과 상호작용한다. 심지어 많은 전문가는 "아마도 미래에는 후각과 미각, 그 밖에 내분비계나 어쩌면 신경계까지 직접 영향을 미치는 인터페이스가 개발될 것"[97]으로 본다. 디지털예술에서 상호작용은 디지털 매체와 예술가, 매체와 매체, 콘텐츠와 콘텐츠, 매체와 감상자, 예술가와 감상자, 감상자와 감상자 사이 등에서 매우 복잡한 형태로 이루어진다.

디지털예술에서 이미지들은 더 이상 정적이고 고정된 것이 아니라 동적이고 우연에 의해 자유롭게 조작되고 변형된다. 이러한 사실은 디지털예술에서 관람자는 더 이상 예술작품의 고정되고 정형화된 이미지를 단순히 수용하는 것이 아니라, 관람자 스스로가 창조자가 되어 자유롭게 작품에 개입할 수 있는 근거가 된다. 스티브 딕슨

체 상황에서 디지털 복합 매체의 특징을 통합(Intergration), 상호 작용성(Interactivity), 하이퍼미디어(Hypermedia), 몰입(Immersion), 서사성(Narrativity)으로 규정한다. 심혜련, 《사이버스페이스 시대의 미학》, 서울: 살림, 2006, 130쪽 참조.
97. 찰리 기어. 임산 옮김, 《디지털문화》, 서울: 루비박스, 2006, 113쪽. 인터페이스(Interface)는 가상세계와 현실세계가 중첩되는 사이의 공간. 주로 디지털 아트를 설치해 놓은 방이 그 예이다.

Steve Dixon은 디지털예술의 상호작용성을 4가지 범주로 분류한다. 그것은 첫째, 조정Navigation—작품이 감상자에게 마우스로 '예', '아니오'의 의사표현을 요구하는 상호작용, 둘째, 참여Participation—작품의 진행과정에 감상자의 신체활동이 요구되는 상호작용. 셋째, 대화Conversation—실제로 작품, 예술가, 감상자 사이에 발생하는 의사소통으로서의 상호작용. 넷째, 공동제작Collaboration—감상자와 작가의 공조로 작품을 창작완성하는 단계의 상호작용[98]이다. 뒤로 갈수록 디지털예술에서 상호작용은 심화된다. 디지털예술의 상호작용성은 근본적으로 디지털 매체의 특성상 작품의 원본성, 물질성, 주체성에 대한 주장이 약화될 수밖에 없다는 데서 출발한다. 이러한 이유로 오늘날 대부분의 디지털예술작품은 열린 예술작품Open Art Work[99]의 형태를 띤다. 즉 작품의 제작단계부터 다수의 참여자가 작품에 개입하고, 완결되지 않은 작품이 관람자에게 제시되며, 그들의 적극적인 참여로 작품은 완성으로 나아간다. 디지털예술작품 중 많은 경우는 마치 끝이 없는 이야기처럼 진행된다. 이처럼 디지털예술은 작품 자체보다는 창작의 과정과 그것에 대한 해석과 개입의 행위에 초점이 맞추어진다.

디지털예술작품의 미적 체험은 근본적으로 상호작용에서 비롯된

---

98. Steve Dixon, Digital Performance, MIT, 2007, pp.559-561.
99. '열린 예술작품'은 움베르토 에코(Umberto Eco)가 주창한 것으로, 작가가 독자에게 이야기의 구체적인 내용이나 결말을 명확히 설명해주지 않음으로 독자가 스스로 작품을 해석하고 작품에 개입하도록 하는 것이다. 움베르토 에코, 조형준 옮김, 《열린 예술작품》, 서울: 새물결, 1995 참조.

다. 이미지 형태로 드러나는 디지털예술은 성격이 다른 이미지를 결합, 혼합, 변용, 차용, 인용, 봉합, 콜라주, 몽타주 등의 다양한 방법으로 새로운 이미지를 만들어낸다. 이러한 이미지 생성은 다양한 차원에서 이루어지는 상호작용으로 성취된다. 이미지의 생성과정은 일종의 놀이와 같은 형태인데, 이 놀이에 몰입할 수 있게 계발된 다양한 장치와 프로그램이 관람자가 보다 용이하게 이 놀이에 동참하도록 돕는다. 그러므로 상호작용으로 유발되는 디지털예술의 미적 체험은 먼저 놀이의 체험이라 할 수 있다. 상호작용으로 초래되는 디지털예술작품의 미적 체험에서 빼놓을 수 없는 두 번째 디지털예술의 미적 체험은 몸의 확장으로 나타난다. 디지털 매체의 발전은 인간의 감각을 확장시킨다. 우리는 디지털예술의 감상에서 시각과 청각 그리고 촉각이 시각적 촉각성이나 청각적 촉각성으로, 즉 공감각으로 전환되는 경험을 한다. 이 경험은 지각의 통일체로서 몸의 가치를 재발견하게 한다. 마지막으로 디지털예술작품에 대한 미적 체험은 관람자에게 하나의 중심을 향해 나아가거나 일관적 서사를 제공하기보다는 오히려 이미지의 반복과 무질서를 통해 카오스로 향하는 경험을 제공한다.[100] 디지털예술 작품에서 카오스의 경험은 공포나 두려움 그리고 질서의 욕구를 불러일으키기보다 자유와 해방감으로 다가온다.

디지털예술의 미적 체험은 전통적 미적 체험의 범주를 해체할 뿐만 아니라 전통적 가치를 폐기시킨다. 이와 관련하여 가장 중요한 것은 작가의 지위와 관련된 것이다. 앞서 언급했지만 우리는 디지털에

---

100. Hans Ulrich Reck, Mythos Medien Kunst, Köln, 2002, p. 9 참조.

술작품에서 전통적인 의미의 작가성의 약화를 넘어 작가의 죽음을 목격한다. 디지털예술작품은 한 개인의 창작물이 아니라 공동의 작업으로 시작하여 익명의 인간들이 개입하는 방식으로 진행된다. 이러한 상황은 니체가 '미래예술'의 이름으로 예언한 '모든 것이 예술이 되고 누구나 예술가가 된다'는 언명과 정확히 일치한다. 독일의 매체이론가인 노르베르트 볼츠N. Bolz는 오늘날 예술의 가치가 관조에서 놀이로 완전히 넘어갔다고 단언한다. 그는 예술에게 사회비판적이고, 진리를 드러내고, 유토피아적 기능을 수행하라고 주장하는 것은 예술에게 너무 무거운 짐을 지우는 것이라고 말한다.[101]

디지털 매체 예술의 본질은 상호작용성에 있다. 진정한 의미의 상호작용은 이미지가 주어지거나 예고된 코드에서 벗어날 때 발생한다. 그 경우에만 이미지는 관객의 지각과 함께 만들어지고 실현되는 것이라고 할 수 있다. 따라서 제프리 쇼Jeffrey Shaw, 골란 레빈Golan Levin, 로랑 미뇨노Laurent Mignonnea와 크리스타 소머러Christa Sommerer, 바바라 크루거Barbara Kruger, 로커비David Rokeby와 같은 20세기 후반의 매체예술가의 한계는 분명하다. 왜냐하면 그들의 작품은 분명 상호작

---

101. "예술은 오늘날 더 이상 사회와의 비판적 안티테제 관계 속에서는 파악될 수 없다. …… 예술은 더 이상 유토피아적 기관으로 기능하지 않고, 단지 삶의 자극소, 사회의 경보 체제, 그리고 현실 연구의 탐사 장치가 된다."(노르베르트 볼츠, 윤종석 옮김,《구텐베르크-은하계의 끝에서, 새로운 커뮤니케이션 상황들》, 서울: 문예출판사, 2000, 211쪽) "전통적 관점에서 예술의 3요소였던 작품, 존재 그리고 진리는 디지털예술에서는 매체, 가상성 그리고 기호로 전환된다."(심혜련,《사이버스페이스 시대의 미학》, 195쪽)

용이라는 외관을 띠고는 있지만, 미리 만들어진 서사에 감상자가 동참하는 형태일 뿐이기 때문이다.[102] 진정한 의미에서 상호작용은 주체와 객체의 근대적 틀이 존재하지 않아야 하고 감상자의 우연적 반응이 마치 놀이하듯이 작품에 개입되고 그것의 결과가 작품에 반영되어 작가기획자가 예상할 수 없는 전혀 새로운 차원의 작품이 탄생할 경우에 해당한다. 오늘날 우리는 이러한 차원의 상호작용을 실현한 디지털예술가를 어렵지 않게 찾을 수 있다. 그중의 한 사람이 모리스 베나윤Maurice Benayoun, 1957-이다.[103]

베나윤은 르몽드Le Monde가 "형이상학적 비디오 게임"이라고 극찬한 1994년의 〈신은 평면인가Is God Flat?〉, 〈사탄은 곡선인가Is the Devil Curved?〉를 필두로, 컴퓨터 기계매체를 활용하여 파리의 퐁피두 센터와 캐나다 몬트리올 현대미술관을 연결한 거대한 작품인 〈대서양 아래의 터널Tunnel under the Atlantic〉(1995), 1998년 아르스 일렉트로니카Ars Electronica 페스티벌에서 상호작용부분 황금상Golden Nica 수상작인 〈세계의 피부World Skin〉, 인간이 가진 관점의 한계를 지적하는 〈집단적 망막의 기억Collective Retinal Memory〉(2000)과 〈누군가, 어디선가, 언젠가Somebody, Somewhere, Some time〉(2002), 2002년 서울에서도 전시된 바 있는 〈와치 아웃Watch out〉(2016), 〈감정자판기Emotional Vending Machine〉(2006) 또 2005년 중국의 '프랑스의 해'를 기념하여

---

102. 박영욱, 《매체, 매체예술 그리고 철학》, 서울: 향연, 2008, 110쪽 참조.
103. 베나윤의 디지털예술은 정낙림, 《놀이하는 인간의 철학》, 393-400쪽의 내용을 참조했다.

프랑스 대표작가로 출품한 〈코스모폴리스Cosmopolis〉, 크리스토 질 라드와 함께 제작한 〈개선문Arc de Triomphe〉(2006), 상하이 이아트 e-Art 페스티벌에 출품한 〈NeORZON〉(2008), 그리고 가장 최근의 〈지하철 스크린을 위한 감정 예측Emotion Forecast for Urban Screen〉(2011) 등 컴퓨터기술과 인터넷을 기반 디지털예술을 통해, 인간의 상호작용을 실험하고 있고 그것이 가지는 의미를 되묻는다.

〈세계의 피부〉[104]는 베나윤을 세계적 반열의 작가에 올려놓은 작품이다. 1990년대 중반에 발발한 보스니아 전쟁의 사진 100장으로 구성된 CAVE Computer Aided Virtual Environment형으로 만들어진 작품인데, 6-8명의 감상자들이 각각 카메라 한 대를 받아 케이브 안으로 들어간다. 케이브 안은 전쟁의 생생한 이미지로 채워져 있다. 군인들, 대포, 탱크, 전투기, 포성, 널브러진 폭격의 잔해, 여기에 바리에르J. Barrière의 음산한 음악이 전쟁의 참상과 공포를 배가시킨다. 감상자 중 한 명은 마치 전쟁의 지휘자처럼 윈드wand라고 불리는 조정기를 가지고 일행을 이끈다. 감상자들은 눈앞에 펼쳐진 광경을 카메라로 찍을 수 있다. 눈앞에 펼쳐진 광경을 향해 셔터를 누르면 카메

---

104. 〈세계의 피부〉는 아르헨티나 소설가인 아돌포 비오이 까사레이(Adolfo Bioy Casares, 1911-1999)의 소설 《모렐의 발명(Morel's invention)》에 많은 영감을 받았다. 이 소설은 인간이 겪는 모든 감정과 사건을 다 기록하고, 다시 이것을 기계장치를 통해 재현하고자 하는 욕망이 핵심 내용이다. 기계적 재현을 통해 인간은 그들의 피부를 상실해 간다. 박연숙, 〈모리스 베나윤의 작품에 나타난 상호작용성의 놀이적 효과〉, 경북대학교 대학원 박사학위 논문, 2009.12, 128쪽 참조.

라에 잡힌 해당 광경은 화면에서 사라진다. 그 자리에는 흰 실루엣만 남는다. 카메라의 셔터가 터질 때마다 마치 포격이 그러하듯이 해당 장면은 뜯겨나간다. 이렇게 계속 세상은 뜯겨나가고, 전쟁이 뜯어버린 세상의 이미지를 카메라는 다시 뜯어버린다. 전투를 벌이는 군인들은 세상을 향해 총을 쏘고, 케이브 안의 감상자는 세상의 이미지를 향해 카메라를 쏜다. 감상자들은 거듭 쏘고, 세상은 거듭 뜯겨져 나간다. 카메라가 뜯어버린 부분은 화면에서는 사라지지만, 컴퓨터에 저장된 후 프린터로 출력되어 감상자들에게 돌려준다.[105]

베나윤은 사진그림, 언어으로 초래되는 망각과 그 뒤에 남은 현실에 관해서 박연숙과의 인터뷰에서 이렇게 말한다.

> 우리는 사진을 촬영하는 것으로 현실reality에서부터 도망칠 수 있다. 나는 사람과 그들과 관계된 사건들이 작은 카메라의 프레임에 담기는 순간 곧 잊어버리게 된다는 것을 안다. '세계의 피부'를 감상하는 동안 감상자가 사진을 찍는 것shooting은 사진을 촬영한다는 뜻과 동시에 총을 쏜다는 뜻도 된다. 살인은 화면에서 이미지를 지우는 것으로 나타나고 그러므로 그 이미지가 영원히 기억에서 잊히게 된다는 것을 의미한다.[106]

105. 김진엽, 〈가상현실 예술에 대한 미학적 비평〉,《미학 예술학연구》22집, 한국미학예술학회, 2005, 112쪽 참조.
106. 박연숙, 〈모리스 베나윤의 작품에 나타난 상호작용성의 놀이적 효과〉, 129쪽.

베나윤은 가상공간에서 백색으로 상징되는 존재의 무화 경험을 어떻게 해석해야 할 것인가를 작품에 공참한 감상자들의 몫으로 돌린다. "이것으로 관객은 스스로 환상의 영역에서 실재의 영역으로 도달할 수 있으며, 환영illusion의 세계를 조정하는 관객의 영향은 이 작품의 과정을 통해 미적 체험이 예상하지 못한 경험으로 옮겨가게 한다."[107] 어쩌면 감상자는 지시에 따라 촬영하면서도 비록 가상이지만 자신들이 세계를 파괴하고 있음을 간파할지도 모른다. 그러면서도 그들의 촬영 행위는 멈추지 않는다. 이 딜레마를 우리는 보스니아 전쟁에 대비할 수도 있고, 여타의 딜레마적 상황에도 적용할 수도 있을 것이다. 모든 것은 감상자의 몫이다.

〈집단적 망막의 기억〉은 2000년 파리 퐁피두센터의 엑스포 전시장에 전시된 작품으로 상호작용성이 보다 적극적으로 실험되고 있다. 베나윤은 이 작품을 위해 프랑스 남부 아비뇽을 다양한 시점에서 카메라로 찍어 현상한다. 이 현상된 사진들을 조합하면 온전한 아비뇽이 된다. 사진들은 쌍안경을 통해서 관람자들에게 선별적으로 제시된다. 그들이 쌍안경을 통해 보는 사진은 실제 상황에서 그들이 한 번에 볼 수 있는 광경과 일치한다. 개별 관람자들이 감상한 이미지들은 3 × 12m의 대형 스크린에 다시 투사되는데, 이 스크린은 상이

---

107. 베나윤이 박연숙에게 보낸 서신중에서, 2008.3.3., 박연숙, 같은 논문, 130쪽. 베나윤의 이러한 언급은 데리다가 실재와 가상의 범주로 포착되지 않지만, 무(無)가 아닌 세계를 설명하기 위해 플라톤의 《티마이오스》에서 차용한 '코라'(chōra)에 관한 언급과 매우 유사하다. J. Derrida, De la Grammatologie, Paris: Minuit, 1967, p. 184-186 참조.

맺히는 망막의 역할을 한다. 개별 관람자는 자기 망막에 잡힌 사진이 스크린의 한 부분에 맺히는 것을 보게 된다. 다른 관람자들이 쌍안경을 통해 보는 사진 역시 스크린에 나타난다. 이렇게 다수의 상이한 사진들이 스크린에 등장하고 분절된 사진들은 재구성된다. 이때 스크린은 개별 인간의 시각기능을 확장한 집단망각의 역할을 수행한다. 스크린은 인간의 눈으로 볼 수 없는 360° 각도로 사물을 보여준다. 스크린은 현장의 관람자들뿐만 아니라 인터넷으로 접속한 사람들이 선별적으로 본 이미지들도 보여준다. 심지어 이전에 온·오프라인에서 사진을 본 사람들의 이미지들도 대형 스크린에 남는다. 공동의 망막에 남긴 감상자들의 흔적들은 뒤섞이고, 지워지고, 축소되면서 새로운 이미지를 만들어낸다. 이러한 과정을 통해 대상 본래의 이미지는 사라지고 끊임없이 변화로 유동하는 이미지의 연속만이 남는다.

공동의 망막에 맺히는 이미지는 관람자의 망막에 제시된 아비뇽의 특정 지역의 선명하고 고정된 이미지와는 달리 불안정하고, 비균질적이며, 이미지들 사이의 연관성 부족으로 마치 부유한다는 느낌을 준다. 그러나 관람자의 망막에 비친 이미지보다 공동의 망막에 비친 이미지가 사실에 가깝다는 것을 우리는 알고 있다.

아비뇽에서 작품과 전시 현장은 물리적 실험을 목적으로 한다. 엑스포의 방문자들은 그들 자신의 시각적 조망을 선택할 수 있으며, '행위 미학적kinaesthetic' 목적으로 공간을 완전히 경험하게 한다. 여기에서 예술적 효과는 독특하고 통합된 공간을 만들어 가는 기억의 재현에 있다. 예술적 효과 안에서 망막의 기억은 부분적 선택을 바탕으로, 관람자의 의도에 부응하여 탐험하는 설명의 공간이 된다. 가상의 공간은 단순히 비물질적 공간이 되는 것이 아니다. 이 공간은 정보의 공간으로 그 자체의 질감을 창출해야 하며, 일시적으로나마 공간분배를 고려해야 한다. 한 화면을 공동의 망막으로 인식하고, 가상공간과 물리적 공간을 동시에 전시장으로 활용하고, 집단적으로 공유하는 기억이 실시간 하나의 기억으로 변형되는 이미지 재현으로 신체와 공간, 시간과 기억, 개인과 집단 사이의 관계는 변형된다.[108]

이렇게 〈집단적 망막의 기억〉은 감상자들이 전시관과 웹에서 실시간 참여가 가능하고 그들의 참여는 온전히 작품에 반영된다. 물론 이 작품의 결과는 역시 열린 상태로 남는다. 베나윤은 작품에서 상호작용성을 수용함으로써 근대적 사유의 틀을 해체했을 뿐만 아니라 작품에서 서사성을 배제하고 우연성을 중시한다. 특히 그의 작품은 미완의 상태로 관람자들에게 제시됨으로써 그들이 작품의 완성에 필수적인 역할을 담당하도록 했다. 그에게 관람자는 작품의 참여자

---

108. Maurice Benayoun, 'Collective Retinal Memory'에 관한 글에서, www.benayoun.com. 박연숙, 같은 논문 173쪽 재인용. 베나윤의 이러한 언급은 니체의 관점주의와 더불어 데리다의 '백색신화'에 관한 언급을 상기시킨다. 데리다는 서양 형이상학이 내세우는 절대적 진리가 사실은 수많은 흔적 위에 덧쓴 것에 불과하다고 본다. 그것은 마치 배경이 흰 잉크로 쓰여 있어서 눈에 띄지 않아 쉽게 보이지 않지만, 그래도 그 배경은 "앞선 글자를 지우고 그 위에 다시 새 글자를 쓴 양피지처럼 옛 글자의 흔적에 남아 있다는 것이다." J. Derrida, Marges de la philosophie, Paris: Minuit, 1972, p. 254.

participant인 동시에 공조자accomplice가 된다. 〈와치 아웃Watch Out〉을 비롯한 2000년대 이후의 작품은 무선통신기술과 인터넷을 통한 관람자의 참여 없이는 작품 자체가 성립되지 않는 경우도 많다. 관람자는 마치 놀이하듯이 작품에 참여하고 그들은 이 과정을 통해 창조의 주체로서 기쁨을 만끽한다.

■주요어

472

참고문헌

1 국내 저서

게바우어, 군터/ 볼츠, 크리토프, 최성만 옮김, 《미메시스》, 파주: 글항아리, 2015.

공병혜, 《칸트, 판단력 비판》, 울산: 울산대학교 출판부 1999.

그라우트, D. J., 서우석 옮김, 《서양음악사》, 서울: 심설당, 1988.

국순아, 《듀이의 자연주의 철학》, 광주: 전남대학교출판문화원, 2022.

기어, 찰리, 임산 옮김, 《디지털문화》, 서울: 루비박스, 2006.

김말복, 《무용의 이해》, 서울: 예전사, 1999.

김문환 · 권대중 편역, 《예술의 죽음과 부활》 – 헤겔의 '예술의 종말'명제와 관련하여, 서울: 지식산업사, 2004.

김상욱, 《디지털 아트》, 대구: 경북대 출판부, 2011.

김상환, 《예술가를 위한 형이상학 – 해체론 시대의 철학과 문화》, 서울: 민음사, 2000.

김현화, 《현대미술의 여정》, 파주: 한길사, 2019.

김홍희, 《백남준과 그의 예술》, 서울: 디자인하우스, 1995

낭시, 장-뤽, 김예령 옮김, 《코르푸스》 몸, 가장 멀리서 오는 지금 여기, 서울: 문학과 지성사, 2012.

노명우, 《계몽의 변증법을 넘어서 – 아도르노와 쇤베르크》, 서울: 문학과 지성사, 2002.

단토, 아서, 이성훈 · 김광우 옮김, 《예술의 종말이후》, 서울: 미술문화, 2004.

———, 김혜련 옮김, 《일상적인 것의 변용》, 파주: 한길사, 2008.

———, 김한영 옮김, 《무엇이 예술인가》, 서울: 은행나무, 2015.

———, 김한영 옮김, 《미를 욕보이다: 미의 역사와 현대예술의 의미》, 서울: 바다출판사, 2017.

던컨, I. 구서희 옮김, 《이사도라 던컨 – 나의 예술과 사랑》, 서울: 민음사, 1986.

———, 최혁순 옮김, 《이사도라 던컨의 무용에세이》, 서울: 범우사, 1998.

데란다, 마누엘, 이정우 외 옮김, 《강도의 과학과 잠재성의 철학 – 잠재성에서 현실성으로》, 서울: 그린비, 2016.

도시오, 다께우찌, 안영길 외 옮김, 《미학, 예술학 사전》, 서울: 미진사, 1993.

드 메르디외, 플로랑스 , 정재곤 옮김, 《예술과 뉴테크놀로지》, 열화당, 2009.

디사나야케, 엘렌, 김한영 옮김, 《미학적 인간: 호모 에스테티쿠스》, 고양: 연암서가, 2016.

듀이, 존, 박철홍 옮김, 《경험으로서 예술 1, 2》 파주: 나남, 2016.

드레이퍼스, 휴버트, 최일만 옮김, 《인터넷의 철학》, 서울: 필로소픽, 2015.

드 메르디외, 플로랑스, 정재곤 옮김, 《예술과 뉴테크놀로지》, 열화당, 2009.

들뢰즈, 질, 김종호 역, 《질 들뢰즈 대담 1972-1990》, 서울: 솔, 1993

──, 이경신 옮김, 《니체와 철학》, 서울: 민음사, 1999.

──, 김상환 옮김, 《차이와 반복》, 서울: 민음사, 2004.

──, 하태환 옮김, 《감각의 논리》, 서울: 민음사, 2008.

──, 가타리, 펠릭스, 김재인 옮김, 《천개의 고원》, 서울: 새물결, 2001.

──, 김재인 옮김, 《안티 오이디푸스》, 서울: 민음사, 2014.

라반, 루돌프, 김주자 옮김, 《현대의 무용교육》, 서울: 현대미학사, 1999.

러시코프, 더글러스, 《카오스의 아이들》, 김성기·김수정 옮김, 서울: 민음사, 1997.

린튼, 노버트, 윤난지 옮김, 《20세기의 미술》서울: 예경, 1993.

로젠크란츠, 카를, 조경식 옮김, 《추의 미학》, 파주: 나남출판사, 2008.

루만, 니클라스, 박여성/이철 옮김, 《예술체계이론》, 파주: 한길사, 2014.

루카치, 임홍배 역, 《미학》 제3권, 서울: 미술문화, 2002.

류노스케 아쿠타가와, 서은혜 옮김, 《라쇼몬》, 서울: 민음사, 2014.

마이어, 마리온, 이준서 옮김, 《피나 바우쉬 – 끝나지 않을 몸짓》, 서울: 을유문화사, 2023.

문예령 편저, 《서양무용사》, 서울: 눈빛, 2000.

멘케, 크리스토프, 김동규 옮김, 《미학적 힘》, 서울: 그린비, 2013.

매클루언, 마셜, 임상원 옮김, 《구텐베르크 은하계 – 활자 인간의 탄생》, 서울: 커뮤니케이션
북스, 2001.

──, 김상호 옮김, 《미디어의 이해: 인간의 확장》, 서울: 커뮤니케이션북스, 2011.

바디우, 알랭, 박정태 옮김, 《들뢰즈 – 존재의 함성》, 서울: 이학사, 2001.

박영욱, 《매체, 매체예술 그리고 철학》, 서울: 향연, 2008.

박정자, 《눈과 손, 그리고 햅틱》, 서울: 기파랑, 2015.

번스타인, R.J., 정순복 역, 《존 듀이 철학입문》, 서울: 예전사, 1995.

벤야민, 발터, 최성만 옮김, 《기술복제시대 예술작품》, 서울: 길, 2007.

──, 최성만 옮김, 〈사진의 작은 역사〉, 《발터 벤야민 선집》2, 서울: 길, 2007.

──, 최성만 옮김, 《언어 일반과 인간의 언어에 대하여 외》, 서울: 도서출판 길, 2008.

──, 김영옥/황현산 옮김, 《보들레르의 작품에 나타난 제2제정기의 파리 외》, 서울: 길,
2010.

──, 심철민 옮김, 《기술복제시대의 예술작품》, 서울: 도서출판 b, 2017.

보먼, 웨인 D., 서원주 옮김, 《음악철학》, 서울: 까치글방, 2011.

뵌, 안드레아스/자이들러, 안드레아스, 이상훈/황승환 옮김, 《매체의 역사 읽기》, 서울: 문학
과 지성사, 2020.

볼, 필립, 조민웅 옮김, 《자연의 패턴》, 서울: 사이언스북스, 2019.

백남준, 《비디아 앤 비디올로지》 백남준아트센터, 미출간 번역문고.

———, 《백남준: 말馬에서 크리스토까지》, 에디트 데커/ 이르멜린 리비어 엮음, 임왕준 외
옮김, 서울: 백남준아트센터, 2010.

볼츠, 노르베르트, 윤종석 옮김, 《구텐베르크-은하계의 끝에서, 새로운 커뮤니케이션 상황
들》, 서울: 문예출판사, 2000.

———, 윤종석 옮김, 《세계를 만드는 커뮤니케이션》, 파주: 한울, 2009.

———,이승협·김태옥 옮김, 《미디어란 무엇인가》, 서울: 한울아카데미, 2011

———, 윤종석 외 옮김, 《놀이하는 인간》, 서울: 문예출판사, 2017.

비트겐슈타인, 《철학적 탐구》, 서울: 서광사, 1994.

싸소, 로베르 책임편집, 신지영 옮김, 《들뢰즈 개념어 사전》, 서울: 갈무리, 2012.

서정혁, 《듀이와 헤겔의 정신철학》, 서울: 한국문화사, 2017.

———, 《헤겔의 미학과 예술론》, 서울: 소명출판, 2023.

소렐, 월터, 신길수 옮김, 《서양무용사상사》, 서울: 예전사, 1999,

숄렘, 게르숌, 최성만 역, 《한 우정의 역사》, 파주: 한길사, 2002.

슈스터만, 리처드, 김광명/김진엽 옮김, 《프라그마티즘 미학: 살아있는 아름다움, 다시 생각
해보는 예술》, 서울: 북코리아, 2010.

———, 허정선 · 김진엽 옮김, 《삶의 미학 – 예술의 종언 이후 미학적 대안》, 서울:이학사,
2012.

슐리허, 수잔네, 박균 옮김, 《탄츠테아터》, 파주: 범우사, 2006.

슈미트, 요헨, 이준서, 임미오 옮김, 《피나 바우쉬》, 서울: 을유문화사, 2005.

임왕준 외 옮김, 서울: 백남준아트센터, 2010.

신상미 · 김재리, 《몸과 움직임 읽기 – 라반 움직임 분석의 이론과 실제》, 서울: 이화여자대
학교 출판부, 2010.

실러, 프리드리히, 윤선구 외 옮김, 《프리드리히 실러의 미적 교육론》, 서울: 대화문화아카
데미, 2015.

실베스터, 데이비드, 주은정 옮김, 《나는 왜 정육점의 고기가 아닌가?》, 서울; 디자인하우스,
2015.

심혜련, 《사이버스페이스 시대의 미학》, 서울: 살림, 2006.

———, 《20세기의 매체철학: 아날로그에서 디지털로》, 서울: 그린비, 2012.

아도르노, T.W., 홍승용 옮김, 《미학 이론》, 서울: 문학과 지성사, 1997.

———, 문병호/김방현 옮김, 《신음악의 철학》, 서울: 세창출판사. 2012.

뵌, 안드레아스/ 자이들러, 안드레아스, 이상훈/황승환 옮김, 《매체의 역사 읽기》, 서울: 문
학과 지성사, 2020.

아셍보, 미셸, 최영미 옮김, 《화가의 잔인한 손》, 서울:강, 1998.

아키라 구로사와, 오세필 옮김, 《감독의 길: 구로사와 아키라 자서전》, 서울: 민음사, 1997

오설리번, 사이먼, 안구 외 옮김,《현대미술 들뢰즈 · 가타리와 마주치다》, 서울: 그린비, 2019.

에코, 움베르토, 조형준 옮김,《열린 예술작품》, 서울: 새물결, 1995.

오희숙,《철학 속의 음악》, 서울: 심설당, 2009.

울리히, 볼프강, 조이한·김정근 옮김,《예술이란 무엇인가》, 서울: 휴머니스트, 2013.

소렐, 월터, 신길수 옮김,《서양무용사상사》, 서울: 예전사, 1999.

윌리엄스, 제임스, 신지영 옮김,《들뢰즈의 차이와 반복》, 서울: 라움, 2017.

조정환 외,《플럭서스 예술혁명》, 서울: 갈무리, 2011.

정낙림,《니체와 현대예술》, 서울: 역락, 2012.

──,《놀이하는 인간의 철학》, 서울: 책세상, 2017.

정동호 외,《오늘 우리는 왜 니체를 읽는가》, 서울: 책세상, 2006.

정해창,《듀이의 미완성 경험》, 파주: 청계출판사, 2013.

조주연,《현대미술 강의》, 파주; 글항아리, 2017.

짐멜, 게오르그, 김덕영/윤미애 옮김,《짐멜의 모더니티 읽기》, 서울: 새물결, 2005.

최성만,《발터 벤야민 기억의 정치학》, 서울: 길, 2014.

푸코, 미셸, 이정우 옮김,《담론의 질서》, 서울: 새길, 1993.

프리드리히, 하인츠 외, 김문환 옮김,《예술의 종말 – 예술의 미래》, 서울: 느티나무, 1993.

플라톤, 박종현 옮김,《국가 · 정체》, 파주: 서광사 1997.

카이와, 로제, 이상률 옮김,《놀이와 인간》, 서울: 문예출판사, 1994.

크로체, 베네데토, 권혁성 외 옮김,《미학》, 성남: 북코리아, 2017.

하르트만, 프랑크, 이상엽/강웅경 옮김,《미디어철학》, 성남: 북코리아, 2008.

하우저, A., 백낙청 옮김,《문학과 예술의 사회사 – 고대 · 중세편》, 서울: 창작과 비평사, 1976.

하위징아, 요한, 이종인 옮김,《호모 루덴스》, 고양: 연암서가, 2018.

하인츠, 프리드리히 외, 김문환 옮김,《예술의 종말 – 예술의 미래》, 서울: 느티나무, 1993.

하트, 마이클, 김상운/양창렬 옮김,《들뢰즈 사상의 진화》, 서울: 갈무리, 2004.

헤겔, 정대성 옮김,《청년 헤겔의 신학론집》, 서울: 그린비, 2018.

헤이워드, 수잔, 이영기 외 옮김,《영화사전》, 서울: 한나래, 2012.

함머마이스터, 카이, 신혜경 옮김,《바움가르텐부터 아도르노까지》, 서울: 이학사, 2013.

2 국내 논문

가다머, 김문환, 권대중 옮김, 〈예술의 종언? : 헤겔의 '예술의 과거성' 이론으로부터 오늘날의 반예술에 이르기까지〉,《예술의 죽음과 부활 – 헤겔의 '예술의 종언'명제와 관련하여》, 서울: 지식과 산업사, 2004, 126-130쪽.

강수미, 〈꿈과 각성의 시각적 무의식 공간 - 프로이트 정신분석학과 함께 벤야민 후기 예술론 읽기〉, 《美學》 제55집, 한국미학회, 2008.9, 1-38쪽.

강순전, 〈포스트구조주의의 헤겔 변증법 비판에 대한 응답 - 들뢰즈의 헤겔 비판을 중심으로-〉, 《헤겔연구》, 16권, 한국헤겔학회, 2004. 12, 19-50쪽.

권대중, 〈헤겔의 '예술의 종언' 명제의 수정가능성 모색〉, 《美學》 제39집, 한국미학회, 2004.9, 1-47쪽.

———, 〈헤겔의 미학〉, 《미학의 역사》 미학대계 제1권, 미학대계간행회, 서울: 서울대학교 출판문화원, 2007. 415-437쪽.

김남시, 〈벤야민의 메시아주의와 희망의 목적론〉, 《창작과 비판》 42(2)호, 2015.6, 280-298쪽.

———, 〈발터 벤야민 예술론에서 기술의 의미. 《기술복제 시대의 예술작품》 다시 읽기〉, 《美學》 제81권, 한국미학회, 2015.6, 49-86쪽.

김미기, 〈현대무용에 나타난 니체 무용미학의 영향에 대한 분석〉, 《니체연구》 10집, 한국니체학회, 2006.10, 143-169쪽.

김상환, 〈헤겔과 구조주의〉, 《헤겔연구》 23집, 한국헤겔학회, 2008. 06, 9-34쪽.

김재춘, 〈들뢰즈의 '감각을 그리는 활동'으로서 회화 예술과 교육의 관계: 《감각의 논리》를 중심으로〉, 《교육철학연구》 43권 제3호, 한국교육철학회, 2021.4, 29-57쪽.

김정호, 〈플래시백 분석: 라쇼몽과 세편의 영화의 경우〉, 《영화연구》 29집, 한국영화학회, 2006. 8, 7-37쪽.

김정현, 〈니체의 미학과 현대예술〉, 《니체연구》 10집, 한국니체학회, 2006.10, 37-67쪽.

———, 〈니체와 현대예술의 탄생〉, 《니체연구》 11집, 한국니체학회, 2007, 4, 87-119쪽.

김진엽, 〈가상현실 예술에 대한 미학적 비평〉, 《미학 예술학연구》 22집, 한국미학예술학회, 2005, 105-123쪽.

김효, 〈댄스시어터는 춤과 연극의 혼종이 아니다〉, 《연극평론》 복간 8호, 한국연극 평론가협회, 2003.3, 45-57쪽.

박배형, 〈단토의 헤겔주의와 헤겔 미학의 현대성〉, 《현대미술학 논문집》, 현대미술학회, 2010.12, 83-120쪽.

박연숙, 〈모리스 베나윤의 작품에 나타난 상호작용성의 놀이적 효과〉, 경북대학교 대학원 박사학위 논문, 2009.12.

박영선, 〈아도르노와 예술적 천재 개념 - 칸트와 셸링의 천재 개념과 아도르노의 비판을 중심으로〉, 《美學》 제 35집, 한국미학회, 2003.8, 151-189쪽.

박철홍, 〈듀이의 경험 개념에 비추어 본 사고의 성격: 이성적 사고와 질적적 사고의 통합적 작용〉, 《교육과학연구》, 33집, 한국교육철학회, 2011.3, 79-104쪽.

백승영, 〈예술생리학의 미학적 의미 - 도취(Rausch) 개념을 중심으로〉, 《니체연구》 27집,

한국니체학회, 2015.4, 91-123쪽.

심혜련, 〈발터 벤야민의 예술 이론에 대한 맑스주의 미학의 해석에 관하여 - '예술의 정치화'를 중심으로〉, 《진보평론》 9, 2001.9, 347-365쪽.

안영순, 〈아쿠타가와의 소설 《라쇼몽》과 《덤불 속》의 영화적 변용 — 〈라쇼몽〉과 〈빨간 모자의 진실〉을 중심으로〉, 《외국문학연구》 30집, 한국외국어대학교 외국문학연구소, 2008.5, 91-115쪽.

안치운, 〈슬픔을 넘어서는 응시〉, 《한국연극학》 27호, 한국연극학회, 2005.1, 103-142쪽.

오창호, 〈맥루한(M. McLuhan)과 벤야민(W. Benjamin) - 탈근대적 커뮤니케이션 양식에 대한 탐구〉, 《한국언론학보》 48(3), 한국언론학회, 2004.6, 410-435쪽.

윤대선, 〈들뢰즈에 있어 형상의 미학이란 무엇인가? —《감각의 논리》(1981)에 나타난 회화적 존재론을 중심으로〉, 《미학》 64집, 한국미학회, 2010.12, 141-177쪽.

윤미애, 〈정치와 신학 사이에서 본 벤야민의 매체 이론 - 아우라 개념을 중심으로〉, 《카프카연구》 제19집, 한국카프카학회, 2008.6, 63-82쪽.

이상엽, 〈니체의 역사 해석학에서 삶의 예술 해석학으로의 전환〉, 《철학》, 한국철학회, 제77집, 2003.11, 217-241쪽.

──, 〈니체의 삶의 예술철학〉, 《니체연구》 17집, 한국니체학회, 2010.4, 87-113쪽.

이성훈, 〈철학적 담론과 그림이미지 — 아더 단토의 예술종말론과 앤디 워홀의 〈브릴로 상자〉〉, 《대동철학》, 제38집, 대동철학회, 2007.3, 49-73쪽.

이시준, 〈라쇼몬 — 고전 설화에서 영화로의 궤적〉, 《문학과 영상》 6집, 문학과 영상학회, 2005.12, 229-250쪽.

이왕주, 〈매체, 니체, 그리고 춤〉, 《철학연구》 106집, 대한철학회, 2008.5, 211-233쪽.

이은희, 〈포스트 브레히트적 공연양식으로서 탄츠테아터 - 서사적 양식과 피나 바우쉬〉, 《브레히트와 현대연극》 28권, 한국브레히트학회, 2013.2, 41-73쪽.

이종승, 〈플래시백과 피드백 개념의 융합을 통한 영화 시간의 복합성 연구〉, 《씨네포럼》 14집, 동국대학교 영상미디어 센터, 2012.5, 73-110쪽.

이찬웅, 〈들뢰즈 회화론: 감각의 논리란 무엇인가〉, 《미학》 71집, 한국미학회, 2012.9, 105-145쪽.

이철, 〈니클라스 루만의 사상과 예술 사회학〉, 니클라스 루만, 박여성 · 이철 옮김, 《예술체계이론》, 파주: 한길사, 2014, 13-29쪽.

임건태, 〈니체의 영원회귀 사상 — 들뢰즈와 하이데거의 해석을 중심으로〉, 《니체연구》 15집, 한국니체학회, 2009. 04, 213-248 쪽.

──, 〈니체의 영원회귀 사상 — 들뢰즈와 하이데거의 해석을 중심으로〉, 《니체연구》 15집, 한국니체학회, 2019. 04, 213-248쪽.

조현수, 〈들뢰즈의 '존재의 일의성'의 두 구성요건인 '존재의 공통성'과 '존재=차이'는 어떻게 니체의 영원회귀에 의해 동시에 긍정될 수 있는가?〉, 《대동철학》 79집, 대동철학회,

2017.6, 148-168쪽.

장민한, 〈순수미술의 위기와 단토에 있어서 미술의 종말〉, 《美學》, 제32집, 한국미학회, 2002.5, 387-427쪽.

정낙림, 〈니체의 비극적-디오니소스적 사유와 예술〉, 《철학논총》 37집 제3권, 새한철학회, 2004.7, 147-170쪽.

———, 〈니체와 현대미술〉, 《니체연구》10집, 한국니체학회, 2006. 10, 105-142쪽.

———, 〈주체의 계보학 -니체의 주체개념 비판〉, 《철학연구》 98집, 대한철학회, 2006.5, 269-290쪽.

———, 〈니체의 예술생리학과 현대예술 — 플럭서스 운동을 중심으로〉, 《철학연구》 120집, 대한철학회, 2011. 11, 281-305쪽.

———, 〈니체의 놀이철학과 디지털예술의 미적 체험 - 베나윤의 디지털예술작품을 중심으로〉, 《철학연구 》124집, 대한철학회, 2012.11, 347-376쪽.

———, 〈예술에 대한 두 가지 태도 - 칸트의 수용미학과 니체의 예술생리학〉, 《철학연구》 130집, 대한철학회, 2014.5, 278-291쪽.

———, 〈니체와 현대무용 — 피나 바우쉬의 탄츠테아터를 중심으로〉, 《니체연구》 27집, 한국니체학회, 2015.04, 125-164쪽.

———, 〈예술생리학과 미래 예술 — 니체의 예술 종말론에 대한 연구〉, 《니체연구》, 28집, 한국니체학회, 2015. 10, 187-221쪽.

———, 〈예술의 종말과 종말이후의 예술 — 헤겔, 니체, 단토의 '예술의 종말'론 비교연구〉, 《니체연구》 29집, 한국니체학회, 2016. 4, 67-117쪽.

———, 〈진리의 허구성과 허구의 진정성 - 영화 '라쇼몬'과 니체의 관점주의〉, 《니체연구》 31집, 한국니체학회, 2017.4, 71-107쪽.

———, 〈반反헤겔주의자로서 니체 — 들뢰즈의 니체 해석〉, 《니체연구》 36집, 한국니체학회, 2019, 10, 39-83쪽.

———, 〈예술과 생리학 — 니체와 듀이철학을 중심으로〉, 《철학논총》 102집, 새한철학회, 2020.10, 382-390쪽.

———, 〈놀이와 철학 — 들뢰즈의 니체해석2〉, 《니체연구》 338집, 한국니체학회, 2020.10, 125-162쪽.

———, 〈매체와 감각의 재편 — 벤야민을 중심으로〉, 《대동철학》 96집, 대동철학회, 2021.9, 275-299쪽

———, 〈매체와 예술의 종말 — 벤야민의 이론을 중심으로〉, 《철학논총》 106집, 새한철학회, 2021.10, 191-214쪽.

———, 〈매체와 놀이 — 발터 벤야민의 매체철학을 중심으로〉, 《철학연구》 163집, 대한철학회, 2022. 8, 129-161쪽.

———, 〈힘과 예술 — 니체의 예술생리학과 들뢰즈의 감각의 논리를 중심으로〉, 《니체연구》

42집, 한국니체학회, 2022.10, 139-17쪽.

정순복, 〈존 듀이의 예술사상과 일상적 삶의 예술화〉, 《미학》 31집, 한국미학회, 2001. 11,
117-169쪽.

최성만, 〈현대 매체미학의 선구자, 발터 벤야민〉, 발터 벤야민, 최성만 옮김, 《기술복제시대
의 예술작품》 해제, 발터 벤야민 선집2, 서울: 길, 2007, 5-36쪽

최준호, 〈데리다 이후의 칸트미학〉, 《美學》 제 56집, 한국미학회, 2008.12, 137-188쪽.

하선규, 〈칸트〉, 《미학대계》 1권, 서울: 서울대학교 출판부, 2007, 299-329쪽.

홍사현, 〈니체의 음악적 사유와 현대성 - 바그너, 한슬릭, 쇤베르크와의 관계를 중심으로〉,
《니체연구》 10집, 한국니체학회, 2006.10, 69-103쪽.

──, 〈니체의 예술적 사유와 현대예술〉, 정동호 외, 《오늘 우리는 왜 니체를 읽는가》, 서
울: 책세상, 2006, 393-429쪽.

홍일희, 〈듀이의 자연주의 미학〉, 《범한철학》 90집, 범한철학회, 2018.9, 179-206쪽.

──, 홍일희, 〈니체와 듀이의 자연주의 미학 비교〉, 《미학》, 85권 4호, 한국미학회,
2019.2, 285-321쪽.

3 외국 저서

Adorno, Th.W., Ästhetische Theorie, in: Gesammelte Schriften Bd. 7, Frankfurt a. M.,
1970.

──────, Die musikalischen Monographien, in: Gesammelte Schriften Bd. 13,
Frankfurt a. M., 1970.

──────, Philosophie der neuen Musik, in: Gesammelte Schriften Bd. 12, Frankfurt
am Main, 1975.

──────, Musikalische Schriften V, in: Gesammelte Schriften Bd. 18, Frankfurt a. M.,
1997.

Aichele, A., Philosophie als Spiel. Platon - Kant - Nietzsche, Berlin, 2000.

Alexander, T., John Dewey's Theory of Art, Experience, and Natur: The Horizons of
Feeling, New York: SUNY Press, 1987.

Allan, A. jr., The artistic animal: An inquiry into biological roots of art. Garden City,
N.Y: Anchor, 1977.

Anzieu, D., The skin ego, New Haven: Yale University Press, 1989.

Barck, K.u.a(Hrsg.), Ästhetische Grundbegriffe, Bd. 4, Stuttgart/Weimar, 2002.

Baumgarten, A. G., Ästhetik Bd. 1, Hamburg, 1988.

Benjamin, W., Gesammelte Schriften, Bd. 1-VII, Hrsg. v. R. Tiedemann u. H.

Schweppenhäuser, Frankfurt a. M.: Suhrkamp, 1974-1991.

──────, Gesammelte Briefe, in 6 Bänden(앞으로 GB로 축약) Bd. V, Th. W. Adorno Archiv(Hrsg.), Frankfurt a. M., 1995-2000.

Bernstein, R. J., John Dewey, Atascadero, CA: Ridgeview Publishing Co., 1966.

Bolz, N., Eine kurze Geschichte des Scheins, München, 1991.

Brennecke, D., Die Nietzsche-Bildnisse Edvard Munchs, Berlin, 2000.

Danto, A. C., After The End of Art: Contemporary Art and the Pale of History, Princeton University Press, Princeton, 1977.

──────, The Transfiguration of the Commonplace: A Philosophy of Art, Harvard University, 1981.

Deluze, G., Nietzsche und die Philosophie, übers. v. B. Schwibs, Hamburg, 1991.

──────, Differenz und Wiederholung, übers. v. J. Vogel, München, 1992.

──────, u. Guattari, F., Tausend Plateaus, übers. v. Riecke, G. u. Voullié, R., Berlin, 1992.

Derrida, J., De la Grammatologie, Paris: Minuit, 1967.

──────, Marges de la philosophie, Paris: Minuit, 1972.

──────,The Truth in Painting, trans. by Geoff Bennington and Ian McLeod, Chicago: The Univ. of Chicago Press, 1987.

Dewey, J. Art as Experience(1934), New York: Penguin Group Group, 2005.

Dissanayake, E., Homo Aestheticus: Where Art Comes From and Why, University of Washington Press, 1995.

Dixon, Steve, Digital Performance, MIT, 2007.

Frank, M., Der kommende Gott. Vorlesungen über die Neue Mythologie. Frankfurt a. M., 1982.

Haralan V., u.a., Sozial Plastik - Materialen zu Joseph Beuys. Achberg 1984

Dixon, S., Digital Performance, MIT, 2007

Fernandes, C., Pina Bausch and the Wuppertal Dance Theater - The Aesthetics of Repetition and Transformation, New York: Peter Lang, 2002.

Gadamer, H.G., Wahrheit und Methode. Grundzüge einer philosophischen Hermeneutik, Tübingen, 1986.

Gödde, G. u.a(Hg.), Nietzsche und die Lebenskunst: Ein philosophische-psychologisches Komendium, Stuttgart, 2016.

Haralan u.a., V., Sozial Plastik - Materialen zu Joseph Beuys. Achberg, 1984.

Hegel, G. W. F., Werke in zwanzig Bänden, E. Moldenhauser u. K. M. Michel(Hg.), Frankfurt a. M., 1969-1971.

————, Vorlesungen über Ästhetik, hrsg. v. H. Schneider, Frankfurt a. M. u.a., 1995.

————, Vorlesungen über die Philosophie der Kunst, hrsg. v. A. Gethmann-Siefert, Hamburg, 1998.

————, Vorlesungen über die Philosophie der Kunst, hrsg. v. A. Gethmann-Siefert u.a., Frankfurt a. M., 2005.

Hösle, V., Hegels System. Der Idealismus der Subjektivität und das Problem der Intersubjektivität, Bd.2, Hamburg, 1988.

Huschka, S., Moderner Tanz, Konzepte-Stile, Hamburg, 2002.

McLuhan, M., Understanding Media, MIT Press Mediation, 1994.

Jackson, W., John Dewey and the Lessons of Art, New Haven: Yale Uni. Press, 1998.

Kant, I., Werkausgabe in zwölf Bänden, hrsg. v. W. Weischedel, Frankfurt a. M., 1997.

Lamothe, K. L., Nitzsche's Dancers, N.Y 2006.

Linder, B.(Hrsg.), Benjamin Handbuch, Stuttgart/Weimar, 2006.

Luhman, N., Soziologische Aufklärung, Bd. III, Opladen, 1993.

————, Die Realität der Massenmedien, 2., Opladen, 1996.

Marx, K./Engels, F., Die deutsche Ideologie, MEW3, Berlin, 1969.

Myer, Th., Nietzsche. Kunstauffassung und Lebensbegriff, Tübingen, 1991.

Nietzsche, F., Sämtliche Werke. Kritische Studienausgabe in 15 Bänden, G. Colli u.a.(Hg), Münschen, 1999.

Opitz, M./Wizisla, E.(Hrsg.), Benjamins Begriffe, Bd.1, Frankfurt a.M., 2000.

Platon, Platon Werke in 9 Bänden, Hrsg. v. G. Elgler, Daramstadt, 1990.

Perrakis, M., Nietzsches Musikästhetik der Affekte, Freiburg im Breisgau, 2011.

Reck, Hans Ulrich, Mythos Medien Kunst, Köln, 2002.

Ritter, J.(Hrsg.), Historisches Wörterbuch der Philosophie, Bd.1, Basel u.a., 1971.

Ruschmeyer, S., u.a.(Hrsg.), Handbuch Medienwissenschaft, Sttutgart/Weimar, 2014

Rupschus, A., Nietzsches Problem mit den Deutschen, Wagners Deutschtum und Nietzsches Philosophie, Berlin u.a., 2013.

Scheer, B., Einführung in die philosophische Ästhetik, Darmstadt, 1997.

Schmidt, J., Die Geschichte des Genie-Gedankens in der Deutschen Literatur, Philosophie und Politik 1750-1945, I-II., Darmstadt, 1985.

Schiller, F., Über die ästhetische Erziehung des Menschen in einer Reihe von Briefen, in: Friedrich Schiller. Über das Schöne und die Kunst, Hrsg v. G. Fricke u. H. G. Göpfer, Bd. V, 5, München, 1975.

―――――, Über das Schöne und die Kunst. Schriften zur Ästhetik, München, 1984.

Schopenhauer, A., Welt als Wille und Vorstellung I, Zürich, 1988.

Schönberg, A., Harmonienlehre, Wien: Universal-Edition, 1922.

Schulte, C.(Hrsg.), Walter Benjamins Medientheorie, Wien, 2005.

Sloterdijk, P., Der Denker auf dem Bühne: Nietzsches Materialismus, Frankfurt a. M., 1986.

Spinoza, Die Ethik, übers. von J. Stern, Stuttgart, 1997.

Stachelhaus, H., Joseph Beuys. translated by David Britt, New York, 1991.

Wagner, R., Oper und Drama, Stuttgart, 1984.

Pădurean, V., Spiel – Kunst – Schein. Nietzsche als ursprünglicher Denker, Stuttgart, 2008.

Pfotenhauer, H., Die Kunst als Physiologie, Stuttgart, 1985.

Reck, H. U., Mythos Medien Kunst, Köln, 2002.

Turin, M., Flashbacks in Film: Memory and History, New York & London: Routlege, 1989.

Voigt, K. C., Joseph Beuys liest Friedrich Nietzsche. Das autopoietische Subjekt, München, 2016.

von Reibnitz, B., Ein Kommentar zu Friedrich Nietzsche. Die Geburt der Tragödie aus dem Geist der Musik, Stuttgart, 1992.

Wagner, R., Die Kunst und die Revolution , Leipzig, 1887/88.

Weber, C., Vom 'Erweiterten Kunstbegriff' zum 'Erweiterten Pädagogikbegriff'. Versuch einer Standortbestimmung von Joseph Beuys. Frankfurt a. M., 1991.

White, H., Metahistory, Die Historische Einbildungskraft im 19. Jahrhundert in Europa. Übers., v. P. Kohlhass, Frankfurt a. M., 1991.

Wittgenstein, L., Tractatus logico-philosophicus. Frankfurt a. M., 1984.

4 외국 논문

Barce, R., "Offene Musik – Vom Klang zum Ritus", in: Jürgen Becker u.a., Happenings, Fluxus, Pop Art, Nouveau Realisme, Reinbek bei Hamburg, 1965, pp.142-150.

Bitsch, A., "Physiologische Ästhetik, Nietzsches Konzeption des Körpers als

Medium", in: V. Gerhardt/R. Rescke(Hg.), Nietzscheforschung, Bd.15, Berlin, 2008, pp.167-188.

Carey, J.,"Walter Benjamin, Marshall McLuhan, and the Emergence of Visual Society." Prospects Vol. 11, 1986, pp.29-38.

Carroll, N., "Danto, Art, and History", in: The End of Art and Beyond: Essay after Danto, A. Haapala(ed.), NJ: Humanities Press, 1997, pp.30-45.

――――,"The End of Art?", in: History and Theory: Studies in the Philosophy of History, Vol. 37, No. 4, December, 1998, pp.17-26.

Carrier, D., "Danto and His Critics: After the End of Art and Art History ", History and Theory: Studies in the Philosophy of History, vol. 37, no. 4, December 1998. pp.1-16.

Danto, A. C., "The Artword", Journal of Philosophy 61, no. 19, pp.571-584.

Dewey, J., "Qualitative Thought", in: The Later Works, 1925-1953. Vol. 5., Ed. J. A. Boydston, Carbondale: Southern Illinois Uni. Press, 2008, pp.243-262.

――――, "From Absolutism to Experimentalism", in: R. J. Bernstein(ed.) Jon Dewey on Experience, Natur & Freedom, New York: Liberal Arts Press, 1960, pp.147-160.

Drews, J., Artikel "Das Kunstwerk im Zeitalter seiner technischen Reproduzierbarkeit", in: Kindlers Neues Literaturlexikon, Bd.2, Hrsg. v. H. L. Arnold, Hamburg: Kiondler, 1989.

R. Eldridge, "Dewey's Aesthetics", M. Cochran (ed.), The Cambridge Companion to Dewey. Cambridge University Press, 2010, pp.242-264.

Fleischer, M., "Dionysos als Ding an sich. Der Anfang von Nietzsches Philosophie in der ästhetischen Metaphysik der "Geburt der Tragödie"", in: Nietzsche Studien Bd.17 (1988), pp.74-90.

Gerhardt, V., "Von der ästhetischen Metaphysik zur Physiologie der Kunst", in: Nietzsche Studien, Bd. 13, 1984, pp.374-393.

Gethmann-Siefert, A., "Die Funktion der Kunst in der Geschichte", in: Hegel-Studien, Bd. 25, Bonn, 1984, pp.371-410.

Gomgrich, E.H., "Hegel und die Kunstgeschichte", in: Neue Rundschau 2, 1977, pp.202-219.

――――, "'The Father of art History'. A Reading of the Lectures on Aesthetics of G.W. Hegel(18870-1831)", in: Tributes: Interpretations of our cultural tradition, Oxford: Phaidon, 1984, pp.51-69

Hansen, M., ,"Room-for-Play: Benjamin's Gamble with Cinema", in: October, Summer, 2004, Vol. 109, pp.3-45.

Hay, K., "Dass der Mensch zum Kusntwerk wird. Nietzsches Einfluss auf den modernen Tanz: von Isadora Duncan zu Pina Bausch", in: "Einige werden postum geboren", hrsg. v. Reschke, R., und Brusotti, M., Berlin u.a., 2012, pp.303-310.

Heftrich, U., "Nietzsches Auseinandersetzung mit der 'Kritik der Ästhetischen Urteilskraft'", in: Nietzsche Studien, Bd. 20, E. Behler. u.a(Hg.), Berlin u.a., 1991, pp.238-266.

Hödl, H. G., "Interesseloses Wohlgefallen. Nietzsches Kritik an Kants Ästhetik als Kritik an Schopenhauers Soteriologie", Kant und Nietzsche im Widerstreit, B. Himmelmann(Hg.), Berlin u.a., 2005, pp.186-195.

Hofstadter, A., "Die Kunst: Tod und Verklärung. Überlegungen zu Hegels Lehre von der Romantik" in: Hegel Studien 11, 1983, pp.271-285.

Hütig, A., "Zwischen Barbarisierung und Vergeisterung: Nietzsches Theorie der Moderne und seine These vom Ende der Kunst", in: Nietzsche Forschung, Bd. 10, Gerhardt, V./ Reschke, R.(Hg.), Berlin, 2003, pp 181-191.

Loock, R. "Tragische, das", in: Historisches Wörterbuch der Philosophie, Joachim Ritter u.a. (Hg.), Bd 10, Darmstadt, 1998, pp.1334-1345.

Lüthy, M., "Das Ende wovon - Kunsthistorische Anmerkungen zu Dantos These vom Ende der Kunst", in: Kunst Fortschritt Geschichte, Menke, C./ Rebentisch, J.(Hg.), Berlin, 2006, pp.57-66.

Mandelbaum, M., "Family Resemblances and Generalization concerning the Arts", American Philosophical Quarterly, Vol. 2, No.3, 1965, pp.219-228.

Margolis, J., "The Endless Future of Art," in: The End of Art and Beyond: Essay after Danto, A. Haapala(ed.), NJ: Humanities Press, 1997. pp.2-26.

Mazzarella, E., "Kunst und Wille zur Macht - Nietzsches Kunstdenken zwischen Ästhetik und Ontologie", in: H. Seubert(Hg.), Natur und Kunst in Nietzsches Denken, Köln, 2002. pp.153-166.

Nielsen, C., "Nietzsche und Beuys", in: 'Einige werden posthum geboren', R. Reschke u. M. Brusotti(Hg.), Berlin. u.a., 2012.

Pfotenhauer, H., "Physiologie der Kust als Kunst der Physiologie?", in: Nietzsche Studien, Bd. 13(1984), pp.399-411.

Reck, H. U., "Zwischen Bild und Medium. Zur Ausbildung der Künstler in der Epoche der Techno-Ästhetik", in: Peter Weibel(Hrsg.), Vom Tafelbild zum globalen Datenraum, ZKM Karlsruhe, 2001, pp.17-50.

Loock, R., "Tragische, das", in: Historisches Wörterbuch der Philosophie, Ritter, J., u.a. (Hg.), Bd 10, Darmstadt, 1998, pp.1334-1345.

Rölli, M., "Der Gedanke der ewigen Wiederkunft in den Nietzsche-Lektüren des Gilles Deluze", in: Nietzsche und Frankreich, Hg. v. Pornschlegel, C., u. Stingelin, M., Berlin u.a., 2009, pp.255-274.

Hans Ulrich Reck, "Zwischen Bild und Medium. Zur Ausbildung der Künstler in der Epoche der Techno-Ästhetik", in: Peter Weibel(Hrsg.), Vom Tafelbild zum globalen Datenraum, ZKM Karlsruhe, 2001.

Schmid, E., "Uns selbst gestalten. Zur Philosophie der Lebenskunst bei Nietzsche", in: Nietzsche Studien, Bd. 21, 1992, pp.50-62.

Schmied, W., "Im Namen des Dionysos", in: Friedrich Nietzsche Philosophie als Kunst, hrsg. v. Heinz Friedrich(Hrsg.), München, 1999

Schmieder, C., "Die Differenz als kulturelle: Gilles Deluze und seine Nietzsche-Lektüren", in: "Einige Werden posthum geboren." Friedrich Nietzsches Wirkung, Hg. v. Reschke, R., u. Brusotti, M., Berlin u.a., 2012, pp.141-149.

Shaw, J. "Neue Medien – Neue Kriterien?", in: Perspektiven der Medienkunst, ZKM(ed.), Karlsruhe, 1996, p. 10.

Spiekermann, K., "Nietzsches Beweise für die ewige Wiederkehr", in: Nietzsche Studien 17(1988), pp.496-538.

Solies, D., "Die Kunst – eine Krankheit des Leibes? Zum Phänomen des Rausches bei Nietzsche", in: V. Gerhardt/R. Rescke(Hg.), Nietzscheforschung, Bd.5/6, 2000, pp.151-162.

Souladié, Y., "Nietzsche, Deleuze: Desubjectification and Will to Power", in: Nietzsche and the Problem of Subjectivity, Ed. by Constâncio, J., Berlin, 2015, pp.394-410.

Stegmaier, W., "Hegel, Nietzsche und Heraklit, Zur Methodenreflexion des Hegel-Nietzsche-Problems", in: Nietzsche und Hegel. Hrsg. v. M. Djurić u.a., Würzburg, 1992, pp.110-129.

─────, "Geist. Hegel, Nietzsche und die Gegenwart" in: Nietzsche Studien, Bd. 26(1997), pp.300-318.

Stüttgen, J., "Fluxus und der 'Erweiterte Kunstbegriff'", in: Kunstmagazin, August Heft. Wiesbaden, 1980.

Weitz, M., "The Role of Theory in Aesthetics", The Journal of Aesthetics and Art Criticism, Vol. 15, No.1, 1956, pp.27-35.

Wieland, W., "Die Erfahrung des Urteils. Warum Kant keine Ästhetik begründet hat", in: Die Deutsche Vierteljahrsschrift für Literaturwissenschaft und Geistesgeschichte 64, 1990, pp.604-623.

486

5 기타

Leddy, Tom and Kalle Puolakka, "Dewey's Aesthetics", The Stanford Encyclopedia of Philosophy (Winter 2023 Edition), Edward N. Zalta & Uri Nodelman (eds.), URL = ⟨https://plato.stanford.edu/archives/win2023/entries/dewey-aesthetics/⟩.

Ulfers F. and Cohen, M. D., "Nietzsche and the Future of Art", Hyperion, www.nietzschecircle.com, vol.II, issue 4, December 2007, pp.1-23.

http://www.fluxus.org

www.benayoun.com

https://www.hani.co.kr/arti/culture/music/886583.html

EBS 다큐멘터리 <수컷들 2부―예술의 탄생> https://www.youtube.com/watch?v=IXaLv_djOc8